続・田中卓著作集　2

古代の住吉大社

国書刊行会

自序

一

本書は、『続・著作集』の第二巻として収めてゐるが、住吉関係諸論文の集録といふよりは、古代の住吉大社についての、新研究を踏まへた「概説」乃至は「通史」といふべき内容で、独立の単著とみていただいて差支へのない一巻である。「住吉セミナー」といふ連続講義の語り言葉であるため、一見、通俗的な史論と思はれるかも知れないが、これには元来、毎回それぞれ数枚の新史料を含む紀・記史料等のプリントを添付した研究発表で、私自身は学術論文として恥ぢない内容を、ただ専門研究者以外の有識者にも、広く理解して貰ひやすいやうに、工夫したつもりである。

私見を忌憚なく申せば、戦後の日本史学界の諸家の論文は、研究の精緻を競う点では戦前に倍するものがあるが、専門課題に深入りする余り、他の分野への視野が狭くなり、時代やテーマを異にすると、専門の史家にさへ興味に乏しい難解で味気無い論文が少なくない。一方、元来、国史学を専攻としない文学者などが、専門歴史書の要点を摘み採りし、それに自身の評論を味付けした大衆受けの読み物が流行してゐる。もつと本格的な歴史を、父祖の歩みを実証する〝稽古照今〟の道場として、一般にも楽しく役立つ学問にならないものか、と私は多年にわたつて考へ続けてきた。勿論、私自身は大学教員であるから、授業を通じて学生にその意図の実現を試みてきたが、それには教科内容の制約もあり、極めて限られた範囲に過ぎない。

二

そこで私は過分を承知の上で、恩師平泉澄先生の学問を祖述する形で、高等学校の日本史教科書を書きあげることにした。昭和四十二年八月のことである。戦後、日本史教科書は数多いが、裁判沙汰となつた有名な家永三郎氏の教科書以外、一人の著者によつて執筆された教科書を、私は寡聞にして知らない。歴史の執筆には〝歴史観〟の筋が通つてゐることが望ましい。戦前、私共の習つた中学校の国史教科書は、著名な学者個人の執筆であつた。雑多な執筆者の寄合では、歴史に一貫した生命が流れにくい。左様な信念をもつ私は、家永氏本を、史観の立場は異なるが、それなりに現行一般の歴史教科書より優れてゐると評価する。

それ故に、私も家永氏に倣つて著述したのであるが、結果は家永氏の場合とは正反対の理由で、検定不合格となつた。家永氏は文部省の指示に従つて問題点を書き直して合格したが、私は自らの歴史観は曲げられないと節を通して改筆を断り、〃検定教科書〃の出版は断念した。しかし出版社に迷惑をかけてはならないため、紙型は自ら買取つてゐたので、同書をその後、一般図書として――私自身は〃自由教科書〃と称して――公刊したので、本書は現在に至るまで、有志の読者以外にも、一部の大学・研修所等で採用され、ささやかなロング・セラーとなつてゐる。『教養日本史』がそれである。同書の結びは、次の言葉で終つてゐる。

「われらは、長い歴史を顧みて父祖の声を聴《き》き、さらに将来に想《おも》いを馳《は》せて子孫の期待にこたえるため、祖国日本の発展に努めなければならない。個々の日本人は、いずれは死ぬべき運命にある。しかしわれらはどのような困難に直面しようとも、けっして日本国家と日本民族を死滅させてはならないのである。」（原本が、〃教科書〃用であるため新仮名遣で書いた。本書の詳細は、ホームページ「青々企画《せいせいきかく》」を参照されたい。）

三

正規の教科書には検定の関門があり、敗戦後のY・P《ヤルタ・ポツダム》・体制下では、実現の至難を覚《さと》つた私は、その後、大学の授業以外に、自主的で自由な公開講座の形で、一般の有識者に語りかける試みに踏み切つた。その最初が、大阪の社団法人（現在は公益社団法人）『國民會館』における「武藤記念講座」の一環としての「古代史セミナー」であつた。事の次第は省略するが、学長引退後の平成元年（一九八九）五月十五日が第一回で、「邪馬台国と吉野ヶ里遺跡」を演題とした。その後、毎月一回、平成十三年（二〇〇一）四月十四日まで九十二年、一回も休まず、土曜講座として百四十五回、連続して伊勢から出講し、毎回二百名を越す受講者で、会場は常に満席の盛況であつた。この開催には、國民會館の武藤治太会長と専務理事の松田尚士氏の支援・協力が多大であつたが、何よりも私の励ましとなつたのは聴衆の熱心さであつた。公開であるから、私はそれらの方々の氏名も殆ど知らないが、中には著名な学者や、歴史・考古学の専門家も見受けられた。

ところが第一巻の「自序」で言及したやうに、平成十三年五月九日、第百四十六回セミナー予告（五月十二日）の三日前に、私は不慮の病に倒れ、急遽開催を中止して貰ふ仕儀となつた。その後、容態がやゝ回復すると共に、関係者の熱心な要望を断りかねて、平成十四年度は、九・十・十一月の三回、家内同伴で何とか出講の役割を果し得た。

しかし翌平成十五年正月に、図らずも文藝春秋の『諸君！』から取材の話がもち上がり、結局、執筆連載の第一回が、翌十六年正月号（発売は前年の十二月二日）に始まり、それ以後、二年間も続くことになるわけであるが、この連載と「古代史セミナー」の出講を、毎月両立させることは到底不可能なので、「セミナー」が平成十五年五月・六月の二回で、丁度百五十回を算へるのを機会に、終講とさせて貰ひ、爾後は『諸君！』の準備と執筆に専念することになつたのである。この連載は、後に『祖国再建』（上・下）と題して『田中卓評論集』3・4巻に収録されてゐる。

四

一方、私は、昭和三十年（一九五五）十月以来、住吉大社史料所預《あづかり》として『住吉大社史』を編纂する責任を負うてゐたが、その上巻は、早く昭和三十八年（一九六三）七月に出版されてゐたものの、中巻以下が容易にまとまらず、住吉大社をはじめ各方面に多大の御迷惑をかけてゐた。しかし昭和五十六年（一九八一）の住吉大社御鎮座千七百七十年祭並式年大祭を機に、奉賛会記念事業の一つとして、この続巻刊行のことが決定され、中巻は私が継続執筆するが、下巻は監修のみにとどめ、平安時代を所功教授、鎌倉・室町時代を恵良宏教授、江戸時代以降を眞弓常忠教授にそれぞれ分担執筆していただくこととした。そして昭和五十八年

（一九八三）十月、下巻が予定通り完成上梓された。ところが肝腎の中巻が仲々進まない。私の執筆が遅れた原因は色々あるが、最大の理由は、古代住吉大社の基礎的史料といふべき『住吉大社神代記』について、学界の評価が一定せず、この疑点の解明なくしては、筆を進めるわけに行かなかつたからである。しかし更に辛苦研鑽十年を経て私の研究もやうやく稔《みの》り、『住吉大社神代記』の信憑性に確信をもつ段階を迎へてゐたので、一気呵成に筆を進め、平成六年（一九九四）十一月に刊行された。顧みれば下巻より中巻まで足掛十二年、上巻より算へれば、実に三十二年に及ぶ大事業となつた。

平成六年十一月二十七日、住吉大社神楽殿で、『住吉大社史 中巻』の上梓奉告祭が副野憲権宮司の祝詞奉上のもと、厳粛に行はれ、当夜はホテルで敷田年博宮司、片岡友次権宮司等の接遇にあづかつた。そして翌二十七日午前十時より第一本宮前にて、住吉大社奉賛会造営竣工奉告祭典、引続いて十一時半より記念館二階にて、私が「住吉大社について」と題する記念講演を行ひ、同日参会者に頒布の『住吉大社史 中巻』を利用して、その要点を解説講話した。更に記念式典、終つて直会となつた。そしてこの際に、私は責任役員を含めて神職各位に、今後の住吉大社は、祭祀のみならず、教学を益々盛んにして、関西空港より来日の外国人は、先づ住吉に参拝し、こゝで日本精神の洗礼をうけることを仕来りとする位の教学機関を設立する必要がある旨を説いたところ、大方の賛同を得て会が盛り上がつた想ひ出がある。その後、十二月一日、住吉大社の川嵜一郎禰宜より電話があり、住吉大社の史料集編纂についての具体的方針など要談の後、住吉大社教学振興の一案として、國民會館の「古代史セミナー」の機会に、その終了後、直ちに住吉大社に廻り、夕刻にかけて連続講義をしてもよい旨を付言したところ、大いに喜び、それが忽ち実現して、平成七年二月四日に、「住吉セミナー」の第一回開催となつたのである。

五

そして「住吉セミナー」での講義内容は、当時、大社の非常勤嘱託であつた大垣豊隆氏（現、兵庫県中嶋神社宮司）と川嵜禰宜の協力で、録音テープから原稿化され、私の校閲を経た後に、大社の教学機関誌ともいふべき『すみのえ』（三ヶ月毎の季刊）に掲載されることになつた。従つて、講義は次の通り、毎月行はれたが、『すみのえ』への公刊は季刊の都合で順次遅れて、最後の第十二回講義は、平成八年正月二十七日であつたけれども、『すみのえ』掲載は平成十年七月発刊号であつた。その『すみのえ』への所収一覧は、本書の巻末に掲げてゐるので、ここではセミナーの実際に行はれた年月日のみを示しておくこととする。

この「住吉セミナー」十二回については、一応、『すみのえ』にすべて掲載されてゐることでもあり、全体を纏めて一冊とし、住吉大社より刊行しようといふ話が敷田宮司の当時からあつたが、種々の事情で遅延してゐた。それが、住吉大社御鎮座千八百年記念大祭の斎行された今年(平成二十三年)に、「続・著作集」の一巻に収めて上梓される企画が整つたのは、御神縁の賜物と申してよいであらう。

六

但し、ここで私が〝住吉大社御鎮座千八百年〟などといふと、それだけで、疑義をもたれる賢明な読者もをられる筈である。なぜなら、私は、これまでの諸論文でも、また本書所収の第六論文の中でも、住吉大社の御鎮座を、神功皇后による半島出兵の凱旋後と論証して、その時期を〝四世紀後半〟(百済から献上された「七支刀」の製作年代が「泰和四年」で、西暦の三六九年に相当と認めるのが通説。)と説いてゐるのに、西暦二〇一一年の今年から一八〇〇年を遡れば二一一年(三世紀前半)となり、〝四世紀後半〟の私見と、大きく年数が異なるからである。これでは住吉大社側で、鎮座年代を少なくとも百数十年も遡らせてゐることになり、識者の中には不審をもたれる向きもあらうかと思ふ。

同様なことは、古い年代に鎮座と伝承する神社の場合、屢々見られる現象で、伊勢神宮にしても、平成八年十月、「皇大神宮御鎮座二千年奉祝祭」を盛大に斎行されたが、平成八年

（西暦一九九六年、皇紀二六五六年）から二千年遡ると西暦前五年となり、日本紀の伝へる垂仁天皇二十五年鎮座説とは大きな差異がある。（皇紀と西暦の差が六六〇年であるから、〝西暦前五年〟は〝皇紀六五六年〟となり、この立場からは、〝垂仁天皇の御代〟を〝七世紀中期〟と認めざるを得ず、不可能なこととなる。）これだけをみると、神宮の創祀年代を疑ふ者が出るのも無理はない。

そのため、敗戦から戦後にかけて、一般に、神武天皇の即位を皇紀元年とする日本の歴史は、実際より五、六百年延長されてゐるといふ侮《ぶ》説が、学界でも教育界でも盛んに宣伝され、引いては神武天皇による建国そのものが疑惑の対象となり、その結果、日本の〝国体の尊厳〟をも大いに傷つけられた事実は、私共、その時代を生きた研究者の、誰もが周知するところである。戦後、日本国民が自らの国史に自信と誇りを失ひ、日本歴史の教科書から神武天皇のお名前も、伊勢神宮の創祀の記事も消え去つたのは、これが最大の理由であつた。

七

しかし、このやうな国史延長に対する不信説は、敗戦後の混迷の中で、知つたかぶりをしたがる素人の軽口であつて、歴史の専門家にとつては、既に戦前から解消されてゐた問題であつたのだ。

日本書紀の神武天皇の即位元年を「皇紀」元年とする説が、シナの「讖緯説《しんゐ》」に基づいてゐることは、明治の碩学、那珂通世博士によつて明確に論証されてをり、爾来、学者の間では、「革命」の起るとされる「辛酉」の年の、一部（二十一元＝一二六〇年）の逆算の基点を、斉明天皇七年（辛酉＝西暦六六一年）におくか、推古天皇九年（辛酉＝西暦六〇一年）におくかの両説はあるものの、私共でも、戦前の旧制高校時代（浪速高校・原正先生。東大国史学科卒、平泉博士の高弟。）から「讖緯説」の存在は承知してゐた。当時の旧制高校生は、知を競ひ合つてゐたから、〝皇紀二千六百年（昭和十五年）の奉祝〟が盛大であればあるだけ、その紀元を探求しようとして、先生に論拠の教示を乞うたためである。但し、問題は、讖緯説そのものが、日本の受容当時としては、外来（隋の時代）の最新の学説であり、一方、それでは正確な建国の年次が判るかといふと、日本には記録が欠けてゐたから、判る筈はなく、改めやうもない。またキリスト紀元にしても諸説あつて、現行のものは必ずしも正しいわけではない。仏滅紀元などでは、異説が更に甚だしいといふことも教へられてゐた。讖緯説による皇紀は、現代からいへば誤解であつても、それはその説を受容した時代の学者の責任ではあるが、日本の国史そのものが変更改竄されたわけではない、といふことも、私共は説明をうけて理解してゐたから、それ以上の、国史に対する不信感はもつてゐなかつた。

その後（昭和十七年十月に）、東大の国史学科に入学した私は、平泉澄先生から個人的に、讖緯説の説明を聞いたこともあり、先生の東大での「国史概説」では、わざわざ讖緯説についての詳しい講義もあつたやうだ。東大では「国史概説」は年度毎に諸教授の持ち廻りであつたらしいから、私は平泉先生の「国史概説」を直接受講したことはないが、昭和十三年度の講義プリント（当時、授業ノートの海賊版が出廻ってゐた。）を今も所持してゐる。実を言へば、私は学徒出陣当時、海軍経理学校で国史の授業を命ぜられ、戦時中でも生徒の質問に応じて、讖緯説の説明をしたことがある。

因にいへば、既述の拙著『教養日本史』にも、日本書紀の紀年法として讖緯説の説明を記してゐる。（三一頁）但し、多くの現行の検定済教科書には、神武天皇による建国の記事がないからであらう、〝皇紀〟や〝讖緯説〟のことは殆ど見当らない。しかし管見では唯一、『詳説 日本史』改訂版（一九九八年＝平成十年三月、山川出版社発行）の脚注に、「初代の天皇とされる神武天皇の即位を、紀元前六六〇年、辛酉《しんゆう》の年正月朔日《ついたち》とする考えも、七世紀初めころうまれたものであろう。これは中国で行われていた、辛酉の年には政治の変革がおこるという思想にもとづくものである。」（三七頁）とあるのを見出してホツとした。つまり、この程度の知識は、現在でも高校生程度なら当然もつてゐて然るべきであるからである。（但し、手許にある同じ山川出版社の『詳説 日本史』〈二〇〇七年＝平成十九年三月発行版〉には、このやうな説明記事が消えてゐる。念のため。）

八

戦後のこれらの教科書の現状は、実に残念な次第だが、最近、私がもつと驚いたのは、日本の紀年法に、シナの讖緯説が受容されてゐたといふ学界の通説を、現役の東大国史学科の花形教授が、昨年（平成二十二年）十一月発行の講談社版『天皇の歴史』第一巻（大津透氏の執筆）を読むまで知らなかつた、といふ事実の告白である。毎日新聞の今年（平成二十三年）八月二十一日付「時代の風」で、同教授は、次の如く記してゐる。

「恥ずかしながら私は、本書によって初めて、七二〇年完成の『日本書紀』が、神武天皇即位を紀元前六六〇年とした理由と経緯を知った。」

と述べた後、大津氏の著書を長々と引用して、私共が学生時代から常識として承知してゐた讖緯説の説明を紹介してゐるのである。そして続けて、「戦前期であっても旧制中学以上の教育を受けた者ならば、神武紀年の虚構性は気づいていただろう。だが、単に気づいている段階と、『六〇年に三と七を乗じた一二六〇年さかのぼったため』と理解している段階では、大きな違いがある。」などと、訳のわからぬ弁解に新聞の十五行も費してゐるのには惘《あき》れた。同教授は〝旧制中学以上〟の教育をうけたものなら〝気づいた筈の虚構〟に、これまで気づかなかつたといふのだらうか。もし気づいたとすれば、当然、歴史学者として、その〝虚構〟を〝研究〟してみるのが当然であるのに、その努力をしないで放置してをり、いま、同僚教授の著書によつて初めて目覚めたといふのであれば、学者としての怠慢を責められねばならないであらう。この論説の題は、「虚構に抗する理性とは」と読者に説教してゐるが、御本人に欠落してゐるのは、この「理性」ではあるまいか。

近頃、この教授のことを、「ナルシスト」と批判する研究者（秦郁彦氏）や「エセ保守史家」と非難する著述家（渡辺望氏）があるやうだが、「ナルシスト」が〝うぬぼれの強い人〟といふ意味ならば、それは的はづれではなからうか。ご自身でも〝恥ずかしながら〟といひつつ自らの無知を、正直にマスコミを通して世間に晒《さら》してゐるのであるから、通常の〝うぬぼれ人〟の出来ることではない。むしろその反対に〝フェア〟な性格といふべきかも知れない。（尤も秦氏によれば、このやうな一見、フェアな態度をとってみせて平気なところが彼女のナルシストたる所以、といふことかも知れないが。閑話休題。）又、渡辺氏の発言も、彼女自身が別に進んで「保守史家」を名乗つてゐるわけでないのだから、〝エセ〟の批難は過剰反応かと思はれるが、彼女の読書力に対して「粗緻」といふ巧みな造語を以て評してゐるのは面白い。しかしこれも〝粗〟はともかくとして、歴史学者としては、とても〝緻〟の部類には入らない。「讖緯説」の説明は、吉川の『国史大辞典』を見るまでもなく、一般向の岩波の『日本史辞典』（平成十一年発行）にも説明されてゐることだ。その程度の史実について、「東京大教授」が、これまでの〝無知〟を告白されると、〝恥ずかしい〟のは、彼女自身よりは、むしろ「東大」そのものであらう。

九

論旨が「讖緯説」から発展しすぎたが、この問題を解決しないと、住吉大社の創祀年代も論及できないし、神功皇后や武内宿禰の実在も証明できない。

そこで本書の第二、第三論文では、讖緯説について出来るだけ解《わか》りやすく説明したつもりである。しかし、讖緯説の一部の逆算基点をめぐつては尚、問題が残つてをり、それは将来の課題としておきたい。

第四論文の「熊襲二国」は奇妙な表現で、従来の通説とは全く異る新説だが、史料は十分に自信のある論証なので、是非御検討をいただきたい。

第五論文は、神功皇后の半島出兵、第六論文は住吉大社の創祀、といふ本書の核心に当る内容だが、日本書紀の神功皇后摂政紀五十二年条の〝記事〟と、七支刀の〝銘文〟とが内容的に相関することの指摘は、私の新説と考へてゐる。特に対馬の豆酘《つつ》をめぐる考証、海外に日本の神を祭る事例などは、初耳の読者が少なくないであらう。

第七論文の「住吉大社神代記」の解説は、同題の専門の単著（『著作集』第七巻）を、出来るだけ判《わか》りやすく、新しい考察も加へて説明したつもりであるが、これで『神代記』そのものが多くの研究者の関心を招き、更に史料としても活用されることを期待してゐる。一、二、の例をあげると、本書には既に周知されてゐる「崇神天皇・垂仁天皇の崩年干支」の問題はいふまでもないが、社会経済史家に関心の深い「公田」の用語についても、本論で内容は論及できなかつたけれども、住吉神領の「四至」のなかに十四箇所もあり、これまで誰も気付かず、学界でも使用されなかつた新史料である。その他〝自署と筆蹟〟の関係なども、従来の視点を再検討すべきことを指摘した。

第八論文の神宝「神世草薙釼」は、恐らく奇想天外といふべき内容であらう。しかも最後の第九節「解決」の項においても、実在の所在そのものは〝未解決〟の現状だが、その手がかりを可成りしぼりこんだことは確かであり、その再発見されることを期待してやまない。

第九、第十論文は、私見の新提案である〝神領社会〟（『住吉大社史』中巻三三五～三四三頁参照。）の基礎となる内容であるが、既知のいはゆる〝八神郡〟の中に、〝住吉郡〟が奈良時代以前に既に史料として現れ無くなつてゐる理由に、言及し得たことは新見解であらう。

第十一論文は、恐らく斉明天皇五年以前の、津守氏側の古伝記録として貴重な史料であることを解説してゐるので、今後必ず学界の話題となるであらう。第十二論文は、遣唐使の活躍に中心をおいたが、墨江の津の所在そのものも、これで明らかになつたつもりである。そして、更に「遣唐使時奉幣」の祝詞については、第三巻の第五論文で、決定的な通説の改訂を発表してゐるので、発刊後に合せ披見していただきたいと願ふ。

尚、「凡例」以下については、第一巻に同じである。

平成二十三年十月二十三日

田中卓

目次

目次

一、住吉大社についての概説

（平成七年二月四日）

一、はじめに

只今、御紹介頂きました田中で御座居ます。実は、私は大阪の生れ、西淀川区大和田町でありますが、小学校は北区の中之島尋常小学校、そこへ阪神電車に乗って一年生の時から通っておりました。

中学校は大阪府立の浪速高等学校、今は大阪大学になっていますその浪速高等学校の尋常科に入り、そして高等科へ進みました。その間ずっと大阪でありまして、大学だけは東大、東京へ行きましたが、又、帰って参りまして、暫くですが一年余り、大阪府立の中之島図書館に勤めていました。

先程、敷田宮司さんに伺いますと、今回の大地震で、中之島図書館の書架もかなり倒れたそうでして、大変な事でありました。なぜ私が図書館に勤めたのかと申しますと、戦後は、――戦後といいましても、お若い方が沢山いらっしゃいますので、お判りにくいかと思いますが、昭和二十年、日本が戦争に敗けて、占領軍が支配しました時に、日本の歴史教育が廃止させられたのです。

従いまして、私の様に歴史の教師たるべく勉強して来た者は勤める所が無いわけなのです。そこで中之島図書館にお世話になったのですが、やがて昭和二十三年に、新制の高等学校が出来まして、日本史の教育をしてもよろしいという事になりました。その時に、はじめて、教師として阿部野高等学校に着任致しました。

阿部野高等学校といいますのは、もと女子校でしたが、男子校の住吉高等学校と一緒になりまして、男女共学の二つに分けたのですが、それから二年半ばかり勤めました後に、大阪社会事業短期大学、これは今は、大阪府立大学の社会福祉学部になりましたが、その当時は、府立の社会事業短期大学として独立しておりました。そこに昭和二十五年十月、招かれまして就職しました。

そして昭和三十七年に、伊勢に皇學館大学が新しく出来ました。戦前の、神宮皇學館大学なのですが、戦後は「神宮」の二字がとれまして、皇學館大学だけになりました。その皇學館大学は敗戦後、占領軍の命令で廃校となりましたが、これを再興します時に、非常な力を注がれて、献身的な努力をされたのが、この住吉大社の高松忠清宮司さんであります。高松宮司さんのお誘いといいますかお招きに依りまして、私は開学の最初から伊勢に移りまして、皇學館大学の再建に御協力したことであります。

それで、はじめて大阪を離れたわけで、それ迄ずっと大阪であります。大阪は私の本当の故郷であります。その大阪で、しかも特に住吉大社の記念館で、連続して皆様にお話できますことは、私にとりまして非常に懐しく、又、有難い事なのであります。

実は、昭和二十五年の夏、私は住吉大社にお参りし、そこで初めて、『住吉大社神代記』という貴重な書物の話を承りました。この書物につきましては、――実は、この「住吉セミナー」の例会は毎月ありますので、いずれ又、改めて詳しく申し上げますけれども、ともかく、それ迄、学界では殆ど知られていなかった、多くの研究者が名前も聞いたことがない、というような珍らしい書物なのであります。

それが、この住吉大社の第一本宮の御神殿の中に秘かに守られて来たのですね。それ迄、宮司さんでも十分には拝見されていない。そういう貴重なものなのです。それを実は、昭和十一年に全巻原寸大で写真複製されました。その複製本の数ははっきり判りませんが、三十本か、五十本でしょうかね。これも学界では殆ど知られていなかったのでして、最初私は、それを見せて頂いたのです。後に原本も拝見致しましたけれども。とにかく昭和二十五年、私は当時、満でいいますと二十六歳なのです。未だ若輩でありました私は、住吉大社の御好意によって、その住吉大社神代記を初めて拝見させて頂いたのです。そしてその研究を昭和二十六年に出版して下さいましたのが、住吉の御文庫講なのです。あるいは、この席にも御文庫講の方がいらっしゃるのではないかと思いますが、その講員の方々によって、戦後、昭和二十五〜六年といいますのは、占領統治下で、皆、非常に苦しい時なのですが、その様な中で、まだ私の様な若い学徒の専門書を出版して頂いたという事は、大変有難い事でありました。従いまして、私の研究歴の上で、最初の〃書物〃の出版は、この『住吉大社神代記』であります。

ところが、住吉大社神代記といいますのは、大変、難しい書物でして、私は、初めこれを天平三年（七三一）の原本だという風に考えていました。それは、私だけではありません。他にもそのように考える学者がいたのですが、しかし、それに対しては批判がありまして、原本ではあるまい、ずっと後に偽作されたものであろう、という反対論もありました。

それを解決しませんと、本当の『住吉大社史』は書けないのです。そのことで『住吉大社史』は、上巻と下巻が出来て、中巻が仲々書けず、昨年の十一月の末に、ようやく中巻を出版して頂いて完結しました。それ迄、実に足掛三十二年かかったのです。従いまして、私の人生の半ばは、その住吉大社神代記の検討に費したことになりますが、それくらい難しい書物なのです。

住吉大社神代記については、また別に日をあらためて申し上げますけれども、こういう風に、私の本格的な研究の出発が住吉大社で、そして昨年の末に、ようやく一段落したのも住吉大社の歴史であります。そういう意味で、私は住吉大社とは、切っても切れない御神縁を頂いていると思っております。そこで今回、敷田宮司さんのお世話で、住吉セミナーを開講することになりました。最初は神社に御関係の方だけの集りかと思っていたのですが、しかし、折角の機会だから、広く聞いてもらったらという事になりまして、こうして沢山の皆様においで頂く事になったわけであります。

先程、御出席の皆さんの名簿を頂いて拝見しますと、色々な方々がいらっしゃる。私は毎月、大阪の國民會館で、「古代史セミナー」というのを開いておりますが、これは古代史の専門のセミナーで、すでに七十一回、開きました。平成元年五月から毎月やっているので、もう七年目に入っているのですが、それに御出席の方もいらっしゃる。あるいは又、住吉の郷土史の研究では、私などよりずっと詳しい方もいらっしゃる。そういうお集りですので、私の話は、どの方々を対象にするかということで、いろいろ苦慮するわけですが、大体、初めてのお方にも御理解いただけるように出来るだけ判り易くお話するという事を原則とします。

しかし、私は、唯だ単に住吉大神の御神徳をお伝えするというのではなくて、学者として、歴史の真実をお話して行きたいわけですから、それを申し上げる為には、若干、話は難しい内容になるかも知れません。その点は一つ御諒承頂きたいと思います。本日は第一回の概説でありますので、神社の方で、昔、私がお手伝いをして作りました『住吉大社略記』をコピーして頂きました。しかし、今後は、私の方で専門の資料を用意して、それを見て頂きながらお話するという風にせざるを得ませんので、その事も御諒承頂きたいと思います。

國民會館でのセミナーで、よく申すのですが、私は大体、大学の大学院で授業しているレベルで話をしているのです。これは決して誇張ではありません。実際に大学院の学生クラスが聞いて大体わかるというくらいの高いレベルでお話しています。この席でも、段々とそういう風にして行きたいと考えておりますので、お判りになりにくい所は、あとで又、その資料などもお読み頂きたいと思います。又、幸いに『住吉大社史』が出来上りましたので、機会あれば是非一つ、御覧頂いて、これによって補って頂きたいと思うのです。

二、『住吉大社略記』

さて、本日は、第一回でありますので、住吉大社についておよその御理解をいただくため、お手元に『住吉大社略記』という小冊子をコピーしてお配りいたしました。これは最後に書いてあります様に、昭和二十九年十二月に印刷されて、昭和三十年正月に発行されております。これが最初の『略記』でして、現在は、こういう美しいカラーの表紙のついた冊子があるわけで、これには難しい字にルビがついたりして読み易くなっています。だけど敢えて皆さんに、こちらの古い方をお見せしましたのは、この昭和三十年というその時点において、その当時の神社の御関係の方の御協力を得ましたが、私の責任においてまとめましたので、その当時の神社に対する理解、概略はまずこの程度であったという事を押えて頂きたいためであります。実はこの記述の中に色々問題点があるのです。それを先ず指摘して、更にそれをどう解決して行くのかという事を次々にお話して行きたいと、こういう含みで、非常に古いもので恐縮ですが、それを資料として持ち出したわけであります。

○神功皇后の実在

そこで、これを読みながら問題点を指摘して参りたいと思いますが、その前に先ず申し上げておきたいのは、神功皇后が果して実在されたのかどうかという問題です。私は常に、神功皇后は実在された方なのだという事を特に強調しているわけなのですが、戦後の古代史学界に於きましては否定的な意見が多いのです。神功皇后、即ち、息長帯比売（オキナガタラシヒメ）と申し上げるのですが、息長帯比売の〝息長〟というのは地名なのです。又〝帯比売〟というのは美しいお姫様という意味なのです。ですから、「そんな曖昧な名前の人は、実際の歴史上の人物ではなく、後世にお伽話の様にして作られたのだ。」という風に説くのが、戦後流行の古代史学者なのです。それに対して私は、「そうじゃない。神功皇后、即ち息長帯比売は、実在された方なのだ。」と説き、そして色々学界では論争があるわけなのです。

これに対して、神社界のある若い人が、「そんな事はどっちでもいいじゃないですか。我々内部の神社人は、とにかく御祭神に奉仕すればよいのであって、実在しようとしまいと、それは学者の勝手な議論であって、どちらでもいいのではないんですか。」と、そういう意味の事を発言したのですね。

これに対して私は、「そうじゃない。神功皇后が実在であろうとなかろうと、どちらでもいいという様な事で、本当の神職としてのお祭りが出来ますか。自分のお祭りしている御祭神は、実在が疑わしい、架空の人物かも知れぬ、と考えながら、その御祭神に対して本当に心を込めてお祭りする事が出来ますか。」と問うのです。

それに対して、それらの人々が言いますのに、「しかし現に御祭神に対して人々の信仰があるじゃないですか。」とこう言うのですね。

それに対して私が言いますのは、「今の信仰があるというのは、例えば、戦前の日本人で神功皇后を架空の人物だなどと思った人が居ましたか。誰も居なかった。戦前は、皆、神功皇后は実在の人物で、これこれの事をされたのだと、誰もが信じて、それが千数百年も続いて信仰になっているのである。ところが、学界でその実在が否定され、従って実際に行われた事蹟も消えてなくなった暁に、果してその御祭神に対する信仰が保ち続けられると思いますか。」と反論するのです。

戦後は、学界では一般に、神功皇后を架空の人物であるといい、従って学校の歴史教育では教えられないのです。そういう状態が、ずっと続いて行ったらどうなるのか。今は、戦前の教育を受け、あるいは、戦前のことを知っている人が沢山居て、それで、この住吉さんの信仰というものが成り立つけれども、学校では教えない、専門の学者は、あれは架空の人物だという、そして神社の神職だけが拝んでいる、という風なことになれば、やがて次第に信仰そのものが無くなるにちがいない。それを私は心配するのであります。

ですから、歴史的人物とされるお方を祭る神社の御祭神というものについて、少なくとも私共歴史学者は、大きな責任がある。実在か否かをハッキリさせようと、それに私は自分の一生を賭けたわけであります。

これは神功皇后だけではありません。第一、神武天皇がそうでしょう。神武天皇だって、今の歴史の教科書には実在の人物としては載っておらないのですよ、そういう情ない状態なのです。その様な状態の中で、何とか歴史の真実を実証したい、そういうつもりで私共は戦後、努力して来たのであります。

その意味で、それらの問題点を公正な立場から学問的に裏付けて行こうというのが、このセミナーですから、単なる御神徳宣揚の会ではないのです。以上のことを御理解の上で、先ずこのプリントを見て頂きましょう。

○境内略図

最初に境内略図でありますが、この中央上部に第一・第二・第三・第四本宮が示されています。その他にも沢山のお建物がありますが、これは若し機会がありますれば、宮司さんにお願いして、少し時間を頂いて、一遍、この神社境内の全体を皆さんと御一緒にずっと廻って、どういう風にそれぞれのお社が祭られているかという事を、教えて頂く機会を得たいと思って居ります。しかし、予め皆さんは、この略図によって、大体のところを御承知おき下さい。

三、御鎮座

この『略記』の一頁を御覧いただきます。

「いまの住吉は、むかしより『玉野の国』とよばれる名勝の地で、その地に御鎮座ましますのが、住吉の大神であります。」

と書いてあります。

○墨江と住吉

今、私は、住吉《すみよし》と申しましたが、この読みについてだけでも、色々お話しなければならない事があるのです。普通、住吉《すみよし》と言いますので、それで良ろしいのですが、古くは、「すみのえ」と言ったのですね。古い表記法によりますと「墨江」と書いてあるのです。これが古いのです。「江」というのですから海と関係が深いのですが、その墨江が何故、住吉になったのか、これだけでも、本当は一回くらいの講義内容が必要なのですが、それは改めて述べる事にして、今は「え」についてだけ、簡単に申しておきます。

皆様大阪の方ですから大阪弁を御存知ですね。大阪弁では、「良い」ことを「えー」と言います。「今日はえー天気やなあ」とこう言うのです。もともと「すみのえ」の「え」には「江」の字が書かれていたのですが、後に、はっきり判りませんが、大体、奈良時代の初め頃に、良い文字を使おうという政府の方針が出てくる。そこで、「江」よりは「吉」の方がいいというので、この字を使うようになったのです。そうすると、「吉」という字はもともと「よし」と読みますね。だから、それが今度は、「すみのえ」が「すみよし」と呼び方が変って行ったのです。

日吉《ひよし》神社って御存知でしょうか。比叡山の日吉神社、いま「日吉大社」と申しますが、あれも同じことなのです。もとは日吉《ひえ》神社、比叡《ひえ》の山の神様を祭るのが日吉神社なのです。比叡山、もともとは古事記にありますように「日《ひ》枝《え》」の山なのですが、「枝」が「吉」に変って、「日吉神社」になるのです。山の方は、今でも比叡山ですが、神社の方は「日吉神社」なので、一般には「ひよし神社」と呼ばれるようになってしまうのですね。

そういう風に訓み方がだんだん変って行きますので、本当は「すみのえ」と言うのですけれども、そう呼んでおりますと、皆さんお聞きとりにくい点があろうかと思いますので、今後は住吉《すみよし》、住吉と申しますが、本当は、「すみのえ」だという事を御承知おき下さい。次に『略記』に、

「神功皇后が新羅を平定せられての帰り途、急に船が進まなくなるといふ変事がおこりましたが、その時、大神が『わが和魂はよろしく大津の渟中倉の長峡に居らしむべし、すなはち因りて往き来ふ船を看む』とお告げになりました。そこで渟中倉の長峡、即ちいまの住吉の地に、大神をお祭りされたところ、忽ち船は進み、皇后は無事に御帰還なさることを得たのでありました。」

こう書きますと、これは皆さん、何でもない様に思われるでしょう。ところが学界においては、この一文の中にもいろいろな意見があるのです。

○渟《ぬ》中《な》倉《くら》の長峡《ながを》

私は結論的に「渟中倉の長峡、即ち、いまの住吉の地に」と書きました。しかし、例えば本居宣長先生などは、『古事記伝』の中で、「ここに出てくる渟中倉の長峡というのは今の住吉ではない」と言われるのです。それではどこかと言いますと、今度の震災がありました兵庫県の神戸市東灘区に住吉というところがありますね。昔の摂津国兎原郡住吉郷、ここにいまも本住吉神社がありますが、あそこだと言われるのです。今日でもその説をとる学者はだんだんとあります。それに対して私は、「そうじゃない、この渟中倉の長峡というのは、この大阪の住吉

の地だ」と言っているのでありまして、これだけでも大変な議論のある問題なのです。詳しくはいずれ又申しますけれども、只今はそういう問題があるのだという事を先ず御承知おき頂きたいと思います。次に、

「この大神の御鎮座は、神功皇后摂政の十一年、辛卯《かのとう》にあたる歳と、古くより伝へられてをります。」

これも又、大事な問題でありまして、この現在の住吉大社も、この「神功皇后摂政の十一年、辛卯」鎮座という説によって、御鎮座何年という事を申しておられるわけなのです。それじゃ「古くより伝へられて」いるというけれども、一体いつからかという疑問がありましょう。それは、私の狭い範囲の知見ですけれども、帝王編年記に見える。しかし帝王編年記という書物は中世のものでありまして、後村上天皇から長慶天皇の御代頃の成立、そんなに古いものではないのです。一方、この御鎮座の年については、日本書紀、古事記には記されていない。日本書紀などには、神功皇后が半島出兵から帰って来られて鎮座されたという事は書いてあるのですけれども、神功皇后の摂政十一年などという事はないのです。

しかし、帝王編年記にそうあるものですから、そしてそれ以外には鎮座の年次についての記録がないものですから、昔からその説をとって「辛卯」にあたる年を起点として勘定をするのです。またそこから住吉さんと「卯」、うさぎとの関係が出て来るのです。

そしてこの神功皇后の摂政十一年、辛卯という干支を西暦で申しますと、西暦の二一一年になっております。ここから勘定して御鎮座何年というい方が、現在の住吉大社で行われているのです。しかし、この年数が、果して歴史的に正しいかと言われますと、事実とは言いにくいのです。この問題は古い神社の歴史を考える場合にいつも起って

来る難しい問題なのです。何故かと言いますと、日本書紀の紀年法、いわゆる皇紀ですが、皇紀はどうして出来たかということを、お話して理解していただかねばならないからです。このセミナーの次回は神功皇后についてお話しようと思っていますから、その次の月くらいに武内宿禰についてお話し、その機会に、この皇紀の問題についても詳しく申したいと思っています。

○武内宿禰

武内宿禰というのは、神功皇后のお伴をして活躍した人として有名ですね。どなたでも名前くらいは御存知でしょうが、昔からよく言われている事は、武内宿禰は三百年も生きた長命の人だということです。しかし、戦後の学界では、三百歳も生きられるものか、これは架空の人物だと、こういう風に言われるのですね。そうすると一般の方は、そりゃそうだと、思われるでしょう。

しかし私は結論から言いますと、武内宿禰は四世紀の頃に実在した人物と思っています。そしてその三百歳というのは、皇紀のために延長されているのであって、これを修正すると、ぐーっと短かくなる。そしてこの人物は紀伊の国造家と非常に深い関係がありまして、神功皇后の半島に出兵されるその背後の力としては、紀伊の水軍の協力が大きいと思われますが、その紀伊の国造との関係を見る上において、武内宿禰の存在は、非常に重要になって来る。そういう問題を何れお話しようと思うのですが、ともかくそれを考える場合に、皇紀の問題を理解しておきませんと、年代の比定において非常に難しい問題が起って来る。今あまり深入りしますと、時間がなくなり、あとの話が続きま

せんから、ともかく御鎮座の年「辛卯」の皇紀を西暦になおすと「二一一年」になる。今はそれだけを申しておきます。次に、

「やがて神功皇后も、『われは御大神と共に相住まむ』と仰せられて、この地に宮殿を定められ、その後、大神（三神）と合せて共に祭られたまふことになりました。」

○神功皇后も合せ祭られたまもうこと

これもこのように簡単に書いておきましたが、この中に、神功皇后が「われは御大神と共に相住まむ」と仰せられたとあるけれども、どこに証拠があるのだという人が居るかも知れません。成程、日本書紀にも古事記にも見えない。しかしそれは、『住吉大社神代記』の中に、伝えられている。それを採用しているわけです。従って、文章はスラリと書いていますけれども、その根拠をちゃんと私なりに持って書いておりますので、そのことを、今後の講義でだんだんと申しあげます。

そして、この地に宮殿を定められて、その後に、大神、つまり表筒男《うわつつのお》、中筒男《なかつつのお》、底筒男《そこつつのお》の三神の大神と合わせて、神功皇后を祭られることになるのです。従って住吉大社の御祭神はもともと、筒之男神、即ち、表筒男、中筒男、底筒男の神様を三殿に祭られて、それに並べて神功皇后を一緒に祭られることになった。それを合せて今、四殿として祭っておられるわけなのです。

別に大海神社がありますね。この大海神社も、住吉としては非常に大事なお社でして、御本殿四社と並ぶところの

重要なお社なのです。機会があれば又、お話いたしましょう。次に『略記』を見て下さい。

「それ故、住吉坐神社四座として世に知られてゐるのであります。」

○住吉坐神社四座

「住吉坐神社四座」といいますのは、平安時代に出来ました延喜式というものに、そのように書かれてあるのです。これは律令格式という四つの法律の中の式というもので、詳細な施行規則が書かれているのですが、その中に国郡毎に神社の名前がズラーと書いてある。これを一般には神名帳といいます。全国の二八六一社、三千近い神社のお名前が書いてあって、そしてその神社には朝廷から皆、幣帛が献られるということになっているわけです。その神名帳の摂津国住吉郡の筆頭に「住吉に坐す神の社、四座」と記されている。それを踏まえて書いたわけなのです。

○式内社

ついでに申しあげますと、この延喜式に載っている神社のことを式内社といいます。つまり式内社というのは、少なくとも延喜の時代迄に成立している神社で、非常に古く、そして格式の高い神社という事になっておるのです。その式内社が、全国に二千数百社もあり、その殆どが今日迄、ずっと続いているということは、非常に珍らしい。世界中を探したってそういう歴史はありません。

ところが、千年以上も続いておりますけれども、その中には、やはりだんだん衰えるといいますか、さびれて行く神社もあり、その所在がわからなくなった式内社もあるのです。そこで、これらの神社を、一遍全部、調査しようという遠大なる計画が立てられました。もう二十二、三年前のことです。一寸、話が余談になって恐縮ですが、こういう機会に何でもお話して神社史の底辺の知識を持って頂きませんと、これからその上に建物を建てて行きますのでね。基礎をしっかりしておいてほしいのです。式内社といえばああ、あれか、という知識を持っておいて頂かないと、あとの話が続きませんので。ですから、私の話はこれからだんだん螺旋状に円を描く様にして高まって行きますけれども、底辺の所だけは、先ず十分に御理解いただきたいと思います。

○『式内社調査報告』

この式内社を全部調査しようという事を、初めて言い出されたのは、三菱総合研究所の社長をしておられた中島正樹というお方なのです。その人が、シュリーマンというドイツ人の有名な考古学者に憧れて、日本の古いお社を一遍全部調べたらどうか、という計画を昔からもっておられた。それを、滝川政次郎博士という、これまた偉い法制史の先生が居られて、もう亡くなられましたけれども、この滝川先生に話をされます。滝川先生は法学博士で、博覧強記、非常な碩学です。この先生が、田中に片棒を担がせて、田中が、ウンと言うならやりましょう、と答えられた。そして相談をうけた私は、当時、まだ若かったのですが、滝川先生をお助けするという立場で、二人で担当しました。そして、全国に三百六十数名という多数の方々の協力を得、十六年かかって出来上ったのが『式内社調査報告』二十四冊。しかし「索引」が必要で、それを又、皇學館大学の清水潔教授（現在、学長）が中心で五年くらいかけて作り上げ、今年の二月末に完成予定で、計二十五冊。

この『式内社調査報告』には、全国すべての式内杜の説明が書いてあるのです。地図も入れてある、写真も入れてある。調査はもちろん大変な苦労でしたが、この出版も大変な事業でした。これを皇學館大学の出版部が刊行してくれたのです。私は色々な出版社に声をかけたのですが、皆んな二の足を踏むのです。全国三千の式内杜を調査し、二十五冊の本を、原稿を書きながら並行して出版するというのでしょう。皆んな信用しないわけですよ。出来ましょうかって。でも出来上ったのです。それを私は非常に喜んでいます。

そこで皆さん、式内社の神社を調べようと思われたら、この『式内社調査報告』を先ず見て下さい。二十四冊はもう完成しています。もうじき総索引も出来ます。これを御覧になれば、式内社についての研究、まず基本的な研究は出来ます。住吉大社は、その式内社の中でも、特に有名な名神大社ということになっているのです。

○御鎮座地

また『略記』を見て下さい。

「この御鎮座地は、大阪市の東寄りを南北に走るいはゆる上町台地の、一番南の端にあたってをり、いまこそ海岸より遠く七キロメートルも離れてゐますが、むかしは、近くまで海浜が迫ってゐたのでして、古人は、『海浜の祠宇、烟波を枕にす』などと詠んでをります。」

今は海岸より、もっと離れていると思います。七キロメートルというのは、昭和三十年の話です。皆さん御承知のあの高灯籠、住吉公園の向うに高灯籠がありますね。あれが昔は海の近くにあったのです。だから航海する人は、あの高灯籠を見て航海の安全をはかったのです。それが今はもう町の中になってしまっている。知らない人は、なんで、あんな所に高い灯籠があるのかと不思議に思われましょうが、昔はあれが海岸にあったわけなのです。尚、ここに引用しました古人の詩、「海浜の祠宇、烟波を枕にす。」といいますのは、平安時代の学者大江匡衡の『江吏部集』に見えるものですが、同じ頃、藤原為時は「海浜神祠。住吉祠。」と題して詩をよんでいます。これらによって、今から千年位前には、住吉大社が海浜に祭られていたことが明らかになるのであります。

○参拝の道すじ

そうなりますと、次には、この住吉大社にお参りするにはどの道を通ったのか、ということが重要な問題となります。普通は、今、神社の前を南北に通っている二十六号線、あれをずっと来られて、神社の前で東に折れてお参りされるのですね。

それで、これも又、常識として御承知おき頂きたいのですが、古い神社は、必ず、参道に対して、直角に、しかもお社までの距離は近いのです。伊勢の神宮を思い出して下さい。内宮にお参りされた方は御存知でしょう。宇治橋を渡って、ずっと進んで、――神宮の場合は、御遷宮ごとに御敷地がかわるわけで現在は東側でありますが、その前は西側にあったわけです。――いずれにしても、この長い参道から一寸、こちら、左（北側）に折れて、石段を昇って御正殿にたどり着くわけですね。つまり参道と御本殿との間が石段だけで非常に短い。これが古社の例なのです。これはお参りがすんでから、いつ迄も、神様にお尻を向けて歩いて行く様な事はしないということです。

だいたい、神様の前に進んで行くのにも、なるべく真正面はさける。退く時には、また一寸、中央線をはずして下って来る。ですから、参拝してから、いつ迄も神様にお尻を向けて歩くというような参道が出来るのは、ずっと新しい、中世以後の神社の場合です。例えば鶴岡八幡宮を見て下さい。鶴岡八幡宮は御本殿の前を真直ぐに、ずっと立派な参道が続いているでしょう。あのようなのは新しい神社です。古社は参拝後はすぐに横に向いて退下する様になっているのです。

従って住吉の場合も、その様になっていますので、私は以前から、神社の前、つまり西側の南北の道から東に折れて参拝したものと思っていたのです。ところで、『住吉大社神代記』を見ますと、神社の東側、つまり背後に、大きな駅路があると書いてあるのです。斎垣の内の四至、「しいし」と読みますが、それを見ますと、「東を限る、駅路」とあるのです。そして、西はどうなっているかというと、「海棹の及ぶ限り」とある。海棹の及ぶ限りというのは面白い書き方で、舟の棹で航海できる範囲、全部が住吉の領海だというのです。

西の方の「海棹の及ぶ限り」というのは余りに話が大きすぎると思う方があるでしょうが、東の方の「駅路」、これは認めざるをえません。つまり、神社の裏側に駅路という大きな道があったのだということがわかる。そうなりますと、神社にお参りするのは、一体、どちら側から入ったのか、という疑問が起ってくる。駅路からか、海からか。本当は住吉大社には海からお参りしたのです。少なくとも大昔は海から直接お参りしたと、私は考えているのです。

そんな、海からお参りする例はあるかと言われたら、あるのですね。私は対島へも何回か調査に行きましたが、対島に和多都美神社という神社がある。この和多都美神社は、海の中にちゃんと鳥居があるのです。海からお参りする形が今も残っているのです。もっと皆さんのよく知っている例を申しますと、広島の厳島神社はどうですか。厳島神社に行かれたら海の中にちゃんと鳥居があるでしょう。あれが本来の参道、お参りする道ですよ。そういう事を頭に置けば、住吉大社が海からお参りしたという事は不思議でも何でもない事です。

なお、『略記』には次に境外末社の大歳さんをはじめ、色々書いてありますが、これはもう時間がありませんから、あとで読んでおいて頂きましょう。

四、御祭神

次に御祭神について『略記』には、次のように書いております。

「本社は、住吉大神と神功皇后をお祭りしてをります。

住吉大神とは、底筒男命・中筒男命・表筒男命の三柱の御神を総称して申し上げるのであります。」

このツツノヲを「命」といったり、「神」と呼んだりします。これも又、実は色々難しい問題があるのですが、まあ一応、ここでは命としておきます。

次に「三柱」、神様の数を勘定するのは、一柱、二柱と言うのです。この頃の若い人は、神様を、一人、二人という人もありますけれども、神様が一人二人ではおかしい。といって、一つ二つでもおかしいので、これは一柱、二柱と呼ぶのです。何故かというと、昔、神様は、柱を依代《よりしろ》とされたからだと思います。神宮でも、心の御柱というのが

あります。あの心の御柱こそが、神様の依代でありましょう。何れにせよ、神様は何柱と数えるのです。次に、

「日本書紀や古事記といふわが国で最も古い史書の伝へるところによりますと、」

これは、いわゆる「紀・記」。紀・記といいますのは、日本書紀の場合は、糸偏の紀、古事記の場合は言偏の記でありますので、今の多くの学者は、言偏の記を先に書きまして「記・紀」というのですが、私の場合は、糸偏の紀、日本書紀の方を先に書いて、「紀・記」と呼んでおります。それはどちらでも結構ですが、私は日本書紀を、歴史の立場からは、より重要な史料と見ております。出来た順序は古事記の方が和銅五年（七一二）、日本書紀の方が養老四年（七二〇）で、古事記の方が八年早いのですけれども、歴史の史料としては日本書紀の方がしっかりしている。そういう意味で、私は日本書紀を先に、「紀・記」という順序に呼んでおりますが、皆さんはどちらでも結構です。ただこれから、紀・記といいますのは、日本書紀と古事記のことだなと、理解しておいて下さい。その紀・記によりますと、

「伊弉諾尊は崩くなられた愛妻の伊弉冊尊を追って黄泉国までゆかれますが、望を達せず、却つて黄泉国の汚穢をうけられたので、それを清めるため、筑紫の日向の橘の小戸の檍原で、海に入つて祓除をせられます。その時、生れませる神が、底筒男命・中筒男命・表筒男命の三柱、すなはち住吉大神であります。」

これが、日本書紀や、古事記の神代の巻に載っている記事、いわゆる神話として書かれておる所の古伝なのです。戦前は、ずっとこれだけを述べて来たのです。私もこの『略記』の中では、これだけにしておいたのです。

ところが、今の戦後の教育を受けた人々は、これを読んで、直ぐに、そんなおかしな事があるものかと、否定して

しまいます。黄泉国ってどこなんだ、そこへ妻を追っかけて行った神様が汚穢を受けたからと言って、筑紫の日向の橘の小戸の檍原で祓除された、その時にまた神様が生れて、それが、住吉の大神だと、これはお伽話ではないか、と思ってしまうのです。これだけでは満足しない。そこに問題があるのです。

それをどう考えたらいいのかという事は、これからのセミナーでだんだんお話して行きますので、今はふれません。しかしこの古い伝承というものは、古伝として非常に大事なことなのです。これを無視したり、抹殺するのは正しくない。むしろこれは伝承として大事にしてゆく、この伝承を大事にすることによって本当の歴史が判って来るのです。逆に言いますと、こんなものつまらんといって全部、取り除いてしまったら、かえってこれから私の言う歴史の事実というものは浮んで来ない事になるのです。

○伊弉諾尊、伊弉冊尊

それから、ついでに一寸、申し上げておきますが、この伊弉諾尊、伊弉冊尊が、天の浮橋に立って天の瓊矛をさしくだし、海水をかきまぜて引きあげられると、矛の先からしたたり落ちた潮が凝り固って磤馭盧嶋《おのころ》となった、というのです。そこで磤馭盧嶋はどこだという事になりますが、よく判りません。まあ大体のところは、淡路島ないし、その周辺の島と私は考えておりますが、確かなことは判りません。ともかく、二神は磤馭盧嶋に降り、そこで夫婦の契りをして国生みをされて行くわけですね。それでその最初に生まれた島が淡路島。それからあちこちの島を生まれて大八嶋の日本が作られるのです。

そして最後には、伊弉冊尊が火の神を生まれて先に亡くなってしまわれる。やがて夫の伊弉諾尊も亡くなるのですが、この神様を祭ったお社が、日本書紀では伊弉諾神宮、古事記では多賀大社なのです。

○伊弉諾神宮

滋賀県の多賀大社は有名ですが、伊弉諾神宮というのは、皆様あまり御存知ないかも知れません。しかしこの神宮は、日本の国生みの第一の島、淡路島の一の宮として祭られている非常に大事な神社なのです。だから「神宮」とついているのです。神宮とつくのはめずらしい。伊勢の神宮、熱田神宮、明治神宮でしょう。ほかは神社、大きな神社でも大社という。住吉でも大社です。この伊弉諾神宮に、伊弉諾の大神は祭られているのです。

これが、今度の、正月十七日に起った大地震の中心地といわれています。私はその直後、正月二十一日の國民會館での古代史セミナーで最初にそれを申したことですが、或いは、これは神様の思し召しかも知れない。国生みの最初の島に於いて、これだけの亀裂が走った。戦後五十年、日本人がボヤボヤしているものですから、戒められた様な気が私にはするのです。勿論、被害を受けられた方々は、大変お気の毒で、これは、皆んなが協力してお助けし合って行かなければなりませんが、しかし、日本の一番大切な、国生みの最初の島、根本の所に亀裂が走った。これは余程、深く考えなければならない問題だと思います。

そして、その事によって、私は日本人が目覚めたのではないかと思うのです。現在、皆んな助け合っているでしょう。あれだけの義援金が集まり、色々なものを送ったりして、協力し合っているのです。若い人でも、ボランティアとして皆、一所懸命やっている。あのような助け合いの精神は、この間まで、ほとんど忘れられていた。自分のことだけ考えて、他人のことはどうでもいいというのが戦後の日本人だった。それが、今度のことによって、目が覚めたのではないかと、私には思えるのです。とすれば、これは天啓と申すべきかも知れません。被害を受けられた方々にはまことにお気の毒であり、私共は当然、皆で助け合わなければなりません。私はその事を前提としてお話しているのですが、この大地震の中心となった淡路島が、国生みの最初の島で、ここに伊弉諾神宮が祭られているという事を覚えておいて下さい。

次にまた『略記』を御覧下さい。

「神功皇后は第十四代仲哀天皇の皇后にましまし、父は開化天皇の曾孫にあたられる気長宿禰王、母は葛城高額媛と申し、天日槍の後裔にあたられる御方であります。」

これも次回の「神功皇后の実在をめぐって」の中で詳しくお話いたしますが、こういう風に、神功皇后は、「仲哀天皇の皇后にましまし」などと私が言いますと、それだけでも反撥しますのが、戦後の古代史学界なのです。仲哀天皇なんて存在しない。天皇のもともとの名前の「タラシナカツヒコ」などは具体性が無く、これは七世紀前半につくりあげられた架空の天皇だ、というのです。その架空の天皇の皇后などと言うのは、馬鹿げた事だと、こう言って無視しようとするのです。

開化天皇に至っては第九代、さらに古い天皇ですから、それは勝手に作り上げられた天皇だといいます。従ってその曾孫にあたる気長宿禰などと言っても、宿禰などというのは人の名前の下につく尊称、気長というのは神功皇后の気長足姫の気長と同じで地名ですからね、気長の宿禰と言っても、抽象的で具体性が無い、というわけです。それに対して私は、そうではない、この系譜は十分に信じてよい、と主張しているのです。詳しい話は後日にしますが、ここでは先ず「母は葛城高額媛と申し、天日槍の後裔にあたられる御方」という点に御注意下さい。

○天日槍

これは、一般の人々はあまり言いません。言いませんが、これが大事なのです。天日槍《あめのひぼこ》といいますのは、新羅の国王の子供なのです。この席には、あるいは韓国なり、北朝鮮に御関係の方がいらっしゃるかも知れませんが、いらっしゃっても少しも差しつかえありません。

私は昭和五十二年に大韓教育聯合会に招かれて、歴史教育の問題で向うの学者と討論した事があります。今は韓国が非常に発展して来ていますが、私が行った頃、まだ発展途上国でしたのでね、何かにつけて日本に反撥しておりました。最近はそうではありません。公平に歴史を見るだけのゆとりが出て来ておりますから結構なことです。

十数年前の彼等は、公の席では、盛んに日本の悪口をいうのです。そして日本には、我々の祖先の植民地があったのだと、例えば、この近くにも百済郡なんてあるでしょう。これらは、我々の祖先が日本へ行って開発した土地だと言う。これが有名な〝日本分国論〟というものですが、こういう事を韓国の学者は盛んに言いました。それで私は立って、「そうか、それならあなた方の祖先は、日本を侵略したということか。」と言って切り返した事がありますがね。

そういう様な議論は別にして、はっきり古事記に書いてある事で言いますと、新羅王の子孫が天日槍、これは又、この次に資料でお目にかけますが、天日槍という人がいて、その何代か後にあらわれたのが、神功皇后のお母さんなのです。そして、お父さんの気長宿禰王は皇室のお方、その二人の間に生れたのが神功皇后、こういう事になるのです。日本の歴史の中に韓国の系図がちゃんと入っているのです。それを、日本の学者はあまり言わないけれど、私はそれを昔から言っているのです。韓国の学者もそういう事をしっかり知って、むしろ神功皇后という人を研究してもらいたい。ともかく、そういう風に古事記に詳しい系図があるのです。それを踏まえて私はこの記事を書いている。ですから、これは何でもない様に思われるかも知れないけれども、文章の背後には、非常に重要な一つの歴史の事実があるわけなのです。そのつもりでお読み頂きたいのです。

○伊都国

これも、いずれ詳しくお話する一つのヒントとしてだけ申しておきますが、この新羅の天日槍、天日槍の子孫というのは、初め、実は九州の伊都国に居たのです。今の福岡県糸島郡、古代史をやっている人ならよく御存知のあの〝伊都の国〟です。魏志倭人伝に出て来ます伊都の国、その地に居た伊都の県主が仲哀天皇を迎えて、「自分は天日槍(日桙)の子孫です。」と言って名のり出る、そういう資料があるのです。

仲哀天皇と神功皇后が熊襲平定のために九州へ行かれる。そして更に神功皇后が朝鮮に兵を出されるのですが、これもですね、今の学者は、神功皇后が半島に出兵できる訳はないと言って馬鹿にしますけれども、しかし、今申しましたように神功皇后の母方の出自が韓国に関係があり、そして伊都の県主も同様という事になって来ますと、初めて、神功皇后のいわば、バックグラウンドといいますか、背後の勢力というものが良く判る。

確かに、畿内から、或いは敦賀から、軍隊を率いて北九州までやって来て、それから更に半島に渡るなどということは、これは、大変な事です。舟も一隻や二隻ではないのです。何百何千という船を出さなきゃ向うで戦争など出来ません。そんな事が、神功皇后の時代に出来たのかと、こう言われると、皆、頭をかしげるでしょう。

しかし、それが可能であったという理由がある。それは、この北九州の勢力が協力したからです。つまり、神功皇后の背後には、伊都の勢力がついているのです。先程、一寸、触れました様に、紀州の武内宿禰の勢力もついている。そういう水軍の力でもって、北九州まで行き、更に半島にまで兵を出し得たのです。北九州の協力がないと、とても朝鮮までは行けません。

仲哀天皇の方には、それが無いのですね。仲哀天皇は熊襲を撃とうとして失敗される、それに対して神功皇后は、問題は熊襲じゃない、朝鮮だ、新羅だという神託を信じて出兵し、成功される。それは、朝鮮の知識があるからなのです。何故そんな知識があるかというと、母方の祖先が新羅なのです。それでよく判るでしょう。これらの所は非常に面白い歴史です。

次にまた『略記』をみて下さい。

「仲哀天皇と御一緒に九州の熊襲征伐に向はれ、天皇の崩御せられた後も、女性の御身ながら、更に進んで朝鮮半島にまで出兵せられて、大いに国威を輝かされた御活躍ぶりは、ひとり我が国のみならず、世界史上の一偉観とせられてをります。」

「天皇の崩御せられた後も」というのは、先程申しましたように、仲哀天皇は、そこで亡くなってしまわれる、神託に従われないで熊襲を討ち、そのために亡くなってしまわれるのです。それにも拘らず女性の身で半島にまで出兵された神功皇后の御活躍ぶりは、世界史上の一偉観であると、私は思うのです。

次に本社及び摂社・末社の社号と御祭神について書いておきました。次の通りであります。〔補注。以下の社名・祭神名に、現在、変更した箇所あり、（　）内に付記する。〕

本　社

第一本宮　底筒男命

第二本宮　中筒男命

第三本宮　表筒男命

第四本宮　神功皇后

摂　社

大海神社　豊玉彦命・豊玉姫命

志賀神社　底津少童命・中津少童命・表津少童命

船玉神社　天鳥船命・猿田彦神

若宮八幡宮　応神天皇・武内宿禰

境内末社

楯社　武甕槌命
鉾社　経津主命
児安社　興台産霊神
侍者社　田裳見宿禰・市姫命
后土社　土御祖神
斯主社　国盛霊神
招魂社　大国主命（現在、諸靈神に改む。）
楠珺社　宇迦魂命
八所社　素盞嗚尊
市戎社　事代主命（現在、大国主命を合祀。社名も「市戒社・大国社」と称す。）
新宮社　伊邪那美命・事解男命・速玉男命
立聞社（長岡）　天児屋根命・国常立命
貴船社　高龗神
海士子社　鵜茅葺不合尊
龍社（御井）　水波野女神

四、御祭神

今　主　社　　国助霊神
種　貸　社（苗見）　倉稲魂命
境外末社
大　歳　社　　大年神
浅　沢　社　　市杵島姫命
筑港住吉神社　　底筒男命・中筒男命・表筒男命・神功皇后
宿　院　頓　宮　　住吉大神（現在、神功皇后・大鳥大神を合祀。）

今日はもう時間がありませんから、後程、詳しく、見て置いて下さい。ただ境内末社の中で、特に注意すべき一つを申しますと侍者社《おもとのやしろ》というのがあります。田裳見宿禰《たもみのすくね》を祭っています。この田裳見宿禰というのが、神功皇后に自分の土地を献上した人物です。田裳見宿禰が自分の屋敷地を神功皇后に献上し、そこに住吉大社が出来ているのです。そしてこの人はずっと最後迄、皇后に附き従ってお祭りしたので侍者と書いてある。侍者社、面白い名前ですね。

○本社御祭神の順序

次に、今の御本社と祭神の関係について一言だけ申し上げておきます。これも又、詳しくお話しますと難しい問題があるのですが、第一本宮が「底筒男命」、そうなっていますね。ところが『住吉大社神代記』を見ますと、第一本宮に「表筒男」命と書いてある。第三本宮が、又、逆となって、今は「表筒男命」とありますが、『住吉大社神代記』

には「底筒男」命となっているのです。これは非常に厄介な問題なのですね。御祭神がかわってしまう。これは一体何故か。それを又、詳しく考えなければならないのですが、今は簡単にお話しておきます。これは、底・中・表というのは、あとでつけ加えられた言葉で、もともとは「筒之男」の神様なのです。それを御出現の場所に関係づけて、後に表・中・底の表記を加えているのですから、それはその時代々の信仰と関係して変って行く事もあるのです。しかし本質は「筒之男」の神様で、これは変りない。あんまり、順序にこだわる必要はありません。両方の順序を認めてよい。そして今の順序になったのも随分古いことなのですから、その通りでよいと思います。

　さて、最後に御神徳について申しあげて終わりたいと思います。時間がありませんので『略記』を読みます。

五、御神徳

「住吉大神がはじめて御神威をあらはされましたのは、神功皇后の熊襲征伐の際のことであります。当時、熊襲は朝鮮の新羅と手をむすび、しきりにわが国に反抗して勢も強く、そのため仲哀天皇は熊襲征伐の途上で崩くなられるといふ困難な情勢にありました。しかし皇后が、御神託によって、住吉大神をお祭りになりましたところ、忽ち強大な熊襲を平定せしめることができました。そこで次ぎに反抗の本拠である新羅に兵を進められるのですが、この時、再び住吉大神が、『和魂は王身に服《したが》ひて寿命《みいのち》を守り、荒魂は先鋒として師船《みいくさのふね》を導かむ』と仰せられ、その御神威によって新羅を降伏せしめることができました。その結果、彼の地に、日本の内官家《うちつみやけ》を設けられると共に、住吉荒魂神社を定め、磯鹿《しか》の海人名草といふ人を祝として祭らしめられました。これは、わが国の海外発展史上、最も古くまた頗るめざましい事実でありませう。」

これも、私は簡単にそう書いておきましたが、新羅に住吉の荒御魂の神の社を祭るなどといえば、それこそ妙に思われるでしょう。だけど、そうなのです。それが古事記に書いてあるのです。古事記には、神功皇后が新羅の国王の門の前に杖を突き立てて、杖というのは、持参して来られた杖を突き立てて、そしてそこに住吉の神を祭って帰られたと書いてあるのですよ。

ところが、さすがの本居宣長先生でも、あのお方はもう古事記一辺倒、その宣長先生でも、この部分の古事記の記事は間違いだと言われた。それはそうでしょう。まさか、誰も新羅の国王の門の前に、住吉さんを祭って帰るなんて考えつかないでしょう。ところが古事記にそう書いてある。しかしこれは、古事記が間違いで、日本に帰ってから祭られたのではないか。福岡には住吉神社がありますね。それから山口県下関市にもありましょう。日本に帰って来て住吉さんを祭られた、それなら判るけれども、新羅の国王の門の前に住吉さんを祭るなんて、そんな事はあり得ないという。それが宣長先生の判断だったのです。

しかし私は、そうではない、これが正しいのだと言ったのです。何故かというと、そこの部分が『住吉大社神代記』に詳しく書いてあるのです。古代における戦というものは、そういうものなのです。勝った時には、その土地に自分の奉じる神を祭るのです。伊勢の神宮でもそうですよ。伊勢の神宮でも、大和朝廷の倭姫命が皇祖神の日の神を奉じて進んでゆかれ、伊勢に祭られたというのは、大和朝廷の勢力が伊勢地方にまで拡大して行った証拠です。伊勢にまで、大和朝廷の版図が延びて来た、そこに皇祖神の日の神を祭られるわけです。

同じ様に、神功皇后は朝鮮まで攻めて行って、そしてそこに住吉の大神を祭られた、不思議でも何でもない事です。これは、皆さん、国境線というのを今の地図で考えられるから、話がおかしくなる。昔は国境線などありません。

私はいつも学生に言うのですが、九州と朝鮮とを考える時には、対馬ぐらいにコンパスの中心を置いて円を描いてごらん、北九州と南朝鮮が一つの円の中にはいる。これがその当時の、このあたりに住む人々の生活圏なのです。だから、こちらが向うに行く時もあるし、向うがこちらに来る時もある。それぐらいのゆとりを持って、古代史というものを見なければいけない。それを、この間に国境線を引いて、国境線を越えて日本の神様を祭ったりするものかと、そんな風に思われるのは、今の人の考えです。

そうじゃないのです。神功皇后が向うを平定した時に、自分が奉じている神を、その地に祭るのはあたり前のことです。しかしまた、やがて、新羅の方が強くなれば、その日本の神は捨てられてしまうでしょう。当り前のことです。向うには向うの立場がある。しかし、こっちにはこっちの立場があるのです。何も不思議なことではない。そのことを古事記にちゃんと書いてある。それを又、『住吉大社神代記』は、別の資料で詳しく書いてある。私はそれを見出した。それでこの文章が出来ているわけなのです。

「これより、住吉大神の異賊退治・国体護持の御神徳はいよ〱高く仰がれまして、天智天皇の御代に新羅の僧道行が草薙剱を盗んで逃げようとした時、或は平将門の謀叛の際、また蒙古の大軍攻め寄せた時、或は幕末の国家危急の際など、いづれも国難に臨んで大神の御神威は一段と輝き、天下崇敬の的となられたのであります。」

この中でも、色々と面白い話があるのです。草薙劔が出て来るのですよ。そんな事を一般の方々は思いもされないでしょうけれどね。草薙劔が一時、住吉さんに預けられていた事があると、私は思っています。「まさか」という様な顔をされていますが、本当なのです。まあ、それは又、別の機会にお話しましょう。

ともかく、そんな色々な問題、世間ではあまり知られていない歴史があるのです。もう、時間が過ぎていますので、『略記』を大急ぎで読むことにしましょう。

「もとよりそれらは、大神の荒魂としての御神威を示されたのでありまして、一方、和魂としましての御神徳は、また更に高く仰がれてをります。

元来、大神は、御出現の際より海に御関係があり、当社御鎮座の由来も『往き来ふ《かよ》船を看む』との御託宣にもとづくのでありますから、古来、海路の平安を守りたまふ神として深く信仰されてまいりました。遣唐使の出発に先立ち、朝廷よりは必ず当社に奉幣あらせられ、『皇御孫尊の御命以ちて、住吉に称辞竟へ奉る』云々と祝詞の奏上せられてをりますこと、或は天平五年、入唐使の妻が夫に贈る歌として、『かけまくの　ゆゝしかしこき墨吉のわが大御神　船のへに　うしはきいまし』と神明の加護を祈ってをります点、或は大同元年、遣唐使の平安を祈るため特に神階従一位を授けられてをられます事実などに照して、大神の海路平安の神としての御神徳の一端は明らかでありませう。その御神徳は、源氏物語の一節にも特筆されてをりますやうに、広く国民の間にゆきわたり、特に漁業および航海業者は深い信仰を捧げて今日にいたってをります。

しかし平安時代以後になりますと、大神を和歌の神として仰ぐ信仰もいよ〳〵盛んとなりました。それは伊勢

物語に、住吉大神の御歌が記されてをります点より喧伝されたやうですが、しかしその大神の御歌は、

宜《うべ》まさに　君は知らませ　かみろぎの

久しき世より　齋《いは》ひ初《そ》めてき

として、早く奈良時代以前より当社に伝へられてをりますことは『住吉大社神代記』に明らかであり、大神が和歌の神にましますことの御由緒は頗る古いと申さねばなりませぬ。それ故、歌道に志して当社に参籠される人々少からず、献詠また数知れぬ有様ですが、就中、建仁元年の熊野御幸の途次、当社に参詣あらせられての後鳥羽上皇の御製、

かくてなほ　かはらずまもれ　よゝをへて

此みちてらす　住吉の神

及び供奉の藤原定家の和歌

あひおひの　ひさしき色も　常磐にて

君が代まもる　住吉の松

などは、最も有名でありませう。しかも一段と注意せられますことは、和歌の道が敷島の道に通じ、それが更に日本精神の道に通じて解せられましたことで、たとへば、後醍醐天皇の皇子宗良親王の御歌には、

すみよしの　神のしるべに　まかせつゝ

昔にかへる　みちはこの道

とも見えてをります。

かやうな大神の御神徳を拝しますと、かつて歌人宗祇が、いみじくも喝破いたしましたやうに、『住吉明神は文武を守り給へり、此の道は両輪の如し、国家を治めむ人は、此の御神の心を観ずべき事とぞ覚え侍る』ではありませぬか。」

この終わりの文章は、宗祇の書きましたものに『筑紫の道の記』というものがありまして、九州の筑紫ですね。これは群書類従に入っていますが、その中に宗祇が福岡の今の住吉神社にお参りした記事がある。私は、これは非常にいい記事と思って特にここにあげたのです。

「しかも、なほ大切なことは、大神が農業・産業の神として御神徳のあらたかなことであります。それは仁徳天皇の御代、住吉大神の御教によりまして、河内国の紺口の溝を掘って石河の水を引き、附近の土地を灌漑して広大な田地を耕作することができたと伝へられてをり、かやうに大神が盛んに用水を通はしめて耕地を開発せられた所伝は『住吉大社神代記』に詳しく見えてをります。それのみならず、大神が苗代田に草を敷かずに苗代を作る方法を教へられたといふことが播磨国風土記にも記されてをりますから、大神が農耕の神として、奈良時代以前から崇敬せられてゐた事実は明らかでありませう。いまに行はれる当社の御田植の神事は、かやうな古来の信仰を伝へたものに他なりませぬ。しかも古い時代の農耕は、とりもなほさず当時の産業を代表するものでしたから、いまの世にあてはめれば、大神は即ち産業の神と申し上げてよろしいわけで、それ故にこそ、当社は農業関係者のみならず、商業・工業にたづさはる人々の深い信仰の的となつてをります。

このやうに、住吉大神には数々の御神徳が拝されますが、しかし最も注意すべきことは、その御神徳の霊験が極めて灼《あらたか》な事実であります。それを物語りますものは、大神が屢々『現人神』としてこの世に現形《げぎょう》したまふといふ信仰でありまして、この信仰は古く奈良時代以前より盛んであり、後世まで『住吉のあら人神』として数多くの歌文がつくられてをります。この現世に御姿をあらはされるといふ特異な信仰は、よく大神の御神徳の偉大さを立証するものと思はれます。

それ故、当社に対する朝野の崇敬は頗る厚いものがありました。公家・武家および一般の人々の参詣にいたっては絶えることなしと申す他はありませぬが、殊に皇室におかれては、歴代深く当社を御崇敬になり、天武天皇の御代の奉幣をはじめ、行幸或は神宝の御奉納などあひつぎ、特に後村上天皇が戦乱の世の前後九年間、当社に行在所をおかれましたことは、かしこき極みと申さねばなりませぬ。近来も、明治天皇は明治元年四月二十日、同十年二月十四日の両度まで御親拝あらせられ、また大正天皇、昭憲皇太后、貞明皇太后をはじめ奉り、秩父宮同妃殿下、高松宮同妃殿下、三笠宮殿下その他の各宮殿下が御参拝あそばされ、殊に、今上陛下が東宮におはしました大正十年、御渡欧に際し、御旅行の御平安をお祈りあらせられ、御帰朝の後、皇太后陛下には親しく御参拝あり、金燈籠一封を御寄進あそばされました。今次大戦の後も皇太子殿下御渡欧の際、御名代として義宮殿下が昭和廿八年五月十六日御平安を御祈願のため御参拝あらせられました。」

本日は、概略、大急ぎで、ともかく住吉さんというのはこういう神社なのだという事を、あらまし皆様に御理解頂いて、これから段々と各論に入りたいと思います。大変早口で色々な事をお話しましたので、お判りにくい所もあったかと思いますが、一応これで終わりにさせて頂きます。
御清聴有難うございました。

二、神功皇后の実在をめぐって

（平成七年三月四日）

はじめに

本日は住吉セミナーの第二回ということで、「神功皇后の実在をめぐって」という演題でお話を申しあげます。此処にお集りの皆様方は、住吉大社に御関係があったり、あるいはその崇敬者でいらっしゃったり、あるいは戦前からの歴史教育を御存知であったり、まあ色々な立場が御座居ましょうけれども、いずれにしましても、神功皇后が古い時代に実在して、これこれの働きをされたのだという事を、御承知になっておられる事と思います。ところが戦後の学校教育だけを受けた人々は、この席にもいらっしゃいますけれども、それらの方々は、神功皇后を実在の人物としては教育を受けておらないのです。これは、後程、教科書でお目にかけますけれども、戦後は神功皇后という名前も出てこなければ、その人が何をしたかということも教えない、そういう教育が五十年、ずっと続いて来ておるわけなのです。

ご年輩の方、つまり戦前の教育を受けた方には、神功皇后は実在していらっしゃった、現にこうして神社にお祭りされているではないか、という事で、すみますけれども、戦後派の人々にとっては、神功皇后という名前を出すこと自体が、歴史的な話ではなく、そのような話はお伽噺と歴史とをごっちゃにした古い考え方だ、という批判をうけることになるのであります。

私共、教育に関係している者から申しますと、そういう戦後の現実を踏まえて、研究を進めて行かなければならない。従いまして、初めから「神功皇后ありき」という風なことで、それを大前提として、お話したのでは、今の一般の教育界・学界においては通じない。そのことをどうか先ず御理解頂きたいと思います。

そこで、本日、資料のプリントを四枚用意致しましたが、それと並行して、昨年、暮に、住吉大社から出版して頂きました『住吉大社史』の中巻においても、これらの問題を更に詳しく述べておりますので、必要な所は、これと合せて御説明をして参りたいと思います。従いまして一寸話が難しくなります。神功皇后のただ伝承されておる内容を述べて行くだけならば、簡単で判りやすく、また面白い話になりますけれども、そうじゃなくして、今申した様に神功皇后の存在が一般には否定されている、「そんな人物は実在しなかったのだ」という学説に対して、「そうじゃない。実在されたのだ」という論証をしようとするわけですから、これは一寸、一般の話としては難しくなるのです。しかし、そのハードルを超えないと、今の学界なり、教育界においては通用しない。そのことを予め、よく御理解頂きたいわけなのです。

一、直木孝次郎氏の神功皇后〝実在否定説〟

さて、一枚目に〔1〕として、「神功皇后〝実在否定説〟のいろいろ」という事で、幾つかの資料を挙げておきましたが、先ず代表として、直木孝次郎さんの学説、これを御紹介するわけであります。

直木さんは、長く大阪市立大学の教授をしておられました。現在はその名誉教授であります。古代史学界においては非常に有名、有力な学者のお一人であり、むしろ代表的な一人であります。私は若い時から直木さんとは昵懇にしてもらっておりまして、年は四歳ばかり私が年下なのですけれども、一緒に私の研究室で研究会もして来た間柄なのです。ところが、ある時期から、直木さんの考え方は、古典に対して懐疑的といいますか、むしろ古典の欠点を指摘することに熱心になります。それはそれで結構なのですけれども、しかし、その根拠が、私共から申しますと、きわめて薄弱と思えるのに、新奇を求めて殊更に否定的な学説を発表される。そういう事で、だんだん私共の関係が離れて行きました。その理由の一つとして、ここに示しました「神功皇后伝説の成立」（直木氏著『日本古代の氏族と天皇』所収）という論文もあるのです。

学者間の議論でありますから、それを今、詳しく申しますと、かえって御迷惑になりますので、あらましだけをお話しますが、先ず直木さんの結論、ここに引きましたのは直木さんの文章なのですが、これも全部読んでおりますととても時間が足りませんので、主な所に線を引っぱっておきましたから、それを見ながらついて来て下さい。

「以上四項（女帝、皇族の外征、タラシの称号、異世代婚）にわたって、神功皇后を四世紀末に実在した人物と考えることに対する直接・間接の疑問を述べたが、疑点の一々を検討してみると、それらはいずれも、欽明・推古朝以降に顕著にあらわれてくる現象であることにおいて、期せずして一致している。ということは、神功皇后が六世紀中葉以降、とくに推古天皇以降の天皇・女帝とはなはだ類似した性質をもつことを、指しているに外ならない。しかもこの頃は、新羅のために任那日本府あるいは日本に比較的従順であった百済が滅され、大和朝廷は新羅に対する報復の念に燃え、現にしばしば新羅征討の軍が催された時代に当たる。私は、神功皇后は、新羅征討のことを実際に断行した七世紀以降の女帝をモデルとして、その時代の宮廷の人々が構想した人物であって、四世紀末に実在した人物ではないと考えたいのである。」（一六二頁）

以上の四項、直木さんは四つの問題点（女帝、皇族の外征、タラシの称号、異世代婚）を指摘されて、それぞれ議論は複雑なのですけれども、まあ簡単に申しますと、「女帝」に関しては、神功皇后の様な女の方が古代において国家のリーダーとして活躍したという例はないではないか、という様な事なのです。

しかし、これは、例えば、『魏志倭人伝』に出て来ます卑弥呼にしても、あるいは、もっとさがって、清寧天皇の崩御後に飯豊青皇女という方が摂政をされる、そういう例がありますので、むしろ古代においては、女帝というか、女子のリーダーが活躍した時代があったとみても少しも差し支えないと思います。

それから「皇族の外征」、そんな朝鮮半島迄、皇族が先頭に立って出て行く様な例は無いではないかという様な事でありますが、朝鮮はともかく、皇族が先頭に立つのは、倭姫命が五大夫を率いて伊勢に進まれた例もあり、別に不思議ではない。

ただ、この中で一番有力な反論は「タラシの称号」なのです。神功皇后の本来のお名前は「オキナガタラシヒメ」と申し上げますけれども、この「タラシ」、これは後の用字法だというのが直木さん達の考え方なのです。舒明天皇（七世紀の三十年代）のお名前が「オキナガタラシヒヒロヌカ」ですので、この七世紀くらいに使われた名前、何とかタラシというのを遡らせて、神功皇后にあてはめてオキナガタラシヒメという名前を作りあげたのではないのか、ということです。これは直木さんの反論の中でも中心的なものであります。

それから「異世代婚」といいますのは、これは普通は同じ世代の男女が結婚しているのですが、ところが系譜の中には伯（叔）父と姪、姨と甥とが結婚したりするように、世代のちがう場合がある。そしてそれらは舒明天皇朝以後に実例が認められるのですが、古事記の神功皇后の祖先系譜においてもそれが見られるものですから、このあたりの記述は、後に附加されたものであろうという風な事ですが、これは実は、直木さん自身の説というよりは、笠井倭人さんの説を利用して、疑わしいという事の根拠につかっておられるだけの事なのです。

　そして結論として次のように述べられています。

「これを総合するに、神功伝説中に住吉の神がたびたび現われるのは、津守氏伝承を編入統合した結果であり、そのことが行なわれたのは、継体・欽明朝ごろとするよりも、推古朝以降、とくに天武・持統朝と考えられるのである。」（一六八頁）〈中略〉「なお個々の部分については多少の疑問は残るが、神功伝説の大綱は、このように主として七世紀以降に成り、神功皇后は推古・斉明（皇極）・持統三女帝をモデルとして構想されたものとみて、大過はないと考える。」（一七〇頁）

ここに示されています推古天皇、斉明天皇、それから持統天皇、これらの方々はみな女帝で、七世紀以降の天皇なのです。こういう後の時代に女帝として活躍した天皇をモデルとして、それを前へ持って行って、四世紀の神功皇后という虚像を作り上げたのだ、従って神功皇后をめぐるところの色々な説話は、後の時代の幾つかの事件を反映してまとめ上げただけのことだ、というわけなのですね。これが直木さんのいわゆる反映法といわれるもので、紀・記の編者が、後の時代の材料をつかって、古い時代の物語りを作り上げて行ったのだと、こういう考え方なのです。

　それとよく似たというか、同じ論法で直木さんの説かれるのが「香坂・忍熊両王討滅の事件」であります。これは資料一枚目の真中に紹介しておきました。

どういう事かと言いますと、神功皇后が、半島出兵で成功して、帰って来られますが、その帰って来られる時に、皇子が生まれておられる。ホムタワケ、後の応神天皇です。まだその時には天皇になっておられないが、皇子が生まれていた。そこで、義理の兄に当たる香坂王と忍熊王という二皇子が、神功皇后が、ホムタワケの皇子を抱いて帰って来られるのを、瀬戸内海の明石のあたりで迎え撃つ、そして戦争になるわけですね、最後は神功皇后側が勝って、後にホムタワケの皇子が応神天皇として即位されるという、こういう話が日本書紀・古事記に出て来るわけなのです。

ところが、直木さんによりますと、それはやっぱり作り話だ、と。何故かというと、それが、資料の一枚目の上の方に系図の形で示しておりますが、仲哀天皇を真中に挟んで、右の方に大中津比売、左の方に神功皇后がおられます。

そして仲哀天皇と大中津比売との間に生まれたのが、香坂王と忍熊王、それから神功皇后との間に生まれたのが後の応神天皇ですが、こういう風な関係は、ずっと後の天武天皇を中心とした関係とよく似ているといわれる。下の方の系図にみられるように、天武天皇と大田皇女との間に大来皇女と大津皇子がある。また持統天皇との間に草壁皇子がある。そして天武天皇と持統天皇は草壁皇子を皇位につけようとして、大津皇子を罪に落とすという風な事件がある。この事件については、私は少し別の考えを持っていますが、一般にそう言われている。この二つの関係はよく似ているではないか。この大津皇子の事件を核（ケルン）として、土台として作り上げた話が、先の香坂王、忍熊王の事件なのだと、説明をされているわけであります。読んでみますと、

「それはちょうど、大津皇子を亡すことによって、わが子草壁の皇太子としての地位を固めようとした持統天皇の立場に、よく似かよっているではないか。」（一八六頁）

こういう風に説明して、後世の事件をモデルにして昔の物語として組み立てて行く、これが日本書紀とか古事記に出ている古い時代の話なのだと、これが直木さんの反映説というものなのであります。

で、こう言われますと、少し歴史に詳しい方ですと、「なるほど」ということになる。そこでこの直木さんの〝モデル説〟は、学界においてかなり大きな影響を与えたわけであります。

二、日本古典文学大系『日本書紀』の補注

そこで資料の二枚目を見て下さい。二枚目の一番始めの（ロ）ですね。これは、日本古典文学大系本の『日本書紀』の補注（六〇六頁下段）です。

今日、日本書紀を読みます時に、色々な種類の本がありますが、大学のテキストなどで多く使いますのは、日本古典文学大系本の『日本書紀』、岩波書店から出しておりまして、一般に権威あるものとされている本なのです。これに補注がついておりまして、それを見ますとですね、新羅征討物語について次のように書いてあります。


「（二）『新羅征討物語』の主人公の神功皇后は、実在の人物であったとみる人も少なくない（肥後和男・岡本堅次など）。しかし、その名が七世紀初頭の天皇をさすタラシヒコと同類の普通名詞、タラシヒメを語幹としていることや（→補注8―二）、前後の系譜との関係や、その事績があまりにも神秘的であることなどからみて、実在性

がきわめて疑わしくむしろ観念の所産とみる方が妥当とおもわれる。ただこのような見方にも、（1）皇后と同じように巫女的で、海外にも名の知られた女王、卑弥呼のイメージを重んじる説や、（2）『新羅征討物語』の中核に『海上から高貴な女神が渡り来って海浜で御子神を出産する』という神話伝説を想定し、それ故、神功皇后を海神の祭儀における母神とみようとする説（三品彰英・石田英一郎など。→補注9―一二）などがあるが、後説は特に示唆的である。また、（3）凱旋後の事蹟をも含めて、七世紀の諸女帝、特に筑紫に赴き唐・新羅と戦った斉明女帝などを『モデルとして構成された』ものとみる説（直木孝次郎）もある。」

これが言わば、学界において一応有力とされている学説の紹介なのです。そのつもりでご覧下さい。つまり学界においては、『新羅征討物語』の主人公の神功皇后は、実在の人物であったとみる人も少なくないが、

「タラシヒメを語幹としていることや、前後の系譜との関係や、その事績があまりにも神秘的であることなどからみて、実在性がきわめて疑わしくむしろ観念の所産とみる方が妥当とおもわれる。」

というのです。ですから私が、学界の主流では神功皇后と言っても、実在として認められていないという事を最初に申しあげましたが、こういう実情を踏まえての事なのです。

そして半島出兵の事件についても、直木さんの説が引いてあります。

「凱旋後の事蹟をも含めて、七世紀の諸女帝、特に筑紫に赴き唐・新羅と戦った斉明女帝などを『モデルとして構成された』ものとみる説（直木孝次郎）もある。」

こういう説明になっておるわけですから、今日、大学でこの岩波本『日本書紀』をつかっておれば、先生方もこう

いう立場で話をしますし、聞く学生達も、そういう風に理解して行くのは当然でありましょう。

三、『史料による日本の歩み』と高校日本史教科書

次に、資料の（ハ）『史料による日本の歩み（古代編）』。

これは吉川弘文館といいまして、歴史関係の出版社としては最も有力な出版社でありますが、この吉川弘文館から、『史料による日本の歩み』という書名で出版されている第一冊目です。全四冊の各時代別のしっかりとした史料集で、私共の大学などでも、国史学科の学生には、皆、これを持たせて、先生方が講義するわけですね。この一番権威があるとされておる吉川弘文館の史料集『史料による日本の歩み（古代編）』の神功皇后の所を一寸見ますと、「解説」に次のように書いてあります。

「神功皇后の三韓征伐も、そのまま歴史的事実とは考えられない。多くの朝鮮進出の事件の記憶が、こういう形に物語化されたものであろう。朝鮮関係の史実については、次項で確かな史料を扱うこととする。なお、古事記にも同じような三韓征伐の物語がのっている。」（一三頁）

つまり、神功皇后の三韓征伐というものは、そのまま歴史的な事実とは考えられないのであって、朝鮮に兵を出したいくつかの事件があり、それらの記憶をまとめて、そういう物語に作り上げたのだろうと、こういう説明であります。

それから、資料の（ニ）ですが、これは『新詳説日本史』といいまして、高等学校の教科書なのです。この発行は

山川出版社。山川出版社といいますのは、高等学校の日本史の教科書の大部分を出しておる最も有力な出版社なのです。恐らく皆さんのお子さんで、高等学校で日本史を学んだ方はたいてい山川出版社のこの日本史を使っておられたのではないかと思います。それだけ権威があるとされておる山川出版社の高等学校の日本史の教科書を見ましてもですね、書かれているのは次の文章だけです。（二五頁）線を引っぱっておきましたのでご覧下さい。

「**朝鮮半島への進出**　日本が中国の歴史書などに再び登場するのは、四世紀末から五世紀にかけてのことである。高句麗の好太王の碑文には、倭が朝鮮半島に進出し、高句麗と交戦したことが記されている。これは、大和政権が朝鮮半島の進んだ技術や鉄資源を獲得するために加羅（任那）に進出し、そこを拠点として高句麗の勢力と対抗したことを示すものであろう。」

ここに書かれておること自体には間違いありません。私もその様に思います。しかしながら、この記事からは、日本書紀や古事記に神功皇后の半島出兵の記事が書かれてあるという事は何も記されていない。ただ記されているのは、高句麗の好太王の碑にはこう書いてあるというだけの事であって、日本書紀や古事記は出て来ない。従って、神功皇后の名前も勿論出て来ないのです。ですから、こういう教科書だけを見ておりますと、子供達は、高句麗の〝好太王の碑〟は知っているけれども、日本書紀や古事記に出て来る〝神功皇后〟に関する話は何も知らないという事にならざるを得ないわけであります。

四、五色塚古墳と直木学説

ところで、私が最近読んでおって非常に面白いと思ったことがありますので、資料の（ホ）の所に引いておきました。直木さんの「『播磨国風土記』と古墳伝説」という論文であります。論文というより、これは実は、講演を速記したものなのですけれども、しかし勿論活字にする時には手を入れてありますから、責任ある文章であります。この講演を収めた本は『大王陵と古代豪族の謎』という題名で、学生社という所から平成四年十二月に出版されました。ですから直木さんの最近の考え方が、この中に見られるわけなのです。

どういう内容かと言いますと、播磨国風土記をテーマにされまして、その中に古墳伝説がいくつもあるのですが、その一つとして五色塚古墳をとりあげられています。この五色塚古墳といいますのは、これは今、神戸市垂水区の舞子公園の東側、海岸通に、残っているといいますか、立派に復元して保存されているのです。

私は、ずっと前ですが、見に行きまして、あまり立派に修復されているので、何か新しく作った様な感じで、昔の古墳という印象とかけはなれていました。普通我々が古墳というと、上に木が茂っているものと思いますけれども、それが作られた当時は勿論木は茂ってなかったわけで、色々な埴輪が丘の上にポコポコ立っていたわけでしょう。それがもともとの古墳なのです。そのもとの姿をここで見ることが出来ますので、機会があれば是非ご覧下さい。

さて、その五色塚古墳について、直木さんは次のように説明をされているのです。

『日本書紀』の神功皇后紀摂政元年二月条に五色塚に関する記事が出ています。『風土記』からは外れますが、その記事をつぎにあげておきます。麛坂王と忍熊王が神功皇后を迎え討つことを計ったというところです。

乃詳為二天皇一作レ陵、詣二播磨一興二山陵於赤石一、仍編レ船絚二于淡路嶋一、運二其嶋石一而造之、則毎レ人、令レ取レ兵、而待二皇后一。（読み下しは後述）

（中略）

全面が葺石で覆われていたのを、ほんとうにきれいに復元しています。全長一九四メートルですから、大和、河内、岡山を除くと、全国で一、二のランクに入るのではないか思われる大古墳です。（中略）このすぐ下をJRが走っていて、そこから少し隔てて海になるので、明石海峡を睥睨するところにつくられている、五世紀の大古墳です。

この古墳についての言い伝えが右にあげた神功皇后紀ですが、麛坂王、忍熊王が大和に残っていて、新羅征討から引きあげてくる神功皇后と、その子どもの応神天皇を迎え討つという戦争の始まりの部分です。麛坂、忍熊王は、仲哀天皇の子どもで、神功皇后はこの二王子の母とは別の仲哀天皇のお妃ですが、仲哀天皇は、熊襲を討つために九州まで出かけたところ、熊襲を討つよりも、海のかなたの新羅を討てという神託が下ったのに、仲哀天皇はそのお告げを疑ったために、神の怒りに触れて亡くなります。

神功皇后は神のお告げに従って、新羅征討を決行して、成功する。帰ってきて、北九州で応神天皇を産みました。武内宿禰と協力して大和に戻ってくると、応神とは腹違いの仲哀天皇の子どもの麛坂・忍熊王は、これを迎え討って自分たちのほうが天皇になろうとするという物語です。

押熊という地名が奈良市の西北の方に残っています。いまはニュータウンといって、立派な住宅地ができていますが、もとは奈良市の西の純農村地帯でした。忍熊王は、この地域を本拠とする有力者であったのでしょう。そうすると、彼は奈良盆地の北の方を基盤にもっていたことがわかりますが、佐紀、盾列の古墳群の西の部分に、四世紀後半ぐらいの立派な古墳があります。忍熊王はその勢力を代表する人物であったかもしれません。どこまでが事実で、どこまでが伝説かは判断が難しいのですが、ともかく忍熊王は神功皇后を迎え討とうとしたと伝えられています。

前にあげた『神功前紀』に『乃ち、詐《いつわ》りて天皇のために陵を作る』とありますが、仲哀天皇が亡くなったから、子どもとしては、仲哀天皇の御陵を立派につくろうとするわけです。

播磨に詣りて山陵を赤石に興す。仍りて船を編みて淡路嶋に絚《つら》ね、その嶋の石を運びて造る。則ち人毎に兵を取らしめて、皇后を待つ。

ということで、つくったのが五色塚古墳だということになるわけです。

この古墳の葺石を調べてみると、淡路島の石と石質が一致するという調査も出ています。」（三八～四〇頁）

こういう文章がずっと続いている。これは一般の人々を相手にして講義しておられるわけですね。

さあ、これと、最初に私が紹介した学術論文での主張、〝神功皇后などというのは実在しなかった。忍熊・麛坂王などの話は、後世の大津皇子の事件をモデルにした架空の物語であろう〟というのと、一体どんな関係になるのでしょうか。問題はそこなのです。

この後者の講義の中でも、たしかに「どこまでが事実で、どこまでが伝説かは判断が難しいのですが、」と断ってはおられるのですが、この話の全体の流れからいえば、直木さんは、神功皇后の朝鮮出兵を大筋において認め、忍熊・麛坂王の話もおよそ事実だと認めて述べておられるように思われる。少なくともこの講義だけを聞いた人は、まあそのように理解するでしょうね。ところが、最初に紹介したあの学術論文の〝モデル〟説を知っている人からすれば「一体、どちらが本当なのか」ということになりましょう。ここに難しい問題がある。難しいといいますか、直木さん自身の考え方がどう変化したのかという事を、私共は考えざるを得ない。

若し、最初の直木さん流の、紀記にのせられた神功皇后伝説などは全部後世の作り話だという考え方に立つなら、一般の人々を相手にする講義で、このような話は到底出来ない筈なのです。そうではないでしょうか。自分の信じてもおらない様な史料を材料にして、考古学の成果と対比して都合のよいところだけをつまみ喰いするような話は、少なくとも私の潔しとしないところであります。

五、古典復権の兆し

きびしい言い方で恐縮ですが、私は自分の利害得失で話しているのと違うのです。日本の古典をどう理解するかという事に、私は自分の学者としての生命を賭けているのです。別に神功皇后は、私の祖先でも何でもありませんからね。否定されても悪口言われても少しも差し支えありません。そんな事は、私にとっては何も関係ない。しかし、日本の古典というものをどう理解するか、それに学者としての生命を賭けているのです。古典には歴史の生命が流れている。

その真偽の判断には、どれほど慎重であっても慎重すぎることはない。判らないことは判らないといえばよいのです。それを軽々しく否定し、またある時は、一寸持ち上げて利用するという事は、少なくとも私はしたくありません。勿論、神ならぬ身で過誤をおかすことはありましょう。その時ははっきりと訂正すればよい。そういう意味で、恐らく直木さんは、考えが変わって来たのだろうと私は見ています。そうでなければこれだけの事を話したり書いたりは出来ますまい。

最近、私はある有力な学者から手紙を貰いました。その人は学界ではよく知られた国立大学の教授です。その人が言われるのに、近頃、自分は地方の歴史を研究する機会があり、それを進めて行くと、やっぱり、古事記、日本書紀に書かれておることが、どうも確かに思われてくる。考古学の点から言っても、伝承のあり方から考えても、紀記を認めないとうまく話が合わない。そこでやっぱり田中の言っておった事が正しいのだなということになって、最近はその方面の勉強をしているが、残念ながら、自分の気付いたのが遅かったため、蓄積が少ない事を恥ずかしく思います、と言ってこられた。これは大変立派な手紙です。一流の学者が、仲々ここまで反省し、手紙に書けるものではない。私は実にえらいと思います。そういう風に自分が間違っていると思えばちゃんと告白する、これが私は学者の態度だと思いますね。

確かに、地方の色々な事を実地について調べて御覧なさい。そうすると、段々とやっぱり日本書紀、古事記の伝える通りだなという事が判って来るのです。ところが、戦後の古代史家の多くは、机の上だけの学問なのです。それで古事記・日本書紀をひねくり廻して、此処と此処とは矛盾しているとか、後世にもよく似た話があるからその反映だとかという程度の理解で、いわば思いつきで新奇な説を出す。そして学界一般にも、古典を否定すれば、それが科学的・進歩的だと、そういう風潮が盛んだったのです。敗戦後は、その風潮に乗って皆それをやったのです。

だけど、最近は大分様子が変わってきました。第一、今迄は私の論文など読みもしないのです。読みもしないで、あれは皇国史観だという。読んで反論するならば、それは結構ですよ。学問ですからね。私の間違いもありましょうから、それは結構です。むしろ批判をしてもらえば有難い。だけど、批判をするのではなく、黙殺するわけです。これが一番意地の悪いやり方なのです。問題にしない。いいとも悪いとも言わないわけです。だから一般の多くの人、特に若い研究者は私の論文を知らないのです。

ところが、妙なもので、世の中、何が幸するかわかりません。戦後も段々時代が経ち、落ち着いてきますと、〝研究史〟というのが取りあげられることになって来ました。例えば、神功皇后についての研究史。研究史が出て来ますと、否でも応でも、田中の説が気に入らなくても、研究史だから紹介しなきゃならない。少なくとも氏名と論文題目は載《の》せなければならない。載せると、今の若い研究者は、皇国史観というようなレッテルは別に気にしていないで、論文の内容だけを問題にする立場ですから、読みたいわけですね。読みたいのですけれども、私の論文などは有名な雑誌には載せてくれなかったし、又、こちらも頼んで載せて貰うようなことはしなかったから、容易には見られない。読もうと思っても手に入らないわけです。

そこで、それらの論文を入れた私の『著作集』が出版されることになる。考えて見ますとね、戦後、古代史あるいは上代史をやっている有名な学者は何人もありますけれども、そういう人々も、生前には『著作集』は出ていない。私の恩師の坂本太郎先生、坂本先生程の人にしても、『坂本太郎著作集』というのは、亡くなった翌年から出たのです。私の六歳年上の先輩で有名な井上光貞さん、この人もですよ、あれだけの学者でも、『井上光貞著作集』はやはり亡くなって、二年後から刊行が始まったのです。何故かというと、そんな著作集がなくても、既に立派な単行本があり、論文も有名な雑誌に載っていて、いくらでも見ることが出来るからです。

だけど、私の論文は見ようと思っても容易には見られない。だから『著作集』でも、ということになる。そして、『著作集』を出しても良いという奇特な出版社も現れた。これはまことに有難いことでした。それで丁度私の還暦を記念して、その年から、友人・後輩達の勧めによって著作集を出しはじめたのです。ですから、このように元気なうちに十何巻という著作集を出す事が出来たのは、私の論文を有名雑誌が載せてくれなかったからなのです。人生、何が幸いするかわからないですね。

それで皆さん、学者を評価するには、ぜひとも『著作集』を通覧してみて下さい。通覧すると、この学者は、はじめはどういう説であったか、それが後にはどう変わったか、全部わかって来る。それが大事なのです。尤も中には、都合の悪い論文は『著作集』から除いている人もありますけれどもね――。

六、津田左右吉氏の果たした役割

次に話が一寸、横にそれますけれども、例えば津田左右吉という学者があります。津田左右吉博士。有名な方で、戦前は古事記、日本書紀を非常に厳しく批判し、むしろ史書としては否定して、それで有名になった人です。その代わり戦時中には裁判にまで問われて、お気の毒でした。しかし、古事記・日本書紀に対する見方は実に冷酷なものでした。先にふれました名前のタラシの問題なども、実は津田さんが言い出したのです。あとで詳しく申しますが、要するに、古い時代の天皇名にタラシなどという名前がついているのは、後の七世紀代の天皇に何とかタラシとついている、それを前に持って来て、架空に造作した天皇名にすぎないという事を、最初に言い出したのは津田さんなのです。

その津田さんの学説を受けて、戦後、水野祐・直木孝次郎・井上光貞といった方々がそれに追随してきたのです。そういう点から言うと、津田さんは戦前において、紀記批判の種を播いたわけですね。

ところが昭和二十年（一九四五）、日本の国が大戦争に敗けて、ひっくり返ってしまった。そして戦後の古代史の主流となった人々は、津田さんの学説、津田学説を、そのまま受け継いで、その立場から研究をやり出した。その代表が、今申した様な人々なのです。

ところが、津田さん自身は、戦後になってびっくりしたわけです。この人の本心は、もともと日本の国自体の悪口を言ったつもりはないのです。古事記、日本書紀を詳細に分析して行くと、どうも信用し難い所があるという事の指摘を一生懸命やって来たわけですね。ところが戦争に敗けて、一遍に日本の国がひっくり返って、左翼の言論が横行しはじめたのをみて、これは下手をしたら、国が潰れやしないかという事に気が付いたのです。

それで戦後の津田さんは忽ち態度が変わって〝われらの天皇〟論を主張し出した訳です。『世界』という有名な岩波書店から出ておる雑誌があるでしょう。その昭和二十一年の四月号に、津田氏の「建国の事情と万世一系の思想」という論文が出ています。あれは『世界』の編集者が、津田さんに手紙を送って「論文を書いて下さい」と頼んだのです。その編集者は恐らく、戦前の津田さんの古代天皇否定説というか、古典否定説、それを書いてくれるものだと思って頼んだのです。

ところが津田さんの送って来たものは逆であって、「皇室は国民と共に万世一系なのである。」そして「天皇は『われらの天皇』であられる。『われらの天皇』はわれらが愛さねばならぬ。」という主旨の論文を書いて来たのです。それで、『世界』の編集者はびっくりする。こんなもの書いてもらったら困るわけです。逆なのです。そこで、直ちに手紙で書き直しを求め、最後は吉野源三郎編集長が岩手県の平泉まで行って頼むのです。

ところが、津田さんは、それを承知しなかった。それで一寸は手直ししたけれども、ともかく原文に近い線で、『世界』の昭和二十一年四月号に出たのです。

これは非常に面白い話でしてね。私は自分で、その経緯《いきさつ》についての論文を書いたことがあります。（「津田左右吉論文の果たした役割」（上下）。「日本」昭和四十五年九・十月号）

そして私が言いますのは、「津田さんのやった事は子どもの火遊びだったのだ」と。子供にとって火遊びというのは面白い。今はやっている〝いじめ〟みたいなものですよ。いじめでもね、いじめている本人は面白い。だからいじめる。いじめているうちに相手が死んでしまった。それで大あわてで、学校も、親も、みな大変でしょう。つまり津田さんは、日本の古典に対していじめをやった。子供の火遊びみたいな事をやっていて大火事になりだした。そして日本国家という土台そのものが揺らぎだして来たわけです。自分の乗っていた大きな日本丸という船が沈没しそうになって来たのです。そこであわてて水をかけたり、船底の穴をふさぐための努力をした。それが戦後の〝われらの天皇〟論です。しかし、戦後、あわてて〝われらの天皇〟を叫ぶのなら、「何故、戦前に、軽々しく古典をおとしめるようなことをやったのか」と、私なら言いたい。

だけど、まあ津田さんは戦後反省し、正直に本心を主張してこられたから、その点は評価されます。例えば元号の問題でもそうですよ、「昭和」とか「平成」とかいう元号でも、進歩的と称する古代史学者は反対なのです。「元号なんて、天皇中心の考え方じゃないか、そんなものを、昭和の時は仕方ないが、昭和天皇が亡くなったら、もう元号はやめるがよい」というのが歴史学界の大勢だったのです。

その中で、津田さんは、「やはり元号は大切だ」と言って頑張ってくれた。これは、私は津田さんの功績だと思います。だけどこのような歴史伝統を尊ぶ気持ちがあるのなら、何故、戦前に、そんな子供の火遊びみたいなことをやったのか、それを私は残念に思います。

私共は、日本の歴史の中には〝いのち〟生命があると思っているのです。生命がかよっているという事は、同時にその生命というものは、何時、無くなるかわからないという事です。だから、それを大切にしなければいけない。一寸したことでも、それに対して手当をしなければなりません。本当に親を大切に思う子供は、親が病気になってから騒ぐのではなく、親の顔色をみて、病気になる前に大事にする。これが真実の親孝行です。

本当に日本の古典なり国体なりを大事に考えるならば、国家がひっくり返ったり、古典の価値が失われかけて、それから慌てたのでは遅いのです。だから一寸した事でも見逃さないで、大事に手当をしなければいけない。これが私共の考え方なのです。

で、そういう風に津田さんなども明らかに変わって来た。直木さんも、五色塚古墳などを中心に考えれば、やっぱり、日本書紀に載っている所伝の大筋は、どうも認めざるを得ない、という立場で書いておられるように思います。資料の三枚目の真中辺にも線を引っぱっておきましたところに、「この古墳の葺石を調べてみると、淡路島の石と石質が一致するという調査も出ています。」と述べられていますが、これは日本書紀に書いてある事が実証されたということなのです。日本書紀の記事を書き下し文でもう一度、念のため読んで見ます。麛坂王と忍熊王が神功皇后を迎え討つことを計ったというところです。

「播磨に詣《いた》りて山陵を赤石に興《おこ》す。仍りて船を編《あ》みて、淡路嶋に絚《わた》し、その嶋の石を運びて造る。則ち人毎に兵を取らしめて、皇后を待つ。」

皇后というのは神功皇后です。このように、日本書紀には、淡路の石を持って来て、山陵を作った、と書いてあるのです。そして近年、考古学者の研究で、淡路島の石とこの五色塚の石との石質が一致しているということが証明された。そしてそのことを直木さん自身も認めているわけなのです。つまり日本書紀の通りなのです。尚、直木さんはこの古墳を「五世紀」といわれますが、専門の考古学者の森浩一さんの書いたものには「四世紀後半」とあることを付け加えておきます。

こういう風に見て来ますと、やっぱり日本書紀や、あるいは古事記に載っている事が、少なくとも史実のもとにあったのだ、ということが判ります。もちろん、文章表現ですから、色々な尾鰭が付いたりする事はありましょう。念のために申し上げておきますが、私が「神功皇后は実在した」と言いますのは、人間として実在したという事なのです。皇后にまつわる全ての伝承が全部その通りだと言っているのではありません。例えば神功皇后が攻めて行かれたら海の水が朝鮮半島へ押し寄せて行って、それで新羅王が降参したという風な物語がありますが、そういう話をその時の歴史の事実として論証出来るかと言われたら、それは出来ません。だけど、あの海の水が引いたり増して来たりする現象は日本側でも有明海が有名ですが、実は南朝鮮にもあるのです。私は大分前ですがＮＨＫのテレビでそれを見たことがあります。全羅南道の木浦の南に珍島という島があり、その東海岸に「干潮陸繋島」という観光地がありますが、たしかこの地であったかと思います。

そのような自然現象が、神功皇后の話の中にとりいれられて来るという事は、それはあるでしょう。だけど、そんな付属的な話が問題なのではなくて、皇后が実在されたか、しないのかという本質的な事、それを私は問題にしているわけです。

七、オキナガタラシ姫の名義

次、三枚目の〔2〕「オキナガタラシ姫の名義」これが一番大切なところなのです。で、最初に「直木氏の説」として「神功皇后伝説の成立」を引用しましたから見て下さい。それを収めました著者『日本古代の氏族と天皇』の一六〇〜一六一頁です。大事なところに線を引いておきましたから注意して目で追って下さい。

「林幹弥氏その他諸氏の説に従えば、タラシは天皇を意味する称号であるから、この三つの諡号は、年老いた（またはすぐれた）天皇・若い天皇・中つぎの天皇という一般的普通名詞的な意味の語となり、系譜のかなり確実に伝わっていたと思われる応神天皇以後の天皇の諡号とは、なりたちを異にしているといわざるをえない。それゆえ、私は、オオタラシヒコ以下の三代の諡号は、それらの天皇の実在した時代から引きつづいて伝えられた称号ではなく、六世紀以降、恐らくはオキナガタラシヒヒロヌカ（舒明）天皇に近い頃に、応神以前にいたと当時の人が想像した天皇たちを指すために、改めて作られた称号であろうと考える。

このように考えるならば、同様にオキナガタラシ姫の称も、この頃に作られたものと思われてくる。オキナガタラシヒヒロヌカがオキナガタラシ姫の称に酷似することも見のがしえないが、それだけでなく、アメトヨタカライカシヒタラシ姫（皇極・斉明）を始めとして、この前後に推古・持統などの女帝が続出し、神功伝説をはぐくむ上に絶好の環境・背景が存することは、右の推定を助ける。」

つまり、後世に続出する女帝の舒明天皇や皇極天皇の名前に同じ「タラシ」がつくので、その当時に使われていたタラシヒメの名称を前に持って行って、オキナガタラシヒメ、つまり神功皇后の名前を作り上げたのであろう、という学説なのです。

確かに七世紀中頃の舒明天皇や皇極天皇のお名前にタラシがついています。そこで、この同じタラシの名があるのだからこれを遡上させて、四世紀の景行・成務・仲哀天皇や神功皇后のタラシの名を作り上げた、といわれると、多くの人は、「なるほど」と思ってしまうのです。

だけど、私共から言えば、そんな事はない。第一にこの学説の間違いは、タラシというのは「天皇を意味する称号」だと書いておりますね、そんな事はありません。タラシというのは、別に天皇と直接関係のない用語です。タラシというのは、もともと漢字では「足」または「帯」という字を書いたりします。

日本語は面白いですね、普通にはこんな「帯」という漢字を「タラシ」とは読めないでしょう。だけど、帯を「たらす」という、そこから連想して、この字で「たらす」「たらし」と読むのですよ。例えば、万葉集の中には、こんな歌があります。

「唐国《からくに》に　行きたらはして　帰り来む
　丈夫武雄に　美伎《みき》たてまつる」（巻十九、四二六二番）

遣唐使として出かけて行く、その送別の宴においてお神酒《みき》を奉りますという意味で、大伴胡麻呂に対して、多治比鷹主が贈った歌です。この「唐国に行きたらはして帰り来む」というのは、「唐の国に行って十分に活躍して帰って来られるであろうところのあなたに」という意味です。この「たらはし」は、万葉仮名で「多良波之」と書かれていますが、十分に充実した働きをして、ということです。「タラシヒメ」というのは、〝美しさが充足しているお姫さま〟ということで、何も「天皇」に限られた言葉ではありません。

八、〝からくに〟と〝シナ〟

ついでに申しますが、万葉集の原文には「からくに」を「韓国」と書いてあるのです。そうすると、これは朝鮮のことではないかと疑う人があるかも知れませんが、そうではない。日本では昔から「唐」のことを「から」とよんでいるのです。しかし「唐」と書いて何故「から」なのですか。面白いことですね。

それは、朝鮮半島の一番南の端に「から」（加羅）という地があったのです。日本からいえば、外国の一番近い所が「から」なのです。そして、地名というものは、背後のヒンターランドをも含めて呼ぶことが多い。ですから「から」の名で、そのうしろの朝鮮半島のすべてをも指し、さらに向こうのシナまで含めて「から」というようになる。しまいにはもっと背後の西洋まで含めて「から」となる。だから「唐人お吉」と言うのですよ。唐人といっても、朝鮮人でもシナ人でもない。アメリカ人のことでしょう。そういう風に、背後の地名を全部含めて、日本から一番近い所の「から」の名前で呼んでいるわけなのです。

因に、まあこの機会に何でもお話しておきますが、戦後はあの「支那」という言葉を使っちゃいかんという風に言われている。私は歴史的用語としてはシナと言うのですが、これは何も悪い言葉ではないのです。シナというと普通は「支那」と書くのですが、戦争に敗けた時にシナの方から、その当時は中華民国ですが、文句が来ましてね、「お前の国は負けたくせに日本と書き、我々の国を枝や支流の支を書くのはけしからん」と言って来た。そこで日本の外務省が心配して「支那」の用語を避けるようになった。笑い話と違うのですよ。本当なのです。

だけど「支那」というのは、もともと日本で作った用字ではないのです。古くからシナの坊さんなどが「支那」と書いているのです。例えば、北陸の高岡市に国泰寺というお寺があります。私は、ずっと昔ですが、この寺にお参りして山門を見たら額に「国泰禅寺」と書いてあり、筆者は「支那高泉」と記されていました。高泉というのはあの宇治の黄檗山万福寺の法燈をついだ立派な学僧ですよ。その人が自分の署名をする時に「支那高泉」と書いているのです。何も悪い言葉ではないのです。シナというのは英語ではCHINA（チャイナ）、ドイツ語でもCHINA（チーナ）でしょう。同じことではないですか。シナという言葉の起こりは、昔の秦の始皇帝のあの秦（シン）から来たという説が一番有力のようです。秦が非常に強大な国だったものだから、この地方の国の代名詞になったというのです。

　ところが戦後は、日本人自身の間でも、シナと言ってはいかん、中国と呼ぶべきだ、というのですね。だけど「中国」というのはどういうことですか。まさか日本を〝東夷〟とする意味での〝中国〟ではありますまい。今の国名の中華人民共和国やその前の中華民国の略号として、〝中国〟というのはよろしいです。けれども、その前はどうなるのですか。中華民国の前は清じゃないですか。日清戦争のあの清を〝中国〟と言えますか。清というのは満洲から興った国ですよ。中国というのは昔から万里の長城の中を指します。歴史的に言えば、清を中国とは言えないでしょう。そしてその前は「明」でしょう。その前は「元」、蒙古です。蒙古は〝中国〟ですか。そんな事は言えないでしょう。

　そういう風に、歴史とか地理とかの場合は、シナと言わないと全部を通じての呼び名が無いのです。私は、シナの人、今は中華人民共和国ですからこれを略して中国の人といってよろしいが、その中国の人に言うのです。あなた方、若しシナという言葉がいやなら、あなた方は漢字の国なのだから、歴史全体を通じて言えるもっといい言葉を考案してごらんなさい。しかしシナ以外にありますか。無いでしょう。地理でもそうですよ。今でも「東シナ海」というじゃないですか。これで誰も文句を言う人は無い。東シナ海はけしからん、東中国海にせよと言いますか。言えないでしょう。そういう風に見て来ますと、国名や地名というのは大事なので、一つ一つ正確に理解しなければいけないのです。

あの、ロシア、私はロシア語は知らないのですが、ロシアの方からシナのことを何というか御存知ですか。キタイと呼ぶのです。ロシア語ではシナ人のことをキタイスキーといいます。キタイというのは何かというと「契丹」という国名から来ているのです。契丹という国がシナの北方にあった。いわゆる北狄です。ロシアの方からは、この契丹が一番近い所にあり、そのヒンターランド、背後にシナがあるものですから、シナもキタイと呼ばれるようになった。だからシナからすれば、一番いやな、〈契丹―北狄〉の名前で呼ばれているのです。しかしシナがロシアにキタイというのをやめてくれと文句を言ったという話はきいたことがない。おかしいではありませんか。

九、〝タラシ〟は古い称え名

話が横路にそれましたが、さて神功皇后のお名前のオキナガタラシヒメ。そのタラシというのは、先程も一寸言及しましたように、美しさが充足しているという事です。美しさの満ちあふれたお姫様ということなのです。それが、たらし姫。ですから、「タラシ」の名は何も天皇とは関係ないのです。

実例をあげますと、日本書紀に、雄略天皇の皇女、天皇ではありませんよ、皇女。雄略天皇の皇女にワカタラシヒメというお方があります。雄略天皇の皇女で、伊勢神宮に仕えられた斎王です。この方をワカタラシヒメというのですよ、ワカタラシヒメ。そしてこの方には実名があり、同じ日本書紀にハッキリ書いてある。栲幡皇女（タクハタの皇女）と言うのです。これは日本書紀を少しでもお読みになった方なら御存知でしょう。両方出て来るのです。同じ方ですが、実名は拷幡皇女、そして別名がワカタラシヒメ。つまり拷幡皇女が実名だけれども、美しいお姫様ですから、称え名としてワカタラシヒメと当時の人は呼んでいたわけなのです。これは、日本書紀にちゃんと書いてある。この方は、皇女で、天皇ではありません。「タラシ」というのは、この時代に称え名として一般に使われた名称に他ならないのです。それを「タラシは天皇を意味する称号」などという勝手な先入感をもって考えるから、結論を間違ってしまうのです。タラシの実例については更にあとで詳しく申しますが、ここでは古代に称え名というものがあったということを御理解下さい。

その称え名という事を承知しておかないと、古代の人名は判りません。いや古代だけじゃない。今でもそうでしょう。現在の天皇の実名は「明仁」（アキヒト）と申し上げますが、一般には今上天皇、場合によっては天皇陛下、これですむのです。ついこの間までの今上天皇は「裕仁」（ヒロヒト）と申し上げましたが、今は昭和天皇。これも、元号をもとにした一種の称え名です。一般の方は実名の裕仁ということを知らなくても、称え名の昭和天皇の方は忘れない。いつの時代も、称え名の方が一般の人に流行するのです。

美空ひばりの実名を御存知ですか。加藤和枝という実名を知らなくても、美空ひばりと言えば万人に通ずるでしょう。つまり、ワカタラシヒメというのは美空ひばりみたいなものなのです。講談社の『日本語大辞典』をみて御覧なさい。「美空ひばり」の項目はありますが、加藤和枝の実名はどこにも見えません。実名は別にあっても、忘れられて、こうして称え名で呼ぶ。今も昔も、同じとみてよろしい。

だから、オキナガタラシヒメというのはオキナガ（地名）の美しいお姫様という事であって、実名は必ず別にあったと思います。あったけれども伝えられなかった。それは仕方のない事です。これが古代の名前の伝わり方なのです。それを知らないものですから、勝手な憶測をして、名前が普通名詞で、たよりない、作り話だろう、と決めつけてしまうのですね。

　資料四枚目のプリントの（八）の所を見て下さい。

　（八）「田中説「タラシは四・五世紀以前のたたへ名」（『住吉大社史』中巻、五二〜五四頁）」

と書いておきました。

　つまり、この点は私の『住吉大社史』に詳しく述べておきましたが、要するにこういう事なのです。これまでの否定論者は、タラシというと天皇を意味する称号と考えてきましたが、実はタラシというのは天皇とは関係なしに、四・五世紀以前の人名の中に幾つもタラシが出て来るのだという事を、私はここで論証したわけです。次頁の系図（本書では省略。）は日本書紀・古事記・新撰姓氏録によって記したものですが、尾張氏で言いますと、ヨソタラシヒメという名前が出て来ます。これは孝昭天皇の皇后になられる人ですね。その子供さんにアメタラシヒコクニオシヒト、この方は和珥《わにの》臣らの始祖ですが、天皇ではありません。その弟にあたるのが、ヤマトタラシヒコクニオシヒト、この方は孝安天皇ですが、それ以外の天皇ではない方にも、タラシが出て来る。

　丹波道主王の系統でも、垂仁天皇の妃としてその間に生まれた御子にヌタラシワケ、それからイカタラシヒメとか、タラシが出てくる。また山背ノカリハタトベの子にイカタラシヒメもあります。更に景行天皇の何代か後の方に、タラシヒコオホエ王が出る。そういう風に、天皇でなくてもタラシというのは屢々この時代にだけ出て来る称え名なのです。

今迄の学者の盲点は、天皇の御名前だけを問題にして来た。私は広く文献を漁《あさ》って、天皇以外の人の名前はどうかという事を調べたわけです。そしたら、天皇とは関係なしにタラシという名前が沢山出て来るのです。しかもそれは、六・七世紀以降などではなく、むしろ四・五世紀以前の古い時代に流行した名称と考えてよいのであります。

十、〝ヤマトネコ〟も古い称え名

同様な古代の天皇のお名前に「ヤマトネコ」というのがあります。ところが同じヤマトネコが後世の持統天皇・文武天皇・元明天皇等のお名前にも見えますので、古代の天皇名は、八世紀のはじめ頃に考え出された架空の天皇名だ、という説がある。津田さんをはじめその亜流の人々の説です。直木さんも同様です。

それでは、資料四枚目のプリントを見て下さい。そこに綏靖天皇から開化天皇までの表記がありますが、これは最近出ました小学館の『日本書紀』の解説に直木さんが書かれたものなのです。

上欄に234……9と書いてある小さな字の番号は、私が勝手につけた御歴代数ですが、それを見ますと、七代目の孝霊天皇がオホヤマトネコヒコフトニ、八代目の孝元天皇、九代目の開化天皇にもヤマトネコがついています。そこでこれらの天皇名はずっと後の八世紀はじめの天皇名をもとにして作りあげられた、とするのが直木さん達の説ですが、これも根拠のない憶測です。

〃ネコ〃については、天皇名にかかわる例が多いものだから、「ネは根、コは子の意で、大地に伸びる樹木を支える意から、国の中心となって国を支えるものの意をこめたものと思われる」などという、おおげさな解釈もありますが、何もそんなにむつかしく考える必要はなく、ネもコも、親愛と尊称をこめた接尾語とみてよろしい。

だから、ネコのつくのは天皇名だけではなく、崇神天皇の時代の人として大田田ネコは有名ですし、景行天皇の皇子に（ワカ）倭ネコ、さらに神功皇后の大和への帰還にさいして山背ネコ（『日本書紀』）、難波ネコタケフルクマ（『古事記』）がみえる。難波ネコについては仁徳天皇紀六十五年にもでてきますが、この人名が、〈難波ネコ・タケフルクマ〉とあることに注目していただきたい。タケフルクマが実名であって、（厳密にいえば、クマだけが実名かもしれないが、）難波ネコは〃難波という土地のネコ〃ということです。また天孫本紀の尾張氏にも玉勝山代ネコ命が見えますが、これは景行天皇の御代頃の人物であります。しかもこの〃ネコ〃のつく人名は、およそ五世紀ころまでの流行であったとみえ、それ以後の人名にはほとんど見あたりません。

こういう基礎知識をもって先程の天皇名をみてみると、(7)・(8)のオホヤマトネコも(9)のワカヤマトネコも大きなちがいはなく、それらは〃ヤマトという土地のネコ〃という親愛をこめた尊称で、その下にくる名が実名である、ということが理解されるでありましょう。

で、そういう事を理解してもらいますと、タラシヒメやヤマトネコがつくから、それらは新しく作り上げられた架空の天皇（皇后）名だなどという、そんな単純な議論は成り立たなくなります。ひとつ逆の面白い例をあげておきますと、津田さん達によれば、古い天皇でも信用してよい名前がある。それは「ワケ」のつく天皇。例えば「ホムタワケ」の応神天皇です。そのワケがついているのは、これは古い名前と認めてよい、と津田さんや亜流の皆さん、そう言われるのですよ。

それで私は反論するのです。もしそれなら、天智天皇のお名前はどうか。「アメミコトヒラカスワケ」と言われるではないか。天智天皇のお名前にはワケがついているのです。そしたら、津田さん流にいえば、何とかワケという古い時代の天皇も、みな天智天皇時代のワケを取って作り上げたと言えるわけでしょう。だけどそんな事を言う人は誰もいない。つまり彼等は気がついていないのです。

どういう事かと言いますと、天皇のお名前等は、古い時代の称え名を持って来て、重々しくというか、あるいは神々しくといいますか、荘重な名前をつけられる風習があるのです。ですから、天智天皇などは特に伝統を尊重されて、わざわざ、「ヒラカスワケ」と、古いワケという称え名を御自分のお名前につけられたわけです。

いったいに皇室では、そういう古い名前、或いは同じ用字でも古い特殊な訓み方をされるのです。一寸皆さんにお尋ねしてみましょうかね。新しい最近の皇室の場合でも、例えば皇太子殿下、皇太子殿下のお名前は漢字で書くと「徳仁」。皆さん、これ何と読みますか。正しくはこれを「なるひと」とお読みしますが、普通にこれを「なるひと」と読むことは困難でしょう。これは古い読み方をわざわざ持って来ておられるわけです。

それでは今度は、皇太子殿下の妹君の「清子」、これは何を読みますか。我々の普通の読み方では「きよこ」か「すがこ」ですが、ちがうのです。これは「さやこ」と読む。そんなこと一般の人々には、考えにくいことですが、皇室ではそういう慣習がある。そこで、天智天皇が昔の「ワケ」を名前の中に取り込まれたり、舒明天皇以降に「タラシヒコ（ヒメ）」や「ヤマトネコ」が含まれるのは、昔の古い称え名を用いて荘重に呼ばれているだけのことで何も不思議ではない。ヤマトネコなどはずっと後世までつけられていて、平安時代の桓武天皇も仁明天皇もヤマトネコをお名前に冠しておられるのです。それどころか明治天皇の即位の礼の宣命にも「平安宮に御宇す倭根子天皇」と見えるのですよ。

十一、〝ワカタケル大王〟の出現

ところで、タラシヒメやヤマトネコという称え名について、私の論拠としてきたのは主として紀記、或いは姓氏録や天孫本紀という奈良時代以後の文献でした。そのために反対論者は尚疑いの立場をとり、長らく、まあ水かけ論のような形できたのです。ところが面白いというか、有難いというか、やがて埼玉県行田市の稲荷山古墳出土の五世紀の刀銘によって、私の主張が裏づけられることとなるのです。資料の四枚目、後半の（二）に表題だけ掲げておきましたが、

「稲荷山古墳出土の刀銘『ワカタケル大王』（『住吉大社史』中巻、五五〜五六頁）」

これも私の本に書いておきましたので、後程ゆっくり見て頂けば結構ですが、簡単に申しますと、これは昭和五十三年（一九七八）に発見された刀銘です。古代史の史料といいますのは、色々ありますけれど、私がこの五十年間で見た新史料の中で、これ程素晴らしいものはない。稲荷山古墳出土の刀銘というものは、百年、二百年、いや五百年に一度あるかないかくらいの大発見です。機会があればこれは是非とも注意して見て頂きたい。素晴らしいもので

す。これによって、今迄の反対派の連中が言っておった学説が根本から崩れる。これもこれだけについて講義をすれば面白いのですけれども、まあこの席は「住吉セミナー」ですので、くわしくは申しあげません。私の『著作集』第三巻の『邪馬台国と稲荷山刀銘』を御覧下さい。

しかし要するに、この稲荷山古墳出土の刀銘は「辛亥の年」即ち四七一年の成立ですが、この中に、「ワカタケル大王」という言葉が出て来た。これは一字一音の漢字で書いてあるんですが、読み下しますと「ワカタケル大王」。そしてこのワカタケル大王が雄略天皇だという事は、これはもう学界のほとんど一致した意見です。これによって雄略天皇を「ワカタケル大王」とお呼びしたことがはっきりしたのです。このような表記法が出て来たことは大変な事なのです。「ワカタケル」の「ワカ」は若々しいというワカでしょう。「タケル」は「ヤマトタケル」のタケルと同じではないですか。

今迄は日本武尊（ヤマトタケルノミコト）にしても、ヤマト（日本）のタケル、ただ日本の勇者というだけの意味で、実在はしない、といわれてきた。私はそうじゃない、ヤマトタケルの実名は「小碓命」と言うので、これは日本書紀にも書いてある。もとの名は小碓命と言うのだけれども、クマソタケルが「あなたは日本一強い人だ」というわけで、日本のタケル、つまり「ヤマトタケルという名前をつけなさい」と言ったという伝承があって、それからヤマトタケルと一般に言われるだけのことなのです。日本書紀にも、実名はちゃんと「小碓命」と書いてあるのに、人々は小碓命のことは忘れてしまって、ヤマトタケルの称え名だけを問題とし、ヤマトのタケルなどという普通名詞は架空の名前だと言って馬鹿にしてきたのです。

ところが、今や、「ワカタケル大王」が出て来た。これがその当時の雄略天皇の呼び方なのです。つまり、「ワカ」は若々しい、そして「タケル」は勇ましい、その大王ということなのです。それで誰を指しているかが判るのです。先程も申しました様に、高貴な人を具体的な名前でいちいち呼ぶ必要はない。その当時としては、一番偉い人を呼ぶのに、ワカタケル大王で済むわけです。この事実は、古代天皇の名称を考える上で、千釣の重みをもつといってよろしい。

実をいいますと、雄略天皇のもともとのお名前は、日本書紀にも古事記にも出てこないのです。不思議なことです。そしてこのことは専門家でもあまり気がついていない。雄略天皇の実名が判るのなら教えて下さい。日本書紀に「大泊瀬幼武」、古事記に「大長谷若建」とありますが、「オホ」は美称、「ハツセ」は地名、「ワカタケル」は称え名です。実名は書かれていないのですよ。

そして当時の刀銘に刻まれて出て来たお名前は、「ワカタケル大王」なのです。そういう風に考えて来ますと、高貴な人は、こういう称え名でもって呼ぶのが一般的だったことが知られる。称え名で、その当時は立派に通じたわけです。そして称え名が流行して来ると、実名は忘れられる。美空ひばりは有名でも実名が忘れられてしまうのと同じです。しかし、称え名でちゃんと通じて行く、これが歴史の伝わり方なのです。ですから、オキナガタラシヒメの称え名で、一人の偉大な女性の働きが、長い歴史の中で立派に伝わって来たという事こそが大事なのであって、それを架空の名前だとして否定するのは本末転倒の見方だと、私は思います。

十二、発企・指導者の実在

それから資料四枚目を見てください。

〔3〕神功皇后は四世紀中葉の半島出兵の発企・主導者（『住吉大社史』中巻、五八～六〇頁）

神功皇后による朝鮮半島への出兵問題についいては、このセミナーの第五回目位のところで詳しくお話するつもりですが、ここでは神功皇后の実在という問題に関連して一言申しておきます。四世紀の半ば頃、具体的に申しますと、三七〇年代ですが、この頃に倭の軍隊が、北九州から朝鮮半島に進出して、攻め込んでいたという事は、大体最近の古代史学界では、もう一般に認められております。

井上光貞さんなども、これを盛んに言うのですね。そして、この時代から後の天皇は実在として認めてよろしい、これが井上さんの説なのです。これは要するに、四世紀後半在位の応神天皇、応神天皇からは実在として認めてよろしい、しかしその前はあやしい、架空だ、というわけです。

それで、私は反論するのです。私も、井上さんと同様に、この三七〇年代に倭国より半島に出兵した事を認めます。認めますが、よく考えて御覧なさい。三七〇年代に朝鮮に出兵したとしたら、その時代には、既に北九州には出兵を可能にする大きな勢力がなければならない。そうでしょう。それで井上さんによれば、

「大和王権はおそくも四世紀初頭には、北九州をもその勢力下におさえ、中葉からは鉄資源を求めて、南鮮にその勢力を伸ばしたのである。」（傍点も原文のまま。『日本古代の王権と祭祀』〈昭和五十九年十一月、東京大学出版会刊〉二

二二二頁）

ということになる。

実をいいますと、井上さんの説も、段々変わって来ているのでして、はじめの頃は、そんな事は言われなかった。応神天皇は〝九州から畿内に入った征服者〟といったり、〝海外からの侵入者〟だと書いていた。ところが晩年には、流石にそれは言われなくなって来て、大和王権の勢力が四世紀初頭には北九州をおさえ、その勢力が、三七〇年代には南朝鮮にまで出て行ったのだと書いてあるのです。注目すべき大きな変化と言うべきでしょう。

これもですよ、井上さんに、何時そのような大きな変化が起こって来たのかと言いますと、面白いのでしてね、実はあの北九州の沖の島、宗像神社の沖の島の祭祀の研究をやられてからなのですよ。沖の島の祭祀遺跡等を研究しますと、そう言わざるを得なくなって来た。つまり現地を踏んで研究された結果、そこ迄進んで来たわけです。

さて、そこで私は一歩突っ込んで言うわけです。よろしい、四世紀初頭から半ばにかけて、大和王権が北九州を征圧した。そして応神天皇は三七〇年代に在位の天皇であったとすると、三五〇年頃から三七〇年頃にかけて大和王権の統治者として誰か実在して居らねばならないのではないですか。〝架空〟の者から〝実在〟が生まれて来る筈はないのですからね。ともかく、その名前が判らないにしても、この四世紀の半ばに、大和王権のリーダーとして誰かが居た事は認めざるを得ない、そして、しかもそのリーダーが半島出兵を〝発企〟して、半島にまで勢力を伸ばしてきたのが、三七〇年代（応神天皇の在位時代）というのでしょう。ですから、その前に、これだけの大事件を発企し、戦いを指導したリーダーの実在はどうしても認めざるを得ないではありませんか。

そしてその人物を、日本書紀などはオキナガタラシヒメ即ち神功皇后と書いているのですから、神功皇后を実在と認めるのは当たり前のことです。全く実在しない架空の人物が、どうして出兵を発企して攻めて行くことができるのか。そんな事は考えられない事ですよ。

井上さんは早く亡くなられたのでお気の毒でしたけれども、現地を踏んで研究して行きますと、古事記、日本書紀の大筋というものを認めざるを得なくなる。そして、晩年にこのような結論に到達されたことは、私にとっても喜ばしいことでありました。

おわりに

そこで、もう時間が迫りましたけれど、最後に新しい事を一つ皆様に御紹介して本日の話を終わろうと思います。資料の三枚目の終わりに紹介した文章を見て下さい。(傍線は引用者。)

「『記紀』には崇神天皇以前の天皇として、初代の神武から第九代の開化までの九人を記載している。このうち第二代の綏靖から開化までの八代は、天皇や后妃・皇子・皇女名、皇位継承関係記事、皇居、治世年数、寿数、山陵及び事跡に関する簡単な記事などの帝紀的記事を載せるだけで、歴史的な事件や説話に関する記事を欠き、『欠史八代』と称され、その実在性は早くから問題となっている。『書紀』にみえる八代の天皇の名と后妃の出自を次に表記する。紙面の関係で『記』は省略する。」

これは、いま発行されておりますす、小学館の『日本古典文学全集』本の『日本書紀』①(平成六年四月初版)の中で直木さんが、「欠史八代と史実」という「解説」を書いておられる文章です。（五三〇～五三一頁）そして次に初代の神武天皇から第九代の開化天皇までの九人の天皇を掲げられていますが、その表が先程一寸御紹介しました資料の四枚目にコピーして掲げた通りのものなのです。ところで、この「解説」の中で、直木さんが、新しい事を言われたのです。それは、そこに線を引いておきました様に、

「孝霊以後の三代は名にヤマトネコの称をもち、后一人・妃二人をもつことで共通している。」

という。ヤマトネコのことは先に述べましたから繰り返しませんが、后妃については、たしかに表を見ると、七・八・九代は、皇后が一人で妃が二人であります。そして皇后一人、妃二人というのは、大宝令の後宮職員令の規定する所と同じだと指摘されている。

これは、えらい点を注意されたわけですね。たしかに大宝令の規定では天皇の皇后は一人、妃は二人と書いてある。それをここへ持ち出されたわけなのです。そして直木さんによれば、これらの天皇名をふくむ記事は結局、大宝律令編纂の前後、「記紀編纂の最終段階に崇神以前として加上したものと考えられる。」（五三一頁）と、こういう新説を出されました。

いかにも、この表を見ると、皇后一人、妃が二人ですから、皆、「なるほど」と思うわけです。しかし私から言わせれば、とんでもない事なのです。何故かというと、直木さんによれば、この表を作成する際に、「紙面の関係で『記』は省略する。」と書いてある。ここが問題なのですね、お帰りになって調べて御覧なさい。古事記を見れば、開化天皇の妃は三人ですよ。直木さんの挙げられた日本書紀にみえる妃二人のほかに、「葛城の垂見宿禰の女、鸇《わし》比売」

を妃とされ、建豊波豆羅和気王を生まれたことが明記されている（小学館本、『古事記』一七六頁）。古事記の系譜をちゃんと調べて御覧なさい。三人です。しかも古事記は日本書紀より八年前に出来ているのです。

そういう風に、自説に都合の悪い史料は外して、皇后一人、妃二人、これは大宝令と同じだ、だから孝霊・孝元・開化天皇などは大宝令の頃に出来た架空の天皇だ、という風な言い方、これは学者のやることではない。

或いは、直木さんは、うっかり古事記のそれを見落とされたのかも知れない。しかし紀・記という古典の所伝を否定するためには、十分に慎重な配慮があって然るべきでしょう。自説に都合の悪い資料は紙面の関係で省略します、というのでは困る。「紙面の関係」といわれるが、小学館本『日本書紀』本（五三〇〜五三一頁）を見て御覧なさい。その頁の下部、三分の一くらいが全く空白で、古事記の内容を載せる余白が十分にあるではありませんか。紀・記を論ずる以上は、古事記の方も全部掲げて貰いたい。そのように、折角の新説ですけれども、残念乍らそれは成り立たない、という事を申し上げて本日の講義の終わりに致します。

三、武内宿禰の出自と年齢——皇紀と歴史年代との関係——

（平成七年四月二十二日）

今回は、住吉セミナーの第三回と致しまして「武内宿禰の出自と年齢——皇紀と歴史年代との関係——」についてお話を申しあげたいと思います。

はじめに

さて、武内宿禰でありますが、これは日本歴史の上では非常に有名な方で、戦前などでは、神功皇后と武内宿禰と、まるで一対のコンビのようにして一般には説明されてきたものです。ところが戦後は、この前、神功皇后のお話をしましたけれども、神功皇后以上に、この武内宿禰というのは、架空の人物とされ、まるでお伽話の世界の主人公のように思われて、それを実在であったという様な話をしますと、学者としては何か変り者の様に言われる、今はそういう時代を迎えているわけです。しかし私は、この武内宿禰につきましても、決してそのような架空の人物ではなくて、歴史的に非常に大事な働きをした方だと考えております。そのことを今日、お話しようと思うのであります。

1　武内宿禰伝承をめぐって

まず、資料としてプリントを四枚用意致しましたが、その一枚目を見て頂きまして、（1）というのは、『日本古代氏族人名辞典』よりの引用であります。これは日本古代の氏族、あるいは人名についての辞典で、数年前、平成二年（一九九〇）十一月、吉川弘文館から出ております。坂本太郎・平野邦雄両博士の監修で——平野氏は東大で私の同期生ですが——非常によく編纂されていると私は思うのですけれども、その辞典でも、武内宿禰につきましては、やはり何か実在とは縁がない〝伝承上の忠臣〟、〝物語……として描かれている〟という風に書かれておるわけなのです。
今、全部を読んでおりますと時間がありませんので、大事なところに傍線や○印をつけておきましたので、それを目で追って頂きたいと思います。初めの方は古事記によって、次に日本書紀によって説明がされております。この説明は非常によく出来ており、上手にまとめてありますので、後程ゆっくり御覧頂き度いと思います。

「武内宿禰　たけしうちのすくね
景行・成務・仲哀・応神・仁徳天皇の五朝に仕えたとされる伝承上の忠臣。建内宿禰にも作る。『古事記』によれば、大倭根子日子国玖琉命（孝元天皇）の子比古布都押之信命が、木国造の祖宇豆比古の妹山下影日売を娶ってもうけたのが建内宿禰で、その子に七男二女があるという。男子は波多八代宿禰・許勢小柄宿禰・蘇賀（我）石河宿禰・平群都久宿禰・木角宿禰・葛城長江曾都毘古および若子宿禰で、女子は久米能摩伊刀比売・怒能伊呂比売である。このうち、男子はそれぞれ許勢臣・蘇我臣・平群臣など大和西南部の臣姓氏族を中心とする二十七氏の祖とされている。一方、『日本書紀』には、大日本根子彦国牽天皇（孝元）皇子彦太忍信命の子の屋主忍男武雄心命が、紀直の遠祖菟道彦の女影媛を娶り、武内宿禰をもうけたとある。景行朝に、北陸および東方諸国に遣わされ、その地形、百姓の消息を視察し、東国から帰ると蝦夷を討つべきことを奏上した。また、景行天皇が群卿を宴に招いた時、非常に備えるため皇子稚足彦（わかたらしひこ。成務天皇）とともに参じなかった。これにより、景行は稚足彦を皇太子、宿禰を棟梁の臣に任じた。やがて成務が即位すると、大臣となり、成務と同日生まれなので寵されたという。仲哀朝にいたり、仲哀天皇が神託を信じず九州遠征の途上崩じたので、神功皇后とともに喪を秘し、四大夫に命じて宮中を守らせ、みずからは密かに仲哀の屍を海路で穴門へ運び、豊浦宮（山口県下関市豊浦村付近か）で殯（もがり）した。そして仲哀に祟った神の名を知るため、神功は斎宮に入り、みずから神主となり宿禰に琴を弾かせ、神託を請うた。また、神功が儺河（福岡市で博多湾に注ぐ那珂川）の水を神田に引き入れるため溝を掘ったところ、大磐が塞がったので、宿禰を召し、剣・鏡を捧げて神に祈ると溝が通じたという。麛坂（かごさか）王・忍熊（おしくま）王が仲哀の崩御を聞き、反乱を企てた時、宿禰は神功の命をうけ皇子を懐いて南海を経て紀伊水門（和歌山市の旧名草郡または海部郡にあった海港か）に赴き、和珥（わに）臣の祖武振熊（たけふるくま）とともに、忍熊王を攻め、計を用いてこれを逢坂（京都市と滋賀県大津市の境の逢坂山）に破り、滅ぼした。次いで神功の命をうけ、太子を伴い角鹿の笥飯大神（福井県敦賀市曙町の気比神宮）を拝して帰り、神功が太子のために開いた酒宴で、宿禰は太子に代わって答歌した。また、新羅が百済の貢物を奪った時、その罪を問うため誰を遣わせばよいか天神に尋ねたところ、神は宿禰をして議を行わしめよと答えたという。応神朝においては、高麗人・百済人・任那人・新羅人らが来朝した時、これら諸韓人を率いて韓人池を作った。さらに筑紫に遣わされ、百姓を監察した。この時、弟の甘美内（うましうち）宿禰が兄を廃そうとして、宿禰に野望があると応神天皇に讒言した。応神は使を遣わして宿禰を殺そうとしたが、壱伎直の祖真根子が宿禰とよく似ていたので身代わりとなって死んだ。宿禰自身は南海から紀伊を経て朝廷にいたり、無罪を訴えたので、応神は二人に探湯（くかたち）をさせたところ甘美内宿禰が敗れたという。仁徳天皇誕生の日、応神は自分の子と宿禰の子が同日に生まれ、しかもともに産屋に鳥が飛び込むという吉瑞があったのを喜び、双方の鳥の名を取り替え、皇子を大鷦鷯（おおさざき）、宿禰の子を木菟（つく）宿禰（平群氏の始祖）としたという。仁徳朝には、茨田（まんた）堤に雁が卵を生んだのを珍しがって、仁徳と宿禰の長生を讃えた問答歌がみえる。以上の物語によれば、宿禰は歴朝に奉仕した大臣または忠誠をつくした近侍の臣、神事に奉仕する霊媒者・男覡・長寿の人として描かれている。ただし、『古事記』には、子孫の系譜関係について詳しい記述があるものの、宿禰自身の物語は『日本書紀』に比較して少ないことから、明確な人物像が成立したのは「旧辞」よりものちのことで、蘇我馬子宿禰らの一族、または中臣連鎌足などを原型として、近侍の大臣たる武内宿禰伝承が成立したとされる。（四〇二〜三頁）

2　中臣鎌足を原型とする説

この『日本古代氏族人名辞典』の最後のところに書かれていますように、「明確な人物像が成立したのは『旧辞』よりものちのことで、蘇我馬子宿禰らの一族、または中臣連鎌足などを原型として、近侍の大臣たる武内宿禰伝承が成立したとされる。」というのが結論でして、これが今日の学界では一般に行われている考え方なのであります。

特に中臣鎌足と、伝承上においてよく似た点がありますので、京都大学の教授で非常に優れた岸俊男さん、惜しいことに早く亡くなりましたけれども、この方も中臣鎌足説なのです。といいますよりは、むしろ岸さんが中臣鎌足説を言い出されたのですが、その論文は「たまきはる内の朝臣—建内宿禰伝承成立試論—」といって、日本歴史学会編

『歴史と人物』（昭和三十九年十一月発行）に発表され、後に自著の『日本古代政治史研究』（昭和四十一年五月、塙書房発行）にも収められています。それによりますと、武内宿禰伝承が「七世紀ごろ以後に帝紀に加えられたと推定される成務・仲哀・神功の時代のこととしておもに物語られている」ことを基礎にすえ、武内宿禰が「たまきはる内の朝臣」といわれるのと中臣鎌足が「内臣」であったことの類似性、また神祇祭祀の家柄の出身とみられることの共通性などを指摘して、「その成立発展の主要な時期が七世紀後半と思われる」と結論づけられているのです。そしてこれが今日の古代史学界の有力な考え方になっておるわけです。

3　実在を疑われる理由

それに対して私は、そうではあるまい、そういう考え方をする方がむしろ無理ではないか、と考えておるのです。まず第一に、何故そんな風に疑われるのかといいますと、これは岸さんも述べておられますが、武内宿禰の話の出てくるのが、成務天皇・仲哀天皇・神功皇后などという時代のことで、これらの記事は〝七世紀中ごろ以後に帝紀に加えられたと推定される物語〟という大前提があるのです。しかしこの〝七世紀中ごろ以後云々〟ということは、もともと戦前の津田左右吉博士の仮説であって、その論拠とされた天皇名の〝タラシ〟を疑う説が、実は成り立たないことを、私はこの前の第二回のセミナーでも可成り詳しく述べたとおりでありますから、本日はくりかえしません。そして若し、この疑惑とされる大前提が解消しますと、日本書紀や古事記に見える武内宿禰に関する伝承そのものの存在は、これを認めてよいことになりましょう。

しかし次に、伝承の存在は認めても、伝承の内容に疑われる点がありはしないか、という問題があるのです。その一つは、名前がですね、「武内宿禰」という非常に漠然とした名前なのです。〝武の内〟。タケがつくのは、例えばヤマトタケルの命のタケ、いわゆる〝勇ましい〟ということですね。ウチというのは、内、外の内ですけれども、中臣鎌足なども「内臣」〝内つ臣〟ということが、日本書紀の大化元年六月の条に見えています。後になりますと、「内大臣」に任ぜられるわけですが、この〝内〟ということから、武内宿禰は中臣鎌足をモデルにして作り上げたのではないかという説になるわけなのです。その当否はいずれにしましても、名前がこの〝武の内〟ということだけでして、これではどうも実際の具体的な名前とは考えにくい。それが一つの問題点。

もう一つの問題は年齢です。朝廷五代に仕えて、亡くなったのは三百歳前後と伝えられていますけれども、そんなことは、実際にはあり得ないじゃないかと、疑われてしまうのです。その年齢と、先の武内という曖昧な名前とを合せますと、もうそれだけでそんな人物は実在ではあるまいと否定せられるのが、今日の学界の通説となっているのでありあります。

4 〝宿禰〟について

そこで、その二点について、本日お話しておこうと思うのですが、まず第一に武内宿禰。これは今日では耳慣れた名前になってしまっていますが、しかしこれは、作ろうとしても容易に考えつくような名前じゃないのです。何故かと言いますと、この「宿禰」というのは、天武天皇十三年（六八四）十月に制定された八色の姓の一つで、その中にちゃんと「宿禰」があるのですね。しかも真人・朝臣に次いで第三番目のカバネなのです。そこで、仮に日本書紀の編者が、中臣鎌足をモデルとして武内宿禰なる人物を作り上げるとしても、日本書紀の編纂が進められるのは早くても天武天皇十年以後でありますから、その頃に、昔の英雄の名前を考えだすのに、わざわざ第三位のカバネを持ってくる筈はないでしょう。現に日本書紀には、武内宿禰のほかに、神功皇后の四大夫として、中臣烏賊津連・大三輪大友主君・物部膽咋連・大伴武以連などの名前がでてきますが、これらは、連とか君という古いカバネで書かれています。ですから、作り上げるとすれば、〝武内大連〟とでもしておけば、神功皇后時代の重臣としてふさわしいでしょうが、ここに〝武内宿禰〟と書いたのでは、却って不思議な感じを与えてしまうのではありませんか。

それでは何故、ここに「宿禰」が出てくるのか。それは恐らくこの人物がその当時——つまり神功皇后の時代の頃——から、〝スクネ〟と呼ばれていたから、と考えざるを得ません。この〝スクネ〟というのは、後の八色の姓の〝宿禰〟とは別で、もっと古い時代から、名前の下につけた尊称、〝たたえ名〟であろうと思われます。紀・記では、武内宿禰以外では神功皇后の父にあたるオキナガノスクネ、山代内臣氏の祖先のウマシウチノスクネ（武内宿禰の異母弟）などの名が古い時代にみえ、また古事記の崩年干支では甲午の年（四五四）に崩ぜられたと伝える允恭天皇のお名前もヲアサツマワクゴノスクネと申されます。

そして更に確実な史料としては、前回にも申しあげた稲荷山古墳出土の刀銘にも「多加利足尼」が見え、これは〝タカリのスクネ〟と訓むのです。この人物は大彦命の子とされていますから、大体、垂仁天皇の時代前後の存在と思われますが、その当時に〝スクネ〟があったことがはっきり証明されるのです。

そしてその語義については、旧事本紀（天孫本紀）では、天皇の「近宿に縁りて、もと足尼となし、次いで宿禰となす」と説明していますが、これは〝足〟もと、とか〝宿〟の字に引っかけての解釈でして、日本紀私記に、帝王相親みて、〝曾古爾禰與《ソコニネヨ》〟といわれたから、と見える解釈と同類で、とても信じられる話ではないと思います。私もはっきり説明する自信はありませんが、〈オホナむち（貴）〉・〈スクナひこ（彦）〉という大小の対をなす有名な神様の名前と同様に、〈スクネ〉は〈オホネ〉に対する言葉ではあるまいか、と考えています。実は、天孫本紀には、「宿禰」・「足尼」の〈スクネ〉と共に、〈オホネ〉の名も「大禰」・「大尼」として、何回か見えるのです。天孫本紀は、この〈オホネ〉も先の〈スクネ〉も、どちらも官職名のように理解して書いていますので、一般に後の偽作のようにみなされやすいのですが、〈オホネ〉という珍しい用語を、天孫本紀が新しくつくり出したとは、とうてい考えられません。だから、〈オホネ〉という言葉そのものは、認められてよいと思います。そしておそらく、

オホネ──→大尼──→大兄（オヒネ・オホエ）

スクネ──→足尼──→宿禰

と変化していったのであろうと考えるのです。大兄の古訓は「オヒネ」ですが、履中天皇は日本書紀では「大兄イザホワケ天皇」と記されていますが、古事記では「大江ノイザホワケノ命」と書かれていますから、〈オヒネ＝オホエ〉とみてよいでありましょう。そして、この履中天皇の弟に允恭天皇がおられ、允恭天皇が「ワクゴノスクネ」とよばれていたことは前述のとおりでありますから、両天皇は御兄弟で〈オヒネ・スクネ〉という対の名称をもたれていたことになり、私の考えを裏づける一証になろうかと思います。

そして古事記によりますと、武内宿禰の子に「波多八代宿禰」「許勢小柄宿禰」「蘇我石河宿禰」「平群都久宿禰」「木角宿禰」の名が見えますが、これらがすべて「宿禰」の尊称をもって伝えられているところから考えて、恐らくこの頃には流行していた〝たたえ名〟であったと思われます。ですから、武内宿禰の〝宿禰〟については少しも問題とならず、むしろこの名称で書かれていることが、歴史の年代の上からみて、ふさわしい表記であることが知られましょう。

5　〝武内〟について

次に〝武内〟についてですけれど、これはおそらく、〝武〟というのは、勇ましいということで、この点はほとんど問題ないでしょう。そして次の〝内〟ですが、これは先程も一寸ふれましたように、内外の〝内〟で、内侍・内裏・内蔵などという言葉もありますが、この場合は、常に天皇のお側近くにいて、直接に御補佐申し上げる立場の人を〝内の宿禰〟と尊称したものと思われます。紀・記の歌に、武内宿禰のことを〝たまきはるウチのアソ〟として詠まれていますが、この〝ウチ〟も同じでしょう。因みに、歌の〝アソ〟に、「朝臣」の字をあてますが、それは後のことで、本来の〝アソ〟は『時代別国語大辞典』(上代編)などが説いていますように「人を親しみ尊んで呼ぶ称。」だと思います。ですから、〝ウチのスクネ〟も〝ウチのアソ〟も、同じような意味になります。岸さんは、中臣鎌足の「内臣」がもとで、武内宿禰の〝内〟がイメージされたように説かれていますが、それはむしろ逆で、大化以後まで武内宿禰の伝承が生きていたために、その〝内〟に倣って鎌足に、新しく「内臣」とか「内大臣」の称が与えられたものと思います。

さて、ここでもう一度前回お話しました稲荷山古墳出土の刀銘を思い出して下さい。

この刀銘には雄略天皇のことを〝ワカタケル大王〟と書かれています。これはもともと「獲加多支鹵大王」と漢字で書いてあるのですが、訓み方は〝ワカタケル大王〟でよいと思います。学界でも殆ど定説になっています。とすると、ワカタケル大王、ワカは若々しいの若ですね。そしてタケルというのは、勇ましい、武と同じ意味なのです。これで、雄略天皇の御生前のお名前を呼ぶのに〝ワカタケル大王〟という事がわかって来たわけですが、これは非常に重要な意味を持つ大発見なのです。つまり、〝ワカタケル〟という抽象的な表現で具体的な人を指す、こういう言い方があるのだという事が明瞭となった。実際の雄略天皇のお名前、実名は紀・記に伝えられていないのですが、それで何も差し支えはない。要するに実名よりも〝称《たた》え名〟で一般には通用していた、これが古代の姿なのです。

この前お話しました神功皇后の場合も同様で、そのお名前のオキナガタラシヒメといいますのは、息長という土地のタラシヒメ、美しさが充足しているお姫様、ということです。抽象的なお名前なのですが、それをもって当時の人々は呼んでいた。称え名ですね。そしてこの称え名が、ずっと後世に伝わってゆく。そして実名の方が、かえって忘れられてしまう。加藤和枝の実名は忘れられても、〝美空ひばり〟は長く伝わる。今も昔も同じことであります。

それらを踏まえて考えますと、武内宿禰というのも〝称え名〟であったのでしょうが、それがあまりに有名であったため、後世までずっと伝わって来ておる。おそらく実名は別にあったにちがいありませんが、実名は伝わらずして、こういう称え名でもって、伝わって行く。丁度、〝ワカタケル大王〟と同じ事なのです。ですから、〝武内宿禰〟

という名前が、抽象的だという事でもって、実在ではないという様な、単純素朴な議論は成り立たなくなってきている。名前だけの理由で、実在を否定することは出来ないのであります。

6　五朝に仕えて三百歳という所伝

そこで、次の問題は、武内宿禰が五朝に仕えて、ほとんど三百歳前後まで長生きをしたという伝承があるが、そんな人が実在し得るか、という事になって来るわけですね。そこで、その点を考えて参りたいと思います。資料の二枚目。公卿補任（新訂増補国史大系本）を引いておきました。公卿補任というのは、平安時代以降書き継がれた官員録のようなもので、こういう古代から上代にかけての人物などを研究する場合に、よく利用する大事な史料なのですが、その中の景行天皇の御代以後に、武内宿禰のことがずっと出て来る。その武内宿禰の記事の部分だけを抄録しますと、次のようになります。（本書では原文の転載を省略する。）

これを見ますと、第十二代の景行天皇の御世の所に「棟梁之臣」として、武内宿禰の名前が出て来ます。全部読む時間がありませんので、右傍に線を引いておきました所だけ目で追って下されば、結構です。先ず「棟梁の臣」となったという事ですね。それから「或本云」として、父方は孝元天皇の玄孫で、母方は紀伊の国造等の祖の菟道彦の娘である、と伝えています。ここでは紀伊国の国造の祖（菟道彦）を、母方の祖としていることに注意しておいて下さい。この点はあとで更に考えます。

次は第十三代成務天皇の御世ですが、ここにもやはり「大臣」として武内宿禰をかかげています。

その次は第十四代仲哀天皇の御世ですが、そこにも「大臣」として武内宿禰が出て来ます。

その次が十五代ですが、ここには「神功天皇御世」とありますね。これなども、注意しなければなりませんが、神功皇后については、昔から「神功天皇」という言い方があるのです。これは公卿補任だけでなく、もっと古いものに、既に神功皇后を「天皇」という風に書いたものがあります。私の調べたものだけでも、常陸国風土記・播磨国風土記・摂津国風土記・住吉大社神代記・粟鹿大神元記・琴歌譜などに「天皇」と見えています。そこで公卿補任などは、「神功天皇」として一代を立てているわけですね。その時代の「大臣」もやはり武内宿禰。

それから、その次が応神天皇の御世で、同じく武内宿禰が「大臣」です。

それから仁徳天皇の御世にいたって、やはり「大臣」は武内宿禰ですが、この五十年に武内宿禰が亡くなったという事が書いてある。そして官に在ること〝二百四十四年〟、春秋、すなわち年齢は〝二百九十五年〟と記してあるのですね。

これと同じような武内宿禰の長寿説は他にもだんだんありますが、代表的なものを一、二挙げておきましょう。

先ず扶桑略記ですが、その仁徳天皇の条に次のように書かれています。

「五十五年丁卯。（中略）同年。大臣武内宿禰春秋二百八十二歳薨。歴㆓六代朝㆒二百卌四年㆒也。」

これによりますと、大臣武内宿禰は春秋二百八十二歳、六代の朝に仕え、その期間は二百四十四年、というのです。六代といいますのは神功皇后を入れてのことなのですね。それを除くと五朝ですが、ともかく年齢は二百八十二歳だと伝えています。

それから愚管抄、これは慈円の書きました有名な歴史書がありますが、それには次のように述べております。

「大臣ハ武内宿禰。此大臣、六代御ウシロミニテ二百八十余年ヲ経タリ。カクレタル所ヲシラズ。」

「御ウシロミ」とは、背後から応援すること、つまり後援とか後楯という意味ですが、この場合、年齢が〝二百八十余年〟ということでしょう。まあこういう書き方をしている。このように、昔から武内宿禰というと、年齢三百歳に近い長寿の人であったという風に伝えられて来ているわけです。

そうすると、今のわれわれの考えで、年百歳といわれたのであれば、まだ信用出来るかも知れませんが、三百歳ということになると、これはもうとんでもない話だと、いうことになるわけです。そこで、この点を改めて吟味しておこうと思います。

7　皇紀と讖緯の説

さて、最初に御承知願いたいことは、五代にせよ六代にせよ、ここに天皇のお名前が記されています時代は、すべて日本書紀の皇紀で書かれているということです。神武天皇の即位元年から起算する日本書紀の紀年法を普通皇紀というのですが、その皇紀で御歴代の年数が記されているわけですね。ところが、この皇紀というのは、実際の歴史の絶対年代と照らして申しますと、延長されていることが知られています。ですから、今年は皇紀二千六百五十五年と言いますが、日本書紀に基づいて言えば、たしかにその通り。しかしながら、歴史の絶対年代という点から申しますと、約六百年位長すぎるのです。

このことは、戦後の歴史教育を受けた人ならば、高等学校の日本史の教科書に皆書いてある事なのです。つまり皇紀は讖緯《しんい》の説というシナの学説によって書かれたので、結果的に延長されており、実際は、それから六百年くらい引いた所が絶対年代だと、こういうことが教えられているのです。そこで日本書紀を悪く言う人は、日本書紀の編者は、年代を誤魔化して延長し、日本の歴史をわざと古くさかのぼらせたと言うのです。だから神武天皇の御即位が今から二千六百五十五年前というのも嘘だし、建国初期の天皇の御年が百何十歳というお方が多いのも作り話である、という風な議論をするわけなのです。

しかし、日本書紀の紀年が非常に延長されているという事は、何も戦後になって初めて判ったわけでも何でもない。私共は大学で、——私は戦争中の学生ですが——戦前の大学の授業では、ちゃんと紀年の延長という講義を受けていました。但し、一般の歴史教育では、日本書紀を中心に説明されていましたので、広くは知られていなかったわけなのです。しかし、専門の研究者にとっては、皇紀が讖緯の説によって延長されているのだという事は、常識で、学界では誰でも知っていた事なのです。

そこでその讖緯の説というのは一体どんなものか、それをこれから申しあげます。話が一寸難しくなりますけれども、しかし大事な事ですので、しっかりと史料によって、筋道を通して御理解頂きたいと思います。曖昧な事を申しておったのでは、今の学界の風潮とは太刀打ち出来ません。ですからひとつ、一寸やっかいですけれども、御辛抱頂きたいと思います。

この讖緯の説といいますのは、未来を予言するシナの学説で、前漢の末頃から次第に盛んになりますが、後漢が亡んだ後は晋がこれを禁止し、隋もきびしく取りしまりましたので、シナ本国では衰えますが、その前に日本に伝わっておりました。まとまった書物が残っておりませんので、詳しいことは判らないのですが、幸いに三善清行――私共は学生の時は清行《きよつら》と習ったのですけれども、最近の学説では清行《きよゆき》と読むのがいいということになっております。――この三善清行が、醍醐天皇に奉った勘文、上申書でありますが、その中にこの学説の一部が引用されているのです。

そしてこの清行の勘文――革命勘文と呼ばれていますが――これに注目されたのが、明治時代の那珂通世博士です。那珂博士は、勘文に引用されている〝易緯〟の中の〝辛酉革命〟、さらに鄭玄《じょうげん》の注の中に説かれている〝二十一元一蔀〟の解釈から、日本書紀の皇紀の起点は、推古天皇の九年（辛酉）から二十一元――一元は六十年ですので――一二六〇年を遡ったところに大革命があったと考えて、これを日本の歴史の始まり、すなわち神武天皇の即位元年（辛酉）に当てたのであろう、と考えられたのであります。これが有名な「上世年紀考」という論文でありました。

8　三善清行の革命勘文

そこで先ず、革命勘文に引かれた文章を紹介いたします。資料四枚目の〔4〕です。

「文章博士三善宿禰清行謹言

請㆔改元応㆓天道㆒之状

合証拠四條

一、今当二大変革命年一事

易緯云、辛酉為二革命一、甲子為二革令一。鄭玄曰、天道不レ遠。三五而反。六甲為二一元一、四六二六交相乗。七元有二三変一。三七相乗。廿一元為二一蔀一。合千三百廿年。」

それを見ると「一、今年、大変革命の年に当る事」とありますね。「今年」といいますのは、昌泰四年のことでして、西暦では九〇一年。その年が、丁度〝大変革命〟が起るという「辛酉」〝かのととり〟の年に当るというので、この年に改元、つまり年号を変える必要があるという事を、言上するわけなのです。それが朝廷で認められて、昌泰四年の七月十五日に改元され、延喜元年となります。延喜というのは、どなたも御承知の有名な年号ですが、その年号が生れるきっかけをつくった有名な論文、これが革命勘文というものです。

昔は、何か瑞祥があったり不幸な事が起ったりしますと、年号を変えて人心を一新し、新しい御世を迎えようという気持があった訳です。今年などは正月以来、大地震やオウムの事件など色々な事がありまして、昔だったらもう改元ものですね。

さて、何が書いてあるかといいますと、漢文で、しかも非常に難しい議論でありまして、私も一寸判りにくいのですけれども、一応文字通りに説明致しますと、「易緯に云う」、易緯というのはシナの易学の本なのです。これは現在のシナにも残っておらないので、この逸文ではじめて判るのですが、その易緯という書物に、

「辛酉を革命と為す。甲子を革令と為す。」

とあるわけです。辛酉とか、甲子というのは干支です。それに対して、鄭玄《じょうげん》、彼は後漢の時代の学者ですが、この

人が注を加えている。〝鄭玄曰わく〟とありますね、鄭玄の注に依りますと、

「天道遠からず、三五にして反る。六甲を一元と為し、四六二六こもごも相乗。七元に三変あり、三七相乗。廿一元を一蔀と為す。合せて千三百廿年。」

と書いてあるのです。ところがこの意味が仲々とけない。そこで理解し易いために、これを箇条書にして、番号をふっておきました。次のようになります。

（1）天道不遠、三五而反。
（2）六甲為㆓一元㆒。
（3）四六二六相乗。
（4）七元有㆓三変㆒。
（5）三七相乗。
（6）廿一元為㆓一蔀㆒。
（7）合千三百廿年。

そしてこの（1）から（7）まで、よく判らない点があるのですが、今迄の学者の説を参考にし、さらに私なりにこれを解釈してみますと、次のようなことかと思われます。

（1）天の道は無窮であるが、ただ永遠というのでなく、三・五の数値でくりかえしが行われる。
（2）六甲（一甲は一〇年）、すなわち六〇年を一元とする。

（3）四六の相乗は四×六甲、すなわち二四〇年（四元）、二六の相乗は二×六甲、すなわち一二〇年（二元）で、いずれも時代の区切りとなる期間である。

（4）七元というのは、（2）の一元と、（3）の四元・二元を足した数字で、この七元（四二〇年）の間に三度の異変が起こる。

（5）三七相乗の「三」は、（1）の「三五」の「三」か、（4）の「三変」の「三」か未詳であるが、「七」は（4）の「七元」であろう。三×七元、すなわち二十一元となる。

（6）二十一元（一二六〇年）を一蔀となす。

（7）「合」というのは合計である。この文字に注意し、（4）の場合を参考すると、これは（2）の一元と（6）の二十一元を足して二十二元、すなわち一三二〇年ということになる。

おそらく、こんな意味ではないかと思うのです。これはまだ、学界で定説があるわけではありませんので、もし皆さんの中に、こういう事に詳しい方がいらしゃったら、独自に考えて頂ければいいわけです。

9　一二六〇年か一三二〇年か

ところが、ここで一番厄介な問題は、普通は（6）の「廿一元を一蔀となす」ということから、一二六〇年を大変革のめぐってくる周期と考えて、那珂博士も、推古天皇九年の辛酉から一二六〇年を遡らせて神武天皇の元年を押さえられたわけです。ところが、原文には「合せて千三百二十年」という計算がわざわざ書き加えられているのです。

これがもともと鄭玄の注にあったものか、清行が自分で書き加えたものか明らかでありませんが、何れにしてもこの計算がよく判らない。那珂博士は、これを「恐ラクハ千二百六十年ノ違算ナルベシ。」つまり計算違いをしたのであろうと言われて、一二六〇年を一蔀の区切りと主張されています。

そこで日本書紀を見ますと、推古天皇の九年、これが辛酉の年にあたるのですが、今の年表を御覧になれば、西暦の六〇一年とありましょう。皇紀は書いてない年表が多いのですが、皇紀でいえば、一二六一年になります。そして推古天皇の二十八年（西暦六二〇年）に、聖徳太子と蘇我馬子が協力して初めて本格的な国史を作った、と日本書紀に書かれています。

「是歳、皇太子・嶋大臣、共に議りて、天皇記及び国記、臣・連・伴造・国造・百八十部幷《あは》せて公民等の本記を録す。」

これは、この国史を完成した年が、推古天皇の二十八年ということですから、その十九年前の、推古天皇九年辛酉の年を基点として、それから一二六〇年遡った所に神武天皇の元年を置いたのであろうと、考えられているわけです。

御承知のように、歴史を書く場合は、どこから始めるか、という基点を定める必要があります。それを定めないと歴史になりませんから、――昔々と言ったのでは物語になってしまうのです。――先ず基点を決める。日本書紀編纂の時にも、基点を決めなければなりませんでしたが、それを推古天皇九年の辛酉から一蔀の一二六〇年を遡った所に求め、ここに神武天皇元年を先ず置いた。そして、それから後の色々な伝承というものを、年代に割りあてでずっと書き並べて行った。これが日本書紀の形であろうというのです。このようにして定められた神武天皇の元年から勘定しますと、今年は、皇紀二六五五年ということになるわけなのです。その事を、那珂通世博士が詳細に議論され、今日の学界では、ほとんど通説として認められている次第です。

　ところが、更に詳しく見てゆきますと、なお問題点があります。それはなぜ、三善清行の革命勘文に、合わせて一三二〇年という数字が出てくるのかということです。そして一方、不思議な事に、日本書紀の推古天皇の九年の条に、革命にあたる様な大事件が記されていない。この年に大事件があったら、成程と思われますけれども、肝心の日本書紀に、何も事件が書いてないのです。そうするとおかしくなって来る。そうでしょう。辛酉の年が革命に当るとして、これを基点に神武天皇の元年を決めたというのに、その基点とする推古天皇九年辛酉の年に、何の事件も起こっていない、というのでは話の辻褄が合わなくなるではありませんか。

　そこで、改めて革命勘文にいうところの一三二〇年という年を考えて見ますと、推古天皇九年より六十年後になりますが、この年は、斉明天皇の七年（西暦六六一年）に当ります。斉明天皇の七年、これは大事件のあった年なのです。御承知の通り、当時、唐と新羅の攻撃をうけた百済の要請によって、日本が朝鮮に出兵する、その年です。斉明天皇が女帝の御身でありながら、国運を賭して自ら出陣されるというあの大事件の起こった年なのです。これなら確かに大変革の年と言える訳ですね。おそらく、三善清行の言おうとしたのは、この斉明天皇の七年を基点とするということだろうと思うのですが、普通は、推古天皇九年説で、大体、高等学校の日本史の教科書などは皆この説です。しかし、それでは一寸説明がつかない点が残る、と私は思っております。

今その問題に深入りしませんが、いずれにしても推古天皇の九年か、斉明天皇の七年か、どちらにしても、ここから遡って神武天皇の元年を当てはめた。推古天皇九年から言えば一二六〇年、斉明天皇の七年から言うと一三二〇年を遡って、ここに神武天皇の元年を置いたという事だけは間違いない。これは認めざるを得ないと思います。

10　歴代数と系譜

そこで、実はそのために、古い時代の天皇の御年齢や御在位の年数が長くなるわけです。何故かと言いますと、——私はこの点が、日本書紀の偉い所だと思うのですけれども、これまでに伝えられてきた天皇の歴代数は変えなかった。——代数を変えることをしないで、それぞれの御代に年数を割り当てようとしたのです。そのために、結果として、一代の年数を長くしないと話が合わなくなる。よく、古い時代の天皇は、日本書紀の編者が勝手に作ったのだ、などという事を簡単に言う学者がありますけれども、そんな事はないのです。古い時代の天皇を勝手に作り上げるつもりなら、こんな代数の変更など簡単に出来た筈です。日本書紀を作った程の学者であれば、天皇の歴代数をふやすことぐらい何でもない。代数をふやしたら、一代の天皇が百何十歳というような無理をしなくてもよい。矛盾なしに合理的な年齢が書けた筈です。ところがそのようにしないで、年齢を長くしても、天皇の御歴代数は造作せず、ふやさなかった所に、日本書紀や古事記の正直なところがあると思います。これは非常に大事なことなのです。

もともと、祖先の代数というものは、皇室だけでなく、氏族の家々にとっても非常に大切で、それが系譜として伝えられているのです。皇室はもとより、普通の氏族に於いても歴代の系図というものは大変大事だったのです。このことは日本だけではありません。

例えば、キリスト教の旧約聖書を見て御覧なさい。「創世記」に「アダムの系図」としてはじめの所にちゃんと歴代の名前と年齢が書いてある。皆、長生きです。日本の紀・記どころではありません。面白い内容ですので、初めの部分だけ紹介しておきましょう。

「アダムは百三十歳になったとき、自分に似た、自分にかたどった男の子をもうけた。アダムはその子をセトと名付けた。アダムは、セトが生まれた後八百年生きて、息子や娘をもうけた。アダムは九百三十年生き、そして死んだ。

セトは百五歳になったとき、エノシュをもうけた。セトは、エノシュが生まれた後八百七年生きて、息子や娘をもうけた。セトは九百十二年生き、そして死んだ。

エノシュは九十歳になったとき、ケナンをもうけた。エノシュは、ケナンが生まれた後八百十五年生きて、息子や娘をもうけた。エノシュは九百五年生き、そして死んだ。

ケナンは七十歳になったとき、マハラルエルをもうけた。ケナンは、マハラルエルが生まれた後八百四十年生きて、息子や娘をもうけた。ケナンは九百十年生き、そして死んだ。」(以下略す。)

また新約聖書をみると、巻頭に「イエス・キリストの系図」が書かれていて、アブラハムからダビデまでが十四代、ダビデからバビロンへ移住したヨシヤまで十四代、ヨシヤの子のエコンヤからイエスまでが又十四代、合計四十何人かの名前が次々に書かれています。

今の人は、そんなに沢山の名前が伝えられているのを不思議に思うのですが、そんな事はありません。私共は小学校の時、先生から、天皇の御歴代の名前を全部覚えなさいと言われて、神武・綏靖・安寧・懿徳・孝昭・孝安・孝霊・孝元・開化……と、先生の教えの通り、親の肩たたきをしながら真剣になって覚えたものですよ。昭和天皇で百二十四代ですか。それ位、皆覚えた。子供でも覚えた。まして昔は、文字よりも伝承が中心でしたから、語り部などは長い物語りでも暗記した。アイヌの人々のユーカラなど、御存知でしょう。自分の家筋の大事な系譜というものを覚えるくらい、何でもなかったのですよ。覚えられないというのは、今の人の記憶力が低くなったからでしょう。

特に名家・名門では、自分の家の系譜を言う事が、誇りなのです。武士でも、相手と戦うときにはお互いに、〝我こそは、何の何がしの何代の子孫〟というでしょう。これが名乗りなのです。名乗りをするというのは、自分の家の歴代の祖先の名誉にかけて、あなたとこれから正々堂々と真剣戦負をします、という事の言挙げなのですよ。ですから、自分の祖先の系譜を言えない様な者は、武士ではない。

昔のお公家さんは、自分の祖先の系譜を覚えるために、系図屛風というものを持っている。屛風に系図が書いてあるのです。今に残っているものもあり、私は実物を見たことがあります。自分の家や一族の系図を書いてですね、これを毎日見て覚えてしまうわけです。そういうのが、昔の貴族や名門の姿なのです。勿論、伝唱や書写の間に、若干の誤伝や脱落が生ずることは、神ならぬ身、やむを得ないことです。しかしそれらは故意ではない。

そのように、祖先の代数や名前は、子孫のものが勝手に作りかえる事が出来ない。数をふやすわけにいかないものですから、辛酉革命の時からの一二六〇年、或いは一三二〇年間に、祖先の歴代を割り当てて行ったら、百歳以上の天皇が何代も出て来ることとなった。それだけの事なのです。

11　神功皇后紀と干支二運の延長

ところがこの場合、問題が起こって来るのは、実は神功皇后の時なのです。いま述べましたように、千年以上の期間に御歴代を割り当てて行く場合、時代が新しくなればなる程、実年代との差がはっきりとしてきます。とくにシナとか朝鮮と関係のある事件ですと、先方の史実と一致しないと具合が悪い、ということになります。

例えばシナで言いますと、宋書という歴史書があり、この宋書には日本のことが倭として出てくるのです。よく〝倭の五王〟なんていうでしょう。私は〝五王〟ではなく〝六王〟が正しいと思いますが、〔補注。拙論「古代天皇の系譜と年代」。『著作集』第二巻に所収。〕それはともかく、その倭王としてみえる一番初めは、「讃」という王なのです。そしてこれはおそらく仁徳天皇だろうというのが、学界の通説になっています。そしてシナは先進文化の国ですから、年代もはっきりしています。そうすると、この讃王の年代と、日本書紀の仁徳天皇の時代とが合わないと都合が悪い。同じ人物で、日本の方がずっと昔だというのでは、おかしくなります。

もっとも、仁徳天皇の場合は、宋書の「讃」との異同だけのことで、まだ影響は少ないのですが、その前の応神天皇や神功皇后の時代ということになりますと、この御代は、朝鮮に兵を出したという事で有名な時代なのですから、今度は朝鮮の史料と合わないと具合が悪いことになります。そして朝鮮の方では、神功皇后の半島出兵以後は、沢山の帰化人が渡来してきています。又、先程言いました様に、斉明天皇の百済救援の際は、白村江の戦いで、日本と百済の連合軍が唐と新羅の連合軍に敗けて、日本は引き揚げ、百済が滅びるわけなのです。国が亡んだものですから、百済の王族以下、学者達も日本へ逃げて来ている。そういう百済の人々の子孫が、日本書紀の編纂時代には日本に可成りいたわけです。

そしてそういう百済から亡命して来た王族や学者達は、やはり歴史の記録を持っていたと思われます。自分の国や家の記録を持っておる事が亡命者の財産なのですから、これは大事にしていたにちがいありません。そしてそういう記録を参照しますと、神功皇后が朝鮮半島に出兵された当時の記録が、百済を中心とする朝鮮からの帰化人の史料の中にもあったにちがいない。そこで日本側としては、どうしても、この朝鮮側の史料と年代を一致させておく必要が生じたと思われます。

ところで、日本書紀の編者としては、朝鮮資料を基にして、恐らく神功皇后の在世を、百済の近肖古王（在位三四六～三七五）・近仇首王＝貴須王（在位三七五～三八四）・枕流王（在位三八四～三八五）の相当時代と考えていたことは疑ありません。それは、神功皇后紀五十五年から六十五年の条によって判るのです。つまり、神功皇后の実年代は、四世紀の中頃から後半とみてよいのですが、それをそのまま日本書紀に書くとすると、その前の神武天皇からこの時代までの期間――およそ約一千年の間――に、十四代（仲哀天皇）までの天皇を割りあてることになり、年代は更に長くなり、年齢も一層無理となります。

そこでどうしたか。先程から申しております皇紀の矛盾を出来るだけ最小限に押さえ、そして皇紀年代の中間点を比定するのに最も都合のよいものは、シナの魏志に見える「倭女王卑弥呼」の記事なのです。卑弥呼は御承知のように、三世紀前半の邪馬台国の女王ですが、この魏志の記事を利用することによって、ほぼ干支二運をくりあげますと、大体、〈卑弥呼と神功皇后〉の時代を一致させることが出来るのです。それと共に、この百二十年の短縮によって、遡っては、神武天皇から仲哀天皇までの十四代の無理な配分も少しは救われ、降っては、いわゆる倭の五王との比定関係もそれほど大きな支障とはならずにすみます。そして何より、日本書紀編者にとって都合のよい、というより、実は必要であったことは、〈卑弥呼と神功皇后〉とを同一人物と見なすことによって、皇紀の妥当性を内外――特にシナ人に納得させることが出来るという点であった、と思われます。つまり、神功皇后を倭女王卑弥呼と〝見せかけ〟ることによって、日本書紀という史書の年代を権威づけ、同時に干支の点では一致させて、朝鮮史料との整合性をはかった、ということなのです。

つまり干支は合っているのです。けれども、実際の年代から言うと、日本書紀の神功皇后紀では、絶対年代において干支二運、百二十年の差、つまり延長があるという事が判ってきたのです。これが、今日の学界の現状であります。

それから、これは誰も言っておりませんが、私は、仁徳天皇の時代の記述の際、日本書紀は干支一運の延長をしている、と思っております。〔補注。『著作集』第三巻『邪馬台国と稲荷山刀銘』の三五四頁を参照。〕神功皇后・応神天皇のところで干支二運・百二十年、仁徳天皇のところで干支一運・六十年を延長しているとみてよいと考えます。そして、その後、実年代と皇紀との差がだんだん少なくなって行って、宋書に書かれていますが倭王武、即ち雄略天皇くらいになりますと、だいたい一致してくるわけであります。

12　武内宿禰の実年代

さて、皇紀の問題で時間をとり、大変むつかしい話をいたしましたが、先ずこれを御理解していただき、そういう目で、改めて武内宿禰の年齢のことを考えてみて下さい。

日本書紀や古事記の記載では、武内宿禰の生存年代は景行天皇から仁徳天皇の御代にまで及んでいますし、三百歳前後の長寿者とされていますが、これは日本書紀の皇紀によって計算することから生じた誤解であって、実際は恐らく七十数年間、歴代天皇にお仕えしたということであろうと思われます。紀・記に所伝の異同がありますが、仮りに最長の期間をとるとして、初期を景行天皇の晩年――紀では五十一年辛酉――から仕えたとしますと、これは実年代では四世紀前半の、恐らく三三〇年前後と推定されますし、また最後に記事の現われる仁徳天皇の初年――紀では元年癸酉――の頃は、およそ三九〇年代の後半に相当します。

その後、仁徳天皇紀五十年に、天皇と武内宿禰との間でとりかわされた歌が見えますが、この歌は、必ずしもこの年のこととは限らず、史実性は稀薄ですので、恐らく後世の問答歌の挿入とみられますから、これを除くと、武内宿禰が紀・記の史上で活躍するのは、仁徳天皇の初期までで、その場合は、実年代として約六、七十年間ということになるでしょう。これならば、決して常識はずれの長寿者ということにはならないのです。

恐らく、武内宿禰という人は、六、七十年の長期にわたって五代の天皇に仕え、歴代天皇のお側で補佐申しあげた長寿者であったというのは、事実であろうと思われます。三百歳という年齢は、皇紀による延長であって、少しも問題になりません。例えば近代でも、西園寺公望という人を考えてみて下さい。孝明天皇の嘉永二年（一八四九）に生まれ、文久元年（一八六一）に宮中に出仕、その後、明治・大正・昭和と要職を歴任し、昭和十五年（一九四〇）に九十二歳で死去していますが、この元老は四代・八十年間、朝廷に仕えたということになるわけでしょう。

13　武内宿禰の出自

さて、以上のような検討の結果、武内宿禰に関する疑惑が解消し、私は武内宿禰を実在の人物としてよいと考えますが、それではこの人は一体、どういうことをしたのか。この点は、最初に引用しました『日本古代氏族人名辞典』の中で詳しく紹介してありますから、ここでは割愛いたします。しかし、この人物が実在とした場合、その出自が、大変注目せられますので、最後に、この点について申しあげたいと思います。

武内宿禰の父母の系統については、日本書紀と古事記とで、途中の世代に一寸異同がありますが、大体は一致しているとみてよろしい。さらに、この氏族については、『紀氏家牒』という貴重な記録がありまして、昔、私の若い時に発見して学界に紹介したことがあります。（「『紀氏家牒』について」。私の『著作集』第二巻にも所収。）それらをもとにして、理解しやすいように、系図の形にして示しますと、次のようになります。

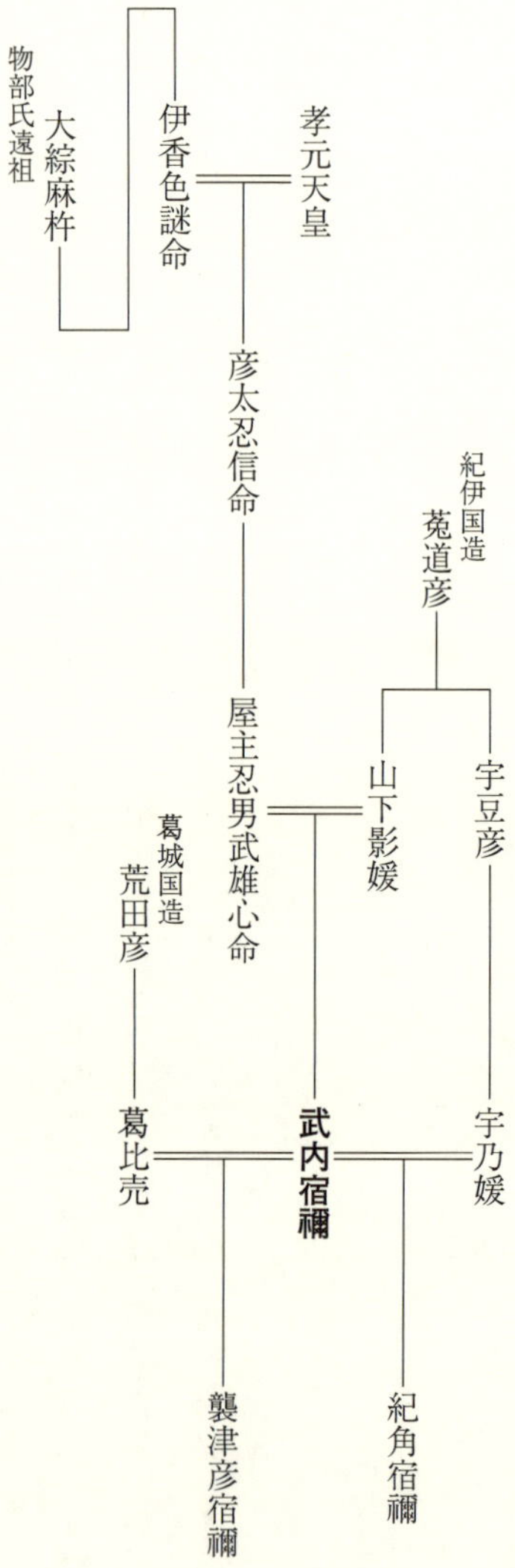

これによって判りますように、武内宿禰は、父方は第八代の孝元天皇から分れた皇別でありますが、母方は、紀伊地方の豪族（後の紀伊国造）の娘という伝承をもっています。この紀伊の勢力というのは、大和朝廷にとって、それ以前から深い関係があるのですが、この武内宿禰の時に姻戚関係が深まり、一層密接になったのは注目すべきことであります。それは、神功皇后の朝鮮出兵の際、紀伊の水軍の力強い協力を求め得たと思われるからです。

また武内宿禰が葛城国造の娘の葛比売を娶り、その子が襲津彦であるということも重要な伝承であります。葛城襲津彦のことは、井上光貞さんの詳しい研究があり、同氏によれば、この襲津彦は半島まで出かけて活躍した実在の人物ということですが、それならば、父親と伝承される武内宿禰も、実在でよいではありませんか。子供は実在だが父親は架空、そんなことはあり得ませんからね。

ともかく〝紀伊〟や〝葛城〟と結ぶこの出自関係は、すこぶる注目すべきものといってよろしい。話が多岐にわたり、お聞き苦しかったかと思いますが、今日は一応これで終りまして、この次は、「熊襲二国への西征」ということでお話しようと思います。

四、熊襲二国への西征

（平成七年五月十三日）

はじめに

本日は「熊襲二国への西征」という題をかかげました。この次には「朝鮮半島への出兵」という問題に入るわけでありますが、御承知の様に住吉の大神がこの大阪の地に祭られますのは、神功皇后が半島出兵に成功して帰国の後、筑紫・長門とだんだんに神社を立てて奉祭され、そして最後に住吉の地にお祭りになったという事でありますから、その前段階としまして、朝鮮出兵の問題、更にその前の事件として、熊襲西征という事の解明がどうしても必要になって参ります。そこで本日は、熊襲の問題についてお話を申しあげたいと思うわけです。

プリントを四枚用意致しましたので、御厄介ですけれども、この資料に基づいて色々申しあげますから、そのおつもりで、目で追って頂きたいと思います。

一、武内宿禰と田裳見宿禰

一枚目の資料の最初に「武内宿禰と田裳見宿禰」という小見出しを掲げておきました。武内宿禰につきましては、この前の第三回の時に詳しく申しあげたわけでありまして、――もし出来ますれば、今後はこれまでにお渡しした資料をも御持参下さると有難いと思います。――この前の資料の三枚目の終りの方に系図を掲げておきました。ここに「武内宿禰」が出てくるわけですが、本日のプリントには、この武内宿禰からさらに別れた氏族の詳しい系譜を掲げてあります。

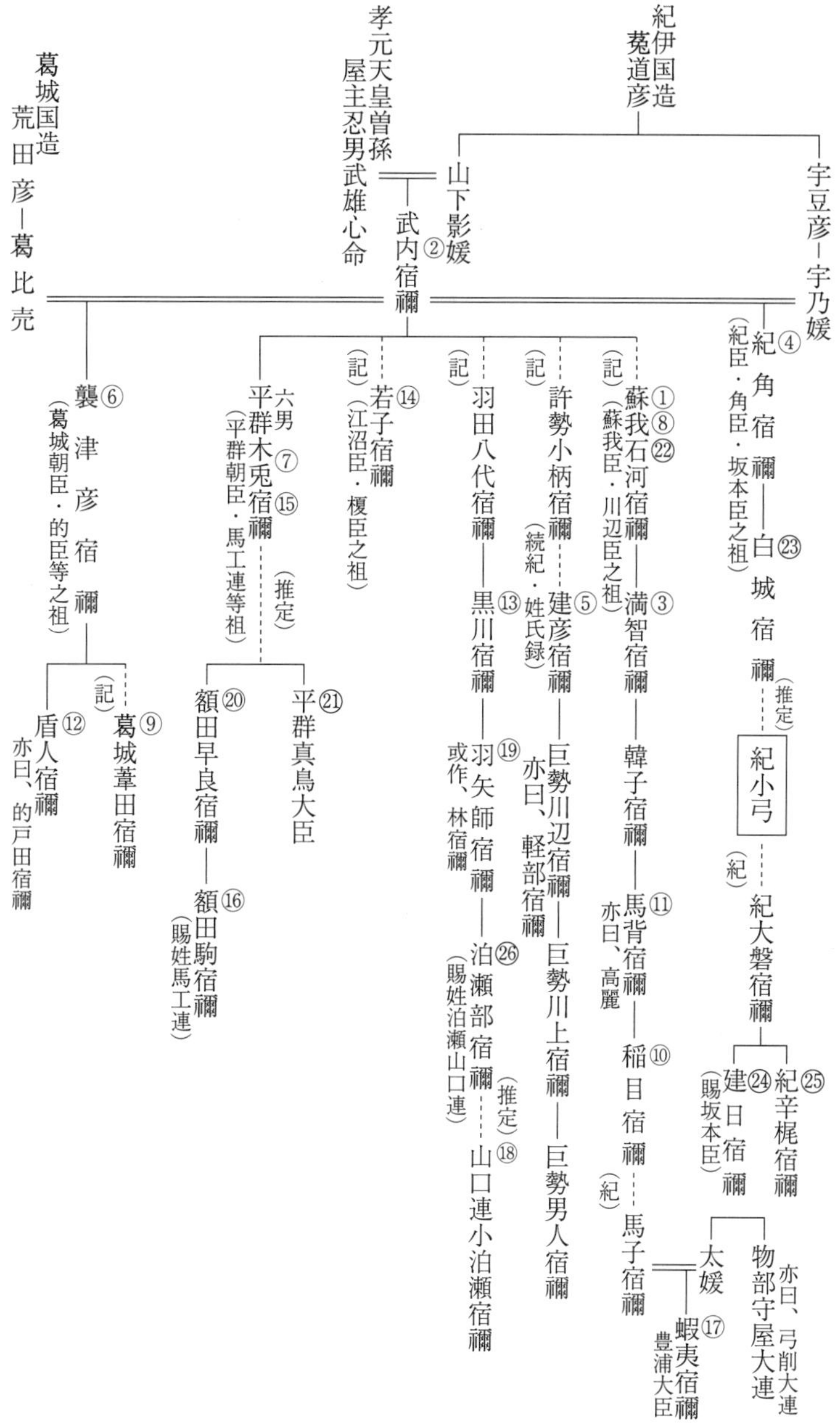
紀伊国造 菟道彦
宇豆彦
宇乃媛
紀角宿禰④
（紀臣・角臣・坂本臣之祖）
白城宿禰㉓
（推定）
紀小弓
（紀）
紀大磐宿禰
紀辛梶宿禰㉕
建日宿禰㉔
（賜坂本臣）
物部守屋大連
亦曰、弓削大連
太媛
蝦夷宿禰⑰
豊浦大臣
山下影媛
孝元天皇曽孫 屋主忍男武雄心命
武内宿禰②
蘇我石河宿禰①⑧㉒
（記）（蘇我臣・川辺臣之祖）
満智宿禰③
韓子宿禰
馬背宿禰⑪
亦曰、高麗
稲目宿禰⑩
（紀）
馬子宿禰
許勢小柄宿禰
（記）
建彦宿禰⑤
（続紀・姓氏録）
巨勢川辺宿禰
亦曰、軽部宿禰
巨勢川上宿禰
巨勢男人宿禰
羽田八代宿禰
（記）
黒川宿禰⑬
羽矢師宿禰⑲
或作、林宿禰
泊瀬部宿禰㉖
（賜姓泊瀬山口連）
（推定）
山口連小泊瀬宿禰⑱
若子宿禰⑭
（記）（江沼臣・榎臣之祖）
六男 平群木兎宿禰⑦⑮
（平群朝臣・馬工連等祖）
（推定）
平群真鳥大臣㉑
額田早良宿禰⑳
額田駒宿禰⑯
（賜姓馬工連）
葛城国造 荒田彦
葛比売
襲津彦宿禰⑥
（葛城朝臣・的臣等之祖）
葛城葦田宿禰⑨
（記）
盾人宿禰⑫
亦曰、的戸田宿禰

この系譜は、「紀氏家牒」に基づいています。紀氏家牒といいましても、一般の研究者でもあまり御存知ないわけですが、これを私は先年、――昭和三十二年（一九五七）ですから、今から四十年近く前ですが――無窮会神習文庫で発見致しまして、それを学界に紹介したことでありますが、この紀氏家牒に、武内宿禰の子孫の系譜がずっと出ておるわけなのです。尤も、もともとこれは文章で書いてあるのですが、それでは一寸、読んでもわかりにくいものですから、私がそれを系譜に改めなおしたものです。

これは、非常に整然とした形になっておりますが、決して私が勝手に作りあげたわけではありませんで、文章通りに系譜として書き改めただけのものであります。そして人名の右肩に番号がついていて④とか㉓とかありますのは、これはもとの紀氏家牒の文章を私が箇条書の形に整理した際、それぞれに番号をつけていますので、それを根拠にしてこの継嗣関係を線で結んだ、という事を示しています。論文（『著作集』第二巻『日本国家の成立と諸氏族』に所収。）では詳しく紹介しましたので、その際の番号が転写のこの資料にも残っておるわけです。

それから、人名の左肩に括弧して（紀）とか（記）、あるいは（姓氏録）とありますのは、日本書紀・古事記・新撰姓氏録に見えることを示し、点線は推定をしたことを意味しています。

そこで先ず注意して頂き度いのは、武内宿禰の出自であります。この人の父親は、孝元天皇の曾孫にあたるところの屋主忍男武雄心命、それから母親は山下影媛ということになっております。この点は、前回の終りのあたりで少し言及しましたが、山下影媛といいますのが、紀伊の国造莵道彦の娘なのですね。従いまして、武内宿禰という人物は、父方が皇室の関係、母方が紀伊の国造の系統であるという事が、わかるわけでありますが、これは非常に大事なことです。つまり武内宿禰の背後には、皇室の関係だけではなく、紀伊の国の国造、つまり有力な豪族のバックアップのあったという事実が、こういう系譜によって推定もされるわけです。これは後程申します様に、武内宿禰が仲哀天皇や神功皇后に従って、熊襲征伐に出かけて行きます時に、紀州の水軍を動員していたであろうということを推測させます。紀州の水軍の力がないと、とても瀬戸内海や四国の南を通ってはるばると九州にまで出かけて行く事は出来ますまい。大軍を率いて大和から九州まで乗り出してゆくのですから、必ず強力な水軍の援助がなければなりません。その場合、紀伊水軍を指揮、或いは統轄していたのが武内宿禰であったと思われます。そういう歴史を考える上で、この系譜というのは非常に大事な意味をもってくるのであります。

それから武内宿禰の名前の左右にずっと二重の線を引っぱってありますのは、夫人というか妻にあたる人ですが、右側に「宇乃媛」、これは紀伊国造菟道彦の孫娘です。また左の方は葛比売、この人の父は、〝葛城の国造の荒田彦〟と記されていますね。つまり、この武内宿禰の夫人の一人が葛城の国造の娘なのです。葛城国造というのは、御承知の様に金剛山地の東麓、今の奈良県の北葛城郡から大和高田市・御所市あたりを含む広い地域の豪族で、有力な古代氏族でありますが、その勢力とも婚姻関係を結んでいる。

こういう風に、武内宿禰のバックには、ヤマト朝廷の中核をなす皇室は言う迄もありませんが、南に紀伊の国造、西に葛城の国造の勢力がある。系譜によって、こういうことが推察せられるのです。そしてその下にずっと、色々な氏族の人名が書きつらねられております。最後のあたりに行きますと「馬子宿禰」などが出て来ますが、これは「蘇我馬子」のことであります。まあこういう系譜というものが、どれだけ信用出来るかという事で、色々議論はあろうと思いますけれども、私は長年、多くの系譜を調べて参りまして、信用出来る所と、明らかに偽作されたもの、或いは更に検討を要するであろうと思われる箇所など、勘と言えばおかしいですが、だいたい見当がつくのです。で、このあたりに示されている所は、まず大丈夫だろうと考えております。

次に一枚目の左の方、これが津守氏の系譜というものを掲げておきました。

∴天津彦々火瓊々杵尊――火明命（母木花之開耶姫）

――天鹿踰山命――天大原命――天村雲命

――天忍人命――建貫上命――天貫上命

――建箕草命――建水主命――主使鵜鶘命

――主使狹名木命――天春木命――建春木命

――

※
主使長田命――大御田足尼――折羽足尼

住吉社神主始
手搓足尼
日本紀作田裳見宿禰
母紀直等祖宇治彦之女子鹿嶋姫也

仲哀天皇
奉㆓仕穴戸豊浦宮御宇天皇御世、皇后雙御坐熊襲國平賜之時、又皇后筑紫㭨（ママ）日宮御坐新羅國向賜。是二時之天皇御世、新羅國征平賜（「而」脱カ）還上坐。尒時、大神詔、我欲㆑住處、沼名椋長岡崎（ママ）、詔。尒時、天皇詔、此地誰知。問賜。時、手搓足尼答申、今問賜地者、手搓足尼侍處。奏申賜。尒時、皇后宣、然者汝手搓為㆓神主㆒此大神者可㆓齋祀㆒。（「宣」脱カ）賜已。是以、沼名椋長岡崎（ママ）社定奉、大神齋祀来。尒時、以㆓大神之命㆒賜㆓名住吉㆒、從㆑此。尒時、泊舩掌内矣（ママ）取㆓大神祭日㆒。自㆑此始賜㆓津守姓㆒、大神斎祀。

手搓足尼
侍者御前御後七門

津守大海社司氏也。　津守社務氏也。　同　神官
一　大領　二　板屋　三　狛　四　津

神官　同　津守大海社司氏也。
五　大宅　六　神奴　七　高木

津守豊吾田
奉㆓仕輕嶋明宮御坐品太天皇御世㆒。奉㆑造㆓難波大隅宮㆒入坐初。于時、大長蛇宇内入、伏見此虵矣（ママ）。摩將退出。因㆑茲后負勇猛健雄。豊吾田連自㆓此時㆒始賜㆓津守連姓㆒。大神祭祀。

一、武内宿禰と田裳見宿禰

この津守氏といいますのは、もともと住吉大社の社家でありまして、先年迄、津守通秀さんというお方が権宮司でいらっしゃいましたが、それ以前、ずっと津守家が住吉の宮司家として仕えて来られた長い歴史があるわけです。そして、その津守さんのお宅に古い系図がありました。江戸時代の寛文十二年（一六七二）に、後水尾院の勅命によって津守国治が古系図を奏覧に供したことがあり、その清書本が現在、宮内庁の書陵部に収められております。そして津守家にはその草稿本があり、それは今、神社に収められています。そのはじめの部分だけですけれども、私が活字になおして、わかり易くしましたのが、この系図であります。

一寸見て頂きますと、この津守家というのは天津彦々火瓊々杵尊《あまつひこひこほのににぎのみこと》、まあ読み方が難しいですけどね、辛抱して目で追って下さい。天津彦々火瓊々杵尊、これは普通にはお名前の上の方を省略して瓊々杵尊《ににぎのみこと》と申し上げています。上の「天津彦々火」までは美称なのです。そのお子さんの火明命、その左傍に、〝母は木花之開耶姫〟とありますが、それからずっと何人かの名前が見えていますね。この十代あまりはよく判りませんが、「主使長田命」のあたりからは確実性を増してきます。その三代後に「手搓足尼《たもみのすくね》」とありましょう。私が括弧に括っておきましたから見て下さい。そしてその下の割注――これを系譜の場合はよく〝尻付《しりつけ》〟というのですが――に、日本紀（日本書紀）では「田裳見《たもみ》宿禰《すくね》」に作る、と書いてありますね。田裳見宿禰。これで皆さんお判りになると思いますが、津守氏系図では、このような「手搓足尼」という字が書いてあるわけです。

はじめにこの事を何故、本日、お話するかと言いますと、前回の「武内宿禰」のお話をしましたあとで、敷田宮司さんから、

「世間では、田裳見宿禰と、武内宿禰とを同じ人物ではないかという風に考えるむきもあるので、その点を……」

というお示しがありましたので、そこでこの事をハッキリさせておこうと思って、今、申しあげておるわけです。

武内宿禰は、前回も、また先程も申しましたように、孝元天皇より出ておりますが、田裳見宿禰は、今申しております様に全く別の出自、出身なのです。前者は皇別、後者は神別で、これは別個の人物ですからお間違えにならないようにして下さい。但し、御注意いただきたいのは、田裳見宿禰のお母さんの出自です。津守氏系図では〝母は紀直等の祖、宇治彦の女子、鹿嶋姫なり〟とありましょう。この「宇治彦」というのは、先程の紀氏家牒に出てきた「菟道彦」のことですから、武内宿禰との関係は、次のようになります。

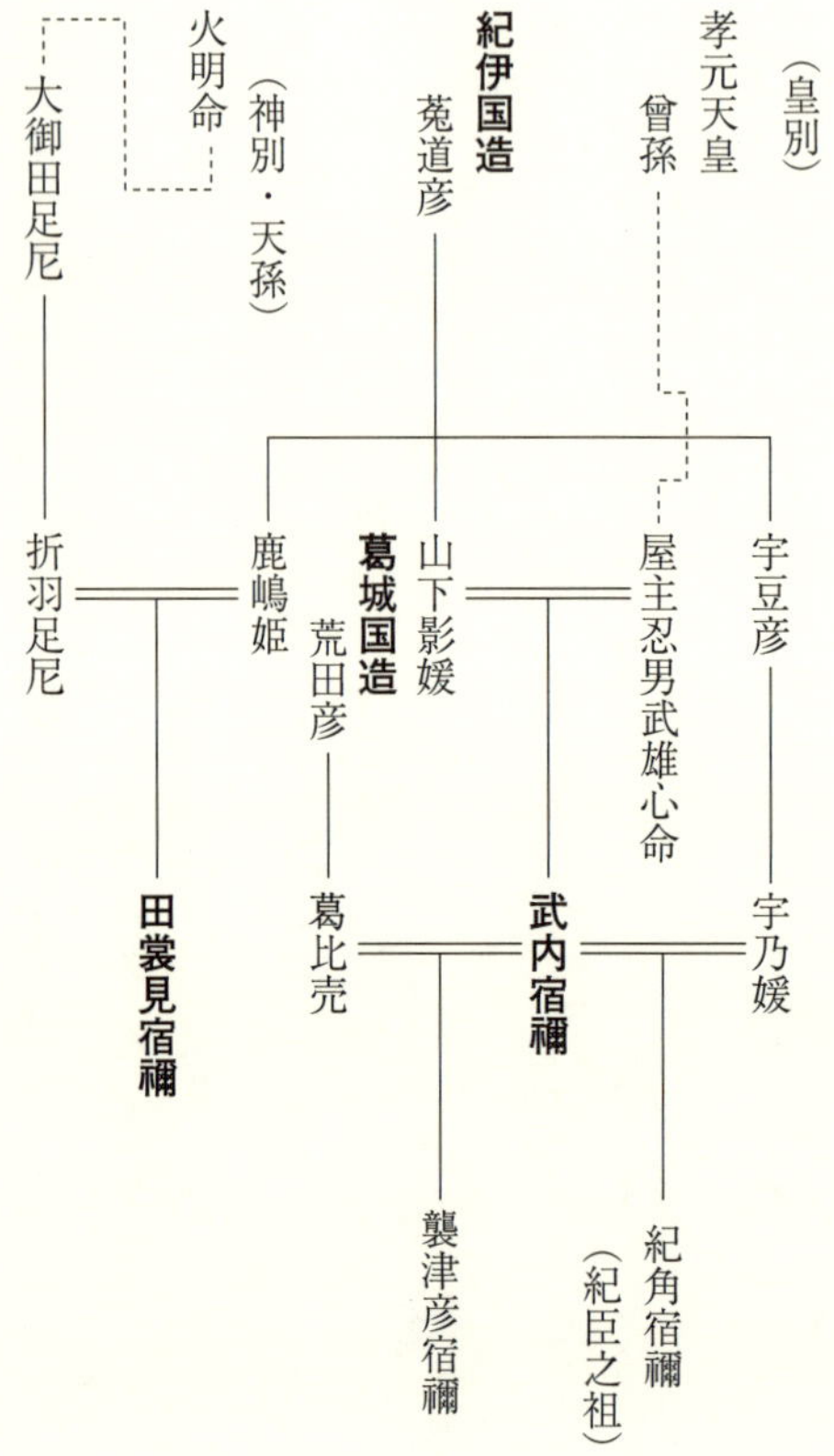

このように見てきますと、武内宿禰と田裳見宿禰とは母方の従兄弟ということになります。このことは、これまで誰も言わないことですが、本日初めて皆さんにお話しておく次第です。

そこで田裳見宿禰でありますが、その祖先として、先ず確かな人名としては、「主使長田命」のあたりからであろうと、私は考えています。その人名の上に※印をつけておきましたので見て下さい。「主」と「使」の二字を書いて「おみ」と読むのです。「長田」は「ながた」。二つを併せて「主《お》使《み》長田《ながた》命《の》」とよみます。この人名は、住吉大社神代記の「船木等本記」という古い記録に「意弥那宜多《おみながたの》命」と見えており、訓み方もはっきり判ります。次に「大御田足尼」とありますが、これも「船木等本記」に「意富弥多足尼《おほみたのすくね》」として出てきます。また新撰姓氏録の「摂津国神別・天孫」の条下に「津守宿禰」〔五九六番〕を収め、「火明命六世孫、大御田足尼之後也。」と見えます。その次が「折羽足尼」、そしてその次が「手搓足尼」となる。このあたりになると人名としてもハッキリして来ます。

系図の判断は仲々むつかしいものですが、多くの古代の文献を見慣れていますと、後世になって、作り上げたと思われる名前と、それからあとになって新しく作ろうと思っても簡単には作れない名前とが、だいたい判ってくるわけです。その簡単に作れない名前こそが大事なのです。その意味で、「主使長田命」のあたりからは先ず信頼出来る名前だと考えてよいと思います。

しかし、同時に、系図の場合に大切な事は、「出自」であります。一番の祖先といいますか、氏族としてはどの系統だという事が、最も関心のふかい大事な問題でありますから、各氏族は、その伝承を大切にしています。ですから出自の始祖、枝別の祖、或いは系統というものは、ある程度、信頼出来るのです。途中の色々な名前の中には、あとから作り上げられた場合もあるのですが、始祖や枝別の祖は、例えば新撰姓氏録などでも特筆することを求めており、伝承としてもよく残っていたと思われます。津守氏の場合ですと、一番始めに「瓊々杵尊」とありますけれども、これは重要なことです。ニニギの尊が皇室の御祖先であることは周知のことですから、確かな根拠もなしに、このような詐称をすることは許されない筈であります。そしてこの「瓊々杵尊」の子に「火明命」とありますでしょう。〔**補注**。新撰姓氏録では「火明命」を氏祖としています。〕この火明命というのは大事な神様で――実際は人かも知れませんけれども――これは注意しておかねばならない系譜です。火明命は、日本書紀、古事記のいわゆる神代巻にもニニギの尊の〝子〟、或いはニニギの尊の〝兄〟として屢々出て来る神様ですが、私は、これは実は、『旧事本紀』の伝えるように、あの饒速日命と同神だと考えております。このことは物部氏や尾張氏の祖神について研究するとよく判ることなのです。しかし饒速日命のことを、今、ここでお話しますと話がややこしくなり、お判りになりにくくなると思いますので、本日は申しませんけれど、饒速日命は、早く神武天皇の御東征以前にこの畿内に入っており、更にそれ以前の出雲氏を入れますと、私の言う第二次の畿内政権を作った勢力だと思います。そして神武天皇はそのあとからやって来られて、先に来ていた饒速日命を平定されるわけですね。

　このことは日本書紀に詳しく書いてあります。御承知の長髄彦が、饒速日命を戴いているわけですが、それが、神武天皇の御東征の際に膽駒山で迎え撃ち、最初は神武天皇の方が負けるわけです。しかしやがて熊野を廻って北上し、東から大和を攻められる。その時に饒速日命が降参して、長髄彦を殺されるわけですね。これで一件落着という事になるわけなのですが、この伝承からも明らかなように、饒速日命というのは、神武天皇以前に畿内に東征していた勢力だという風に見て頂きたい。その子孫が物部氏・尾張氏となるわけです。饒速日命の名前のにぎは賑やかというあの賑、賑賑しい。はやは速い遅いの速いの意味。そして日でしょう。従ってにぎもはやも称え言葉で、根本にあります神の名前は日の神なのです。そういう意味から申しますと、天照大御神も日の神、同じ系統なのです。九州から次々に畿内に東進して来た勢力は、すべて〝ヒ〟の神をいただいていたということを示しているのです。で、ともかくそれはそれとしまして、「火明命」即ち「饒速日命」を祖先とするのが津守氏であるということを御理解下さい。

この氏族は、もともとは日の神の系統ですけれども、早くから畿内に入りこんでいて、この摂津の地域に住み着いていた勢力だと、こう考えて頂ければ良いと思います。

さて、この「手搓足尼」ですが、私は今、あっさりと、「たもみのすくね」と、こう読みましたので、皆さん、なるほどと思っておられましょうけれども、こう読むのは、仲々大変な事だったのです。実はこの住吉大社でもその昔、社家が色々なものを書いていますが、住吉の社家の文書の中にも、こんな記事があるのです。

「おもとの御前と申す社、たよりたらちに、是也。」

と書いてあるのですね。「おもとの御前」――「御前」は〝ごぜん〟と読むのでしょうが――これは、今の「侍者社《おもとのやしろ》」のことで、第二本宮のあたりから西の神館に通ずる道に祭られております。ここにお集まりの皆さんは御存知ですね、侍者社。この侍者社の御祭神について、住吉の社家でも、昔は「たよりたらちに」と称していたそうです。このことは、『住吉松葉大記』という本の中に出て来ますがね。つまりこれが読めないものですから、手で搓《よ》る、糸を搓る場合のよるで、手搓をたよりと読み、足は、息長足姫の場合の足ですので、これをたらちと読んで、さらに尼はにですからね、「たよりたらちに」と読んでいたのですね。これでは何のことか判りません。それくらい難しい読み方なのです。戦前でも「足尼」を正しく読んだ人は少ないのです。かなりの学者でも読めなかった。今になったら、もう誰でもすくね、すくねと読みます。稲荷山古墳出土の有名な刀銘にも「足尼」が見えます。すくねでいいのです。足尼ですから、手搓足尼《たもみのすくね》と読むのです。田裳見宿禰と同じなのです。

このように津守氏系図では、人名に古い用字、後世には一寸読みにくい様な字が使われています。このあたりになって来ると面白いと思いますね。そして「日本紀作二田裳見宿禰一」と書いてあるのは、あとで、附け加えたものでありましょう。そしてその横に、小さい字で恐縮ですが、ずっと説明の文章があります。大事なところに線を引いておきましたが、その部分を簡単に言いますと、仲哀天皇と皇后、皇后というのは神功皇后ですが、このお二人のましました時に熊襲の国と新羅の国を平らげ賜い、帰還された。その時に、大神の詔がありまして、大神というのは住吉の大神です、大神が言われるのに、（ここが大事な所なのです。）「我、住まんと欲する処」（自分が住みたいと思う処）は、「沼名椋の長岡の崎なりと詔したまふ。」と、そこで一ぺん切って読むのです。はじめと終りに「詔」という言葉が出て来る、こういう書き方は古いのです。それに対して、「時に、天皇詔したまひて、」つまり、住吉の大神が、その沼名椋の長岡の崎に住みたいとおっしゃったので、今度は天皇が詔されて、「この地、誰か知る、と問ひ賜ふ。」これも古い書き方ですね。尚、ここに「天皇」とあるのは神功皇后のことで、神功皇后を〝神功天皇〟とも申し上げたことは、前回お話しました。ここでは「天皇」と「皇后」とが混同して用いられています。

「時に、手搓足尼答へて申さく、今、問ひ賜へる地は、手搓足尼、侍る処なりと、奏し申し賜ふ。時に、皇后、宣りたまはく、然れば、汝手搓、神主となりて、此の大神を斎祀るべし。と。（つまり、手搓足尼に、お前が神主となって、この大神をお祭りせよ、とこう言われた。）宣り賜へり。是を以ちて、沼名椋の長岡の崎に社を定め奉り、大神を斎祀り来りき。時に、大神の命を以て、名を〝住吉〟と賜ひ、此に従ふ。」

この大神鎮座の内容については、『住吉大社神代記』にもっと詳しく書いてあります。しかし、これは、後に「住吉大社の創祀」（第六回セミナー）の際に述べることにして、今は津守氏系図にもこうあるということだけを御紹介しておきます。つまり、もともとこの住吉の土地は、手搓足尼が領有していたので、それを奉献したわけですね。そして、ここに住吉の大神を祭られる事になった。そしてそれを、神功皇后が御自身で祭られるのではなくて、手搓足尼に対して「お前が祭れ」と命ぜられた。それで、その後ずっと手搓足尼が祭るようになりました、と、そういう謂れが書いてあるのです。

ついでに、その横に一寸、面白い事が書いてありますので、御覧下さい。「侍者御前御後七門」と記してあるでしょう。この「侍者御前」というのが「手搓足尼」のことで、その「御後」つまり後裔が七門、七軒の家に岐れたということですね。昔は、どの神社にも何軒かの社家があったわけでして、伊勢の神宮などでも、度会系図をみますと、一門、二門、三門、四門と、こういう風にちゃんと分けられておりますが、住吉にも七門あったわけです。家の名前の上に一、二、三、四、五、六、七、とありましょう。一は大領、大領という氏ですね、これには「津守の大海神社の司の氏なり」と注記されています。最後の第七門の高木という氏にも同じ注記がありますので、大領家と高木家とで大海神社を祭っていたわけです。

それから「津守の社務の氏なり」というのが二軒あって、一つは板屋家、もう一つは狛家です。さらに「神官」として津・大宅・神奴の三門がある。こういう氏が七門あり、それらは手搓足尼から別れて行ったというわけです。

その手搓足尼の子に、「津守豊吾田」という人が出て来ます。この人は軽嶋明宮にまします品太天皇（応神天皇）の御世に奉仕したと伝えられていますが、その次の記事が面白いですね、「難波大隅宮を造り奉りて、入り坐します初めなり。」それが難波京の初めだというのです。津守豊吾田が大隅宮を造営したというようなことは、日本書紀や古事記にも出て来ないことでしてね、非常に大事な史料なのです。

で、大隅の宮というのは、どこにあったかという事で、色々議論があるのですが、私は今の東淀川区大道町のあたり、で良いと考えております。これは何れ詳しく述べる機会がありますので、本日は割愛しますが、ともかく津守氏の祖先が応神天皇の御代に難波大隅宮を造り奉った、ということは注目されてよいと思います。

話が少し横に流れましたけれども、こういう事が「津守氏系図」に書いてあるのです。で、もう一度、元に戻りますと、要するに田裳見宿禰と、武内宿禰とは、母方の従兄弟でありますけれども全く別の人物であります。武内宿禰は、先程申しました様に皇別です。田裳見宿禰というのは津守家の祖先であって、饒速日命を祖とする神別の氏族です。従って神武天皇よりも早く九州から東征し、もともと、この住吉地方に蟠踞していた土地の豪族で、神功皇后が難波に帰って来られた時に、土地を提供して、ここで住吉の大神をお祭りする事になった。どちらも神功皇后にお仕えし、御補佐申し上げた人物ですが、全くの別人ですから、どうか武内宿禰と田裳見宿禰とを、混同されないで頂きたい。

二、景行天皇と日本武尊の熊襲西征

さていよいよ熊襲の問題に入るわけですが、二枚目、そこに「景行天皇と日本武尊の熊襲西征」ということで資料を掲げておきました。これは日本書紀に、本当は漢文で書いてあるのですけれども、漢文では、非常にお判りにくいと思いますし、又、地名が沢山出て来まして、それをいちいち説明するのは大変ですので、従って判り易い様に先ず地名を書いて、その下に括弧して現在の地名を示しておきました。ハッキリ判らない所もあるのですが、景行天皇が、だいたいこういう地域をずっと廻られたというのが、日本書紀の伝えなのです。

〔景行天皇紀十二年〜十九年〕

周芳の娑麼（山口県防府市）から出発して――豊前国長峡県（北九州市小倉区または行橋市）――碩田国速見邑（大分県速見郡・別府市・杵築市）――直入県（大分県直入郡・竹田市・熊本県阿蘇郡の一部）――来田見邑（直入郡久住町・直入町・大分郡庄内町南部）――祢疑山（竹田市付近）――柏峡（直入郡荻町）――日向国――高屋宮――襲国（鹿児島県曾於郡西部・姶良郡東部・国分市）――子湯県（宮崎県児湯郡・西都市）――夷守（宮崎県小林市付近か）――諸県（宮崎県東・西・北諸県郡・小林市・都城市・鹿児島県曾於郡東部）――熊県（熊本県球磨郡）――葦北（熊本県葦北郡・水俣市）――火国（佐賀・熊本両県と長崎県の大部分）――八代県（熊本県八代郡・八代市）――高来県（長崎県島原半島付近）――玉杵名邑（熊本県玉名郡・荒尾市・玉名市）――阿蘇国（熊本県阿蘇郡）――筑紫後国（筑後国）――御木（福岡県三池郡・大牟田市）――八女県（福岡県八女郡・筑後市・八女市）――水沼県（福岡県三潴郡・大川市）――的邑（福岡県浮羽郡の東部）

初めに周芳の娑麼《さば》という所があります。周芳というのは山口県、そこの今で言うと防府市のあたりを古くは娑麼といったのです。それから出発して豊前国の長峡県、これは北九州市の小倉区から行橋市のあたりをいうのです。それらをすべて読んで行きますと時間がありませんので、線を引張った所だけ注目して下さい。およその経路を承知してもらえばいいのです。

そうしますと、九州では先ず大分県、それから熊本県の阿蘇郡の一部に入って、それから今度は、少し読むのをとばしまして、日向国に入ります。それから襲国、これは鹿児島県ですが、さらに進んで又、熊本県の方へ北上して来て、それから火国とありますのは後の肥前・肥後、今でいえば佐賀県・熊本県と長崎県の大部分ですね。それからずっと行って、又熊本から阿蘇に入って、それから御木という所は、福岡県の三池郡・大牟田市のあたり、それから八女郡という所が今でもありますが、八女県、それから福岡県の三潴郡・大川市のあたり、最後は的邑、福岡県の浮羽郡の東部に行かれた、という事になっているのですね。

そこで次、これは私の書きそえました文章ですが、

「私見では、景行天皇の御世を四世紀前半の中頃と考へてゐるが、その当時、景行天皇がここに記された通りの順路で、実際に各地を平定してゆかれたかどうかは、もとより明らかでない。むしろ、恐らくこれは、後の日本武尊のクマソ征伐、また仲哀天皇、神功皇后による九州平定の場合の地理が、入りまじつてゐるものと思はれる。」

私は、そのように思うのです。こういう西征の大事業は一回行って、パッと終ったという様なものではない。何回も繰返し実行せられて、ようやく完遂されたものと思われます。皆さんのよく知っておられる例で言いますと、蝦夷征伐を思い出して下さい。蝦夷を平定するために、大和朝廷では長期間にわたり、何回も東北へ兵を出していますでしょう。そういう姿なのです。一回出向いてそれで万事解決というような簡単な事ではありますまい。ですから実際には色々なリーダーによって、多年にわたって繰り返し行われた征西の事業を、景行天皇の御名前に代表させ、天皇

がすべての地域を巡歴して平定されたようにまとめ上げたという風に見て良いのではないかと思うのです。詳しくはわかりませんが、ともかく、こういう所を廻られたという風に、日本書紀に伝えています。戦後、多くの人々は、このような記事はデタラメだろう、日本書紀の編纂者が思いつくままにあちこち地名を引っ張って来たのではないか、と疑って、ほとんど問題にしなかった。だけども私は、それぞれについて、意味のある地名だと思っております。地名としても古い歴史をもっておりますが、考古学的にもこれらの地域は注目すべき遺跡を多数もっているのです。しかし、これは今後の課題として、本日はそれ以上は申しません。

次に日本書紀の景行天皇二十七年の記事を掲げました。これが有名な日本武尊の活躍された伝承です。原文は漢文ですが、ここでは判りやすいように、『日本古典文学大系』本をもとにして、書き下し文を示しておきました。これも全部読むと時間がありませんので、とばしとばし読みますけれども、傍線を引いた箇所に注目して下さい。

〔景行天皇紀二十七年〕

秋八月に、熊襲亦反きて、辺境を侵すこと止まず。

冬十月の丁酉の朔己酉に、日本武尊を遣はして、熊襲を撃たしむ。時に年十六。是に、日本武尊の曰はく、「吾は善く射む者を得《たまは》りて、與《とも》に行《まか》らむと欲ふ。其れ何処にか善く射る者有らむ」とのたまふ。或者啓して曰さく、「美濃国に善く射る者有り。弟彦公と曰ふ」とまうす。是に、日本武尊、葛城の人、宮戸彦を遣して弟彦公を喚す。故、弟彦公、便に石占横立及び尾張の田子稲置・乳近稲置を率ゐて来れり。則ち日本武尊に従ひて行く。

十二月に、熊襲国に到る。因りて、其の消息及び地形の嶮易を伺たまふ。時に熊襲に魅　帥者《たけるといふもの》有り。名は取石鹿文《とろしかや》。亦は川上梟帥《たける》と曰ふ。悉に親族を集へて宴せむとす。是に、日本武尊、髪を解きて童女の姿と作りて、密に川上梟帥が宴の時を伺ふ。仍りて剣を裀《みそ》の裏に佩きたまひて、川上梟帥が宴の室に入りて、女人の中に居ります。川上梟帥、其の童女の容姿に感でて、則ち手を携へて席を同《とも》にして、坏を挙げて飲ましめつつ、戯れ弄《まさぐ》る。時に、更深け、人闌《うすら》ぎぬ。川上梟帥、且被酒《またさけにゑ》ひぬ。是に、日本武尊、裀の中の剣を抽《ぬきいだ》　して、川上梟帥が胸を刺したまふ。未だ及之《し》死なぬに、川上梟帥叩頭《の》みて曰さく、「且《しばし》　待ちたまへ、吾有所言《ものもう》さむ」とまうす。時に、日本武尊、剣を留めて待ちたまふ。川上梟帥啓して曰さく、「汝尊は誰人ぞ」とまうす。対へて曰はく、「吾は是、大足彦天皇の子なり。名は日本童男《やまとをぐな》と曰ふ」とのたまふ。川上梟帥、亦啓《まう》して曰さく、「吾は是、国中の強力者なり。是を以て、当時の諸の人、我が威力に勝《た》へずして、従はずという者無し。吾、多《さは》に武力に遇ひしかども、未だ皇子の若《ごと》き者有らず。是を以て、賤しき賊が陋《いや》しき口を以て尊号を奉らむ。若し聴したまひなむや」とまうす。曰はく、「聴さむ」とのたまふ。即ち啓して曰さく、「今より以後、皇子を号けたてまつりて日本武皇子と称すべし」とまうす。言訖りて乃ち胸を通して殺したまひつ。故、今に至るまでに、日本武　尊《やまとたけるのみこと》と称《ほ》め曰す、是其の縁なり。然して後に、弟彦等を遣して、悉に其の党類を斬らしむ。余《のこるもの》　噍無し。既にして海路より倭に還りて、吉備に到りて穴海を渡る。其の処に悪ぶる神有り。則ち殺しつ。亦難波に至る比に、柏済の悪ぶる神を殺しつ。

先ず、この景行天皇の二十七年にも、又、「熊襲亦反きて」と書いてあるでしょう。そういう風に一たん落ち着いても、亦、叛くというのが普通で、そのために繰返し西征が行われるのです。そこで線を引っ張った所をみますと、「日本武尊を遣して、熊襲を撃たしむ。」先には景行天皇が御自身で行かれたことになっていますが、今度は、日本武尊が出かけられたことになっているのです。そこで日本武尊が言われるのに、「吾は善く射む者を得《たま》はりて、與《とも》に行《まか》らむと欲ふ。其れ何処にか善く射る者有らむ。」と尋ねられた。すると、ある人が言うのに、「美濃国に善く射る者有り。弟彦公と曰ふ。」と。そこで今度は、日本武尊が、葛城の人を使いに遣わして、弟彦公を召された。すると弟彦公は、さらに伊勢国の石占《いしうら》横立や尾張国の田子稲置・乳近《ちぢか》稲置を率いて、日本武尊に従って出かけて行く事になったと、こう書いてあるでしょう。

これは大変重要な伝承なのです。あまり人は注意しませんけれども、しかしこれは非常に面白い。といいますのは、第一に今日、日本武尊その人について、一般の古代史家はほとんど信用しない。ヤマトタケルノミコトといっても、ヤマトは地名のヤマト、タケルは強いという意味で、普通名詞、これは架空の名前ではないか、ヤマトタケルなどは実在ではない、と多くの古代史家は言うのですよ。

だけども、実情は、そんな簡単なことではありません。ヤマトタケルノミコトは、景行天皇の皇子ですが、景行天皇には子供さんが沢山あります。その中で特に注意されるのは、皇后の播磨稲日大郎姫との間に生れた大碓《おほうすの》皇子と小碓《をうすの》尊、さらに八坂入媛を妃として生まれた稚足彦尊と五百城入彦皇子です。稚足彦尊は後に成務天皇となられるお方です。その中の大碓皇子と小碓尊、発音はよく似ていますけれども、兄さんの方は大《おほ》、弟さんの方は小《を》、大小があるのです。そして兄さんの方の大碓命と弟比売という人が結婚して生まれた子供さんが、押黒弟日子王。これは日本書紀にこう書いてあるのです。この関係を判りやすいように系図にして示すと、次のようになります。〔補注。この系図についての詳細な説明は、拙論「真清田神社の創祀と発展」（『著作集』第十一巻I所収。）の三九一～四〇三頁を参照されたい。〕

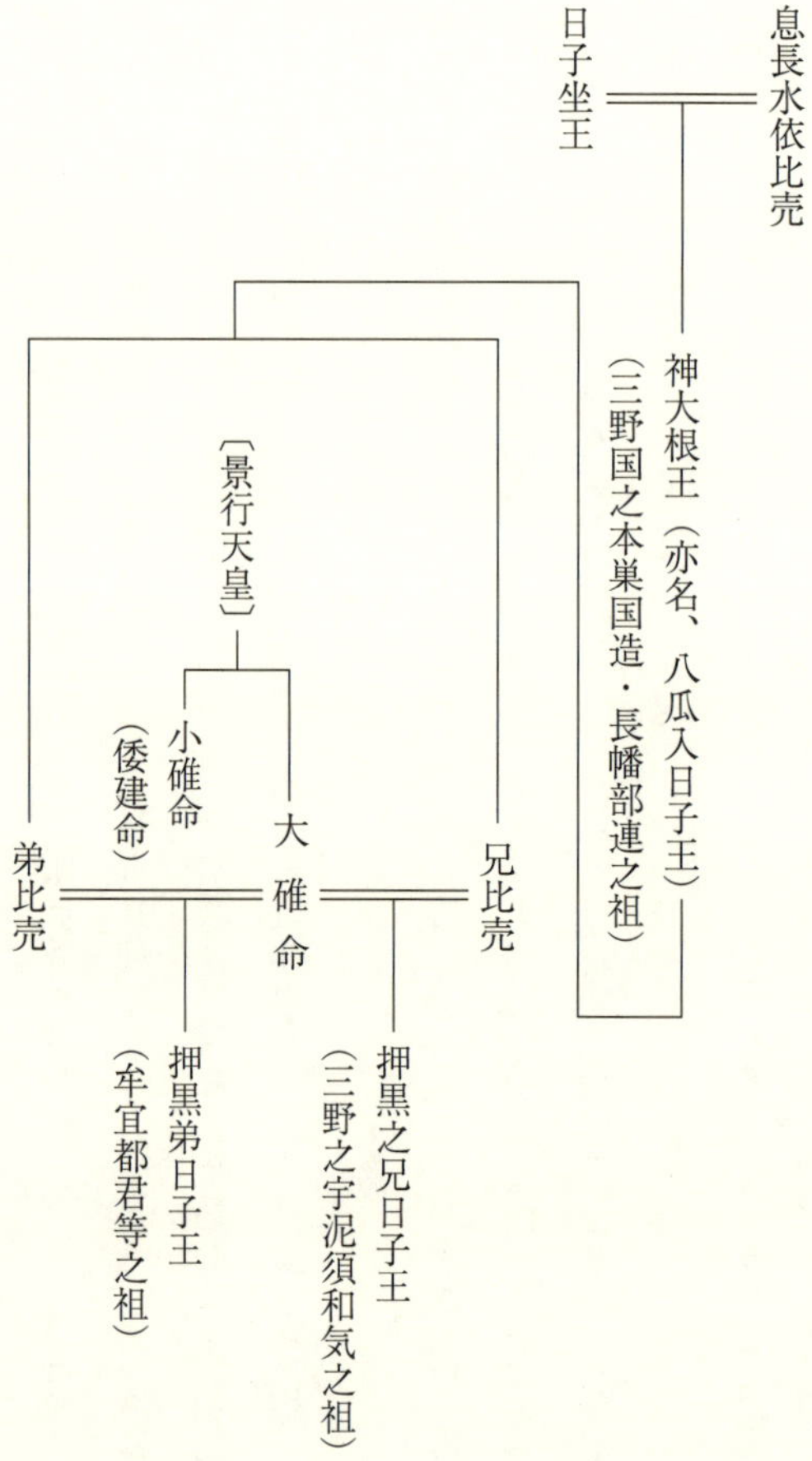

そして、この押黒の「弟日子王」こそが、先程の日本武尊が召されたところの「弟彦公」だと思えるのです。用字

は一寸ちがいますが〝オトヒコ〟は一致しています。この点は、私が、はじめて言うのではなくて本居宣長が、既に指摘して居ります。私も恐らくそうだろうと思います。つまり景行天皇のお子さんの、兄さんの大碓命は、ヤマト朝廷の版図拡大のために、今の美濃から尾張の方へ出かけて行く。弟の方の、後の日本武尊はしばらく中央に残っておられたのでしょう。兄の大碓命が結婚した弟比売というのは、系図にも示しておきましたように、神大根王という人の娘なのでして、この神大根王というのは実は三野国の本巣国造、つまり美濃国の豪族なのです。大碓命がこの豪族の娘を娶って生れたのが〝オトヒコ〟です。ですから当然、美濃におったわけですね。この弟彦公というのが美濃に居って、そしてこの人が、日本武尊に召されて熊襲西征に従軍しているのです。ですから、この日本武尊の征西の軍勢の中には、自分の兄さんの子供、甥ですね、この甥の武力――つまり美濃の勢力――を率いて出かけていることが判るのです。それだけではない。伊勢や尾張の兵力まで動員されていることも、日本書紀にちゃんと書いてあるのです。

ですから、日本書紀の文章を見る場合、こういう所に十分注意して読む必要があります。うっかり読みますと、単に、日本武尊が一人で九州に出かけられたように思われますが、そうではない。その背後には、美濃・伊勢・尾張の東国の勢力を率いて出陣されているという事を考えてこなければならない。そしてそのことが、日本書紀によって推定できるのですから、実に面白い。歴史研究の醍醐味は、こういうところにあるのです。

さて、次は十二月になって――十二月という月については、この前申しました様にあまり気にしないで下さいよ。年月は、日本書紀を編纂する時に、そういう風に割り当てただけのことですから――「熊襲国に到る。」とあるでしょう。そして、それからが面白い話で、これは年輩の皆さんよく知っておられる筈ですが、戦後の学校教育では全く教えませんので、若い方ははじめてでしょうから、一寸読んで、要点だけ話しておきます。

日本武尊は――これは後につけられた名前ですが、日本書紀の通りに呼んでおきます。――熊襲の国に到着した。そうすると、熊襲に魁帥《たける》という者がおった。つまり首領ですね。名は取石鹿文《とこしかや》、亦は川上梟帥《かはかみのたける》という。取石鹿文というのが本名、亦の名前の川上梟帥は称え名でしょう。そして彼は同族を集めて宴会をしていた。その時に、日本武尊が髪を解いて童女の姿となって、つまり女装したわけですね。そして秘かに川上梟帥の宴にまぎれこみ、こっそり剣を持って隙をうかがっていた。そして川上梟帥の酔いつぶれたのを見はからって女装している裾の中の剣を抜き出して梟帥の胸を刺し給うた。すると、息もたえだえの中で川上梟帥が、頭を下げて言いますのに「しばらく待ち給え、申しあげたい事があります」と。そこで日本武尊は剣を押し止めて、待ち給うたが、その時、川上梟帥が言いますのに、「貴方は一体どなたですか」と。答えて言う「我は是、大足彦天皇の子なり。」つまり景行天皇の皇子、「名は日本童男《やまとをぐな》と曰う。」と申された。それに対して川上梟帥が言うのに、「自分は国中で貴方のような強い人を知らない。だから、自分が尊号を奉りたい」と。尊が「よろしい」と答えられると、彼は「今より以後、皇子を号けたてまつりて日本武《やまとたけるの》皇子《みこ》と称すべし。」と申し終って死んだ、と。こういう事が書いてあるのですね。

そしてそのあと、弟彦等を遣わして残党を打ち平らげて更に海路より倭に還ろうとして、吉備の穴海《あなのうみ》を渡るとあります。穴海といいますのは、婀娜《あな》国の海岸で、これは今の広島県の深安郡から福山市のあたりの海です。そこに悪ぶる神がいたので、これを平定した。それから難波に至る。難波は今の大阪湾ですが、淀川河口の柏済《かしはのわたり》という処にも悪ぶる神が居たが、これも平定して、無事帰還された。まあこんな話が書いてあるのです。

これは古代の英雄譚としても興味深く、戦前は小学校の国史の教科書に載っておりまして、誰でも知っていた話なのですね。だけど戦後は、これをお伽話のように考えて、学校では教えませんから、若い方は御存知ないわけです。そして先程も一寸申しましたように、ヤマトタケルというと、何かこう頼りない名前で、ヤマト（地名）のタケル（武）、タケルは強いというだけの事ではないか、このような抽象的な名前で実在の人物と認めるわけにはいかぬ、という風に人は言うのですね。

ところが、これも第二回の「神功皇后の実在をめぐって」でお話しましたように、昔は尊い人に対しては実名を避けて、称え名で呼ぶのが慣例であったのです。稲荷山古墳からワカタケル大王という金石文が出て来た話をいたしましたが、このワカタケル大王は、雄略天皇のことなのです。雄略天皇というお方の実名は判りません。日本書紀にも、古事記にも書いていない。判っているのは、ワカタケル大王という称え名だけです。

ですから、日本武尊の場合も、ヤマトタケルというこの称え名だけで立派に通るのです。しかも幸いなことに、日本武尊には実名が伝えられている。日本書紀を見れば、小碓命と記されている。これが実名なのですよ。ところが否定論者はこの小碓命の実名をいわずに、ヤマトタケルだけを云々し、実体のない名前だから架空の人物だと決めつけるのです。しかし今日では、もはやそのような幼稚な議論は成り立たないといってよろしい。

三、仲哀天皇による熊襲西征

次に三枚目、これからいよいよ仲哀天皇が熊襲平定のため出発される事になるのです。これは大事な記事ですから、日本書紀の原文を掲げておきました。

〔仲哀天皇紀二年〕

「○二月癸未朔戊子、幸二角鹿一。即興二行宮一而居之。是謂二笥飯宮一。◎即月、定二淡路屯倉一。○三月癸丑朔丁卯、天皇巡二狩南国一。於是、留二皇后及百寮一、而従レ駕二三卿大夫及官人数百、而軽行之。至二紀伊国一。而居二于徳勒津宮一。当二是時一、熊襲叛之不二朝貢一。天皇、於是、将レ討二熊襲国一。則自二徳勒津一発之、浮レ海而幸二穴門一。即日、遣二使角鹿一、勅二皇后一曰、便従二其津一発之、逢二於穴門一。○夏六月辛巳朔庚寅、天皇泊二于豊浦津一。且皇后従二角鹿一発而行之、到二渟田門一、食二於船上一。時海鯽魚、多聚二船傍一。皇后以レ酒灑二鯽魚一。々々即酔而浮之。時、海人多獲二其魚一而歓曰、聖王所レ賞之魚焉。故其処之魚、至二于六月一、常傾浮如レ酔。其是之縁也。○秋七月辛亥朔乙卯、皇后泊二豊浦津一。是日、皇后得二如意珠於海中一。○九月、興二宮室于穴門一而居之。是謂二穴門豊浦宮一。」

長いですので、傍線のところだけを読んで行きます。

はじめに二月の条に、〝角鹿《つぬが》に幸す〟と書いてありますね。角鹿は福井県南部の敦賀のことです。今の敦賀、おわかりですね。角鹿に行幸し給うて、〝行宮を興して、〟そこに居られた。〝これを笥飯《けひ》の宮という。〟今も気比神宮という神社がありますね。あそこです。次に、三月の条〝天皇、南国を巡狩し給う。〟この南国というのは紀州のことで

す。紀州へ行かれた。そして、次の線を引っ張ったところ、〝紀伊の国に至りて徳勒津宮《ところつ》にまします。〟とあります
ね。徳勒津宮というのは今の和歌山市の新在家あたりとされています。〝是時に当りて、熊襲叛きて朝貢せず、〟とい
う報告が来た。〝天皇、是に於いて、まさに熊襲の国を撃たんとし、徳勒津より発して、海に浮んで穴門《あなと》に幸したま
う。〟穴門というのは長門のことです。長門の国、今の山口県。長門の方へ向って船で行かれたというのですから、
これは恐らく瀬戸内海を通って行かれたかと思いますけれども、場合によっては、一部は四国の南を通って行ったか
も知れません。

この時にお伴をするのが、先程申した武内宿禰で、その主力は紀州の勢力であったと思われます。ともかく仲哀天
皇の軍隊が、紀州から出発しておられる点に注目して頂きたい。そして、〝即日〟つまり同日に〝使を角鹿に遣わし
て、〟とあります。なぜ敦賀に遣わしたかというと、敦賀の気比の宮に神功皇后が居られたからです。そこで使を角
鹿に遣わして、皇后に言われるのに、〝其の津より発して、穴門に逢いたまえ。〟其の津というのは敦賀の津。敦賀の
津より発して、穴門、長門で逢おうと告げられたわけであります。

つまり仲哀天皇の軍勢は、紀州から出発し、瀬戸内海か、あるいは四国の南を迂回して、長門に行かれる。一方、
神功皇后の軍勢は敦賀から出発せられたというのですから、これはもう日本海。日本海を西に進んで、長門で逢おう
と約束されたというわけです。

そして次の六月の条に〝天皇、豊浦の津に泊ります。〟とあります。豊浦というのは、今の山口県の豊浦郡、そこ
には後に住吉神社や忌宮神社が祭られますが、その豊浦の津に泊られた。

一方、神功皇后は、〝角鹿より発《た》ちていでまし、渟《ぬ》田門《たのみなと》に到る、〟とあります。渟田門というのは若狭国の三方郡、今の三方町の半島の先端に常神《つねがみ》という所があるのです。三方郡の常神。私は昔、調べに行った事がありまして、いい所なのです。もし機会があれば常神に行かれたらよいと思います。本当に風光明媚で、人情美しく、お魚のうまい所です。伴信友の考証した論文もあって、渟田門はこのあたりだと言われています。日本書紀では、ここで沢山の鯽魚《たひ》がとれて云々、これは説話ですね。それから、傍線を引っ張った所、七月になって、皇后、豊浦の津に泊まられた。ここで仲哀天皇と合流せられたということになります。ところで、〝是の日、皇后、如意の珠を海中に得たまう。〟とあります。如意の珠というのは、願いごとが意の如くかなう不思議な珠ということですが、これはまあ、説話であって、どんなものかわかりません。

しかし、これに関して、私の思い出しますのは、あの神話の中に見える、海幸・山幸の話です。これは御存知でしょうね。

その話では、もともと山幸《やまさち》の、彦火火出見尊が或る時、釣針を、兄さんの海幸《うみさち》、火闌降命《ほのすそりの》から借りて魚を釣っていたところ、その釣針を取られてしまう。そしてその返却を強く迫られた彦火火出見尊は海の宮へ行って、ようやくその釣針を取りもどし、同時に潮満瓊・潮涸瓊を得て帰られます。そしてこの干満二珠の働きによって兄の火闌降命を海水に溺れさせ、苦しませて遂に服従せしめられた、という話があるわけです。この干満二珠の所伝は、彦火々出見尊の場合において、最も大切な、物語の最高潮にあたるわけですが、これと神功皇后が如意の珠を手に入れられたことと関係があるのではないか。つまり海幸・山幸の物語は、この神功皇后の史実の投影ではないか、というのが私の考えなのであります。尤も、神功皇后の如意珠を得られたのは長門国豊浦津での出来事とせられており、場所が異なります。ところが、『宇佐八幡宮縁起』という本をみますと、「大帯姫（卓云、神功皇后）自二龍宮城一令レ得二乾満両珠一、於二新羅之海一擬レ令二合戦一之時、為二此大臣（卓云、高良玉垂大菩薩）之役一、被レ上三下両顆一、令レ降三伏異国一畢。」とあり、これによりますと、如意珠は〝乾満両珠〟であり、それは〝龍宮城〟で得たことになっている。それだけではなく、新羅との合戦の時、この両珠を用いて彼を降伏せしめたとも説いているのです。紀・記の新羅征伐の記事には、このような両珠を用いた話は見えませんけれども、〝随船潮浪遠く国中に逮ぶ。〟〝海水国に凌る。〟（以上、日本書紀）とか、〝御船の波瀾、新羅の国に押し騰りて、既に半国まで到りき。〟（古事記）等と見え、その潮に溺れる様は、正しく火闌降命のそれと一致しているように思われます。また新羅国王が降参して、日本の〝飼部〟（日本書紀）・〝御馬甘〟（古事記）とならんことを誓う場面も、火闌降命が彦火々出見尊の〝俳優の民〟（日本書紀本文・第四の一書）・〝狗人〟（日本書紀第二の一書の一云）・〝昼夜の守護人〟（古事記）とならんと誓う箇所に、類似しているでしょう。そして結局、新羅も熊襲も降伏するのでありますから、所伝の結末も、神話の火闌降命の場合と同じです。そして火闌降命が隼人の祖に当り、従って熊襲の祖先神とも見られることを考えますと、火闌降命は、熊襲に対応するとみてよいのではありますまいか。そのように検討してきますと、私にはこの海幸・山幸の神話は、神功皇后の熊襲・新羅征伐の所伝を反映した物語と思われ、そのことを以前に論文で発表したこともあります。（「神代史に現れたる海神の研究」。『著作集』第一巻に所収。）

　この潮満瓊・潮涸瓊を得たというのは、私は恐らくこれは、海の潮の満ち干《ひ》きに明るい、航海術に長けた人を味方にしたという事であろうと思っております。船で知らない土地に行った場合、一番大事なことは、いわゆる水先案内ですね。海路がわからないと、下手したら岩にぶつかるわけですから、海路に詳しい水先案内人を得るという事がどうしても必要なのです。それから、潮の満ち干きを承知することも大事なのです。ずっと後の話ですけれども、万葉集に、額田王が熟田津に泊っておられて、潮が満ちて来たので、いよいよ船出しようという歌がありますね。その様に、潮の満ち干きの知識に通ずるという事が、古代、上代においては非常に大事なことであった。私は、そういう潮の満干について非常に秀れた知識を持っていた人を味方にしたという事が、この場合の、神功皇后が如意の珠を手に入れられた、ということではないかと思っております。

ともかく、穴門に於いて、天皇と皇后とが一緒になられた、そしてここに穴門の豊浦の宮をつくられたというのであります。これは何でもないように思われるかも知れませんが、この仲哀天皇・神功皇后お揃いでのクマソ西征ということは、都の大和を空虚にするわけであり、当時のヤマト朝廷にとっては空前の大事件であったにちがいない、と思われます。

さて、いよいよ九州に行かれてからのことですが、これは仲哀天皇紀八年の条を『日本古典文学大系』本をもとに書き下し文にしました。

「秋九月の乙亥の朔己卯に、群臣に詔して、熊襲を討たむことを議らしめたまふ。時に、神有して、皇后に託《かか》りて誨へまつりて曰はく、『天皇、何ぞ熊襲の服はざることを憂へたまふ。是、膂宍《そしし》の空国《むなくに》ぞ。豈、兵を挙げて伐つに足らむや。茲の国に愈《まさ》りて寶有る国、譬へば処女の睩《まよひき》の如くして、津に向へる国有り。眼《ま》炎《かがや》く金・銀・彩色、多に其の国に在り。是を拷衾《たくふすま》新羅国と謂ふ。若し能く吾を祭りたまはば、曾《かつ》て刃に血《ちぬ》らずして、其の国必ず自づから服ひなむ。復、熊襲も為服《まつろ》ひなむ。其の祭りたまはむには、天皇の御船、及び穴門直践立の献れる水田、名けて大田といふ、是等の物を以て幣《まひな》ひたまへ』とのたまふ。天皇、神の言を聞しめして、疑の情有します。便ち高き岳に登りて、遥に大海を望るに、曠《ひろ》遠くして国も見えず。是に、天皇、神に対へまつりて曰はく、『朕、周望《みめぐら》すに、海のみ有りて国無し。豈、大虚に国有らめや。誰ぞの神ぞ徒に朕を誘《あざむ》くや。復、我が皇祖諸天皇等、尽に神祇を祭りたまふ。豈、遺れる神有さむや』とのたまふ。時に、神、亦皇后に託《かか》りて曰はく、『天津水影の如く、押し伏せて我が見る国を、何ぞ国無しと謂ひて、我が言を誹謗《そし》りたまふ。其れ汝王、如此言ひて、遂に信《う》けたまはずは、汝、其の国を得たまはじ。唯《ただ》し、今、皇后始めて有胎《はら》みませり。其の子獲たまふこと有らむ』とのたまふ。然るに、天皇、猶し信けたまはずして、強《あながち》に熊襲を撃ちたまふ。得勝ちたまはずして還ります。」

要約しますと、いよいよ天皇が熊襲を討たんことを議らしめたもうた時に、神が現われて、神功皇后に神託《がか》りされて言われるのに、「天皇、何ぞ熊襲の服《まつろ》はざるを憂へたまふ。」天皇というのは仲哀天皇です。仲哀天皇に対して、神が、なぜ熊襲の服わないことを心配されるのか。こんな所は、膂宍の空国で、何もない所で、伐つに足るだけの良い土地ではありません。それよりもずっと宝のある国、素晴らしい国は新羅である。そして自分を手厚く祭ったならば、刃に血を塗らずして、つまり、武力を用いなくても、その国を平らげる事が出来よう。そして熊襲も、おのずから従って来るであろう。そして「其の祭りたまはむには、天皇の御船、及び穴門直践立の献れる水田、名けて大田といふ、是等の物を以て幣《まひな》ひたまへ。」といわれた。

しかし、天皇はこの神のお告げを疑われて、高い岳に登って、ずっと海のかなたを見渡してみられたけれども、何も見えない。そこで天皇が神に対して申さられるのに、そのようなデタラメをいって自分を誘《あざむ》くのは、一体どの神であるか。皇祖や諸天皇は、ずっとこれまで悉くの天神地祇を祭って来た筈であるのに、「豈、遺《のこ》れる神有《ま》さむや。」つまり昔から、大和朝廷としてはすべての神々を祭って来ていて、遺されている神はない筈なのに、新たにどこからか神が現れて、まだ祭られていないからといって、そんな妙な事を告げて自分を誘《まど》わすとは何事か、とまあ神様に文句を言われたわけですね。

ですから、この神というのは、いわゆる大和朝廷が、昔からずっと祭って来たところの、天神地祇ではないという事がわかってくるわけです。この時に、はじめて出て来る神なのです。先ずこの点に注意して下さい。さて、そうしたら、またその神が皇后に神託りして、天皇に言われるのに、どうして自分の教えに叛くのか、言う事を聞かなかったならば、汝自身はその国——ここでは宝の国、新羅——を得ることが出来ないことになるだろう。そして今、皇后が丁度、妊娠されているその王が、国を得られる事になるだろうと、こういう風に神託があった。それでもなお、天皇がそれを信用されないで、無理に熊襲を攻撃されたけれども、勝つことが出来ずに帰って来られた、というわけです。そして日本書紀では、次のように書き続けられています。

「九年の春二月の癸卯の朔丁未に、天皇、忽に痛身《なや》みたまふこと有りて、明日に、崩《かむあが》りましぬ。時に、年五十二。即ち知りぬ、神の言を用ゐたまはずして、早く崩りましぬることを。一に云はく、天皇、親ら熊襲を伐ちたまひて、賊の矢に中《あた》りて崩りましぬといふ。」

つまり、翌九年、仲哀天皇がたちまち病気になられて、翌日に亡くなられた。或いは一説として、傍線を引っ張っておきましたが、天皇親ら熊襲を伐ちたまいて、賊の矢に中って亡くなられた、とも伝えられるというのです。これはまことに不幸な出来事ですが、ちゃんと日本書紀に書いてあるわけです。正直に伝えている、といってよい。これは大事な所ですね。古事記にも同じ様なこと――仲哀天皇が神託をうけるための琴を弾《ひ》いておられたが、神の教を信じられなかったために急に崩ぜられたこと――が書いてあります。

以上のことをまとめて申しますと、熊襲の叛乱のため、仲哀天皇は紀伊から、神功皇后は敦賀から出発して穴門において合流し、御一緒に九州に行かれて、それを討とうとされる。ところが、その時に、これまで大和朝廷が祭ってきた以外の神が現われて、その神が神功皇后にのりうつって、熊襲を攻めても何の役にも立たない、問題は新羅なのだ、新羅を平定したならば、熊襲はおのずから従うであろう、という神託を授けられた。ところが仲哀天皇は、それを信ぜず、自ら熊襲を討とうとされたが、その結果、病気になられてか、あるいは賊の矢に当って、亡くなってしまわれたと、こういう筋書なのです。

四、狗奴国と熊襲との関係

その後、神功皇后はこの神託にもとづいて、御自分で朝鮮に出兵されることとなるのですが、それは次回に申し述べることとして、これから、熊襲について、さらに詳しく考えてみたいと思います。〝クマソ〟といいますと、普通には〝熊襲〟と、こんな難しい字を書きますので、何か印象が、髭むじゃの、どこかの尊師みたいな顔をした種族を連想し、一般には南九州に何か未開の勢力が居って、それが平定された、というイメージがあるわけですが、しかし、そんな簡単なものではないと思います。これは後にもふれますが、最近の考古学の発達によりまして、南九州というのは案外、我々がこれまで想像していた以上に早くから発展をしていた地域であったという事が、だんだん知れて来たのです。この点は将来、ますます明らかにされてゆくことと思います。

資料の次頁に九州の地図を掲げましたが、これは吉田東伍博士の『大日本読史地図』をお借りしました。〔補注。同書の第二図「上代の西国」ですが、本書では転載を省略した。〕

先ず熊襲を考える場合に、一つの大きな着眼点は、やはり、『魏志倭人伝』なのですね。『魏志倭人伝』については、色々な評価がありますが、地理に関しては、私はこれを重くみています。そしてこの『魏志倭人伝』に出てきます邪馬台国については、別に私の著書（『著作集』第三巻所収。）もありますので、ここでは省略しますけれども、私は九州説でして、筑後国の山門郡を中心とした筑紫平野のあたりと推定しています。そして邪馬台国は女王国ですが、その〝南〟に、〝狗奴国〟というのがあって、これは男王の国で、互いに仲が悪いと書いてあるのです。そこで、私共の考える邪馬台国筑紫平野説に立ちますと、その〝南〟に〝狗奴国〟があった、というわけですから、これは熊本の〝熊〟にふさわしい。狗奴（クヌ）と熊（クマ）とは少し発音が違いますが、これは日本語の〝クマ〟を魏の国の使者が〝クヌ〟と聞いて二字の漢字で表記したものとみてよろしい。これは私の独断ではありません。邪馬台国九州説をとる学者は、共通してこのように見ているのです。

尤も、邪馬台国というのは三世紀の前半の話なのです。神功皇后は、四世紀後半ですから、それより百数十年以上、後の話になります。そして邪馬台国を中心とする女王国連邦は、三世紀の後半、恐らくは二七〇～二八〇年代くらいに解体してしまうのです。それは恐らく南の狗奴国の攻撃をうけて崩壊したものとみられています。これは多くの学者の認めるところと申してよろしい。そしてそのような九州の状勢――この理解が大事なのですが――このような勢力の隆替の中で、先程述べました景行天皇や日本武尊の熊襲平定が繰りかえされ、更にいまお話しています仲哀天皇の熊襲討征となって来るわけです。それから、いま〝クマ〟だけを問題にしましたが、〝クマソ〟の〝ソ〟についての疑問がおありであろうと思いますが、これは後程申しあげます。ともかくおよそ以上のような事を頭に置いて頂きまして、さて四枚目の資料に入ります。

五、熊襲はクマとソの二国

「熊襲二国の史料」と書いておきましたが、皆さんは、〝二国〟ということに不審をもたれるにちがいない。その点を、これから説明します。〝クマソ〟の国については、古事記では「熊曽国」、日本書紀では「熊襲国」、播磨国風土記では「久麻曽国」等と記されているのです。ところで、詳しくみてきますと、日本書紀には「日向襲之高千穂峰」（神代下）と書かれているほか、景行天皇十二年十二月丁酉の条では、

「議レ討二熊襲一、於レ是天皇詔二群卿一曰、朕聞之、襲国有二厚鹿文・迮鹿文者一、是両人熊襲之渠帥者也。衆類甚多、是謂二熊襲八十梟帥一。」

また同十三年五月の条では、

「悉平㆓襲国㆒、因以居㆓於高屋宮㆒。」

と見え、「熊襲」と「襲国」とを明瞭に使い分けていることに気付くのであります。つまりこの場合、「熊襲」というのは国名としてではなく、種族名として使用せられておりますが、「襲国」というのは明らかに国名として記されております。ですから、右の引用文よりして直ちに「是レを以て襲国即チ熊曽なることをも知べし」（古事記伝五之巻）という本居宣長の推定は、実は厳密といえません。まして日本書紀には「熊襲国」（景行天皇二十七年十二月・神功皇后摂政前紀三月の条）とも記す箇所がありますから、簡単に「襲国」と「熊襲国」とを同一とすることはできません。「襲国」と「熊襲国」とは、それがそれぞれ固有名詞の国名であることを考えますと、むしろ「熊」の一字をどう解するかが問題となってきましょう。

　このように考えて来ますと、「熊襲国」はもともと「熊国」と「襲国」との二国であって、熊国は後の肥後国球麻《くま》郡に当り、襲国は後の大隅国贈於《そを》郡に当ると推定することが極めて自然と思われます。（**補注**。続日本紀、和銅六年五月条によると国郡郷名に好字使用の制あり、「熊」「襲」共に二字に改められたのであらう。）恐らく熊国・襲国に住む異種族のことは、早くより大和朝廷に知られており、この二国に住む異種族を、国名によって「熊襲」と呼ぶことを慣用としたものに違いない。そして「熊襲」の住む国が所謂「熊襲国」と呼ばれたのであって、「熊襲国」という言葉は、一般には厳密な意味でなく、南九州一帯の、皇化に浴せぬ夷狄の国という程度に用いられる場合も多かったように思われます。従って「討㆓熊襲㆒」という場合の「熊襲」は単に種族名として用いられており、その結果として「平㆓襲国㆒」

という場合の「襲国」は厳密な意味での国名と見られます。尤もここに「襲国」とのみあって「熊国」を書かなかったのは不審でありますが、これは恐らく「熊襲」の本拠が「熊国」よりも「襲国」にあり、「平二襲国一」とはその本拠を衝いたわけで、これによって「熊襲」全体の平定を意味したものと思われます。先に述べました景行天皇紀十二年十二月丁酉の条に、〝朕聞く、襲国に厚鹿文・迮鹿文といふ者有り。是の両人は熊襲の渠帥者《いさを》なり。〟とあることを参照しますと、襲国が本拠地で、そこに二人の首領がいて、それぞれ〝クマ〟と〝ソ〟を統轄していたものと思われます。また古事記にも「熊曽建二人」（景行天皇段）と見えていますが、これも、熊曽二国にそれぞれ一人ずつの建（タケル）がいたという意味でありましょう。

以上、これを要するに、〝クマソ〟というと、これまで誰もが一つの国か種族のように考えてきたのですが、これを厳密に文献考証してくると、〝クマ〟と〝ソ〟の二つの国に分けて理解するほかない、少なくとも二つに分けて考える方が史料の解釈としては妥当である、というのが私の考えであります。

尤も、これまでは従来の史料を用いての推考であって、皆さんの中には、これだけでは熊襲を二国とする実証には乏しいとみる方もあるかも知れません。ところが、幸にもそれを明記する史料があるのであります。それは『住吉大社神代記』という貴重な縁起で、これについては、第七回のセミナーで詳しくお話します。ともかくこの『住吉大社神代記』を見ますと、こう書いてある。次に七か条、原文で掲げておきました。カッコの中の数字は原文本書の行数を示します。

（1）或記曰、天皇熊襲二国之撃思二化平一世利。（一六七行）

（2）御宇天皇御世、誅二於熊襲二国、新羅国等一平賜。（四〇六行）
（3）気息帯長姫皇后御宇世、従二角鹿一発征二穴門一、討三伏熊襲二国一。（五一〇〜五一一行）
（4）気息帯長足姫皇后時、誅三伏熊襲二国并新羅国一征。（五七四〜五七五行）
（5）気長足帯比古皇后御世、熊襲二国乎平賜支。（六〇四〜六〇五行）
（6）同皇后御世、大神平三伏熊襲二国一従二新羅国一還上賜。（六三六行〜六三七行）
（7）右社者、撃二熊襲二国、新羅国一時（六七二行）

これをずっと目で追って頂ければわかりますが、その様に、皆〝熊襲二国〟と書いてある。面白いでしょう。しかも、この内でも特に（4）・（5）などは「船木等本記」という文章の中に書かれておりますが、この本記は、『住吉大社神代記』の中でも特に最古の文章と推定せられ、恐らく大宝以前の史料かと思われます。ですから、ここに「熊襲二国」と見えますことは、紀・記以前の古伝と考えてよいかと思います。なお、『住吉大社神代記』だけでなく、私の見つけたのでは、『高良玉垂宮縁起』という史料にも、「（仲哀）天皇八年己卯、筑紫熊襲二国発出、失二人民一為レ滅二天下一。」という記事があるのです。この撰述年代は中世末とせられるものの、これは福岡県で非常に有名な高良大社の縁起なのです。高良大社というのは、神籠石でも著名な古い神社ですが、その神社の縁起の中にもやはり「熊襲二国」とあるのですね。ですから、恐らく九州側の古い伝承としては、熊襲二国というのは当り前のことの様に考えられていたわけなのです。

この様に見て参りますと、非常に良く判るのですね。肥後国の球麻《くま》郡というのは地図でみていただくと明らかなように、熊本県の南部です。魏志倭人伝の邪馬台国が筑紫平野付近だとすると、その南にあたり、狗奴国の場所に相当します。この狗奴国にあたるのが〝クマ〟の本拠地なのでしょう。いまの熊本県の球磨郡はその遺称地で、もともとの〝クマ〟の勢力範囲はそれより南部、薩摩半島にまで及んでいたものと思われます。そして大隅国贈於《そを》郡が〝ソ〟の遺称地と思われます。今の鹿児島県曽於郡は大隅半島の中央東部だけですが、もとはもっと広い範囲が、〝襲国〟と呼ばれていたにちがいありません。それは日本書紀にも〝日向の襲の高千穂峯〟とありますから、今の霧島山のあたりまで、含まれていたことが判ります。仮にいえば、南九州の東部が〝ソ〟、西部が〝クマ〟の地域であったのでありましょう。

六、紀・記の神代巻と古代遺跡

このようにして、南九州の勢力が熊襲であったとしますと、これは先程、一寸申しました様に、最近の考古学が、このあたりは早くから開けていたという事を盛んに言い出していることと関連して、たいへん注意すべき事があるのです。それは、紀・記に伝えられている神代三代の御陵の所在地が、この〝クマソ〟の地域にあるということです。鹿児島県川内市のあたりに、瓊瓊杵尊の御陵があると伝えられています。それから鹿児島空港の近くの溝辺という所に彦火火出見尊の御陵があります。さらに大隅半島の吾平という所、ここに鸕鶿草葺不合尊の御陵がありまして、これがいわゆる神代三代の御陵とされています。しかし、これらの地域は、いわゆる〝クマソ〟の範囲ですので、戦前でもあまり信頼されていませんでしたが、戦後は更に軽視され、ずっと、問題にされてきませんでした。私はこの三陵それぞれに参拝したことがありますが、それでも正直に言いますと、実は、「まあ、そういう伝えがある」という程度の理解でした。〔補注。大隅・薩摩地方の「隼人」というのは「はやひと」の約で、足の早い人のこと。長随彦《ながすねひこ》（本名は「鳥《と》見《み》彦《ひこ》」）と同義で、脚力の強い古代の英雄に対する〝たたえ名〟であろう。〕

ところが驚くべきことが、平成五年十月に報道されました。それは鹿児島県加世田市の栫《かこひ》ノ原遺跡を発掘調査の結果、同遺跡の千五百平方メートルに及ぶ区域から、縄文草創期の隆帯文土器約千点が出土したというのであります。このため考古学界では、今や縄文文化のルーツが、従来の東北・関東地方でなく、むしろ南九州ではないか、という起源地論争にまで発展しているようであります。しかし歴史学の立場から申しますと、この発掘で最も重要なことは、この加世田という地名にあるのです。私は、その年の十月五日朝のＮＨＫのラジオでこのニュースを聞いたのでありますが、これを耳にして直ちに連想したのは、天孫降臨の伝承地でありました。

日本書紀の天孫降臨の段の本文をみますと、ニニギの尊が先ず日向の襲の高千穂峯に天降られた後、国覓《くにまぎ》、つまり良い土地を求めて「吾田の長屋の笠狭碕に到ります。」と記され、そこで美女鹿葦津姫（又の名、木花の開《さ》くや姫）を娶って生まれたのが、ヒコホホデミの尊（神武天皇の祖父）とされています。ところが、この〝吾田〟こそ、実は今の加世田市一帯の古い地名にほかならないのです。そして、現在も加世田市と川辺郡の境に長屋山という五一三メートルの山があり、その西方にある野間岬のあたりを、いま笠沙町と名付けています。笠沙町の名は新しいものですが、この加世田市のあたりが昔の〝吾田〟であり、〝笠狭碕〟が野間岬であることは、疑いありません。そしてこの付近で、縄文文化の全国でも最大規模の遺跡が発見されたというのでありますから、これは大変なことです。

もとよりこれは縄文草創期の遺跡で、約一万一〇〇〇年前に比定されていますサツマ火山灰の下層にあるわけですから、神武天皇の時代——私見では西暦一世紀前後——とは遠くかけ離れていまして、もちろん直接の関係はありません。しかし加世田周辺には、その後も縄文早期・前期から晩期、さらに弥生前期から後期にかけての遺跡が既にいくつも発見されておりまして、この付近の発展はずっと継承されていたことが明らかですから、吾田の地こそは九州古代人にとっての想い出の土地、少なくともよく知られた土地であったことは間違ないと思われます。

そのような見方で調べてみますと、例えば先程申しました、今の瓊瓊杵尊の御陵があるとされる川内市の中に麦之浦貝塚という貝塚が今でも残っていて有名なのです。この貝塚は縄文時代後期ですが、考古学者の説明では土器の型式から、この頃、北九州の人々がこの地方に定着し、地元の人々との共同生活をしていたのであろうといわれています。それから、空港近くの彦火火出見尊の御陵のあります溝辺町には、石峰遺跡といいまして、これは旧石器時代終末期にはじまり、縄文の早期・前期以来の遺跡が発見されております。それから、大隈半島の、鸕鶿草葺不合尊の御陵のあります吾平の近く、大根占町には山の口遺跡というのが知られており、これは弥生中期の後葉頃の発祀遺跡があるというので有名な所なのです。

そうなりますとね、これらいわゆる神代三代の御陵という場所は、それぞれが考古学的にも重要な地域だという事がわかって来たことになる。今日一般には考古学者はもちろん、古代史家も、紀・記の神代巻の内容については無関心であり、むしろ否定的ですから、このような神代三代の御陵と考古遺跡の関係については、誰も言うものがありません。誰もこのことを言いませんが、私は秘かに、これらの遺跡が、いわゆる日本の神話の形成とどう関係するのか、この点は将来の重要な問題だと思っています。

しかし念のために申しておきますが、これらの古い遺跡が知られたからといって、直ぐに紀・記の神代巻をそのまま史実とみることは短絡的で、私はそのようには考えていません。日本の国家としての歴史は、やはり神武天皇以来のこととみるべきで、神武天皇の実年代は西暦で一世紀前後と考えています。従って、年代的にも縄文時代よりずっと新しく、弥生時代の中期と思いますので、両者を直接に結びつけることは無理でありましょう。ただし、日本神話の中で、このような地域が出て来るというのは、又、別個の話であって、昔から南九州のこのあたりが栄えておったという一つのイメージというか、思い出というか、そのような伝承があったとみてよいと思います。そしてそれは、皇室の直接の祖先とは、必ずしも一致せず、別の関係の勢力であったかも知れない。しかしともかく南九州が早く発展し、いろいろな伝承も伝えられていたので、神武天皇以前の日本神話の中で、それらの地名が嵌め込まれているというか鏤《ちりば》められているというか、そういう事があり得るのではないか、と私は思っているのです。

これは非常に大きな問題なのです。ここ迄詳しくお話したのは今日が初めてなのですけどね。ともかく九州の南部というものは、決して軽く考えてはいけない。一般に今迄は、この地方は後進地帯で、クマソとかハヤトという何か野蛮な感じのする人々が住んでいたという印象です。けれども、そうではなくて、早く発展していた所だという事を、どうか覚えておいて頂きたい。シナ大陸の先進文化は、朝鮮を経て対馬・壱岐から北九州に入ったとみるのが通説ですが、それと共に、南シナ海を経て直接に九州本土に流入したことも十分に考えられますので、今後、ますますその問題が明らかになると思います。

七、故地回復の戦争

で、話をもとに戻しますが、『魏志倭人伝』によると、三世紀前半には、南九州に狗奴国があって、この地方を支配した。そしてこの狗奴国が更に北の女王国連邦を討ち破って北九州をも支配したのが、三世紀の第三四半期の頃なのです。それに対して、大和朝廷の熊襲征伐が行われるわけですが、北九州の邪馬台国の旧地域――私はこれを〝ウル邪馬台国〟と呼んでいるのですが、――は皇室の発祥地とみられますので、私はこれを〝故地回復戦争〟だと言っているのです。

この、皇室の御祖先がウル邪馬台国から発祥し、恐らく西暦一世紀前後に畿内に東征されたことは、今回の住吉のセミナーでは直接の関係がありませんのでお話しませんが、これは私の特色のある学説でして、これまでに色々書いたり話をしたりしていますので、どうかそれを御参照下さい。大阪の國民會館で毎月行っています古代史セミナーでの話『日本国家の成立』が叢書の一冊として発刊（平成四年七月）されていますので、それを見ていただくと便利でしょう。〔補注。『続・著作集』所収予定の第四巻『日本建国史と邪馬台国』を併せて参照されたい。〕

さて、この熊襲征伐で仲哀天皇は崩ぜられますが、神功皇后は神託のままに、新羅を攻めて勝利して帰還されます。それは何故か。何故、神功皇后は半島に出兵するという判断が出来、そして成功することが出来たのか。それを考える上で大事な点は、神功皇后の背後には、北九州の伊都の勢力がついていたということです。仲哀天皇は全くの畿内の勢力だけですが、神功皇后は、その出自において、新羅の国主の子の天之日矛の子孫の葛城之高額比売命がお母さんですから、母系としては、天の日矛の子孫なのです。面白いでしょう。
これは古事記に記されていることで、それを系図にして示すと、次のようになります。

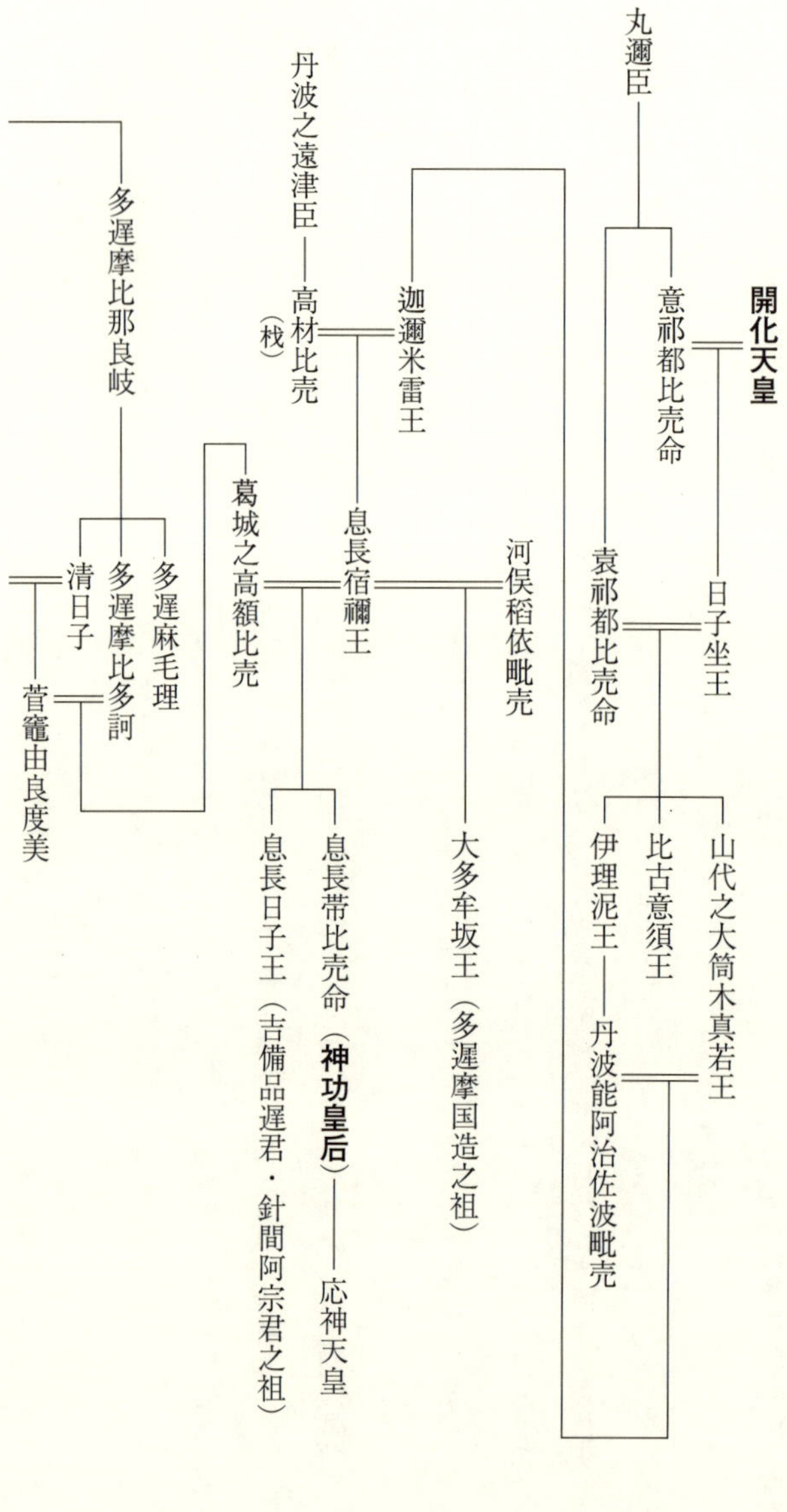

新羅国主──天之日矛
　　　　　　　‖──多遅摩母呂須玖──多遅摩斐泥
多遅摩之俣尾──前津見　　　　　　　　　‖
　　　　　　　　　　　　　　　　　当摩之咩斐

天の日矛というのは新羅の王の息子で、それが早く九州に入り込んでおり、『魏志倭人伝』にもでてくる伊都の国に居たわけなのです。それが邪馬台の女王国連邦の崩解に際して、畿内に向って東進し、各地を転々としますが、最後は但馬の出石に落ち着いた。そこで出石神社に天の日矛が祭られているのです。そしてその子孫の神功皇后が、仲哀天皇と御一緒に北九州に出陣されるわけですが、この時、実は伊都国にあって天の日矛の子孫と称する伊都の県主が、お迎えしている。それは日本書紀と『筑前国風土記』によって判明するのです。ですから神功皇后の背景には、九州の伊都の勢力があり、従って北九州は勿論、朝鮮の地理にも情勢にも明るかったわけです。仲哀天皇は、そこ迄わからないわけですね。神功皇后には伊都の勢力がバックアップしてますから、北九州から朝鮮半島にまで大軍を出すことが出来た、というわけでしょう。

この朝鮮出兵の問題は、この次のセミナーで詳しく申しますけれども、朝鮮出兵という兵力を考えますと、紀伊の水軍だけではダメなのです。あるいは若狭の水軍を持って行ってもダメなのです。朝鮮海峡を乗り切るためには、やっぱり北九州の水軍の協力・支援がありませんと、とても行けるものじゃない。それが出来たのは、北九州と神功皇后との間に密接な関係があったからなのです。まあ、そういう意味で、本日は熊襲の話を中心にいろいろ申しあげましたが、熊襲というのは、これまで一般に考えられてきたような、単なる南九州の未開の人種というようなものではなく、日本の神話にも影響を与える古い時代からの遺跡、つまり過去をもっており、それが三世紀前半の邪馬台国の南方にいた狗奴国につながり、その狗奴国が三世紀の終り頃には北九州の女王国連邦を支配下に収めるほどの大勢力となっていた、ということを御理解いただきたいと思います。そこで、景行天皇や日本武尊、さらに仲哀天皇の熊襲征伐が繰りかえされるわけですが、これは北九州――ウル邪馬台国――より発祥して東征した大和朝廷にとっては、いわば故地回復の戦でもあったわけです。そしてその当時、熊襲は既に半島の新羅と結び、その支援もうけて勢威をふるっていたと思われますので、その本拠地にあたる新羅を攻める策戦が行われた。それが神功皇后の半島出兵の要因であったと考えられますが、この問題は次回に詳しく申しあげることとし、本日はここまでに致します。

五、朝鮮半島への出兵

（平成七年六月十日）

はじめに

この住吉セミナーの第二回に、神功皇后の御実在という事についてお話しました。戦後は学界におきましても、教育界におきましても、神功皇后は架空の存在の様に言われまして、従って、皇后をリーダーとするヤマト朝廷の軍隊が、朝鮮半島に迄出兵するというふうな事はお伽話の様に考えられて来ておりました。

しかし、だん〳〵と研究が進んで参りますと、決してそうではなくして、神功皇后は勿論、実在のお方であり、そして四世紀の後半におきまして、倭の軍隊、つまりヤマト朝廷を中心とする日本の軍隊が朝鮮半島にまで出兵をしたという事は、間違いのない事実として学界でも承認されてきているわけであります。で、その間の事情を本日お話申しあげたいと思います。

前回は、「熊襲二国への西征」という題で、神功皇后の半島出兵の始まる前段階のお話を致しました。熊襲といいますと、何か髭むじゃのどこかの教祖の様な顔をした人物というイメージがありまして、熊襲の平定も架空の様に考えている人々がありますが、実はそうではなくて、熊（クマ）も襲（ソ）も、もともとは南九州の地域名――後の肥後国球麻郡、大隅国贈於郡を中心とする広大な地名――であって、その地域に強力なリーダー――クマソタケル――が居た。そしてその熊襲地方を平定するためにヤマト朝廷からの何回かの出兵があり、その代表として、景行天皇、日本武尊、あるいは仲哀天皇による征西という形でまとめられておるのが、日本書紀、古事記の記録であると、こういう話を申しあげたわけであります。

そしてこの熊襲平定に出かけられた仲哀天皇に、神様のお告げがあって、〝問題は熊襲じゃない、熊襲などはそれ程、問題とするに足りないのであって、解決すべき本当の相手は、朝鮮半島の新羅である。〟というお諭《さとし》があった、というのですね。これは日本書紀などに書かれております。

ところが、仲哀天皇は、その神託を信じられないで、熊襲平定のために出陣される。そして不幸にして、かえって敵の矢にあたって亡くなられた。これは大変な事件でして、天皇と皇后とが一緒に九州まで出陣されて、その九州の地において、仲哀天皇が亡くなるという非常に不幸な出来事であります。

ところが、天皇崩御のあとを受けて、神功皇后が半島に出兵をされる。そしてその結果、新羅の平定に成功して、それに伴って熊襲の問題も解決した、めでたしめでたしという事になって行くわけなのです。しかし話の内容があまりにも大きい。時代は四世紀後半ですから、今から一千六百年以上も昔に、大和から遙々と九州まで出かけて行き、さらに朝鮮半島に迄、兵を出すなんて、大変な事件ですから、それだけでも疑わしいというふうに考える人が、特に戦後には多かったわけです。

しかし、後程、だんだんお話ししますように、西暦の三六〇年代頃からヤマト朝廷の倭軍が朝鮮にまで進攻していったことは確実な証拠があるのです。そして、仲哀天皇が失敗されたのに、なぜ神功皇后が成功されたのか、ということは、前回の講義の終わりのあたりで古事記の系譜をあげて説明しましたように、神功皇后のお母さんの系統が、実は新羅の王子の天の日矛から出ておる。つまり母系は新羅系なのですね。このようなことを、古事記にははっきりと書かれている。それは非常に珍しい記事なのですが、これによって、神功皇后がなぜ半島の情勢に明るかったかということが察せられるのです。といいますのは、九州の伊都、いま福岡県の糸島半島のつけ根のところにあります伊都ですね、この伊都の県主が、仲哀天皇をお迎えした際に、〝自分は、ヒボコの子孫である〟と言っておる記録（『釈日本紀』所引筑前国風土記。）があるのです。

そして、その同じヒボコを母系とする子孫が神功皇后なのですから、神功皇后と伊都県主とは、広い意味では同族といってよい。つまり神功皇后と北九州の伊都の勢力との間には、もともと密接な関係があったという事がわかるのです。このことは、従来、誰も気付かなかったことですが、戦後、私がはじめて指摘した重要な点なのです。考えてもみて下さい。大和から、遙々と九州迄出かけるだけでも大変ですのに、さらに北九州から朝鮮海峡の荒海を越えて半島にまで大軍を出そうという事になりますと、これはどうしても、この地方の水軍の応援がなければ出来る事ではありません。仲哀天皇は、御両親とも大和の出身で北九州とは縁がない。そのために神託を信ぜず熊襲だけを問題にして失敗されたけれども、神功皇后は、伊都県主等の知識をかりて、熊襲の背後に新羅の支援のあることに見当をつけられたのでしょう。そういう政治情勢の判断が出来、さらに同時に、北九州の水軍の応援がなければ、とても朝鮮半島への出兵などは出来ますまい。それが出来たのは、畢竟、この伊都との縁故があり、そのバックアップがあったからだ、というのが私の見解なのであります。

そして、このことが古事記の系譜によって推定されてくる。これは何でもない様に思われるかも知れませんが、考えてみますと、よくこそ古事記が、この神功皇后の系譜を書き残しておいてくれたものだと思います。〔補注。第四論文一五六〜一五七頁を参照。〕普通ならば、何もそこまで――遠い昔の母系が新羅のヒボコにつながるというようなことまで――書く必要が無いわけですからね。神功皇后の父が気長宿禰王、母は葛城高額媛で、父系でいえば、開化天皇の〝五世孫〟（日本書紀では〝曾孫〟とあって不一致）とでも記しておけばすむ事で、現に日本書紀はそういう形をとっておるのです。

にもかかわらず古事記が、わざわざ詳しい系譜を書きまして、お母さんの系統は新羅の王子、天のヒボコに繋がるということを書き残してくれたものですから、今、私が申したような推定が可能となってくるのであります。そしてそのことによって、神功皇后の半島出兵が決して架空のものではなく、十分に史実としての信憑性をもつものとして、合理的に理解することが出来るのであります。そういう事を考えて来ますと、古事記の系譜というのは、非常に意味のある大切な史料という事が判る訳です。

そういう意味で、神功皇后の朝鮮への出兵という事は、大局においては日本書紀などに書かれている通りに考えてよいと思うのでありますが、この点を、さらに詳しくこれからお話申しあげたいと思います。

お手元に資料を三枚用意致しました。それをもとにして、これからお話を進めて参ります。話が少し専門的になりますけれども、こういう問題は、ただ結論だけをお話したのでは、昨今の、何事によらず、古典を否定し、古伝を抹殺しようとする風潮の中では、水掛論の様になってしまい、疑問をもつ人々の納得を得られません。そこで面倒ではありますけれども、史料に基づいて、皆さん御自身が、「なるほど」と御理解頂くために、これから色々お話を申しあげますので、私の説明についてきて下さい。そして歴史の研究というものは、こういうものなのだという事を御理解頂きたいと思います。

一、古事記・日本書紀の記事構成

先ず、資料の一枚目の次の図表を見てください。〔1〕「古事記・日本書紀の記事構成」と書いてあります。

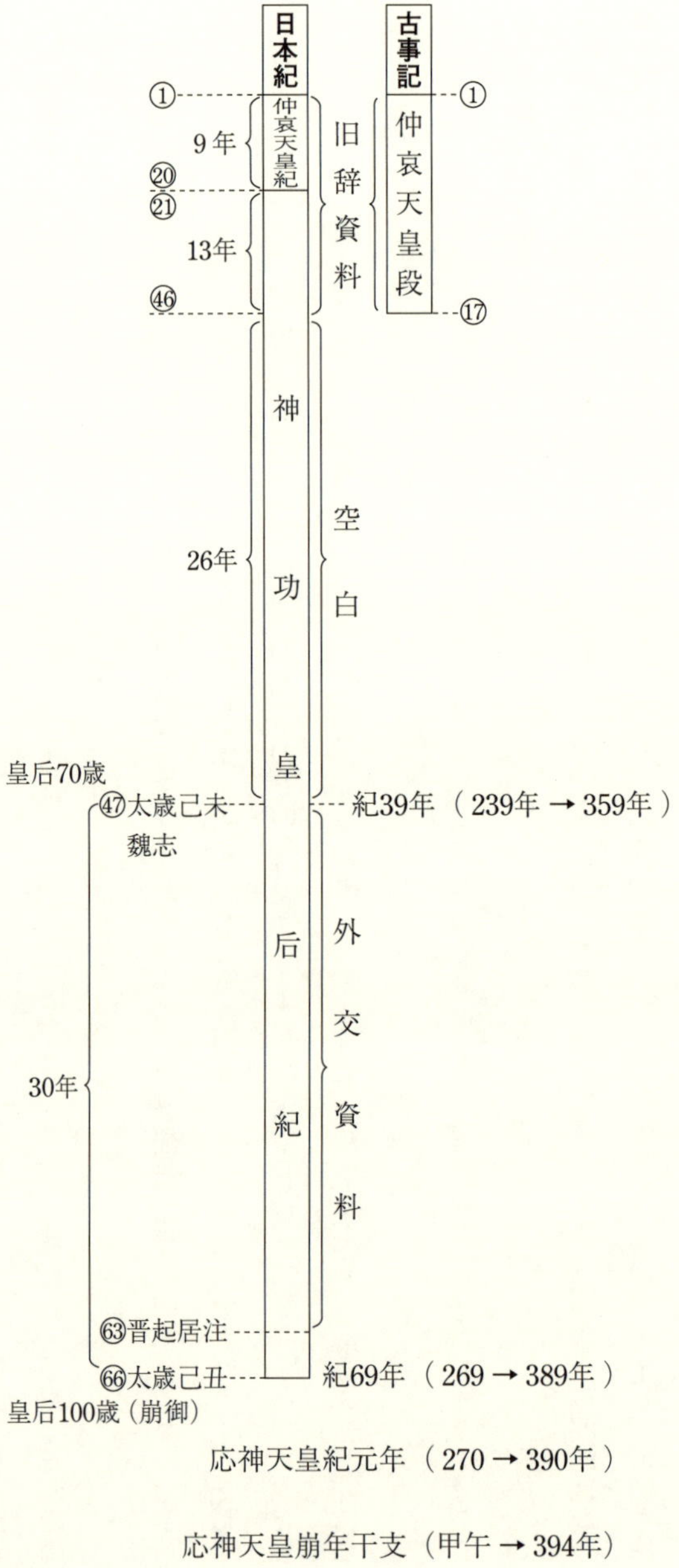

これは、現在の古事記と日本書紀の、仲哀天皇と神功皇后の記事全体を、詳細に検討致しまして、その記事がどのように編修されているかという内容を、図表にして判りやすく書きあげたものであります。〔補注。『著作集』第十巻所収の「神功皇后をめぐる紀・記の所伝」に詳論しているので、深く研究を望まれる方は参照していただきたい。〕

右の方は「古事記」、左の方は「日本紀」、つまり日本書紀のことなのですが、先ず古事記には、「仲哀天皇段」として括弧に括ってあります箇所に記事が書かれております。それは日本書紀で申しますと、丁度、「仲哀天皇紀」と書いてあります部分の「九年」間と、その下の「神功皇后紀」の「十三年」と書いてあります部分とを、併せた期間に相当します。これは共に「旧辞資料」というべきものなのです。日本書紀では「仲哀天皇紀」は「九年」でありますが、それからその後の「十三年」間、これは「神功皇后紀」として最初の部分に書かれています。尚、念のために申しておきますが、日本書紀の紀年——皇紀——は絶対年代を考える上では延長があり、正確ではないこと、第三回のセミナーで詳しくお話をした通りでありますから御承知おき下さい。いまは、日本書紀の紀年法に従って説明しているだけなのですから。

さて、日本書紀では仲哀天皇紀が九年間、それから神功皇后紀として十三年間の記事がありますが、この二つを合わせた内容が、丁度、古事記の「仲哀天皇段」という所に書かれているのと対応するのです。そのあと、日本書紀では二十六年間、空白の時期がありまして、記事が無いのです。そしてその次に出て来ますのが、神功皇后紀の三十九年。そこに「太歳己未」とありまして、その下に割注の形で、「魏志云」として「明帝景初三年六月、倭女王……」云々の記事が出て来ます。それからあと、神功皇后紀六十六年、「晋起居注」の記事の見える「武帝泰初二年」

までの「二十七年」間の右側に「外交資料」と書いておきましたが、この期間には、シナの文献なども所々に入りますが、主としては朝鮮の史料を利用しまして、神功皇后のいわば外交関係の記述がなされております。今、いちいち記事を挙げませんけれども結論として大体、こういうふうな構成になっているとみて間違いないと思います。

この日本書紀の神功皇后の巻の成立を判りやすくまとめて示しますと、次のようになります。

〔第一段階〕日本の旧辞資料に基づく神功皇后紀前半と崩御記事（太歳己丑）とによる構成

〔第二段階〕朝鮮外交資料に基づく神功皇后紀後半の付載

1　第二次的資料（日本側所伝）

2　第一次的資料（朝鮮側所伝）

〔第三段階〕シナ外交資料に基づく皇紀年代の比定

1　魏志

2　晋起居注

3　太歳記事

このような三段階の手続きを経ることによって、最終的に構成せられたのが、現在の〃神功皇后紀〃と考えられます。この経過を詳しく見て参りますと、要するに、崩御記事を除く記載順序そのものが、先ずわが国独自の旧辞資料を主とし、次いで国風化された第二次の朝鮮資料、更に生のままの第一次の朝鮮資料へと進み、最後にシナ資料とそれに基づく太歳記事でピリオドの打たれていることが察知されるでありましょう。神功皇后紀一巻、実に、自主性豊かな、見事な修史の構成といわなければならないのであります。

ところで、神功皇后の半島出兵ということを考える上で一番大事な所は、〔第二段階〕として示しました「外交資料」の部分でありますから、これをもとにして考えてゆかなければなりません。そこで、先程の〔古事記・日本書紀の記事構成〕の図を見て下さい。

その日本書紀の「三十九年」、真中辺より少し下のあたりですね、「三十九年」。この所の横に数字を挙げまして、「二三九年→三五九年」と横書で書いておきましたが、この「二三九年」は、日本書紀の神功皇后紀の三十九年を皇紀で言いますと「二三九年」にあたるという意味なのです。ところが、第三回セミナーで申しました様に、このあたりの実年代には干支二運、つまり一二〇年の差がありますので、これに、一二〇年を足した「三五九年」が絶対年代で、実際の年代として考えられるということを示しているのです。もう一度申しますと、神功皇后紀の外交資料として採用されている記事の始まりが〝西暦の三五九年〟の条だというふうに考えてもらえば良いわけです。そして終りが、神功皇后紀の「六十九年」、つまり皇紀二六九年にあたるのですが、これも一二〇年下げまして、〝西暦の三八九年〟とおさえておけば良いと思います。

それからその下に、「応神天皇紀元年」と書いてありますのは、これは神功皇后が亡くなられた翌年に応神天皇が即位されておりますので、一年下げまして日本書紀では二七〇年、絶対年代では西暦の三九〇年と考えてよいかと思います。そして応神天皇が崩御されましたのは、古事記の崩年干支に「甲午」とありますから、それを年数に直しますと、「三九四年」とみてよいのではないかと考えております。ですから神功皇后から、応神天皇の時代あたりの歴史の絶対年代については、この表の一番右側に並べた西暦の数字を基にして考えて下さい。一寸、話がややこしいですけれども、大体の年代を頭に入れて貰えばいいわけです。

つまり人物のことを取りあげます場合には、その人が、いつの時代の人かということが判らないと、これは歴史にはならないのです。〝むかしむかし或るところに〟というのは、物語の表現です。〝何時〟という事が歴史では非常に大事なのです。そこで神功皇后のことを考えます場合にも、大体この年代の方だということを押さえなきゃいけませんので、一寸、煩雑ですが、今のお話をしたわけなのです。要するに、先ず神功皇后の朝鮮出兵を考える為には、日本書紀にその記事の見える三五九年くらいから、神功皇后が亡くなられる三八九年くらいの間を念頭に置いて、その時代の歴史を検討してゆくのだ、ということを理解して頂きたいと思います。

二、日本書紀と三国史記の対照

さて二番目、ここには「日本書紀と三国史記の対照」の表をお示ししました。これも実は私が工夫して実年代を基準にして上下対照の表にしたわけでありますが、本当はどちらも漢文で書いてあり、難しい記事なのです。それを出来るだけ判り易く要点だけをとって、こうして一覧表にしたわけなのです。

日本紀	三国史記
	〔三六四〕〔新羅〕倭兵大ニ至ル。斧峴東原ニ戦ヒテ之ヲ破

〔三六六〕	㊿	斯摩宿禰を卓淳国に遣す。 （イ）　百済との初交渉。
〔三六七〕	(51)	百済・新羅の朝貢。 （イ）　新羅、百済の貢物を取り換ふ。 （ロ）　千熊長彦を使として新羅を問責す。
〔三六九〕	(52)	荒田別・鹿我別ら新羅を討ち、七国を平定し、百済に土地を賜ふ。 （イ）　百済王、永久の朝貢を誓ふ。
〔三七〇〕	(53)	荒田別ら帰国。
〔三七〇〕	(54)	千熊長彦ら百済より帰る。 （イ）　久氏、朝貢。
〔三七一〕	(55)	百済王、また久氏を遣して朝貢。
〔三七一〕	(56)	千熊長彦を久氏らに副へて百済に遣す。
〔三七二〕	(57)	久氏ら、千熊長彦に従ひて朝貢。 （イ）　七枝刀・七子鏡らを献ず。
〔三七五〕	(58)	百済の肖古王薨ず。

	リ、迫撃幾ド尽クス。
〔三六六〕	〔百済〕新羅に聘ス。
〔三六八〕	〔百済〕良馬ヲ新羅ニ進ズ。
〔三六九〕	〔高句麗〕百済ヲ伐チ、雉壌ニ戦ヒテ敗績ス。
〔三七一〕	高句麗、百済ヲ侵ス。○〔百済〕高句麗ノ南平壌ヲ攻取ス。高句麗王、拒戦、流矢ニ中リテ薨ジ、太子丘夫立ツ。○是歳、〔百済〕都ヲ漢山に移す。
〔三七二〕	〔百済〕使ヲ晋ニ遣ス。
〔三七三〕	〔百済〕使ヲ晋ニ遣ス。○〔百済〕城ヲ青木嶺ニ築ク。禿山城主、三百人ヲ率キテ新羅ニ奔ル。
〔三七五〕	〔高句麗〕百済ノ水谷城ヲ陥ル。○〔百済〕近肖古王薨ズ。近仇首立ツ。

〔三七六〕	(59)	百済王子貴須、王となる。
〔三八二〕	(60)	新羅、朝貢せず、襲津彦を遣して討つ。 （イ）百済記（壬午年条）所引。 （ロ）沙至比跪の背信・死。
〔三八四〕	(61)	百済の貴須王薨ず、王子枕流、王となる。
〔三八五〕	(62)	百済の枕流王薨ず、辰斯、王となる。

〔三七六〕	〔高句麗〕百済ノ北鄙ヲ侵ス。
〔三七七〕	〔百済〕高句麗ノ平壌城ヲ侵ス。○〔高句麗〕百済ヲ伐ツ。
〔三七九〕	〔百済〕使ヲ東晋ニ遣ス。達セズシテ還ル。
〔三八四〕	〔百済〕近仇首王薨ジ、枕流立ツ。○〔百済〕使ヲ東晋ニ遣ス。
〔三八五〕	〔百済〕枕流王薨ジ、辰斯立ツ。

日本書紀は御承知の通りですけれども、三国史記というのは朝鮮の歴史書でありまして、金富軾（一〇七五～一一五一）――朝鮮語で何と読まれるのか知りませんが――この人が高麗の仁宗二十三年（一一四五）に完成した編纂書であります。一一四五年ということですから、日本書紀の成立した養老四年（七二〇）からは四〇〇年も後になって出来たものなのですね。そしてこれが朝鮮の歴史書として一番古いものなのです。それが今に伝わっております。

ところが何分、十二世紀の編纂書で、日本書紀よりも、四〇〇年もあとのものですから、従来は、学界ではあまり信用されなかったのです。ところが色々研究してみますと、確かに十二世紀の新らしい編纂書ではありますけれども、しかしその記事には、かなり重要な内容を伝えておると思われる点があるのです。そういう意味で、日本書紀と三国史記とを対比して見ますと、両者には不思議なくらい一致する所が多いのです。そこでこの表を作ったのですが、一寸、それを見て下さい。上の方の段が日本書紀、下は三国史記でありますが、一番初めに〔三六六〕とありますのは西暦です。〔補注。その下の㊿とあるのは「神功皇后を中心とした紀・記の対照史料」(『著作集』10所収)に使用した番号。〕この三六六年は、日本書紀では神功皇后摂政の四十六年に当たりますが、そこに、

「斯摩宿禰を卓淳国に遣す。」

と、これは要点だけを書いたわけですが、そういう記事があるのです。そして百済との初交渉が行われております。

次に〔三六七〕年(西暦、以下同じ。)の条に「百済・新羅の朝貢。」と記してあります。これは、日本書紀の立場からの書き方でありまして、(イ)と(ロ)が、記事の内訳を示しています。次に〔三六九〕年、この年が、非常に大事なのです。荒田別、鹿我別というのは人物の名前ですが、この年に、それらを遣わして新羅を討つ、という記事がある。そしていわゆる任那の七国を平定して、百済に土地を与えたので、百済王は喜んで永久の朝貢を誓ったということが伝えられている。そこで日本の古代史学界では、一般に、日本側が大挙して朝鮮に兵を出した最初が、この三六九年ではないか、とされております。

ところで、そのあたり迄を、下の段の三国史記で見て頂きますと、〔三六四〕年の条の下に〔新羅〕と書いてありますのは、これは新羅本紀の記事という意味です。三国史記の〝三国〟といいますのは、新羅と百済と高句麗なのですが、その三つの国の歴史を編纂したのが三国史記。その中の新羅本紀からとった記事なのですが、この年、新羅の立場から言いますと、「倭兵大ニ至ル」(原文では「倭兵大至」)と書いてある。倭兵というのは日本の兵隊、新羅側か

らの呼び名です。そして新羅の側では倭兵と戦ってこれを打ち破り、追撃して潰滅したと、書いておるわけです。

そして〔三六六〕年には、百済本紀の中に、「新羅ニ聘ス。」とあります。「聘」というのは、贈り物を持って人をたずねて相手の様子をあたってみる意味です。それから〔三六八〕年にも百済が、「良馬ヲ新羅ニ進ズ。」とありますね。実は百済と新羅とは、もともと仲が悪いのです。いつもやり合っている国なのですが、この時は百済が新羅の御機嫌をとっている。それでこの記事を挙げておいたのですが、やがて〔三六九〕年になると、高句麗が百済を伐ったが、雉壌で戦って高句麗が敗けたと書いてある。雉壌というのは、今の北朝鮮の黄海道延白郡内に比定されていますので、韓国との国境線に近い場所のようです。ここでの戦で百済が勝ち、高句麗が負けた。このことは、百済本紀には更に詳しく書いてあります。

それから日本書紀では、先程の〔三六九〕年に続いて〔三七〇〕年の条に、荒田別らが帰って来たという記事があり、更に千熊長彦が久氏という者と共に百済から帰って来たと、書かれている。それから翌〔三七一〕年には百済王が、又、久氏を遣して朝貢して来たわけです。そして同じ〔三七一〕年に、日本書紀には再び千熊長彦を久氏らに副えて百済に派遣しています。そして翌〔三七二〕年には久氏らが千熊長彦に従って朝貢して来た。その時に、(イ)として書いてありますように、七支刀、七子鏡等の宝物を献上したというわけです。このことについては、後程、もっと詳しい記事を説明致しますが、ともかく〔三七〇〕年前後に、日本と百済との間には頻繁な交渉のあったことが記されているのです。

次に下の段を見ますと、今度は三国史記で、〔三七一〕年に、高句麗が百済を攻めてきた。それに対して百済王が太子と共に反撃し、高句麗の南平壌、今のピョンヤンですね、そのあたりを奪取、攻め取った。しかも高句麗の王が戦いの最中に、流れ矢にあたって死んでしまった。そこで、太子があとをついで即位した。そしてその年に、百済は都を漢山に移した、とも書いてある。漢山はいまの京畿道広州郡内にあり、ソウルのすぐ南にあたります。

次いで〔三七二〕年には、百済は使をシナの晋に遣わしておる。翌年にも晋に使を出していますね。そういう記事がずっと続いて行くわけであります。

あとも面白いのですけれども、まあ、本日はこのあたり迄、つまり三六六年から三七二年迄の記事に注目してお話しようと思うのであります。その場合、承知しておかなければならないことは、日本書紀と三国史記の史料としての立場、或いは限界についてであります。日本書紀は、日本を中心に書いてありますから、日本側が勝った方の記事が多く出て来る。三国史記は朝鮮側の立場で書かれていますから、高句麗と百済との戦いにしても、日本の助けをうけたというような記事は出て来ない。だけれども、日本書紀と三国史記という二つの史料を対照しますと、その間の事情が非常に良く判って来るわけであります。

いずれにしましても、日本側、倭の軍隊がこの頃に半島に迄大挙して出兵しておることは明らかなのです。そして、昔から新羅と百済は仲が悪く、新羅は高句麗と組んだり、シナの勢力の支援をえて百済を牽制し、場合によっては百済を攻撃することもありました。

後の歴史でありますが、百済は結局、新羅と唐との連合軍によって、六六三年（天智天皇称制二年）に亡ぼされます。これは御存知の白村江の戦いで、当時、日本は百済を救援するために大軍を派遣していたのですが、戦いに破れ、百済の王族も難民として日本に逃れてくるわけです。日本は古くから百済と仲がよかった。御承知の様に、仏教が日本に伝来する時も、百済の聖明王が日本に仏教を伝えるわけでして、百済と日本とは絶えず手を結んでおる。民族の性格的な面も似ているように思われます。

ところが、百済と新羅とは仲がよくないのです。これはずっと歴史的にそうなのですね。今でも、南朝鮮――韓国――の東と西、慶尚道と全羅道では、よく性格が違うと言われます。これは、韓国へ旅行されたら、新羅の都は慶州、そして百済の都は扶余ですが、慶州にも扶余にも博物館がありますから、そこへ行かれて、両方の文化財、つまり新羅の宝物と百済の宝物とを比較して見られたら面白いと思います。

王冠の飾りなども金製ですが、新羅と百済とでは形が全然ちがいます。百済の方の飾りは、どちらかといいますと、日本人好みのする一寸なだらかな感じで、ちょうど花弁の多い花のような形ですが、新羅の方は、非常に鋭角的な感じのする飾りで、漢字の「出」という字を重ねたような形をしています。この両方を見られたら非常によくわかりますので、どうか韓国へいらっしゃる時は慶州と扶余（又は公州）、この両方の博物館を是非、見て頂きたい。

そういう風に新羅と百済という二つの国は性格が違うのですが、それと北からせまって来る満洲族の高句麗との間で、いろいろな駆け引きがあります。島国日本は、若し半島が敵対国の領有となると、ちょうど脇腹に短剣をつきつけられたような恰好になりますので、どうしても半島内に友好国をもち、それと協力してゆく必要がある、それが百済であったわけです。

このように考えてきますと、倭・百済・新羅・高句麗の四国の関係には、時代によって種々の屈折はありますものの、四世紀中頃以降は、[A]〈倭=百済〉、[B]〈高句麗=新羅〉という結びつきが顕著であります。そして三国史記には、百済と新羅との直接の戦争記事はそれ程数多く記載されてはいませんが、実際には、倭の対新羅戦や対高句麗戦の中で、百済は倭と歩調を一つにし、共に新羅や高句麗と戦ったにちがいないと思われます。いやむしろ、もともとは新羅と百済との対立が激化して、それぞれの支援国として、北からは高句麗が新羅を助勢し、南からは倭が百済に加担した、というのが歴史の実情に近いのであろうと考えられます。

先程述べました三国史記に見える〔三六九〕年と〔三七一〕年の戦い、これも、元来は、最初に高句麗が侵入してきたので百済が反撃して討ち破ったというのでありますが、果して百済だけで高句麗と戦争してこの大勝利を得たのかどうか疑わしい。この三国史記の記述の上に、日本書紀の記事を重ね合わせて見て頂きたい。そうしますと、〔三六九〕年以来、日本側から大挙して半島へ出兵しておる、この同じ時期に、百済は高句麗を撃破しているわけですね。そうすれば、百済は日本の協力を得て高句麗に立ち向い、大勝利を得たという実情が、よく理解せられてくるでありましょう。そのあとも、日本書紀と三国史記とを合わせますと、非常によく記事が一致しまして、お互いに助け合って記事を補う、いわば補完作用が見られるのであります。

このように見てきますと、四世紀の後半は、倭の軍隊が朝鮮半島に迄、出かけておったという事は、間違いのない事実であります。尤も、学者の中には、――学者といっていいのかどうか知りませんが、ともかく、一部には、「いや、それは、日本の大和から行ったのではなくて、北九州の九州王朝が攻めて行ったので、ヤマト朝廷とは無関係だ」というふうな事を主張する人があります。しかしそれは何の根拠もない勝手な議論でして、四世紀に、ヤマト朝廷とは別に北九州に王朝があったなんて、とんでもない話です。その当時、北九州にまで手をのばしていたのは、ヤマト朝廷の勢力です。これはもう、今日古代史学界の常識と申してよい。そして北九州から更に朝鮮半島にまで出兵したのは、主としては高句麗・新羅の圧迫を受けている百済救援という政治的目的ですが、同時にそれは、日本として朝鮮の鉄資源を求めるためでもありました。鉄資源を手に入れるという事が、当時においては非常に大事な国策であったと考えられます。何れにせよ、日本が半島に出兵しておった事は間違いない。そしてそれを更に進んで実証しますものが、資料の二枚目に掲げました高句麗広開土王の碑文であります。

三、広開土王の碑文について

広開土王の在位は三九一年から四一二年でして、日本では応神天皇の末から仁徳天皇の御代頃に相当しますので、神功皇后の時代とは直接に関係しませんが、この時代の大勢を理解する上で重要な史料となるものなのです。この広開土王の碑も、今は非常に有名なものですけれども、昔は全く知られていませんでした。碑の存在そのものは十五世紀初め頃には知られていたということですが、文章の解読が進められるのは、明治十六、七年頃にこの碑の拓本が日本にもたらされてからのことなのです。それ以前は日本人では誰も知らない。このことからも、私は歴史の不思議さを覚えるのです。もしこの広開土王の碑というものが作られなかったならば、勿論、これから以下に述べますような倭の活躍は伝えられない。又作られてもこの碑が発見されなかったならば、また史実が判らない。ところが、明治十六、七年頃に、日本の陸軍参謀本部の一軍人――砲兵中尉の酒匂景信という人ですが――によって初めて注目され、拓本――正しくは双鉤加墨本というのですが――が将来されたのです。

この碑は、朝鮮半島と昔の満洲、今の中華人民共和国の東北地区との間を流れている鴨緑江の北側、つまり満洲側に立てられています。その内容は、勿論、広開土王（好太王）という人の顕彰碑――功績を誉め称えるために作った碑ですから、高句麗側に都合のよい記事が多く、我が方、つまり倭には不利な記述が多いのは仕方のない事です。従って、勝ち負けの結果はどちらでも結構ですけれども、要するに、四世紀の末から五世紀初めにかけて倭の軍隊が朝鮮半島に攻め入って、高句麗の国王、広開土王がこれを迎え撃ったということは間違いない。この碑の文は四面にぎっしり書かれており、約千八百字位の長いものです。私はまだ実物を見ておりませんけれども、拓本は色々、沢山ありまして、それによりますと、碑の第一面の八行目から九行目にかけて「百残新羅旧是属民、由来朝貢。」と書かれていますね。「百残」といいますのは、百済のことなのですが、「新羅」というのは御承知の通り。そしてこの両国は、〝旧是れ属民〟とありますのは、勿論これは高句麗の立場から言っていますから、百済も新羅も、もともとは高句麗の属民で、その支配下にあった。そして〝由来朝貢す。〟この両国は昔から高句麗の国に朝貢しておったのだ、というのです。ここまでは問題ありません。問題が生じてくるのは、次の九行目の一句です。

「而倭以辛卯年来渡海破百残□□新羅以為臣民」

最初の「而」、これは〝しかるに〟と読んだらいいですね。しかるに「倭」、倭というのは日本でしょう。〝倭、辛卯の年を以て〟、辛卯の年というのは、西暦の（三九一）年、これは間違いありません。この年に、倭、〝来りて海を渡り〟、――あるいは、日本語読みでは〝海を渡り来りて〟とひっくり返して読んでもいいですけれども――文字通り読みますと〝来りて海を渡り〟、「百残」（百済）と、それから次の三字が欠けていて読めないのです。四字目が「羅」ですから、読めない三字目は「新」で、これは「新羅」だろうと思いますが、その上の二字は判らない。ともかく、百残と□□と新羅を破り、〝もって臣民となす。〟とあるでしょう。さあこれが問題なのですね。この記事によると、倭の軍隊が辛卯の年、三九一年、海を渡ってやって来て、百残（百済）や新羅などを破って倭の〝臣民〟にした、ということになる。

これは〔三九一〕年のことですが、碑文のそのあとを見ますと〔三九九〕年には倭人が新羅の国境に満ちていたこと、〔四〇〇〕年には高句麗好太王が歩騎五万を率いて倭軍を破り新羅を救った、と記していますが、その際、新羅城には倭軍が満ち満ちていたこと、それを高句麗軍が急追して任那加羅の従抜城にまで至り、遂に倭軍を潰滅したと伝えています。そして〔四〇四〕年には、倭軍が帯方の界にまで進入したものの大敗したとも書かれています。帯方というのは、今の黄海道と京畿道の北部のあたりですから、例の北緯三十八度線の附近とみてよろしい。そうすると、ソウルの北のあたりまで倭の軍隊が攻めて行ったという事がわかるのです。

この好太王の碑に書かれている内容は、もともと顕彰碑ですから、若干の修飾や誇張があるかも知れません。しかしそれを割引いて考えましても、史実の大筋は承認してよいと思われます。

尤も、戦後の朝鮮側の学者の中には、この碑文の中の日本側に有利な記事は、これを拓本にとる際に、日本陸軍の参謀本部の連中が石灰でもって、作為をしたのだという説を述べた人もいる。〝石灰塗付作戦〟などといって、一時は騒がれたものです。ところが、その後、中華人民共和国の学者が、――この碑は現在、中華人民共和国の領内にあるので自由に行って研究できますから、――彼等が実際に行って丹念にそれを見て調べたところ、そんな改竄のあとはない、という事が判りました。もともと拓本には原石から直接とる〝原石拓本〟と、拓本をとりやすくするために石灰を塗る〝石灰拓本〟があるのでして、これまでの多くは石灰拓本でしたが、最近、中国の徐建新という学者が、原石拓本を新しく発見し、それによっても「倭以辛卯年来渡海」の部分の「海」は確認できないものの、「来」や「渡」は間違いないことが明らかになったということです。最も研究の便があり、客観的立場にある中華人民共和国の学者が、そう言っているのですから、これは信用して差し支えありますまい。

ところが、反対派から言えば、何とかケチをつけたい。そこでその文字の読み方について妙な説を出してきます。例えば問題の記事も、「倭以辛卯年来」で切って、〝倭〟の記事はこれまでで終るとし、次の「渡海」云々の主語を〝高句麗〟と考え、百済等を破ったのは倭ではなく、高句麗だというのです。しかしこれは、漢文の訓み方としては無理であり、こじつけというほかありません。そしてもう今日では、そのような説に賛成する人はほとんどおらなくなりました。この記事を素直に読めば、今、申した様に、倭の軍隊が、辛卯の年（三九一）に海を渡ってやって来て、そして百済や新羅等を臣民とした、という事になるわけです。

そうなりますと、先程来、お話して来ました日本書紀や三国史記の記事の（三八五）年までの史実と期せずしてほぼ一致して来るわけでありまして、何も疑う必要は無いわけなのです。

それに対してなお、北朝鮮や韓国の学者の一部に――稀に日本の学者の中にも――色々な事を言う人がありますのは、政治的な含みがあるものと思われます。だけど、歴史というのは、現実の政治の問題とは別のことでありまして、勝ったといいましても、それは歴史の話なので、それと今の日本と韓国との関係、あるいは北朝鮮との関係とは、全然、次元の違う話なのです。ですから、いつも私は申すのですが、昔の古代という時代を考える時は、今みたいに、九州の対馬と朝鮮半島の間の海上に国境線を引くのではなしに、仮りにいえば、対馬のあたりにコンパスの中心を置いて、ぐっと円を描いてごらんなさい。南は北九州が入り、北には南朝鮮が入るでしょう。これが、北九州に住む古代人のいわば生活圏なのです。現在の国境線にこだわっては古代史を理解できません。

古代における生活圏としては、南朝鮮と北九州というのは、むしろ非常に密接な関係にあったと言って良い。それくらいのゆとりをもって、古代の歴史を見て行くのが大事だと思います。そうした観点から申しますと、日本の勢力が南朝鮮に攻め入っても、別に不思議ではないし、又、逆に言えば朝鮮の方が日本にやって来ても、――攻めて来たか、逃れてきたかは別として、――ともかく、渡来してきても不可解というわけではない。先程も一寸、申しました様に、北九州の伊都のあたりには、新羅の王子の天日槍の子孫と称する勢力が蟠踞していたわけですからね。それらは千六百年も以前の大昔の歴史の話なので、今の政治とは関係ありません。このように見てきますと、神功皇后以降の日本側の半島出兵ということは、日本書紀に詳しく記され、同時に三国史記にも照応する記事があり、そして又、神功皇后のあとをうけた応神天皇や仁徳天皇時代の朝鮮出兵も、高句麗の広開土王（好太王）の碑に明記されているわけですから、四世紀後半以降の日本側からの朝鮮出兵の証明は、もうこれで十分なのですけれども、神功皇后の出兵に関しては、もっと具体的で重要な史料があるのです。

四、七支刀の銘文について

それが、「七支刀について」という資料の〔4〕番目の問題であります。この七支刀につきましては、先程の「日本書紀」の表の一覧表の中で一寸ふれておきました。〔三七二〕年の所です。「久氏ら、千熊長彦に従ひて朝貢。七支刀・七子鏡らを献ず。」と書いておきましたが、この点を詳しく説明しますために、次に日本書紀を原文で示します。

神功皇后紀五十二年〔三七二〕条

五十二年秋九月丁卯朔丙子、久氏等従二千熊長彦一詣之。則献二七枝刀一口・七子鏡一面、及種々重宝一。仍啓曰、「臣国以西有レ水。源出レ自二谷那鉄山一。其邈七日行之不レ及。当飲二是水一、便取二是山鉄一、以永奉二聖朝一。及謂二孫枕流王一曰、『今我所レ通、海東貴国、是天所レ啓。是以、垂二天恩一、割二海西一而賜レ我。由レ是、国基永固。汝当善脩二和好一、聚二歛土物一、奉貢不レ絶、雖レ死何恨。』」。自レ是後、毎レ年相続朝貢焉。

これも、漢文ですので、一寸、お判りにくいかと思いますが、あとで書き下し文を示して説明を致しますから、原文は一応、傍線の部分を目で追うだけにしておいて下さい。神功皇后紀の五十二年〔三七二〕の条、この年の九月に久氏等が、千熊長彦に従ってやって来た。この久氏というのは、百済の使です。そして七支刀一振と七つ子の鏡一面を献った。さらにそのほかの種々の宝物を献った、というのです。そして啓して曰く、云々、とあり、然々《しかじか》のことを申しました、という記事が続くのです。この内容が非常に大事な所ですので、あとでくわしく申しますが、要するに、ここでは三七二年に、百済から七枝刀や七子鏡等を献上してきた、という事だけ覚えておいて下さい。

そこで、七枝刀というものはどんなものかと言いますと、資料の三枚目に、模写のコピーをのせておきましたので御覧下さい。

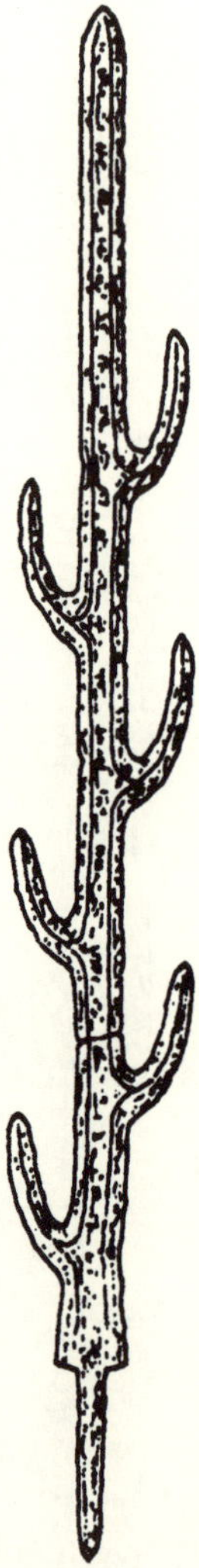

これは現在、石上神宮に秘蔵されており、国宝です。珍しい形でしょう。この実物の写真は、表裏ともに、私が昨年まとめました『住吉大社史』中巻（平成六年十一月発行）の口絵に、カラーで載せさせてもらいました。これは、石上神宮で特に撮られた写真を拝借したものでして、これを詳しくルーペで見ますと、中央に金の象嵌で文字が書かれているのが判ります。尤も、これは非常にいたんでおりまして、実物を拝見しても、――私は昭和二十九年以来、何回か拝見していますが、――仲々しっかりとは読みとりにくい。しかし、ある程度はわかるのです。そして中央の諸刃の直刀の左右に三本ずつ枝のように短い刃が出ていますので、合せて「七枝刀」というわけです。そして七枝の「枝」の字は、省画で「支」とも書きますので、「七支刀」とも記されます。

さて、この七支刀の銘文を判りやすく書きますと、およそ次のようになります。

七枝刀の銘文

[表面]

泰和四年五月十六日丙午正陽、造百練銕七支刀、出辟百兵、宜供供侯王、□□□□作

[裏面]

先世以来、未有此刀、百慈王世子奇《(寄)》生聖音、故為倭王旨造、伝示後世

そしてこれを読み下せば、次のようになりましょう。

[表面]

泰和四年五月十六日丙午正陽、百練の銕の七支刀を造る。出でては百兵を辟《さ》け、供供《(恭恭)》たる侯王に宜《よろ》し。□□□□の作なり。

[裏面]

先世以来、未だ此の刀有らず。百済王・世子、生を聖音に奇《(寄)》す。故に倭王の旨と為《し》て造り、後世に伝示す。

この読み方についても、色々な意見がありまして、はっきりとした定説は出しにくいのですけれども、今、ここに私が読みましたのは、大体、通説といいますか、多くの学者が認めている説なのです。中にはいやそうではない、これは百済側から倭王に対してこれを下げ渡したものだ、とみる説もありまして、それらの人々は銘文の最後の所の〝後世に伝示す。〟を、わざと〝後世に伝示せよ。〟と、命令形で読ませるのですね。上から下に下賜したのだというのです。つまり百済の王が、倭王にこれを贈って、「さあこれをやるから、お前は、これを後世にまで、よく伝え示せ。」と言って、授け渡した刀なのだ、というわけです。

しかし、この「伝示後世」を素直によめば〝後世に伝示す〟であって、これをわざわざ命令形にして〝後世に伝示

せよ〟と読ませるのは無理な話です。それは内容から見てもですね、〝先世以来、未だ此の刀有らず〟という未曾有の珍しい刀をわざわざ作って、それに金の象嵌まで施《ほどこ》して、目下のものに下げ渡すというのは可笑しい話でしょう。更に当時の、倭と百済との勢力関係からみても、百済王から倭王への〝下賜〟というのでは、不自然といわざるを得ません。そこで学者の中には、これは東晋から倭王に下賜したのではないか、という説を出す人もあります。しかしそれも成立しがたい仮説にすぎません。この銘文は一見して明らかでありますように、表面には製作年月日、吉祥の常用語、製作者名を刻んでおり、裏面にはこれを贈る趣旨が書かれているわけです。「泰和四年」といいますのは、当時、百済にはまだ独自の年号がなく、事大主義の立場から、宗主国にあたる東晋の年号「太和四年」（三六九）を借用したというのが通説でありまして、私もそのように解して差し支えないと思います。しかしそのことから、直ちに、この刀は東晋で作られ、東晋から日本に下賜されたとみるのは、早計でありましょう。東晋からの下賜であるならば、主語として東晋の王（廃帝奕）の名が無ければなりません。名無しの権兵衛では、折角下賜したとしても、それは無意味ではありませんか。ましてこれを〝後世に伝示せよ。〟などという以上は、下賜した人物の名があって当然で、無ければ文意が通じないことになりましょう。ここに「泰和」の年号がみえるのは、当時の百済が、東晋の年号を用いることによって、日本に対する一種の牽制を示す意図もあったかと思われます。もともと、百済としても日本に屈従するような表現をとることは潔しとはしないでありましょう。しかし、日本の助勢を得て高句麗の侵攻を防ぎ反撃して大勝利を得たことから、〝百済王（後の近肖古王）とその世子（近仇首王）〟は〝生を聖音に奇《(寄)》す〟――倭王の御恩に依拠して生きながらえることが出来た――という文章を作ったものと思われます。

そして、〝倭王の旨と為《し》て〟この〝七支刀〟を作って献上したといいますのは、倭王の求める趣旨に基づいて、ということであって、七支刀の〝七〟は、或いは日本書紀にいうところの比自炑《ひしほ》・南加羅・㖨国・安羅・多羅・卓淳・加羅の〝七国〟（神功皇后摂政紀四十九年三月条）を象徴するものかもしれないと、私は考えております。また日本書紀に見える〝七子鏡〟の〝七〟も、恐らく同様ではありますまいか。そして〝後世に伝示す。〟というのは、倭王に対する感謝の気持を後世にまで伝え示す、という誓約の意味でありましょう。これを殊更に〝後世に伝示せよ。〟と訓ませて下行文書の形と解する必要は少しもありません。このことは、日本書紀の〝七枝刀〟献上の際の久氐らの啓文の中で、王（近肖古王）が〝孫〟の枕流王に語りて曰く、として〝汝、まさに善く和好を修め、土物《くにつもの》を聚斂《つみあつ》め、奉貢《みつぎたてまつ》ることを絶えざれば、死すると雖も何の恨かあらむ。〟と述べているのと、対応する内容であります。

以上が、本日お話をしたい中心のテーマでありますが、このことをさらに補強する意味で、これから珍しい話を申しあげようと思います。これは『住吉大社史』の中巻（一二三～一二四頁）で一寸触れておきましたが、正式の論文としては、まだ学界でも発表しておらない私の新見解です。それを本日、皆さんにお話しておこうと思うのです。

五、神功皇后摂政紀五十二年条の解読

資料の三枚目の前半を見て下さい。これは先程、原文でお示ししました神功皇后紀五十二年の条を書き下し文で示したものです。この書き下し文は、日本古典文学大系本の『日本書紀』を借用しました。（〈 〉で囲んだ部分。）そこで読みますよ。どんな意味なのか、皆さん自身で、よく考えて頂きたい。研究というものは、ただ人の言うことを受

け売りにするのではなくって、自分で考えるという事が大事なのです。で、読んで行きます。

〈五十二年の秋九月の丁卯の朔丙子（十日）に、久氐等、千熊長彦に従ひて詣り。則ち七枝刀一口・七子鏡一面、及び種種の重宝を献る。仍りて啓して曰さく、〔甲〕「臣が国の西に水《かは》有り。源は谷那の鉄山より出づ。其の邈《とほ》きこと七日行きて及《いた》らず。当に是の水を飲み、便《すで》に是の山の鉄を取りて、永《ひたぶる》に聖朝に奉らむ」とまうす。乃ち孫枕流王に謂《かた》りて曰はく、〔乙〕「今我が通ふ所の、海の東の貴国は、是天の啓きたまふ所なり。是を以て、天恩を垂れて、海の西を割きて我に賜へり。是に由りて、国の基永に固し。汝当《はた》善く和好を脩め、土物《くにつもの》を聚斂《つみあつ》めて、奉貢ること絶えずは、死ぬと雖も何の恨みかあらむ」といふ。是より後、年毎に相続ぎて朝貢《みつぎたてまつ》る。〉

さあ皆さん、これを読まれて、意味わかりますか。これは非常に難しい文章です。といいますのは、久氐らがやってきて七枝刀等の宝物を献った、というところまではよく判る。ところがそのあとの久氐らが〝啓して曰さく〟以下の内容が理解しがたいのであります。大系本には発言内容の前後に「　」をつけ、意味がよくとれるように工夫してありますが、その場合、小さい字で注記しました〔甲〕と〔乙〕――これは、傍線と共に私が説明の便宜上、勝手に書き加えたものですが――との関係がどうなるのか判らない。具体的に言いますと、〔甲〕が久氐らの奏上した言葉であることは疑いありませんが、〔乙〕は〝乃ち孫枕流王に謂《かた》りて曰はく〟とあって、この主語が省かれていますけれども、枕流王の祖父――近肖古王――であることは次の系譜によって明らかであります。

近肖古王――近仇首王（貴須王）――枕流王
（三四六～三七五）（三七五～三八四）（三八四～三八五）

そうすると、〔甲〕と〔乙〕の発言者は別人（〔甲〕は久氏、〔乙〕は近肖古王）となるわけですが、それにも拘わらず、どうもこの箇所は〔乙〕をも含めて、久氏らが日本側に奏上した内容のように思われます。そこがよく判らない。そこで中央公論社から出ておりますところの『日本書紀』の解釈文を参考に掲げました。日本書紀を今の言葉に解釈した本でありますが、これを監修されたのは井上光貞さん。有名な古代史学者で私共の先輩ですが、この井上さんが監訳という形で、この解釈文を作っておられる。次のとおりです。

〔中央公論社『日本書紀』（井上光貞氏監訳）〕（傍線は引用者。）

〈五十二年の秋九月の丁卯の朔丙子（十日）に、久氏らは、千熊長彦にしたがってやって来た。そのとき、七枝刀一口・七子鏡一面および種々の重宝を献上した。そして啓して、

〔甲〕「私の国の西方に河があります。その源は、谷那の鉄山より出ております。その遠いことは、七日行っても行き着きません。まさにこの水を飲み、すでにこの山の鉄を取って、ひたすら聖朝に奉るのでございます」

と申し上げた。そのとき、百済の王は、孫の枕流王に語って、

〔乙〕「いま、私が通交しているところの海の東の貴国は、天のお開きになったところである。そこで、天恩を垂

れて、海の西を割いて、私に賜わったのである。これによって、国の基は、とこしえに固い。おまえもまた、よく好みを修め、土物を集めて、奉貢することを絶たなかったならば、死んでも、なんの悔いがあろうか」と言った。それ以後、毎年あいついで朝貢してきた。〉

現代文に訳されているので、一応皆さん、これで判った様な気がされるかも知れませんが、しかし、良く見てみると、やはり〔甲〕と〔乙〕との続き具合がよく判らない。〔甲〕は久氐らの奏言ですが、それの終ったあと、この訳文によりますと、「そのとき、百済の王は、孫の枕流王に語って」云々といったと、〔乙〕の文章が続いて来て、その終りは『奉貢することを絶たなかったならば、死んでも、なんの悔いがあろうか』と言った。」で結ばれています。最後の「言った」というのは〝百済の王〟即ち近肖古王が孫の枕流王に言ったということですから、最初に久氐らが奏上した内容〔甲〕とは、別々のことのように思われます。それならば何故、〔乙〕の話が、久氐らの奏上の言葉の中に出てくるのでしょうか。この文章の続き具合、これでわかりますか。おかしいでしょう。

そこで、もう一つ例を上げます。これは極く最近、去年（平成六年）に小学館から出た『日本古典文学全集』の日本書紀でありますが、これにも解釈文が載っているので掲げました。

〈小学館『日本古典文学全集』本『日本書紀』〉（傍線は引用者。）

〈五十二年秋九月の丁卯朔の丙子（十日）に、久氐らは千熊長彦に従って来朝した。その時に、七枝刀一振・七子鏡一面をはじめ種々の重宝を献った。そうして謹んで、〔甲〕「我が国の西方に川があります。水源は谷那の鉄山より出ています。その遠いことは、七日行っても行き着くことがありません。この水を飲み、そうしてこの山の鉄を採って、永く聖朝に献上いたします。次いで、百済王が孫の枕流王に語って、〔乙〕『今、私が通うところの海の東の貴国は、天の啓示によってできた国である。それゆえ、天恩を垂れて、海の西を分割して私に賜ったのである。これによって、国の基は、永く堅固であろう。お前ももしよく好誼を尽し、土地の産物を集めて、朝貢することを絶やさないならば、たとえ死んでも何の心残りがあろうか』と言いました」と申しあげた。これより後は、毎年相次いで朝貢した。〉

こうなって来ると、大分意味が判ってきます。この解釈文の「　」と『　』との関係をよく見て下さい。つまり久氐らの奏上した言葉〔甲〕の中に、〔乙〕の文章も含まれているという理解です。日本書紀の本文と重ね合せて考えますと、この最後にあげました『日本古典文学全集』本の解釈が、正しいと申さねばなりません。つまり、ここでは久氐らの奏言として〝仍りて啓して曰さく〟と書かれていますが、実際の奏上した内容の主体は、〝百済王〟であって、補って解釈しますと、使者の久氐らが、百済王の言葉を代弁して述べたのが〔甲〕であります。そして〔乙〕も久氐らの代弁に他なりませんが、その内容が〝百済王（近肖古王）は、さらに孫の枕流王に対しても、次のように云々と申されました。〟ということであり、これを続けて書いたので、文章表現が混雑してしまっているのであります。

ですから、現代語訳としては小学館本の解釈が正しいわけですね。井上さんのそれも、良く見れば、同じような意味で解釈されているのでしょうが、〔甲〕と〔乙〕とそれぞれを「　」で結び、途中で「そのとき、百済の王は、……」などと書いてあるために〔甲〕と〔乙〕とが別々のことのように思われるのです。小学館本ではここを「次いで、百済王が……」と記して、二重カッコを用いて文章を続けているので、無難な解釈となっているのです。それにしても、この部分は、元々の文章がおかしいから、こんな事になるのです。よろしいですか、ここが大事な所ですから御注意下さい。

つまりこの文章は、これだけでは、本当は誰が読んでも良くわからないのです。なぜなら、その当事者は、近肖古王なのですよ。その近肖古王が、久氐らを使いに遣わして、日本の王に奏上しておるわけですね。で、はじめの方は、日本のお蔭で、土地をもらって感謝していると言っているわけです。ここには具体的に七国を貰ったということは書いてありませんが、後文の孫への訓戒の中で〝海の西を割きて我に賜へり〟と述べているのが、それです。従ってここまでは文章として問題はありません。ところがその後の段が理解しがたい。急に百済王が、孫の枕流王に対して、言って聞かせた内容が出てくる。そこで話がわからなくなって来るのです。それも、子供に訓戒したというならまだわかるのですよ。ところが子供が出て来なくって、突然、孫に対して、百済王がこう申しております、という文章が続くわけです。従来の学者は、ここの所は曖昧にして、ただ書いてある通りに解釈しているだけなのですが、私は以前から、子供を差しおいて、なぜ急に孫に対しての訓戒が出てくるのか、この点を不思議に思っておったのです。と言いますのは、この当時、子供の近仇首王は近肖古王の〝太子〟として一緒に大いに活躍していることが、三国史記などにも明記されているからです。そして日本書紀でも、例の七国割譲の際――神功皇后摂政紀四十九年条――にも、「於是、其王肖古及王子貴須、亦領軍来会。」とあり、王と王子は、常に行動を共にしていることが伝えられている。それなのに、この七枝刀献上の記事では〝王〟と〝孫〟が出てきて〝王子〟が出てこない。これは不思議ではありませんか。

ところが、最近になって私は、あることに気づいたのです。それは、この久氏らの奏言が、〝七枝刀〟の献上記事と抱き合せて述べられていることです。つまりこの両者を重ね合わせると、私の疑問が解けるのです。見て御覧なさい。七支刀の銘文の裏の方ですが、

「先世以来、未だ此の刀有らず。百済王・世子、生を聖音に奇す。」云々

とあるでしょう。つまり、七支刀の文章は「百済王」と「世子」の両者を、主体として書かれているのです。この世子が子供の近仇首王（貴須王）ですから、父と子が、一緒に倭王に感謝している気持は、既に献上してきた七支刀の銘文に刻まれているわけです。ですから、久氏らの奏上の中で、七枝刀を「永に聖朝に奉らむ」と述べていることによって、百済王と〝世子〟（太子）の気持は共に伝えられている。それに加えて、久氏らが〔乙〕の奏上をしたというのは、王と太子だけではございません、王は更に孫の枕流王に対しても然々《しかじか》のことを訓戒しています、ということ、つまり〝子々孫々にいたるまで〟という忠誠の誓いを述べた表現なのであります。さらに付け加えますと、久氏の奏言の中の「是の水を飲み、便《すで》に是の山の鉄を取りて、永に聖朝に奉らむ。」というのも、このままでは意味がよく判りません。〝鉄を取りて〟とありますので、この鉄そのものを永く聖朝に献上するという意味に解せられないこともありませんが、それなら、〝是の水を飲み〟というのは何のことですか。これは恐らく、この水を飲んで潔斎して、この鉄で作った七枝刀や七子鏡を献上して、永久に感謝の意を表します、という意味で、これは文章が省略されているために舌足らずになっているものと思われます。そして〝永に聖朝に奉らむ〟ということも、七枝刀の銘文の

末尾の〝後世に伝示す〟という内容と軌を一にするものと申してよいでありましょう。

かように見てきますと、この七支刀の内容というものと、日本書紀の内容は、お互いに補完しあっており、両者を併せ読むことによって実情がよく判るわけです。このことに、私はようやく最近、気が付いたのです。これは従来、誰も言わない事です。しかし、この様に解釈してこそ、初めて従来、解釈の出来なかった日本書紀の久氏の奏言がよく理解せられる。両者の内容の平仄がきちっと合って来るのであります。これは、まことに不思議な感じさえいたします。

そのように考えてきますと、久氏の奏言というものは、七支刀を献った際に言上したそのままの文章に近い、ということが推定せられてきます。若しあとで、日本書紀の編者が適当に作文するのであれば、このような判りにくい脈絡の文章は恐らく書かないでありましょう。これは、久氐が奏上した内容の記録をもとに、節略して日本書紀に引用されたものと思われます。御承知のように、日本書紀の編纂には「百済記」「百済新撰」「百済本紀」等という百済の資料が可成り利用されています。神功皇后摂政紀でも四十七年条・六十二年条に「百済記」が引かれていますが、これらを参考にしながら、日本書紀の編者は、神功皇后摂政紀を書きあげたものと思われます。その場合、久氐らの奏言そのままではなく、日本紀編者の手で若干の美辞麗句が加えられたかも知れないし、省略せられた箇所もあるかも知れません。また歴史の編纂としては、当然、要約もありましょう。従って、私は、奏言の言葉の一つ一つをその通りだとは言いませんけれども、大筋としては、この趣旨の奏言がなされたことに間違いないと思います。そして日本書紀だけでは意味がとりにくいのに、七支刀の銘文を重ね合わせると、ちゃんと補完し合って来るのですからね。片方は日本書紀、片方は七支刀。別々のものであるのに吻合し照応する。これは非常に面白いと、私自身は思っております。

六、『白国氏譜』に見える半島出兵記事

それから最後に、資料三枚目の後半に、「『白国氏譜』に見える半島出兵記事」というのを掲げておきました。これも新史料でありまして、今日、初めてお話するわけです。『白国氏譜』といいますのは、極く最近に私が発見したもので、『住吉大社史』にも載せておりません。これは播磨の国、今、姫路市の増位山の山麓に白国神社という式内社があるのですが、そこに伝わっておった文献であります。実は白国神社には、別に「針間国雌(ママ)鹿間郡新羅国国主大明神社御縁起」という縁起書があり、両方とも、これまで殆ど研究されておりません。私も苦労して探し、ようやく先日、東大の史料編纂所に写本があることを知り、その中の『白国氏譜』の一部分をここに紹介するわけです。写本をそのままコピーしておきましたので御覧下さい。〔補注。『続・著作集』第三巻に「白国神社縁起」の翻刻を収録する予定ですが、ここでは写本のコピーそのままを掲げておく。但し、傍線と「　」は私に付す。〕

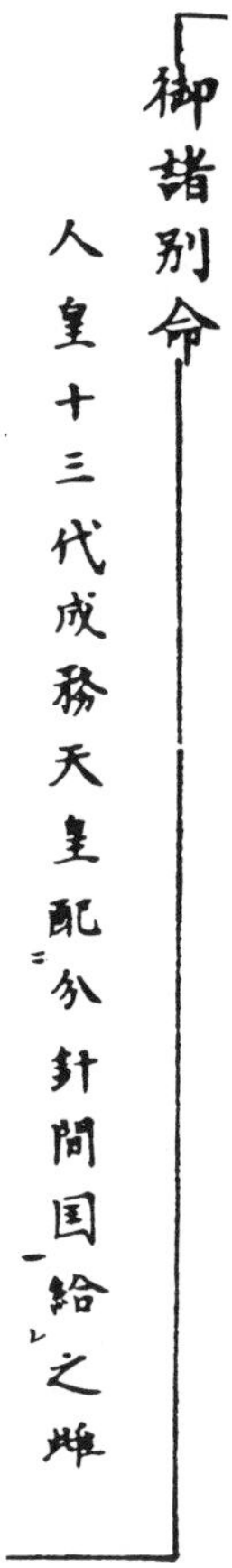
御諸別命
人皇十三代成務天皇配ニ分針間国一給レ之雌

六、『白国氏譜』に見える半島出兵記事

鹿間野造宮居

阿曆武命

人皇十五代神功皇后三韓征伐之時命令于諸国聚集於軍卒阿曽武命其第一而到依之皇后勗歎悦焉阿曽武命性敏而到于新羅国能考識於其地分野先鋒而見於其好功仍皇后詔令曰汝若是国生産而賢敏知於其地理而軍功甚矣還到于国汝之所居之地号新羅国以當為姓是故以雌鹿間野改曰新羅國也是乃白国氏之始祖也

阿良都命

又曰伊古白別命又曰伊許自命人皇十六代應神天皇為定於国郡車駕巡幸到針間国篠間原東岡上時自崗邊之川青菜葉流下天皇視之詔曰應川上必有人依差於何

白国氏といいますのは、大足彦忍代別天皇、即ち景行天皇から出ていると伝え、この景行天皇のお子さんに稲背入彦命、その子に、御諸別命、その子に阿層武命と、続いています。

これは、播磨国造家の佐伯直と同系の系譜なのです。この系譜の「阿良都命」から「阿俄能胡」までの人名の世代には不審な点もあり、尚検討を要しますが、中に珍しい伝承がありますので、ここではその点だけを御紹介しておこうと思います。系譜の初めのところに「御諸別命」と書いてありますね。そして御諸別命の尻付に、成務天皇の時、播磨国を配分して、これを賜わったとあります。これは、新撰姓氏録の「佐伯直」(一六八番)の条にも見えることですが、次の「雌鹿間野造宮居」というのは、この系譜独自の記事です。また縁起書にも同様な所伝が見えるのですが、何れも「雌鹿間野」と書かれています。私は初めこれを〝メカ間野〟と訓んでいましたが、恐らくこの「雌」は「雄」の誤記で、「雄鹿」は〝シカ〟と訓みますので、(万葉集二一四一番)これは〝シカ間野〟即ち後の飾磨郡の〝シカマ〟に相当する地域と思います。そしてその子供に阿層武命がいて、その人の尻付の記事が面白いのです。それによると、人皇十五代、神功皇后の三韓征伐の時、諸国に命じて軍隊を集められた。――これはほかにもよく出て来る記事ですが、――その時、〝阿層武命その第一にして到る〟とあります。つまり率先してそれに参加したというわけですね。これによりて、皇后は大変に喜ばれたが、阿層武命は、性敏にして、新羅国に到りて、能くその地の分野を考識し、――つまり、新羅の国の地理を正しく判断して――先鋒として、その好功を見《あらわ》す、つまり非常な手柄をあらわした、というのです。

そこで皇后が勅して言われるのに、「汝はまるで是国――つまり新羅の国――に生れた者のように賢敏であって、その地理をよく知っている。そしてその軍功も甚しい。そこで国に還ったならば、汝の居る所の地を新羅国と号し、また新羅をもって姓とすべし。」と申された。そこで、雌(雄)鹿間野を改めて、新羅国というのである、そして、これが白国氏の始祖であると、こういう記事があるのですね。

これは非常に注意すべき伝承であります。日本国内にも、百済郡が摂津国にあり、高麗郡と新羅郡が武蔵国にあったことはよく知られていますが、これらは実際に、帰化人が沢山居住していた地域であります。それとは異り、この場合は、神功皇后の半島出兵の際に、新羅の地理に明るく、大きな功績をたてたというので、皇別の佐伯氏の一族の居住地――播磨国の飾磨郡のあたり――が新羅国と呼ばれ、氏の名までも「白国」――恐らく〝シラギ国〟よりの転訛――となった、というのは、珍らしい話ではありませんか。実はそれだけではありませんで、ここに播磨国と朝鮮半島出兵の事件との関係が物語られていることは、その後の住吉の歴史の上でも大きな影響があるのですが、本日はそこまでは言及いたしません。ともかく、佐伯直の一族も、半島出兵に参加し、大いに戦功をあげて、それが播磨の白国氏となって発展していった、という新しい史実を紹介して、本日のお話を終ります。

六、住吉大社の創祀

（平成七年七月一日）

はじめに

今回は、住吉大社の創祀ということでお話を致しますが、そのためにプリントを六枚用意致しています。そして、それとは別に、前回〔第五回〕の「朝鮮半島への出兵」の補遺として一枚追加致しましたので、その事から、お話をしたいと思います。

実は、この前は「朝鮮半島への出兵」というテーマでお話をしましたが、それは神功皇后が、朝鮮半島にまで出兵するというような大規模な戦いが、実際にあり得たのかどうか、という疑問をお持ちの方が少なくありませんので、それは事実、あったのだという事に中心を置いてお話しました。そのために、半島出兵の際の住吉大神の顕現、つまりこの出陣の際に住吉大神が現われて大きな働きをされたのですが、そのことについてお話する時間がなくなってしまいました。そこで本日は、住吉大神——もとのお名前は〝ツツノヲの命〟と申しますので、これ以後はツツノヲの命としてお話しますが——このツツノヲの命の顕現について先ず申し述べます。

一、ツツノヲの命の顕現

日本書紀の神功皇后摂政前紀をみますと、前回お話しましたように、仲哀天皇は熊襲征伐に失敗して崩御されますが、そのあとで、神功皇后が神の教えを乞われました時に、名乗りをあげられたのは、

(1) 神風伊勢国之百伝度逢県之拆鈴五十鈴宮所居神名、撞賢木厳之御魂天疎向津媛命

（２）幡荻穂出吾也於㆓尾田吾田節之淡郡㆒所居神

（３）於㆑天事代於㆑虚事代玉籤入彦厳之事代主神

（４）於㆓日向国橘小門之水底㆒所居而水葉稚之出居神名、表筒男・中筒男・底筒男神

という神々でありました。難しい字で書かれており、読み方も厄介でありますけれども、およそのところ、この中の（１）は天照大神の荒魂と思われますし、（２）の淡郡にまします神というのは詳かでありませんが、（３）は事代主神であることは明らかです。そしてこれらの天神・地祇の最も重要な神々とならんで、（４）のツツノヲの神が顕現されているということに、ふかく注意すべきであろうと思います。

そして同じ条の、半島出兵に際して、皇后に、或る〝神〟が教えて申されるのに、〝（自分の）和魂《にぎみたま》は王身にしたがひて寿命《みいのち》を守らむ。荒魂《あらみたま》は先鋒として師　船《みいくさのふね》を導かむ〟とみえており、そしてこの〝神〟をまつる神主が〝依網吾《よさみのあ》彦男《びこを》垂見《たるみ》〟であった、としるされているのです。しかもこの「男垂見」は、後に詳しくお話しますが、『住吉大社神代記』という古縁起に、住吉大神が〝吾は玉野国（住吉郡の古名）なる大垂海・小垂海たちにいつきまつられむ〟（六一二～六一三行）と申されたというその「小垂海《をたるみ》」にあたると思われ、現に住吉郡に〝依網《よさみ》〟の地名も存在しております。これらの点を考え合わせますと、かの皇后に誨《おし》えたもうたという〝神〟は、住吉大神、すなわちツツノヲの命に他ならないと思われます。そして日本書紀では、さらに、この神教のままに、〝荒魂を撝《おきを》ぎて軍の先鋒と為し、和魂を請《ね》ぎて王船の鎮となす〟と伝えているのであります。

この事件については、古事記も同様に伝えております。つまり、仲哀天皇の段には、建内宿禰が、はじめの〝神

教〟をしめされた神の御名をお尋ねした時に、

（イ）天照大神之御心

（ロ）底筒男・中筒男・上筒男三柱大神

と二通りの神様のお名前をあげています。そしてこの（イ）は先の（1）に同じですし、（ロ）は（4）に等しいでしょう。また、引きつづいて、古事記には、〝我が御魂を船の上に坐せて云々〟とのりたもうたと伝えていますが、この〝我が御魂〟というのも、主語は、天照大神とツツノヲの命であること、明らかであります。したがいまして、先程述べました日本書紀の〝和魂は王身に云々、荒魂は先鋒として師船を導かむ〟と誨えられたという神が、ツツノヲの命と思われることと、ほぼ軌を一にすると考えてよろしい。そしてさらに古事記では、後程詳しく申しますが、新羅平定の後に〝ここにその御杖を、新羅の国主の門に衝き立てて、すなわち墨江大神の荒御魂を、国守ります神として祭り鎮めて還り渡りたまひき。〟とも見えています。これは住吉大社神代記の〝新羅国をしたがへたまひ、三宅を定め、また、大神（住吉大神）の社を定め奉る。而して祝は志加乃奈具佐《しかのなぐさ》なり。〟（二七九〜二八〇行）と伝えるところと、表裏をなしていると申してよいでありましょう。

また、日本書紀の神功皇后摂政前紀に長く引かれている「一云」の文によりますと、はじめ仲哀天皇が神教を信ぜられなかったという、その神教を授けられた〝神〟（仲哀天皇紀八年条）が、他ならぬツツノヲの命であったことを、明示しております。この場合は、天照大神よりも、ツツノヲの命のことだけが強調特筆せられていると申せましょう。さらに仲哀天皇八年紀には、問題の〝神〟にたいして、天皇の御船と穴門直践立のたてまつる水田（大田）を幣として祭ることが求められていますが、そのことと、神功皇后摂政前紀に、ツツノヲの命の荒魂を穴門山田邑に祭るに際し、穴門直践立をもって神主としている点とを考え合せますと、かの〝神〟が、ツツノヲの命に相当するらしいことは、まず間違いないでありましょう。

そして古事記によりますと、先程申しました〝神教〟をしめされた神様の中の（ロ）の「底筒男・中筒男・上筒男三柱大神」とあります筒所に、わざわざ割注をしまして、〝此の時、其の三柱の大神（ツツノヲの命）の御名は顕《あら》わるるなり。〟と説明がなされています。そのように、この時にツツノヲ三神の御名が初めて顕われたということは、日本書紀に、仲哀天皇が〝我が皇祖《みおや》諸の天皇等、ことごとに神祇を祭りたもう、豈遺《のこ》れる神まさむや。〟（八年条）と疑われたこととも相応ずるものでありまして、実はこの時まで、ツツノヲの命は、ヤマト朝廷による祭祀をうけられていなかったことを意味しているわけです。つまり、ツツノヲの命は、仲哀天皇・神功皇后の征討途上において、初めて顕現せられたということであって、そのことは、元来が北九州の神にましますことを示しています。すなわち、ここに知られますことは、ツツノヲの命が、たんに新羅征伐と密接不離の関係にあるだけではなく、もともと北九州の神であり、それ故にこそ、新羅征伐に際して初めて出現せられ、しかも顕著な働きをされたのであろう、ということであります。

以上、やや複雑なお話をしましたが、要するに、ツツノヲの命——つまり住吉大神——は、神功皇后の半島出兵に際して初めて国史の上に名を顕わされた神様で、もともと北九州を中心とする神様であった、ということを申しあげたわけです。そうしますと、皆さん方の中にはきっと、それでは、紀・記の神代巻の中で述べられている、あの有名な神話――筑紫の日向の橘の小戸の檍《あはぎ》原《はら》で、伊弉諾尊が祓《みそぎ》除《はらひ》をせられた時に、底・中・表のツツノヲの命（三柱）が生まれたという神話――は、どうなるのか、という疑問をもたれるでありましょう。実はこの日本神話の問題についても、十分にお話せねばなりませんが、それを詳しく申しあげていると、このセミナーが前に進みません。私は自分の『著作集』の第一巻に『神話と史実』を宛て〔昭和六十二年二月、国書刊行会発行〕、その中で、「神代史における神話と史実との関連」や「神代史に現れたる海神の研究」と題する論文を収めていますので、詳しくはそれを見ていただくとして、要するに私の見方の結論は、日本の神話は、決して皇室の立場よりする後世の作り話というのではなく、古代人にとって強く印象づけられた重要な歴史事実の反映であった、ということなのです。それは、古代人はすべて〝神を奉じて〟――氏神と氏人の関係ですね――活動していましたので、歴史の事件でも、神を主語として物語ることがあるのです。

日本書紀の継体天皇六年十二月の条に、物部大連麁鹿火《あらかび》の妻の言葉として〝夫れ住吉の大神、はじめて海表金銀の国高麗、百済、新羅、任那等を以て胎中誉田天皇（応神天皇）に授けおわりぬ。〟とあります。〝神〟が〝天皇〟に、国を授けられるというのは可笑しい表現ですが、これは神功皇后が住吉大神を奉じて、三韓征伐をされたという史実をふまえての表現なのです。また、古語拾遺をみますと、〝住吉の大神が現われて、新羅を征伏し、三韓が朝貢した。〟という意味の記事があります。これも主語が住吉の〝神〟になっていますが、実際は神功皇后という〝人物〟に他なりません。

このように見てきますと、神代巻に〝神話〟として書かれていますツツノヲの命の出現というのは、実は神功皇后の半島出兵に従軍して戦功を輝かした〝ツツノヲの命〟と、それを奉斎する〝氏族〟の出現という〝史実〟の投影であろうと思われます。いまその一々の論証は省略しますが、この場合の〈神代史〉と〈人代史〉との対応関係を理解しやすいように表示しますと、次のようになるわけです。

〔史的神話〕	〔史的事実〕
筑紫日向小戸橘之檍原	北九州・博多の付近
禊祓	禊祓
ワタツミの神 ツツノヲの命 } の出現	ワタツミの神を奉ずる氏族（阿曇氏） ツツノヲの命を奉ずる氏族 } の出現 （即ち神功皇后の新羅征伐に従軍）

二、対馬の豆酘について

さて話を元に戻しまして、前回申しあげました様に、四世紀の後半におきまして、日本の軍隊が、朝鮮半島にまで出兵をしていた、それはもう大体、今日の古代史学界においての通説になっておると思います。ところが、北九州から半島に出兵をされました時の、筋道といいますか、どういうルートで、行かれたのかということになりますと、従来、あまり議論されていません。しかし、日本書紀には〝和珥津《わにつ》より発す〟とありますので、対馬上県郡の鰐浦《わにうら》から朝鮮海峡を渡って行ったということが知られています。何れにしても、朝鮮に出兵するためには、壱岐を経て、対馬

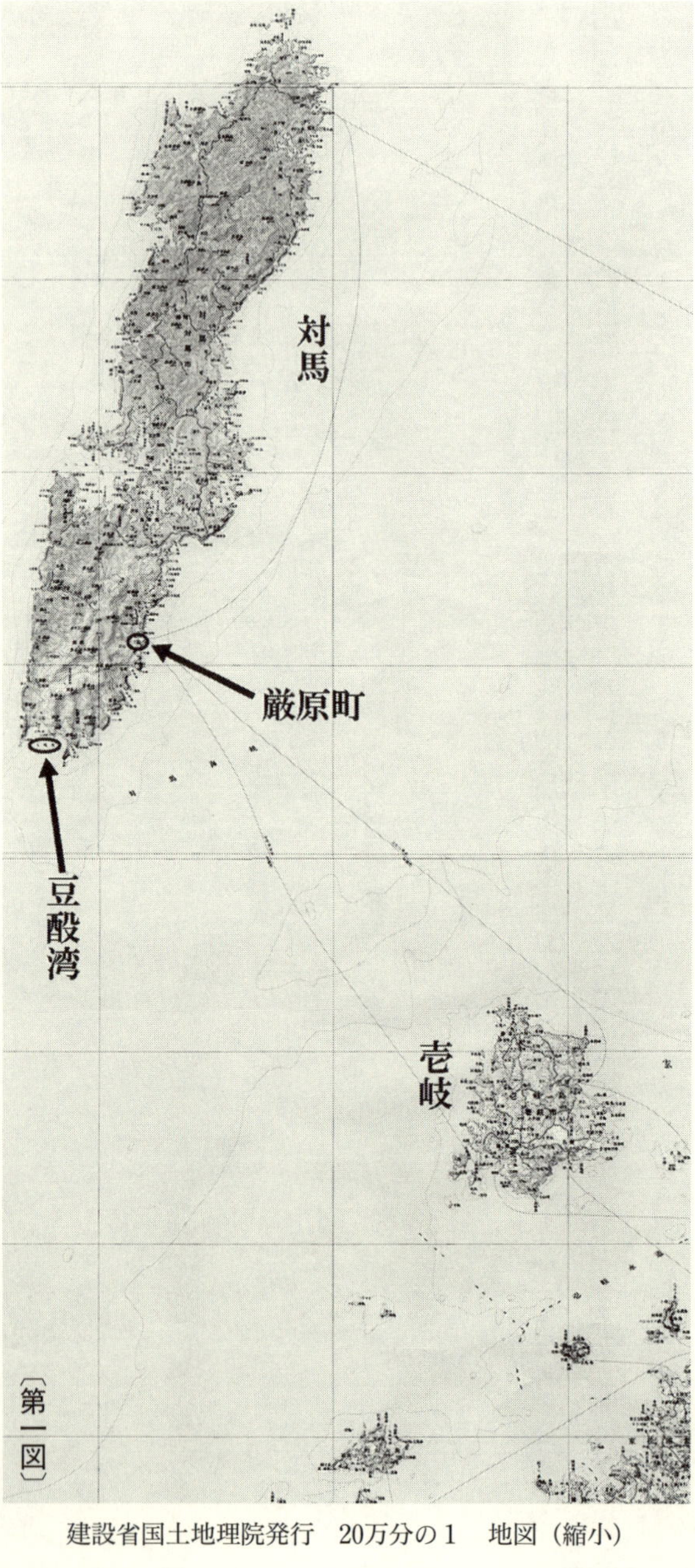

建設省国土地理院発行　20万分の１　地図（縮小）

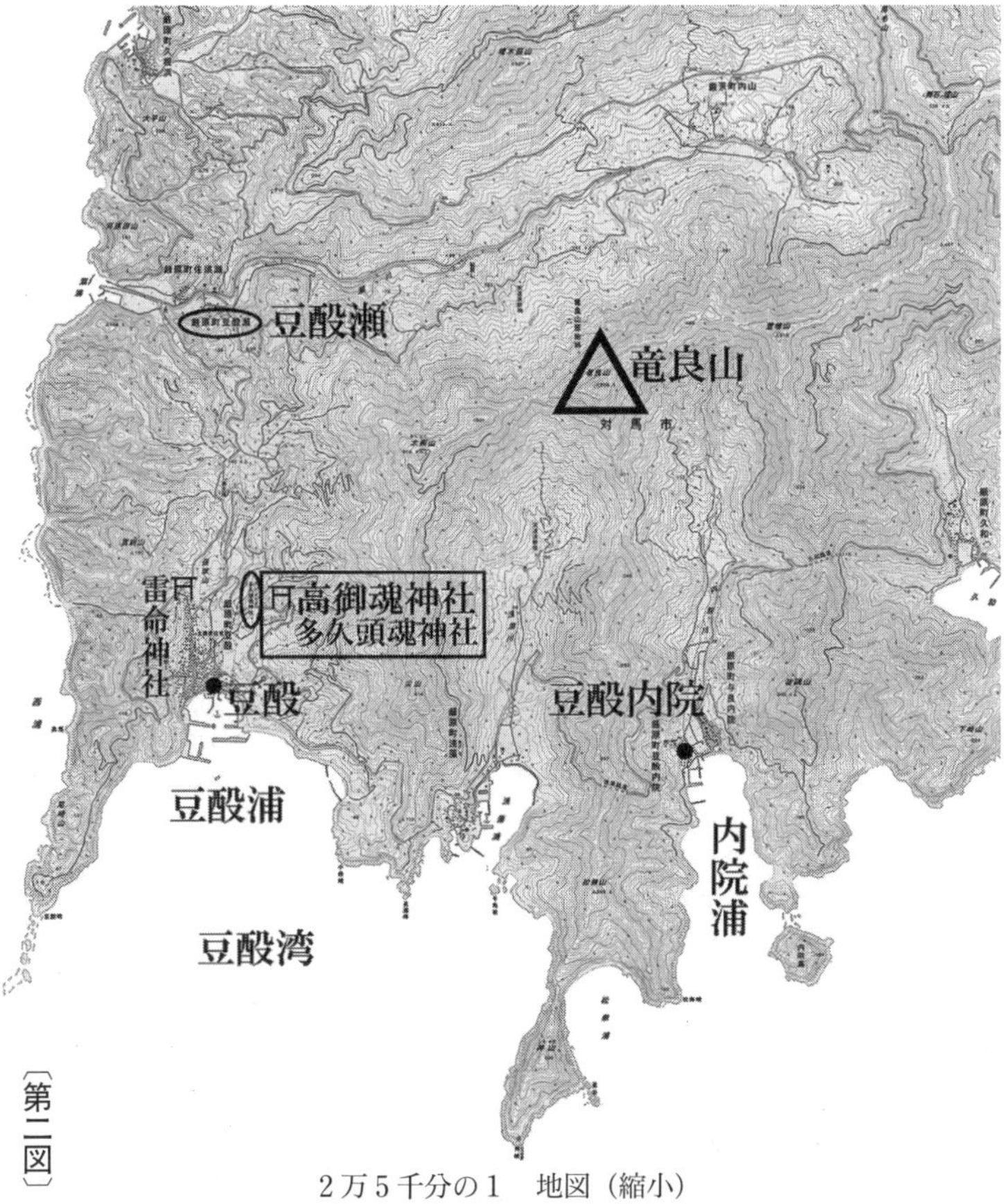

〔第二図〕
2万5千分の1　地図（縮小）

に入られたという事は間違いありません。

そこで、これから対馬の話を申しあげたいと思うわけなのですが、追加資料の「〝ツツノヲ〟と豆酘（ツツ）」という小見出しをつけたところの地図〔第一図〕を見て下さい。この図は一寸、わかりにくいかも知れませんが、上の方に対馬があって、そして下の方、対馬の南南東に壱岐があります。更に、その下の方、南に一寸見えますのが、九州の北部の地図なのです。で、これを見ますと、北九州の松浦半島のあたりから壱岐に入り、壱岐から対馬に進む。その場合、船で行くわけですから、先ず対馬の一番南端にある豆酘湾に到着したことでしょう。豆酘の「酘」という字は、普通の辞書にはない字ですけれども、これを豆酘《つつ》と読むのです。ここに豆酘湾という湾があります。このあたりを拡大したのが、次頁の地図〔第二図〕なのです。で、この地図を見て頂きますと、豆酘湾の北の奥まった所に「豆酘浦」というのがあります。その上に「豆酘」という地名を挙げておきましたが、その地名の更に一寸上の、四角に囲んでありますのが、「多久頭魂《たくづたま》神社」と「高御魂神社」、一寸、字が小さくて判りにくいかも知れませんけれども、この多久頭魂神社の東北の方に、三角で括ってありますのが、「竜良山」、たてら山と読むのです。その竜良《たてら》山の南の方の内院浦に面したところに「豆酘内院」とあり、また、竜良山のずっと西の方へ行きますと、そこに「豆酘瀬《つつせ》」という瀬がありますね。ですから豆酘という地名は、豆酘湾を中心に内院浦から豆酘瀬あたりまでの広範囲、つまり対馬の南の一番先端のあたり全体が、実は豆酘なのです。そして、その中心に竜良山という山があるのだと、まあこういう風に御認識いただきたいと思います。そして神功皇后は恐らく、先ずこの豆酘に到着される。それは、壱岐から船を出しますと、ここが一番近い要港ですから、別に疑問とする所はありません。先ずこの南端に上陸されて、それから段々と海岸沿いに、島の東側を通られたか、西側を通られたかわかりませんが、とも角、一番北の和珥津にまで行かれ、そこで最後の準備をして、いよいよ朝鮮に入られるという、こういう筋道になるわけでありましょう。

　ところで、その豆酘という地名に私が注目しましたのは、この〝ツツ〟が住吉の〝ツツノヲの命〟の〝ツツ〟と同じだからです。住吉の大神というのは、ツツノヲの命、表筒男・中筒男・底筒男、というその筒男《つつのを》の神様ですが、従来から、その〝ツツノヲ〟という意味がわからない。これまでにも色々な説がありますが、どうも納得できる説がないのですね。

私は『住吉大社史』編纂の関係があって、何とかこれを解明しなければならないと思って苦心してきたのですが、昭和三十一年の夏、独りで壱岐・対馬の調査をして、この豆酘にたどりつき、ツツノヲの命というのは、この豆酘《つつ》の男《を》の命ではないか、というふうに思いついたわけなのです。といいますのは、須佐之男《すさのお》の命という神様がありますね。この須佐之男の命というのは、出雲に須佐《すさ》という所がありまして、そこの男《を》の神ということで〝スサノヲ〟と呼ばれるのだろうと思います。これについても諸説ありますが、出雲国風土記の飯石郡須佐郷をみますと、神須佐能袁《すさのを》命が、ここに〝己命《おのがみこと》の御魂を鎮《しず》め置き給ひき。〟とあって、さらに須佐という田を定められた、それ故に〝須佐〟という、と伝えています。私はこの所伝から、スサノヲの命というのはスサ（須佐）の地の〝男《を》の命〟と考えているのです。

そしてその事を、当時の住吉大社の高松忠清権宮司さんに申しあげました。そうしますと、重要な問題なので、一遍、ともかくその豆酘に一緒に行って見ようという事になりまして、高松権宮司さんが——後の宮司さんですが、——先頭に立たれて、私が御案内をして、それからもう一人、住吉大社に当時勤めておられた宗像清文さんという方が一緒でした。

この三人で、昭和三十二年八月の下旬、その豆酘へ参りまして、色々調べました。そして、竜良山という山へも登りました。これは以前から有名なお山で、いわゆるアジール、禁足地なんですね。丁度この辺で申しますと、大神神社の三輪山と同じ事でして、誰もが入ってはいけない山なのです。神聖なる山とされているのですね。しかし、とも角、お許しを願って、その山へも全身汗まみれになって拝登しました。

そしてこの豆酘の土地には赤米が栽培されていました。赤米といいますのは、昔から神様にお供えする特別のお米なのです。それがずっと栽培されて来た地域でして、――最近は赤米は珍しがられて、あちこちで植えられていますけれども――、その当時は非常に特殊なお米とされておりました。つまり神聖なる土地なのです。高松権宮司さんも、私の説をきき、実際に現地を踏んで、慎重に考えられましたが、結局〝よし〟というので、『住吉大社史』の上巻で、私の説を記すことを御認め下さいました。普通の神社史でしたら、神代巻に見えます伊弉諾尊の禊祓の神話から始めるのでしょうが、それを思い切って対馬の豆酘の神として書くことを許されましたことは、住吉大社としては大変な御英断であったと思います。

ともあれ、豆酘という地は、対馬の南端にあり、壱岐より進めば最初にたどりつく要港なのです。そしてここには、今も禁忌神秘の風を存する竜良山があり、その竜良山そのものを神体とする多久頭《たくづ》神社（いま多久頭魂神社という。）や、日本書紀の顕宗天皇三年の条に、対馬の下県直が祠に侍したという高皇産霊尊の、もともとの奉祭社と思われる高御《たかみ》魂《たま》神社（いま多久頭魂神社の社域に移されている。）、さらには雷大臣命を祭神とする雷命《いかつち》神社があって、いずれも式内社なのであります。先程の地図に示しておきましたので御覧下さい。

そしてこの雷命神社は豆酘大明神ともよばれ、祭神の雷大臣命は、日本書紀の「中臣烏賊津《いかつの》連」（仲哀天皇九年二月）にあたり、新羅征伐に従軍して勲功のあった人物でありますし、新撰姓氏録によりますと、壱伎直（右京神別上・四五一番）や津嶋直（未定雑姓摂津国・一一二六番）などの祖とせられています。また豆酘において私が披見しました主藤氏の系図によりますと、冒頭に「対馬国下懸（ママ）郡酘豆（ママ）郷居住主藤氏者、元出ㇾ自二天津児屋根尊之後胤一也、大雷臣命焉。」とみえており、この系図の本文には疑わしい点もありますが、少なくとも、大雷臣命との関係を主張するような伝承が、この地に存することは注意すべきであろうと思います。さらに吉田東伍博士が、この雷命神社について、「雷命は（中略）神功紀の鳥賊津使主《イカツノオミ》に同じ、之を雷大臣とも云ふは、（中略）今按に、鳥賊津とは、本来此島の豆酘の名を取り、厳豆酘《イカツツ》と称へ、転じて雷となれるにあらずや。」（『大日本地名辞書』一六二六頁）と述べられていることは、一般にはあまり注意されていませんが、私は、傾聴に価する学説と考えております。また多久頭神社は、社伝によりますと、「神功皇后三韓ニ向ヒ玉フ時、諸神ヲ拝シ玉フ所ナリ。」（長崎県対馬国下県郡神社明細帳による。長崎県下県郡久田村外五村古社もほぼ同文。）といわれています。この神功皇后の来島せられた経緯につきましては、昭和三十一年の夏、私は上県郡木坂を訪れ、そこで披見することを得ました縁起書（宝暦四年九月廿四日の書写、巻首欠く。）に実に珍しいことが記されていますので、これを資料として掲げておきましたから、御一緒に読んでみましょう。

「六月朔日ニ対馬州豆酘《ツヽ》村ニ著玉フ、今モ六月朔日、上津八幡宮ニ入座《イリマセ》トテ祭スルハ是レ此ノ故也ト云ヘリ。

　豆酘村ハ対馬州南海ノ端也。入座《ニフザ》是ヲ伊理麻世ト云。

此地ニ於テ御船ヨリ陸ニ上リ玉ヒテ、行宮ヲ作リ御座テ、順風ヲ俟玉フ。其ノ行宮《ユキノミヤ》ヲ今ニ存シテ聖皇ノ事跡ヲ崇敬ス。今行宮権現《ギャウグウゴンゲン》ト号シテ行宮ノ二字モ音ヲ以唱スルハ誤也

行宮是ヲ院記乃美屋《イキノミヤ》と唱エ、或ハ由支乃美屋《ユキノミヤ》と唱フ。我カ家ノ書ニ文永四年二月廿日ノ書ニハ院記宮《イキノミヤ》ト載タ

リ。又承和（貞ノ誤）二年閏九月廿八日ノ書ニハ豆酘乃由支乃美屋《ツツノユキノミヤ》ト載タリ。（中略）今、豆酘ノ行宮ハ精舎《シヤウジヤ》ノ傍ニ在リ。鳥居ハ行宮ノ鳥居ノヨシ慶長十四年ニ再造ノ棟札ニ見タリ。今ノ宮地ハ古ノ行宮ノ地ナルカ、サアルマジキカ、疑ナキニ非ズ。

其レヨリ内院《ナイ》ノ海ヲ経玉ヒテ、

或云、内院《ナイ》ノ浦ニ御船ヲ寄セ玉フトモ云ヘリ。今ノ内院八幡宮ノ宮地ハ其時ノ古跡ナリトモ云ヘリ、未レ詳。

内院《ナイ》是ヲ奈伊《ナイ》と唱フ。

与良村ニ著玉フ。（以下略）」

この所伝によりますと、神功皇后は壱岐から船で対馬の豆酘に到着し、ここより上陸して行宮をつくって風待ちをし、やがて〝内院の海〟を経て〝与良村〟につかれた、というのであります。〝内院の海〟というのは地図に「内院浦」と書いてあるところでして、その湾の一番奥まったところに「与良内院」とありますが、ここが「与良村」で、この地に着かれた、というわけです。

もとより、これは、後世の縁起書でありますから、一々の記載をそのまま信じることは出来ないでありましょう。しかし、神功皇后の軍隊の対馬への上陸地を、豆酘村としていることは、先程申しましたように、この地が対馬の南端にあり、壱岐より進めば、恐らくここが最初の寄港地になると考えられますから、先ずこの所伝を認めてよいと思われます。しかも、この豆酘には神住居神社《かみすまい》（高御魂神社の近くに鎮祭。）があって、その御祭神は神功皇后なのです。そしてその由緒によりますと、「皇后新羅ヲ征シ玉フ時、先ニ雷大臣命ヲ遣シ給フテ行在ヲ定メ給フ、仲哀天皇九年六月一日対馬国下県郡豆酘浦ニ着玉フ、（中略）当行宮ニ入玉ヒ暫クオハシマケル故ニ、後ノ人御社ヲ建、神住居ノ社トス、明治七年六月村社ニ列セラル。」（神社明細帳）と記されています。

これらの所伝を総合して考えてきますと、神功皇后の新羅征伐に際して、対馬の豆酘の果たした役割は頗る重要なものがあった、とみてよいでありましょう。

いや、征韓の際だけにかぎらず、もともと豆酘の地点そのものが、対馬において重視せられていたであろうことは、壱岐、さらに本土との交通の要衝という意味からみて当然であろうと思われます。かつて吉田東伍博士は、対馬の名義について、「今按に、対馬は津島の義なるべしと云は最通じ易き説なり、然れども島中に豆酘郷の名あれば、豆酘島と呼べる者再転して津島と為れるにあらずや、疑なきにしもあらず、」（『大日本地名辞書』一六一二頁）と述べられましたが、たしかに、このような推測も可能なほど、豆酘の地の対馬にしめる地位は大きいと考えられます。

もともと地名と言いますのは、第二回のセミナーでも一寸、申しましたように、一番近い所の名でもって、そのヒンターランド（背後の地域）を含めて呼ぶことがあるのです。この前申しましたのは、たしか、シナの〝からくに〟と、ロシアの〝キタイ〟についてであったかと思いますが、日本の国内についても言えることなのです。

例えば、朝鮮の方から日本の九州を呼ぶ時には、九州の一番近いところにあるのは、筑紫《つくし》の国でしょう。これが後に〝筑紫前国〟と〝筑紫後国〟に分れ、〝筑前〟・〝筑後〟となりますが、本来は「筑紫国」です。それがもとになって、九州全部を〝筑紫島〟とも呼ぶのです。国生みの神話で、日本書紀に「筑紫洲」、古事記に「筑紫嶋」とありますのは、九州（全体）のことなのです。

二、対馬の豆酘について

ついでに申しておきますが、古典に「宇佐嶋」というのが出て来ます。それは日本書紀神代巻の瑞珠盟約の条の第三の一書にあるのですが、ムナカタの三女神を〝葦原中国の宇佐嶋に降らしむ。〟と書かれています。ところが、これはどこを指すのか判らない。昔から色々な説がありますが、確かでない。宗像の三女神が祭られているということから宗像大社の付近、或いは宇佐の名から、今の宇佐神宮の付近に求めようとする説が一般なのですが、私の考えでは、そうじゃなくって、この宇佐島というのは、これは九州全部を指していると思うのです。〝葦原中国の宇佐嶋〟というような大層な表現をされている島は、ちっぽけな島ではない。堂々たる大きな島、九州そのものを呼んでいるというのが、私の説なのです。それはどういうことかというと、畿内から船で瀬戸内海を通って九州へ向いますと、一番最初にぶつかる所が、大分県の国東《くにさき》半島でしょう。これが宇佐なのです。で、この宇佐の名をもってヒンターランドの九州全体を意味する。そういう言い方があったと思います。つまり九州は、北から呼べば〝筑紫島〟、東から言う時は〝宇佐島〟、ということになるわけでしょう。

もう一つ例を挙げておきますと、四国のことを「伊豫二名洲《いよのふたなのしま》」という呼び方があります。日本書紀の国生みの条にでてきます。古事記にも「伊豫之二名嶋」とあります。これも昔から四国になぜ〝伊豫〟がつくのかわからないのです。しかし私から申しますと、これは九州の方から見た呼び名だと思います。つまり九州側からみて、四国の一番手前が伊豫なのです。そこで伊豫を代名詞として伊豫二名島――〝二名〟についてはよく判りませんが、――と呼び、四国全体を意味したのであろうと思います。

それで、このような考え方を、いま問題の対馬にあてはめて申しますと、この対馬の一番南に豆酘という所があり、しかも要衝の地として有名であったわけですから、九州や壱岐の方向からみれば、この島全体を〝豆酘《つつ》の島〟——それがつまって〝つしま〟——と呼んだのじゃないかと思われます。これはもともと吉田東伍博士の説なのですが、私も恐らく、そのようなことではないかと思いますね。

先程も敷田宮司さんとお話したのですけれども、一度、皆さん、対馬へ行かれて、そして是非とも豆酘の地を訪ねて、出来れば竜良山にも登り、関係の神社にもお参りして下さい。そして住吉の大神——つまり〝つつ〟の男の命の、言わば発祥地と私が提唱する土地を訪ねられたら、大変に有意義ではないかと考えます。歴史の研究は、机上の空論ではなく、必ず現地を踏んで研究することが大切なんです。〔補注。「ツツノヲ」の私説については、最近の学界では若井敏明氏も賛同されています。『日本書紀研究』第二十七冊二九六頁。平成十八年六月、塙書房発行。〕

三、住吉大社神代記に見える大神の宮の処在

さて、これからいよいよ本日お渡ししました資料の一枚目に帰ります。

最初に、「海外における鎮祭」についてですが、まず、(イ)として「住吉大社神代記に見える大神の宮の処在九ケ処」として史料を掲げておきました。『住吉大社神代記』というのは住吉大社の非常に貴重な重要文化財の古縁起なのですが、詳しい事は、この次のセミナーでお話します。その住吉大社神代記という巻物の中に、大神宮の所在として九箇処書かれているのです。それをそのまま、ここに引きうつしました。

凡大神宮、所在九箇處

當國住吉大社四前　西成郡座摩社二前　菟原郡社三前
播磨國賀茂郡住吉酒見社三前戸三烟
長門國豊浦郡住吉忌宮一前
筑前國那珂郡住吉社三前
紀伊國伊都郡丹生川上天手力男意気續〻流住吉大神
大唐國一處　住吉大神社三前
新羅國一處　住吉荒魂三前

これによりますと、およそ、大神宮の所在は九箇處とあります。まず、當國。當國というのは摂津国ですが、そこに「住吉大神四前」とあります。「前」というのは、神様の神座、または神社の数を勘定する時に、一前、二前とこういうふうに申すのです。この住吉大社には御承知のように四つの御社殿にそれぞれ神様が祭られていますので、四前ですね。それから摂津国の西成郡の座摩社、いがしりの社とよみますが、ここには二前とあります。それから菟原《うばら》の社三前。これは摂津国の菟原郡、いま神戸市東灘区の本《もと》住吉神社とも菟原住吉とも呼ばれているお社です。

それから播磨國賀茂郡に住吉酒見《さかみの》社というのがある。それが三前で、「戸三烟」とあるのは神戸が三軒ということで、今の兵庫県加西郡北条町の住吉神社です。

それから長門国豊浦郡に住吉忌宮《いみのみや》一前。これは若干問題があるのですが、下関市に鎮座の住吉神社とみてよろしいでしょう。

それから筑前国那珂郡の住吉社三前。これは現在の福岡市博多区の住吉神社に当たります。そして今度は、紀伊国伊都郡丹生川上天手力男意気《おけ》續ゝ《つづく》流《る》住吉大神。これは紀伊国神名帳に同じ神名が見えますが、まだよくは判りません。

ここ迄は、日本の国なのですが、その次からが厄介なのです。「大唐國一處、住吉大神社三前。」さらに「新羅國一處、住吉荒魂三前。」とあります。この点はあとで詳しく説明しますが、ともかくこれら全部合わせますと、九箇処あるのです。これだけの地域に住吉の神は祭られているという、住吉側の主張なのです。これは驚くべき内容ですね。日本の国内のそれぞれについても、なお色々検討すべき問題もあり、後程さらに説明いたします。けれども、まあ、大体、皆さんお判りになる。しかし、「大唐国」とか「新羅国」という事になりますと、これは本当かと、誰しも疑われるに違いない。

実際、唐の国のことについては、私も見当がつきかねます。ただ、考えられますことは、この当時、遣唐使が何回も派遣されておりますが、遣唐使の船には住吉の大神を祭っているのです。これは、いずれまた詳しく申しますが、ともかく遣唐使の船には船玉として住吉の大神を祭って行きますから、唐の国に着いた後、その神様をどうするのかという問題がありましょう。船にそのまま残して船乗りの人々がお祭りしたのか、或いは港に仮殿をつくってそこでお祭りしたのか、或いは遣唐使が奉持して、ずっと目的地に進んで行ったのか、それがよく判りません。しかし祭祀の形は判らないとしても、ともかく住吉大神をシナの地で祭ったことは明らかですので、それをここに「大唐國一處」という様な言い方で書いてあるのではないか、と思います。何れにしても、これは遣唐使との関係において理解すべきことであろうと思います。

四、新羅国と住吉大神

しかし、最後の「新羅國一處」という事になって来ますと、普通には一寸、見当がつきますまい。ところが不思議なことに、このことが、古事記によって証明されるのですね。それが資料の上の段に書いた文章なのです。これは、古事記の仲哀天皇の段ですが、そこに次のような文章が載っているのです。

「故是以新羅国者、定二御馬甘一。百済国者、定二渡屯家一。爾以二其御杖一、衝二立新羅国主之門一。即以二墨江大神之荒御魂一、為二国守神一而祭鎮、還渡也。」

一寸簡単に読んで見ますと、これは神功皇后が新羅を平定されたあとですが、〝故《かれ》、ここを以って新羅国は御馬甘《みうまかい》と定む。〟馬甘、まあ今の言葉で言えば、属国みたいなものですね。それから、〝百済国は、渡《わた》りの屯家《みやけ》と定む。〟つまり、日本の国外の、海の向こうの、渡りの屯家と定めた。そして〝其の御杖〟――〝その〟というのは、神功皇后の御杖ですよ。〝其の御杖をもって、新羅の国主の門に衝《つき》立て、即ち、墨江大神の荒御魂をもつて、国守りの神として鎮祭し、還り渡りたまひき。〟とあります。

これは古事記の文章です。決して、後の世の人が作った文章ではないのです。しかしこれを読めば、誰が考えても、まさかと思いますね。神功皇后が、新羅の国主の門の前に御杖を突き立てて、墨江の大神の荒御魂を国守りの神として鎮祭して、還って来られたとは……。

そこで、古事記を信奉する点においては最も著しいといいますか、古事記の文章を出来るだけ尊重して研究されてきた筈の本居宣長先生でも、この文章だけは一寸、おかしい、おそらくこれは、稗田阿礼の読み違いじゃないかと、考えられた。それは、古事記に「而祭鎮、還渡也。」とある「還渡」の二字は、もともと上文の「新羅国主之門」の次にあったのを、阿礼が読み誤った、つまり、御杖を新羅国主の門につきたてて帰国してから、日本で墨江大神の荒御魂を国守神として祭ったのであろう、というのです。

そのように、この古事記の文章は、本居宣長ほどの人でも、これはおかしいと思ったぐらいの内容なのですね。ところが、これが事実なんです。事実といって悪ければ、少なくとも古事記の文章に誤りはないのです。それを傍証するのが、住吉大社神代記なのです。下の段に掲げましたので御覧下さい。

「然而新羅国服給、三宅定。亦大神社奉レ定。而祝、志加乃奈具佐。而然皇后従二新羅一還渡坐。」

これを読み下しますと、〝然《しか》して、新羅国をしたがへたまひ、三宅を定め、また大神の社を定め奉る。而して祝《はふり》は志加乃奈具佐《しかのなぐさ》なり。而然《しか》して皇后、新羅より還り渡り坐す。〟ということになります。これによりますと、古事記と同様に、新羅国にて「大神社奉レ定」り、「而然」に「還渡」せられたというように書かれています。それだけではなく、ここに「志加乃奈具佐《しかのなぐさ》」というのは、日本書紀にみえる「磯鹿海人名草《しかのあまなぐさ》」（神功皇后摂政前紀九月の条）のことでありまして、実証を得るところの人名であります。この人を祝《はふり》として、新羅国に住吉大神の社が定められた、と伝えられているのです。これはまことに貴重な所伝としなければならないでありましょう。

それから、念のため申しておきますが、前回も指摘しましたように、戦に勝ったとか負けたとか、ということに、こだわらないで下さい。これは昔の、古代の話であって、今の現実の国際関係とは別のことですからね。それを今、こんな話——新羅を平定して住吉大神を祭ったなどという話をすると〝何か先方に具合が悪いのではないか〟と心配する人がありますけれども、そんな事、関係ありません。歴史の話をしているのですから。日本の方が勝つ時もあるし、また負ける時もあったのです。それは、それでよろしい。ともかく日本側としては百済と手を結んで、高句麗がバックアップをしていた新羅を平定した。そして新羅国に、墨江の大神の荒御魂を祭って帰って来たという事を、古事記も伝え、住吉側の史料の住吉大社神代記も伝えておると、これだけを理解してもらえばいい事なのです。

五、海外に日本の神を祭る事例

ところで、一般の人は、そんな外国に日本の神を祭るということがあるのかと、疑問に思われるのですよね。だけど、それは不思議でも何でもないのです。昔は、戦争の場合は、必ず神を戴いて戦争をするのです、敵も味方も。ですから、その相手の〝荒ぶる神とまつろはざる人ども〟を打ち平らげて、というわけです。古事記などを見られたら、そう書いてある。荒ぶる神とまつろはざる人ですね、この〝神〟と〝人〟の両方を打ち平らげなければ、戦いに勝ったことにならないのです。戦いは人と人との戦いだけではなく、その戴いている神と神との戦いでもあるわけなのです。そのことを理解しないと、古代の姿は、わからない。

例えば、昔、垂仁天皇の御代に、倭姫命が天照大神を戴いて、大和から近江、美濃を廻り、最後に伊勢に行かれ、その伊勢に大神を祭られたという話は御存知ですね。それは何を意味するかというと、大和朝廷として、皇室の奉ずる天照大神、つまり日の神をここに祭ることによって、要するに、この地方が大和朝廷の版図に入った、という事なのです。

新しいところで申しますと、御年輩の方なら御存知でしょうけれども、日本が、大東亜戦争の緒戦でシンガポールを占領した時に、天照大神を祭ったのですよ。「昭南神社」というのです。若い人はびっくりされるでしょうけれど、そんな事があったのです。つまり日本の軍隊は、天照大神を戴いて進んでいる。そこで相手の土地を占領したら、そこへ日本の神を祭るわけです。日本だけじゃありませんよ。マホメット教でもキリスト教でも、皆そうです。どんどん外国に乗りこみ、占領して、そこへ、モスクや教会をつくって人々を改宗させていった。そしてその地域を自分達の版図としたのです。ある土地を平定したら、そこへ自分達の神を祭る、それは何も不思議なことではない。だから神功皇后が、新羅にまで進んで、相手を平定したわけですから、その奉ずる神を祭った。そしてその祭った神が、墨江大神の荒御魂であったと、ただそれだけの事なのです。

そこで、関連してもう一つ面白い史料を御紹介しておきます。それは住吉とは直接関係は無いのですけど、『三輪高宮家系』という系図があります。高宮家というのは大神神社の社家です。でその三輪高宮家系というものを見ますと、「大友主命」の条に、次の記載がある。

「穴門之豊浦宮御宇供奉。従二皇后一於二筑紫及韓国一祭二大物主神一。是、筑前国夜須郡於保奈牟智神社、是也。」

この「穴門之豊浦宮御宇」というのは仲哀天皇の御代ということですが、その御代に大友主命という人が、神功皇后に従って筑紫及び韓国に大物主の神を祭った、と書いてあるのです。

私は、この三輪高宮家の系図というのは昔から特に注目しておりまして、何遍も読んでいたのですけれどもね、ところが、これまでは、この中の〝筑前国の夜須郡の於保奈牟智《おほなむち》の神社〟――この神社は今でも福岡県朝倉郡三輪町に祭られている有名な式内社ですが――この神社のことばかりに気をとられておったのです。ところがある時に、詳しくこの系図を見てみますと、〝筑紫及び韓国に大物主神を祭る〟と書いてあるのですね。これを見て驚いたのです。おそらく、この〝韓国にも大物主神を祭った〟という説は、三輪氏にとっての貴重な古伝であったのでありましょう。つまり三輪氏は、朝鮮出兵に際して、自分の神として、大物主神を奉じて出陣していたことでしょうから、戦勝の暁には、自分達の神を、韓国にも祭ったものと思われます。

一緒に出兵したほかの氏族も、それぞれ自分達の神を奉じてゆき、かの地に祭ったに違いない。ただ、神功皇后の場合は、先程、申しましたように、豆酘の地において、有力な海族の協力を得てこの大勝利を得られたものですから、ツツノヲの命――後の墨江大神の荒御魂――を祭られたということであります。尚、〝荒御魂〟というのは、何か荒々しい感じに受けとられますが、これは〝現人神〟の〝あら〟と同じで、外に現われて顕著な働きをされる御魂、ということです。

更に、この韓国に祭った神の問題で、珍しい話がありますので、住吉の神とは直接の関係はありませんが、参考のため、そのことを申しあげておこうと思います。

六、蘇我稲目と〝建邦の神〟

仏教が日本に伝えられました際の崇仏と排仏との激しい争いは、後々まで継続すること御承知の通りですが、崇仏派の代表というべき蘇我稲目の在世中に、実は見逃しがたい重要な事件が起っているのです。それは、日本書紀に見えることなのですが、欽明天皇の十六年（五五五）二月に、百済の王子の恵が日本に派遣されておりまして、その前年（五五四）に、父の聖明王が新羅のために殺されたことを嘆き訴えているのであります。この時、王子恵を弔問した「蘇我臣」が、〝凡そ情《こころ》あるもの、誰か傷悼《いた》まざらむ。当復《はた》、何の咎《とが》ありてか茲《こ》の禍を致す。今復《いままた》、何の術を用いてか国家を鎮《しず》めむ。〟と言って、今後の百済復興の方途を問うたのに対して、恵は、〝臣、禀性《ひととなり》愚蒙《くら》くして、大計を知らず。いかに況《いわ》んや、禍福の倚《よ》る所、国家の存亡することをや。〟と答えています。つまり、自分自身は、国家の存亡というような大事についての対策を持ちあはせていない旨を、述べているのです。これに対して教え諭《さと》す形で、「蘇我卿」の述べた内容が、非常に注目されるものなのです。

「昔在、天皇大泊瀬之世、汝国為二高麗一所レ逼、危甚二累卵一。於レ是、天皇命二神祇伯一、敬受二策於神祇一。祝者廼託二神語一報曰、屈二請建邦之神一、往救二将レ亡之主一、必当国家謐靖、人物乂安。由レ是、請レ神往救。所以、社稷安寧。原夫建邦神者、天地割判之代、草木言語之時、自レ天降来、造二立国家一之神也。頃聞、汝国輟而不レ祀。方今悛二悔前過一、修二理神宮一、奉二祭神霊一、国可二昌盛一。汝当莫レ忘。」

これは、解釈を正確にしますために、日本書紀の原文を掲げましたが、この大意を書下しにすると、次のようになります。

「昔、雄略天皇の御世に、百済が高句麗に攻められ、危殆《きたい》に瀕した時、天皇が神託のままに、〃建邦の神〃を枉《ま》げて請ひ、救援に向ったので、百済の国の安泰をみた。この〃建邦の神〃とは〃天地割《ひら》け判《わか》れし代、草木言語《もの》いふ時に、天より降り来り、国家を造立したまへる神〃である。しかるに、この頃、聞くところによると、〃汝の国、輟《す》てて祀《まつ》らず〃といふ。今まさに、前過を悔い改めて〃神宮を修理〃し、〃神霊を奉祭〃すれば、国は昌盛《さか》えることであらう。汝、まさに忘るることなかれ。」

この内容は実に驚くべきものであります。ここに「蘇我臣」とか「蘇我卿」とあるのは、名前が書いてありませんが、百済の王子に、これだけのことを言ってのけるのは、蘇我稲目に間違いありません。そして、この稲目は、御承知のように、仏教を外国の神だから祭ってはならぬといって反対した物部氏や中臣氏と、激しく争った有名な崇仏派でしょう。その稲目が百済の王子に対して、日本の〃建邦の神〃を祭ることを強く勧めているのですから、これは何としても面白い。いや面白いだけではなく、非常に重要な意味をもつ逸話でありましょう。

しかし、この点について、従来の学者の中には、海外の半島に日本の「建邦之神」が祭られたとは理解しがたいとして、これを百済の国魂神ではないか、とみる説もあるのです。しかし、そうではありません。ここの文章は、祝の神語の中にも〃建邦之神を屈請して、往きてまさに亡びんとするの主を救はば〃とあり、また、地の文でも、〃神を請ひて往きて救はしめたまふ。〃とありますから、全体の文意を素直に読みますかぎり、どうみても先ず〃建邦の神〃を〃勧請〃し、それから〃往く〃わけでして、その神様は、明らかに日本の神と解さざるを得ないのであります。

このように見てきますと、日本の〝建邦之神〟とは、どの神様かという問題がおこってきます。しかし、これはよく判らない。私は、或いは〝フツの大神〟かとも思いますが、この問題は、本日、深入り致しません。何れにしても、欽明天皇の十六年（五五五）という時点で、日本側が、雄略天皇のむかしより、任那の地に祭られていた日本の神様を、近頃、百済が祭らないということを指摘して、いま改めて〝神宮を修理〟し、〝神霊を奉祭〟することを要求しているのは、注目に価することであります。また、これを要求した蘇我稲目について見ますと、個人的な信仰の問題としては、当時、アジアに流布しつつあった〝仏教〟に、特別な関心と崇敬の心をもっていたものの、国家的立場からは、彼自身、〝日本の神〟を中心におき、海外にまでも神威を発揚しようと考えていたらしいことが判ります。この点は、従来、ほとんど見逃されてきたところですが、今後の神道と仏教との関係を考える上でも、重要な視点と思っています。

殊に、稲目が誡告した百済の王子である恵の父親は、聖明王です。この聖明王が、新羅のために殺されたわけですが、その聖明王というのは、日本に仏教を伝えたあの有名な王様なのですよ。その王様が殺されて、王子が日本に助けを求めに来た。それに対して、蘇我稲目が、このような逆境を招いたのは、日本の神を祭らないからだ、と言ってきかせる。ここの所は非常に面白い。この点は私が先年、「仏教の受容をめぐつて」という論文（『著作集』第十一巻I『神社と祭祀』に所収）で、初めて明らかにしたところであります。

さて、話が少し横道にそれましたが、要するに、日本の神を外国で祭るという事は、決して珍しいことではない。それが良かったか、悪かったかを、今、言っているのではありません。ともかく古代において、そういう事が行われていたのであって、従って神功皇后が、新羅の国王の門の前に、御杖をつき立てて墨江大神の荒御魂を祭られたということは、決して不可解な事ではない。あってしかるべき事、あたり前の事なのです。それ故、古事記や住吉大社神代記の所伝を疑う必要はなく、それを認めてよいわけです。そこで墨江大神は、先ず新羅で祭られたといってよろしい。それから日本に帰って来られて、凱旋の途中で、次々と各地で墨江大神を祭り、最後に、この大阪の住吉大社の御鎮座となるわけです。

なお、私は、古事記の「墨江大神《すみのえ》」を「住吉大神《すみよし》」と混同してお話してきましたが、これは第一回のセミナーで申しましたように、もともとは〝すみのえ〟ですが、関西弁では良いことを「えー」といいますので、奈良時代頃から「江《え》」の代わりに「吉《え》」という佳字を用い、それから「すみよし」と読み方が変わって行ったのでして、どちらも同じ神様と御承知下さい。また〝すみのえ〟は、もともと大阪の地名なのですが、仁徳天皇の御代以来、この住吉大社が〝ツツノヲの命〟を祭る代表的なお社になったものですから、全国各地に住吉神社の名前が拡がったわけです。

七、筑前国那珂郡の住吉社

さて、次は資料に掲げました「筑前国那珂郡の住吉社」について申し上げます。

尤も、朝鮮半島から凱旋せられた神功皇后が、日本本土において住吉大神を鎮祭されましたのは、日本書紀によりますと、後で紹介しますように、「穴門《あなと》の山田邑」が初見であります。しかし、住吉大社神代記には、次の記事が見えています。

「筑前国那珂郡　住吉社　三前」

これは、延喜式に「住吉神社」とあり、名神大社として記されています現在の福岡市博多区の住吉神社でありますから、この地にも、はやくから住吉大神が祭られていたのでありましょう。さらに住吉大社神代記によりますと、次の記載が見えています。これは書下し文で御紹介します。

「筑前国那珂郡、住吉荒魂社　三前

右の社は、熊襲二国と新羅国を撃ちたまひし時〔斎祀《いつきまつ》れる社なり〕。唐に使を遣さむとするとき、御社にて祭《かみまつり》し、大《（ママ）》宰府、供《そなへものす》るを例とするなり。并《また》、能護嶋《のこのしま》を御厨《みくりやのところ》所領とし、長門国より西方九国の内の別小嶋《わかれこじま》を皆《ことごと》に御厨《みくりや》と所領《しろしめ》し已了《をは》りぬ。」（六七〇～六七四行）

こういう事は、他の史料には出ません。太宰府関係の史料を見ても出て来ません。しかし、ここにこの記事が見えることは面白いと思います。住吉大神と遣唐使との関係は、このセミナーでも最後の第十二回目に詳しく述べますけれども、遣唐使が難波津を出発して行く時には、必ずこの住吉大社でお祭りをします。そして瀬戸内海を通って博多に入りますが、その時、この博多の住吉神社で、また太宰府がお供物をしてお祭りをするのだという事が書いてあるのですね。それくらい、遣唐使と住吉大神とは関係が深いのです。

八、穴門の山田邑の住吉社

それから、その次が「穴門《あなと》の山田邑の住吉社」です。これは先程、申しましたように、日本書紀に出てきます。日

本書紀によりますと、神功皇后の帰還された後に、次のように記されています。（書下し文）

「是に、軍《みいくさ》に従ひし神表筒男・中筒男・底筒男、三《みはしら》の神、皇后に誨へて曰はく『我が荒魂をば、穴門の山田邑に祭《いは》はしめよ。』とのたまふ。時に、穴門直の祖践立《ほむたち》、津守連の祖田裳《たも》見宿禰《みのすくね》、皇后に啓《まう》して曰《まう》さく、『神の居《ま》しまさむと欲《ほ》りしたまふ地をば、必ず定め奉るべし。』とまうす。則ち践立を以《も》て、荒魂を祭《いは》ひたてまつる神主とす。仍《よ》りて祠を穴門の山田邑に立つ。」

　これによりますと、三神ツツノヲの命（住吉大神）が神功皇后に教えて、「我が荒魂をば、穴門《あなと》の山田邑《やまだのむら》に祭らしめよ。」と告げられたので、穴門《あなと》直《あたひ》の祖践立《ほむたち》と津守連の祖田裳《たも》見宿禰《みのすくね》とが、皇后に、神の求められる土地に必ず鎮祭することを奉答し、践立をもって荒魂を祭る神主として、祠《やしろ》を穴門（長門）の山田邑に立てたというのであります。一般にこれが、現在の山口県下関市大字楠乃（行政上は一の宮東町）に鎮座の住吉神社とされています。延喜式には「住吉坐荒御魂神社」と記され、名神大社、長門国の一の宮として有名であります。

　但し、これも詳しく申しますと、若干問題がありまして、住吉大社神代記には同じ長門国豊浦郡に「住吉忌宮」または「住吉斎宮」という名で記しています。ところがこの豊浦郡には別に式内社の「忌宮神社」というのがあって、仲哀天皇を主祭神とし、神功皇后・応神天皇の三座を祭っており、「住吉忌宮」と「忌宮神社」との関係については、まだまだ研究の余地があります。しかし、本日はそこ迄、詳しく言わないで、まず、今の下関市の住吉神社と、こういうふうに考えてもらえば結構です。

　それから次に、「広田・生田・長田の三社の鎮祭」です。長門に住吉大神を祭られた後、神功皇后は瀬戸内海を東進して難波に向われますが、その際に麛坂《かごさか》王・忍熊《おしくま》王の叛乱が起ります。これは後程くわしく述べますが、それと並行して、日本書紀によりますと、神功皇后は広田国（広田神社）に天照大神の荒魂を祭られ、また活田長峡国（生田神社）に稚日女尊、さらに長田国（長田神社）に事代主尊を、それぞれ祭られたというのであります。

この広田神社や生田・長田神社のことは、皆さん御承知のように、今の西宮から神戸にかけての有名な神社ですね。今度の震災で大変被害を受けられましたが、すべて名神大社でして、昔から非常に有力なお社です。これらのお社をこの時に祭られたというのは、麛坂王等との戦の中で、神功皇后側がこれらの土地に、それぞれ大きな拠点を置かれたのだろうと思います。

九、大津の渟中倉の長峡について

そして次が「大津の渟中倉《ぬなくら》の長峡《ながを》」における鎮座です。日本書紀によりますと、先程の広田・活田・長田国にそれぞれ広田神社・生田神社・長田神社を鎮座された後に、また、表筒男・中筒男・底筒男の三神が、

「吾が和魂をば、大津の渟中倉《ぬなくら》の長峡《ながを》に居《ま》さしむべし。便《すなは》ち因りて往来《ゆきかよ》う船を看《みそなは》さむ。」（書下し文）

と申されたので、神の教のままに、皇后はその地に住吉大神を祭られたというのであります。日本書紀には、これだけしか書いてありません。しかしこれが、この住吉大社の鎮座に関する一番の根本的な史料になるわけです。つまり大神は、この「大津の渟中倉の長峡に居《ま》さしむべし。」と望まれ、そこに鎮座して、「往来《ゆきかよ》う船を看《みそなは》さむ。」つまり船海安全の神となろうとおっしゃった、というのであります。

ところが、この点につきましても、実は本居宣長に異論があるのです。それは、日本書紀の文章を見て行きますと、この時、先程一寸、触れました麛坂王、忍熊王の叛乱がありまして、色々な記事が、輻輳し、混乱しているように見えるのです。宣長はその記事を、合理的に解釈しようとして、ここにいう「大津の渟中倉の長峡」というのは、今の住吉の地ではなく、先程も出てきました菟原《うばら》郡の住吉、いわゆる本住吉神社の地であろうというのです。そして住吉神社が今の摂津の住吉に創祀されたのは、仁徳天皇の御代であろうとするのです。それは古事記の仁徳天皇の御代に「墨江之津」を定む、という記事がありますので、この時に、住吉神社を祭られたのであろうというわけです。

しかし、それは違うと、私は思います。この「墨江之津」については、別の機会に申しますように、これはこの住吉大社付近の海岸ではなく、実は長柄《ながら》の船瀬といって、今の淀川の河口を中心とする大きな入江を指していたと考えます。〔**補注**。この点は『続・著作集』第三巻所収予定の第六論文において明確に論証しました。〕また、麛坂王等の叛乱記事も、これを詳細に吟味しますと、宣長のいうように、「長峡」を本住吉の地とみないで、むしろ現在の上町台地とみる方が妥当だと思われます。さらにその事は、摂津国風土記によっても立証されるのです。日本書紀だけでは、解釈の相違によって議論は水掛け論になりますので、日本書紀と殆んど同じ頃に出来たと思われる摂津国風土記、これは『釈日女紀』巻六に見える逸文ですけれども、それを引用いたしますと、

「所三以称二住吉一者、昔息長帯比売天皇世、住吉大神現出而巡三行天下一、覓二可レ住国一時、到二於沼名椋之長岡之前一。前者、今神宮南辺、是其地。乃謂、斯実可レ住之国。遂讃称之云二真住吉々々国一、仍定二神社一。今俗、略之直称二須美乃叡一。」

と見えます。一寸、読んでみますと、「住吉《すみのえ》と称するゆえんは、昔、息長帯《おきながたらし》比売《ひめ》天皇の世」――これは面白いですね、

息長帯比売天皇とあるのですよ。――「住吉《すみのえ》大神現出して、天下を巡行したまい、」――つまり住吉大神は現人神として、天下を巡行して活躍された、これがやはり住吉大神の一つの特色だと思いますが、――天下を巡行して「住むべき国を求めたもう時、沼名椋《ぬなくら》の長岡《ながおか》の前《さき》に到りまして、すなわち、謂《い》えらく、〝これ実に住むべきの国なり〟と。遂《つい》に讃《ほ》めたたえて〝真《ま》住吉《すみよし》、住吉国《すみのえのくに》〟という。仍《より》て神社を定む。今俗に、之を略して直《ただ》に須美乃叡《すみのえ》という。」と。そして「沼名椋之長岡之前《ぬなくらのながおかのさき》」の下に割注があって、「前《さき》とは、今の神宮の南の辺、是《これ》、其《その》地なり。」とあるでしょう。現在の住吉の神社の南の辺が長岡《ながおか》の前《さき》というのだと、ちゃんと書いてあるのです。摂津国風土記というのは、その成立年代が日本書紀と同じくらいか、あるいは、ひょっとしたらそれより少し早いかも知れないくらいの貴重な史料なのです。それにこのように書かれていますので、大津の渟中倉の長峡が、この住吉であることは、今や明らかであります。

ところが、それだけじゃなくて、実は、住吉大社神代記を見ると、もっとはっきり出て来るのです。

住吉大社神代記によりますと、

「座玉野国渟名椋長岡玉出峡墨江御峡大神」（五行）

と見え、また

「以レ是改二渟中椋長岡玉出峡一号二住吉一。」（三三〇行）

とも記されております。

「玉野国《たまののくに》渟《ぬ》名《な》椋《くら》長岡《ながをか》玉出峡《たまでのを》の墨江《すみのえ》の御峡《みを》の大神。」こういう言い方は古いものです。とくに「玉野の国」というのは面白い。これは他に出て来ない地名なのです。恐らく、この土地をほめたたえた時の国の名前でしょう。

このように見てきますと、日本書紀にいうところの「大津の渟中倉の長峡」が住吉郡のこの土地であるという事は、もはや動かすことの出来ないものがあろうと思います。

十、住吉大社の鎮座

次に、さていよいよ、この住吉大社の鎮座の由緒、ということになるわけですが、この古伝が、住吉大社神代記に見えているのです。これはもともと日本風の古い漢文で書かれていて、仲々読み解きにくいのですが、私が苦労して何とか書き下し文にしておきましたので、それを御覧下さい。

文章はずっと続いているのですが、判りやすいように、適当に段落を切っておきました。

「因《かれ》、則ち手搓足尼《たもみのすくね》を以て祭拝《いはひまつ》らしむ。難破《なには》の長柄《ながら》に泊《とま》り賜ふ。膽駒《いこま》山の嶺に登り座《いま》す時、甘南備《かむなび》山を寄さし奉る。

大神、重宣《またの》りたまはく、『吾の住《すま》居はむと欲《おも》ふ地は渟名椋《ぬなくら》の長岡の玉出《たまで》の峡《を》ぞ。』と。時に皇后勅《の》りたまはく、『誰人か此の地を知れるや。』と。『今問はしめ賜ふ地は、手搓足尼《たもみのすくね》の居住地《すむところ》なり。』とまをす。『然かあれば替《かはりの》地《ところ》を、手搓足尼に賜ひて、大神に寄《よ》さし奉るべし。』と宣《の》り賜ふ。時に進みて手搓足尼の啓《まを》さく、『今須《しまら》く替《かはりの》地《ところ》を賜はらずとも、大神の願《こ》ひ賜ふ随《まにま》に己《おの》が家舎《いへところ》地等を以て、大神に寄さし奉らむ。』とまをして已了《ことをへ》き。

即《かれ》、大神の住み賜ふこと御意《みこころ》の如くなるに因りて、住吉《すみのえの》国と名を改め号《まを》し、大社を定めたまひき。即ち悦び賜ひて宣《のたま》はく、『吾は皇后の、神主《かむぬし》と為りたまひ太繦褓《ふとむつき》を懸《とりか》けて、斎祀《いっきまつり》たまふは享《う》け賜はじ。手搓足尼《たもみのすくね》に拝戴《いつ》かれて、天皇君《すめらみこと》を夜《よ》の護《まもり》、昼《ひ》の護《まもり》と護り奉り、同じく天の下の国家人民《みかどどおほみたから》を護り奉らむ。』と宣《の》り賜ふ。時に皇后、神主と為りたまふことを止め賜ひ、『吾に代りて斎祀《いっきいはひまつ》奉らしむるに、手搓足尼《たもみのすくね》を神主《かむぬし》となせ。』と勅《のら》し賜ふ。仍《かれ》、神主を奉ること已了《を》へき。

亦、大神宣《のたま》はく、『若し手搓足尼《たもみのすくね》等の子孫《うみのこ》の過罪《つみとが》ありと雖も、見決《つみなへ》たまはざれ。若し当罪《あつべきつみ》を勘《かむが》へ見決《さだむ》可きこと在らむ時は、替りて吾その罪を受けなむ。曽《ゆめ》、な勘決《つみさだめ》しめたまひそ。』と。爰《ここ》に皇后、『免奉《ゆるしまつ》りて、自今以《いまよりの》後《ち》は犯せる罪も見決《さだめ》まつらず。』と勅答《こたへまを》して亦了《を》へき。時に大神曰はく、『此の勅旨《みことのり》に誤《たが》ひて、若し見決《つみさだめ》らるれば、天の下の宗廟社稷《くにいへ》に災難《わざはひ》・病患《えやみ》・兵乱《みだれ》・口舌《くちあへ》・諸悪難疾疫《もろもろのあしきこと》の起る在らむ。』と盟宣《うけひ》賜ひき。仍《かれ》、件《そ》の宅《いへ》地《どころ》に御社を定めて、斎主《いはひぬし》を奉りて奉鎮祭《しづめまつ》りき。

亦、皇后の御手物《みてつもの》、金絲《くがねのいと》・檔利《たたり》・麻桶《おけ》笥・桛《かせひ》・一尺鏡四枚・劔・桙《ほこ》・魚《な》塩地《しほのところ》等を寄さし奉《まつ》り賜ひ、『吾は御大神と共に相住まむ。』と詔《の》り賜ひて、御宮を定め賜ひき。是を以て渟《ぬ》中《な》椋《くら》の長岡の玉出の峡《を》を改めて住吉《すみのえ》と号《まを》す。これより大神の座《まし》賜ふ処処《ところどころ》処を住吉《すみのえ》と称《まを》しき。」（三一〇～三三一行）

大体の意味はお判りでしょうし、時間がありませんので一々の解釈はいたしませんが、この様にして、手搓足尼《たもみのすくね》が居住地を提供して、その土地に住吉大神を祭られた。神功皇后は、初め御自分で祭られようとしたが、大神の思召しで、代りに手搓足尼をして祭らしめられた、という次第が書かれています。もとよりこれは津守氏側の功績と免罪の特典を説く所伝ですが、それらを差し引いても、住吉大社鎮座の由来を説く史料として、頗る重要な内容を伝えています。

十一、四神殿と祭神の関係

次に、四神殿と祭神の関係、これも非常に難しい問題なのですが、現在の祭神の順序は、次の通りです。

第一本宮　底筒男命
第二本宮　中筒男命
第三本宮　表筒男命
第四本宮　神功皇后

つまり、一番奥（東側）の第一本宮に底筒男命、その前の第二本宮が中筒男命、その前の第三本宮が表筒男命、次にその横（南側）の第四本宮が神功皇后、これが現在のお祭りの仕方であります。

ところが不思議なことに、住吉大社神代記には、次の通りに書かれているのです。

御神殿　四宮
第一宮　表筒男
第二宮　中筒男
第三宮　底筒男
第四宮　姫神宮　姫神宮。御名。気「息帯」長足姫皇后宮。奉斎祀神主、津守宿禰氏人者、元手搓「見」足尼後。（七～一二行）

これを見ると、第一宮が表筒男になっているのですね。そして、第二宮、第三宮とあって、第四宮は、姫神の宮、即ち、神功皇后をお祭りしているお宮というわけです。第二・第四宮は同じですが、第一宮と第三宮とで祭神の順序がちがうという大問題があるわけです。これをどのように考えるか、私はずいぶん苦労しましたが、結局、次のように思われます。

それは、住吉大社神代記というものが、現在の祭られている順序によって書かれていないという点に、却って注目すべき点があります。第一に、神代記を偽作して新しく作りあげるというのなら、祭神の順序を誤る筈もありません。むしろ、住吉神社側では、独自に昔から、神代記の記すように伝えて来たところが、この神代記は第一本宮の御神殿に深く秘蔵されてきたものでして、神主といえども容易に拝見する事が出来なかった。ですから、おそらく中世の頃に、順序が入れかわったのだろうと、私は思っております。神代記を拝見する事が出来たら、それに合わせたらいいのですからね。

また、神社としては御祭神の順序は大切なことですけれども、神様そのものは〝筒の男の命〟をお祭りしているのであって、「表」とか「中」とか「底」とかいうのは、それ程、深く考える必要はない。要するに〝筒の男の神様〟なのです。そう考えて頂いて差し支えないと思います。

しかし、それでは、何故そんな事が起って来たのかといいますと、それはどうも、日本書紀の表記の仕方に問題があるのではないか、と考えています。紀・記について見ますと、

〔日本書紀神代上〕其底筒男命・中筒男命・表筒男命、是即住吉大神矣。

〔古事記神代段〕底筒之男命・中筒之男命・上筒之男命、三柱神者、墨江之三前大神也。

とあり、旧事本紀においても日本書紀と同様であります。即ち、日本書紀・古事記をはじめ、神代に関する古伝としては、底筒男命をもって第一に算え、以下、中筒男命・表筒男命と順序を立てて記しています。ところが日本書紀でも、神功皇后紀になりますと、全く違った順序を示しているのです。

〔摂政前紀三月〕水葉稚之出居神、名表筒男・中筒男・底筒男神之有也。

〔摂政前紀十二月一云〕時神称二其名一曰、表筒雄・中筒雄、底筒雄、如レ是称二三神名一。

〔摂政前紀十二月一云〕於レ是、従レ軍神表筒男・中筒男・底筒男三神誨二皇后一曰、我荒魂令レ祭二於穴門山田邑一也。

〔摂政元年二月〕表筒男・中筒男・底筒男三神誨之曰、吾和魂宜レ居二大津渟中倉之長峡一。

このように、神功皇后紀において、三神の御名は四度見えるのですが、それが悉く、表筒男命を第一に掲げており、全く住吉大社神代記の記載と揆を一にしているのです。どうもこれが、住吉神社側の古いもともとの所伝ではないかと思われます。これは第一回セミナーの「参拝の道すじ」でお話をしたことですが、大昔は、住吉大社への参拝は海からであった。つまり西の大阪湾から上陸して直接、境内に入り、東に向かってお参りしたと思われます。そして神社の背後、つまり東側には大きな駅路が南北に通じていたことが判っています。としますと、西の海の方から順々にお参りしてゆきますと、一番深い海の〝底〟から〝中〟・〝表〟と浮かんで行って、陸上に出るわけでしょうから、駅路の走っている大道に近い第一本宮の祭神を〝表筒男〟と考える方が、地形的にも自然ではありますまいか。

そしてこの順序が変化したのは、おそらく、私は、中世の神道学説が流行した時代のことではないかと思います。と言いますのは、中世には、日本書紀の神代の巻が非常に重視されましたので、神社側が古くから伝えてきた住吉大社神代記の所伝とはちがって、日本書紀の神代巻を基にし、底筒男命を第一にするという考え方が出て来て、祭神の順序もそれに倣ったのではないか、と考えております。

従って、どちらでも結構なのです。ただ、天平三年の原撰とされる住吉大社神代記には、第一本宮が表筒男と書かれていて、現状と異るのは何故かと疑問を持つ人があるかも知れないと思いますので、この点を、あえて申しあげた次第です。

十二、応神天皇の生誕と二王の叛乱

最後に、資料の「応神天皇の生誕と二王の叛乱」についてお話します。この点は、第二回セミナーの「神功皇后の実在をめぐって」の中の、第四節の「五色塚古墳と直木学説」でも、一寸、言及しましたので御参照下さい。初めに関係する系譜を示しますと、次の通りであります。

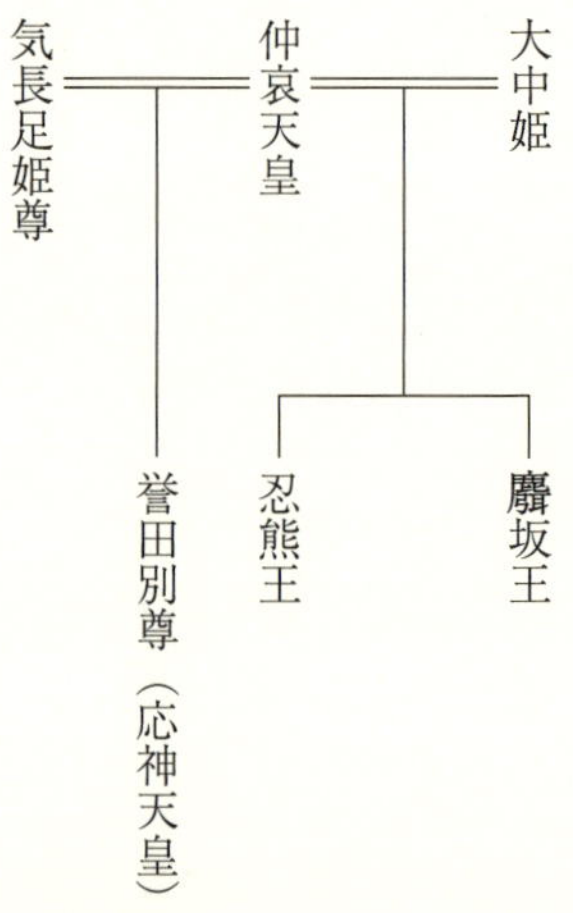

そして事件の発端に関しまして、日本書紀の伝えるところは、左の通りです。書下し文にいたしました。

「爰《ここ》に、新羅を伐ちたまひし明年の春二月に、皇后、群卿と百寮とを領《ひき》ゐて、穴門《あなと》の豊浦宮《とゆらのみや》に移りたまふ。即ち天皇の喪を収めて、海路よりして京に向ひたまふ。時に麛坂王・忍熊王、天皇崩《かむあが》りまし、亦《また》皇后西《にしのかた》を征《う》ちたまひ、并《あは》せて皇子新《あらた》に生《あ》れませりと聞きて、密《ひそか》に謀《はか》りて曰く、『今し皇后、子有《みこま》しまし、群臣皆従へり。必ず共《とも》に議《はか》りて、幼き主《みこ》を立てむ。吾等、何ぞ兄を以《も》ちて弟に従はむ。』といふ。乃《すなは》ち天皇の為に陵を作ると詳《いつは》り、播磨に詣《いた》りて、山陵を赤石《あかし》に興《た》つ。仍りて船を編《あ》みて淡路嶋に絙《わた》し、其の嶋の石《いし》を運《はこ》びて造《つく》る。則ち人毎に兵《つはもの》を取らしめて、皇后を待つ。」

その後、麛坂王・忍熊王は菟《と》餓《が》野――はっきりは判りませんが、摂津国の雄伴郡、後の八田部郡の地であろうと思われます。――で、戦の勝敗を占うための狩をした際、麛坂王は、突然現われた赤猪に襲われて殺される。そこで忍熊王は、これを不吉な前兆だとして兵を引きかえして住吉に駐屯するのですが、神功皇后側はツツノヲの三神を奉じて住吉の地に鎮祭することに成功する。そのため忍熊王は、一旦、山城国の菟道（今の宇治市）に退くのですが、やがて武内宿禰・武振熊らの率いる軍の謀略に敗れ、さらに近江の逢坂の戦にも破れて、瀬田川の済《わたり》で水没したという、これが大体のあらましであります。そこでこの戦いで紀・記に示されている両陣営の将軍等を一覧すると、左記のようになります。

神功皇后側	麛坂王・忍熊王側
武内宿禰	犬上君祖、倉見別
紀直祖、豊耳	吉師祖、五十狭茅宿禰
和珥臣祖、武振熊	熊之凝（葛野城首之祖、一云、多呉吉師之遠祖）

両軍の顔ぶれをみますと、この戦いは、大変な規模の騒乱であったことが判ります。朝鮮出兵に成功して神功皇后とその皇子、誉田《ほむだ》別尊《わけのみこと》の大部隊が帰って来られる所を、畿内の方では、誉言別尊とは異母兄弟の麛坂王・忍熊王を中心とする勢力が、これを迎え撃つわけですからね。これは明らかに、国内を二分する一種の内乱であります。この内乱の規模を更に具体的に考えるために、誉田別皇子と麛坂・忍熊皇子の祖先系譜を検討する必要があるのですが、誉田別皇子のお母さんの神功皇后については、第四回セミナーで既に系図（一五六〜一五七頁）を記しておきましたので省略し、麛坂・忍熊皇子の場合を次に掲げておきます。

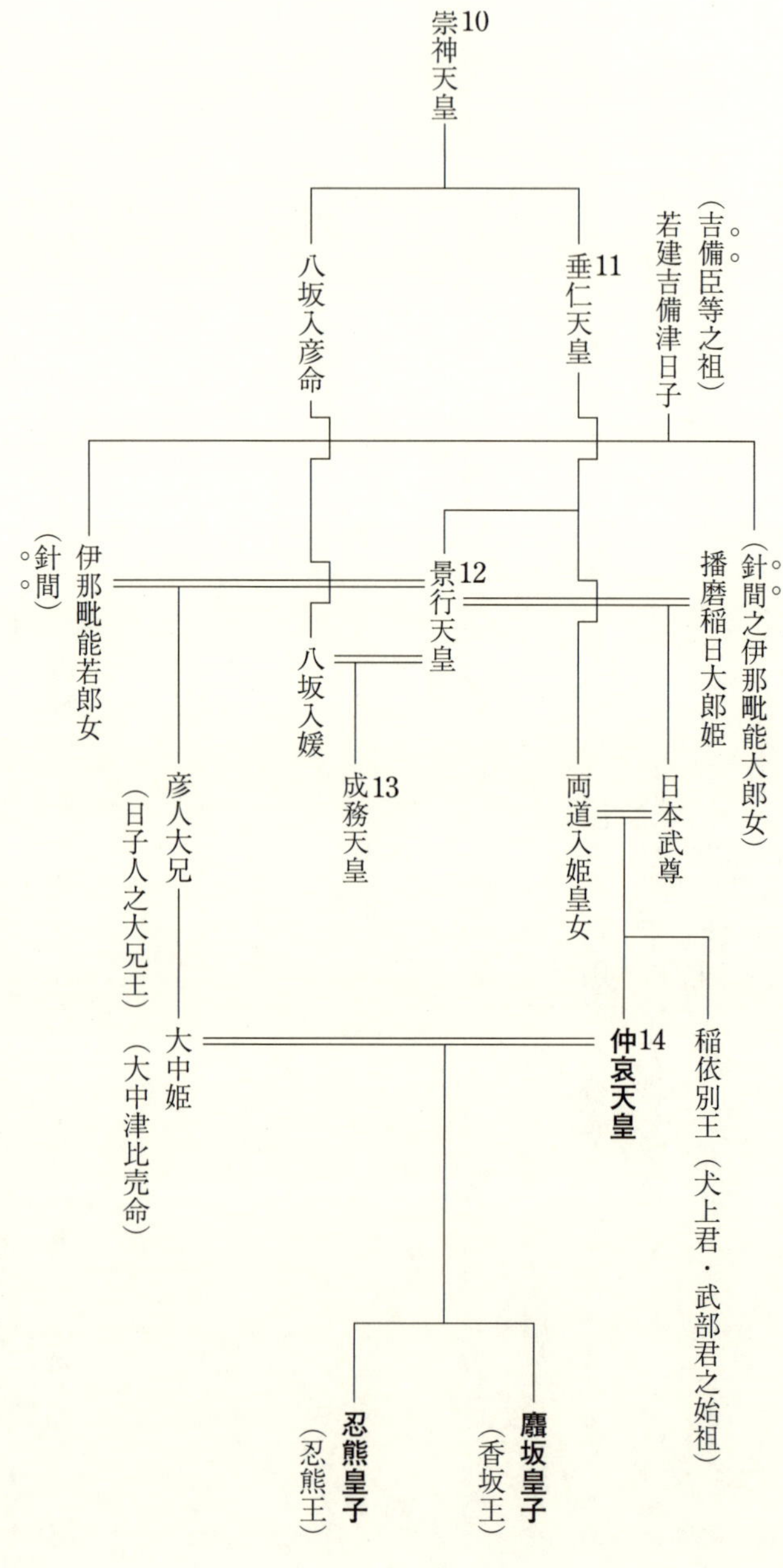

これをみますと、両皇子の出目には、父系・母系ともに播磨国に有力な係累のあることが知られます。播磨稲日大

娘姫・伊那毗能若郎女の姉妹で共に景行天皇の后妃です。そしてこの姉妹の父は若建吉備津日子で、吉備国にも関係しています。

つまりこういう背後の勢力というものが、両皇子の側にはあったのだということ、その点に注意をして頂きたい。そして両皇子のお母さんの大仲姫は、景行天皇の孫にあたられているのです。

一方、神功皇后の方は、これまで繰返し述べてきましたように、お父さんの系統は皇室で、開化天皇につながりますが、お母さんの方は但馬の勢力でありまして、これは新羅国主の天之日矛《あめのひぼこ》から出ているという伝承を持っています。ですから、誉田別尊と麛坂・忍熊両皇子とは、母系に関していえば、前者が後者よりは立場が低い。皇統との関わりから見れば、後者の二皇子の方が、濃厚な関係にあるといわなければならないのです。こういう事がありますので、その戦いが、非常に深刻なものとなって来るわけです。しかし何れにしましても、戦いは神功皇后方の勝利に終りました。

そして最後に、改めて私の指摘しておきたいことは、麛坂・忍熊二王の背後の勢力として、父系（仲哀天皇）・母系（大中姫）ともに、〝播磨〟が緊密に関係をもっていた、ということであります。としますと、この二王の叛乱が平定された後には、問題の〝播磨〟地方が、新しい勝利者となった神功皇后側の支配下に入ったことが十分に考えられましょう。私は、これが第十回に説きます住吉神領、〝播磨九万八千余町〟の問題と関連すると思うのでありますが、いかがでありましょうか。本日は、一応、ここまでにしておきます。

七、住吉大社神代記

（平成七年八月十二日）

はじめに

本日は『住吉大社神代記』についてお話をしたいと思います。

この書物については、これまでのセミナーでも何度も名前が出ていたわけでありますが、これは奈良時代の天平三年（七三一）という古い年紀の本奥書をもった写本で、住吉大社の古代・上代の歴史を考える上での根本史料なのであります。ところが、永らく学界では評価が定まらない状態が続きましたので、私はこの研究に、殆ど自らの半生をかけたと申してよい。そしてようやく自分なりの一応の結論を得ましたので、それを基にして『住吉大社史』の中巻を書くことが出来たのです。その意味で、本日の話は、書誌学的な考証で、お聞きとりにくい点も多かろうと思いますが、暫く御辛抱頂きます。

実はもうずいぶん昔ですが、昭和二十五年の初夏のころであったかと思いますが、私は住吉大社にお詣り致しました。昭和二十五年ですと、年齢は満二十六歳であったかと思いますが、その時に、津守通秀権宮司さんから初めて住吉大社神代記の話を承りました。そしてその時、複製本を見せて頂いたのですが、書写の年代は天平三年（七三一）とあります。これには本当に驚きました。勿論、原本は拝見致しておりません。しかし、ともかくこういう珍しいものがあるという話を承って、私は早速、この書物に関するこれまでの研究書を吟味致して見ますと、多くの先学は、色々な疑点があるという事を指摘しておられる。しかし、中にはその問題点にあまり触れず、ともかく珍しい書物であるという事だけを述べておられる方もある。で、結局、評価が定まっておらないわけであります。

当時、私は大学卒業後間もない頃で、研究者としては端くれでありましたが、住吉大社という有名な神社に宝物として伝来した一巻の書物があって、しかもそれの学問的な評価が決まらない。本物の原本か、あるいは後世の写しか、あるいは、もっと言うならば、全くの偽作か、そういう評価が決まらないというのは、学問の世界にとって非常に残念なことと思いました。それで、微力だけれども、ともかく自分の今の力で判るかぎりは明らかにしてみたいと、そういう気持ちを持って論文を書きあげました。それを御覧になった住吉大社では、早速ガリ版刷りにして私の研究をまとめて下さいました。そして翌昭和二十六年が丁度、住吉大神御鎮座一七四〇年祭に当たるというので、住吉大社では記念事業の一環として、御文庫講の皆様の協力を得て、住吉大社神代記の研究に関する一冊の書物を作って下さることになりました。

そして一切の撰修を私に一任せられましたので、私は旧稿とは別に、筆硯を新たにしておよそ百日間、懸命に書きあげました。書物といいましてもね、敗戦後間もない物資の乏しい時代でありまして、仲々本なんて出せる状態ではなかったのです。その頃に住吉大社神代記全巻の写真版——只今、廊下に複製本を並べて頂いておりますが、あの長さの巻物の原本から直接写真をとり、巻頭にアート紙で全文掲げました。原本の三分の一位に縮写したものですが、丁度書物で六〇頁です。

その写真を撮るのが大変でした。今であれば、もっと機械が進歩しておりますから簡単に撮れるのですけれども、当時はそんな状態ではありませんから。本文を含めて、困難な印刷を引受けて下さったのは岩岡書籍印刷株式会社の岩岡忠一さんでしたが、撮影をして貰った写真屋さん、名前は、——ああ赤松さんでしたか。その写真屋さんに原本を持ち込んで、――御神宝ですから傷んだら大変でしょう――大切にソロソロ拡げてそれを大きなガラス版に挟むのです。そしてそれを立てて、前方のカメラで撮るのですよ。大変な事でした。今、廊下に並べていただいている複製本は、戦前、昭和十一年頃に宮地直一博士の解説をつけて住吉大社で作成されたコロタイプ版で、これは全巻原寸大の立派なものです。何部くらい作られたのですかね、五十部くらいではないかと聞いているのですけれども、これは非常に珍しいものなのです。古本屋などでも滅多に出ません。学者でも見たことのない人が多いでしょう。しかし、研究を進めるためにはどうしても原本に近い写真を必要としますので、当時としては非常な苦労をして写真を撮っていただいたのです。そしてその写真を全部入れて、一冊の研究書を作って頂きました。それが、この『住吉大社神代記』という題の本なのです。(昭和二十六年十月発行、限定三百部)私の処女出版であります。

　このようにして写真版まで入れて公刊したのですけれども、学界におきましては、賛否両論、といいますよりも、むしろ敬して遠ざけるという状態でした。それに触れると、良いか悪いか自分の意見を言わなければならないものですから、触れないで、そっとして置くという風な空気が続きました。その中で、積極的にこの問題をとり上げて、歴史家としては、これに対して何らかの判断を示さなければならない、ということを言われたのは、坂本太郎博士です。坂本先生は、東大で私の恩師でもありますけれども、坂本先生は、この住吉大社神代記の内容に関して、色々疑点があるとして、それらを吟味して、結局これは、平安時代の元慶三年(八七九)以降の造作ではあるまいか、という御意見でありました。

　私は、もともと本書は天平三年という奥書をもち、これを書いた津守宿禰嶋麻呂と客人の自署を帯びていること、及び従来先学が疑点とされてきた箇所はすべて解消し得ると考えて、これを天平三年（七三一）の原本とみておきました。しかし、坂本先生の御批判の中の一点、「大和国」の用字法について、私は完全に脱帽せざるを得ないことになったのです。と言いますのは、国名の「大倭」から「大和」への改名時期は、私自身の研究によって〈天平勝宝八歳（七五六）六月より天平宝字元年（七五七）十二月まで〉の約一年半の間と考えられるのですが、このような国名用字の例外として、私は天平勝宝二年（七五〇）二月十六日の太政官符に「大和国」と見えることを発見していました。そこで私は、天平三年に近い頃に、もうすでに「大和」の用字があるではないかと考え、それを神代記弁護の論拠の一つにしておったのです。ところが、私の用いました大日本古文書（巻三ノ三六六頁）には、収載の仕方そのものに誤謬があり、正しくは東大寺東南院文書の三に収められている通り「大倭国」であった、ということを、坂本先生が新たに見出されたのであります。そうなりますと、私は大日本古文書を使って弁護しておる、ところが、大日本古文書そのものに収録のミスがあった、という事になったわけですから、これは私としては非常な驚きであり、この点からもう一度、改めて考え直さなければならない、ということになったわけであります。

そこで更に色々検討しまして、最終的にまとめました論文が、只今御紹介頂いた私の『著作集』の第七巻に収められています『住吉大社神代記の研究』の中の「再考・住吉大社神代記」であります。これは昭和六十年の公刊でありますから、最初からいえば三十五年ほどかかって、ようやく私が自分の判断としてたどりついた結論なのです。そして私の結論の大事な点は、現在、神社に伝わっておる住吉大社神代記は、延暦八年（七八九）に書写されたものと思われるが、そのもととなった原本は、天平三年（七三一）に作られたものと見てよい、ということです。つまり天平三年に出来たものを、延暦八年に写し直しておりますから、その時に若干の文字の修正その他があったのではないかと思われますが、基本的には天平三年の原撰と考えられる。一言でいいますと〈天平三年原撰・延暦八年書写〉説であります。最初にそのことを、一つの大筋として御理解頂き、これからもう少し詳しくお話を致します。

一、住吉大社神代記の巻末記事

先ず、その住吉大社神代記といいますのは、非常に長いもので、続紙三十六枚、全長は約十七メートル。尤も最初私が計りました時と、今の長さとは一寸違っておるのです。と言いますのは、これは昭和二十九年三月に重要文化財に指定されておりまして、その時に裏打ちが行われて、少々紙が伸びたようで、長くなっているのです。もとは一六メートル九四センチメートル程でしたが、現在の長さは一七メートル一一センチメートル、縦三二・三センチということです。ですから、大雑把に言いまして、約十七メートルの長さと考えて下されば結構だと思いますが、そういう長い巻物なのですね。

そしてその巻物の最後の所に、いわゆる奥書というのがあるのです。お手元のプリント四枚ありますが、その一枚目の後半部分を見て下さい。〔補注。重文指定の後に、勧められて原本を補修される場合が多いのであるが、その時、安易に裏打したり、軸や紐を勝手に改めたり、依頼を受けた形で新しい奥書を原本の末尾に加筆したりする不埒《ふらち》な関係者があるので、必ず専門の研究者に十分相談する必要がある。本書が、その被害をうけた点、寔に遺憾である。この点、後世の為に、敢て本書に指摘・書き残しておく。〕

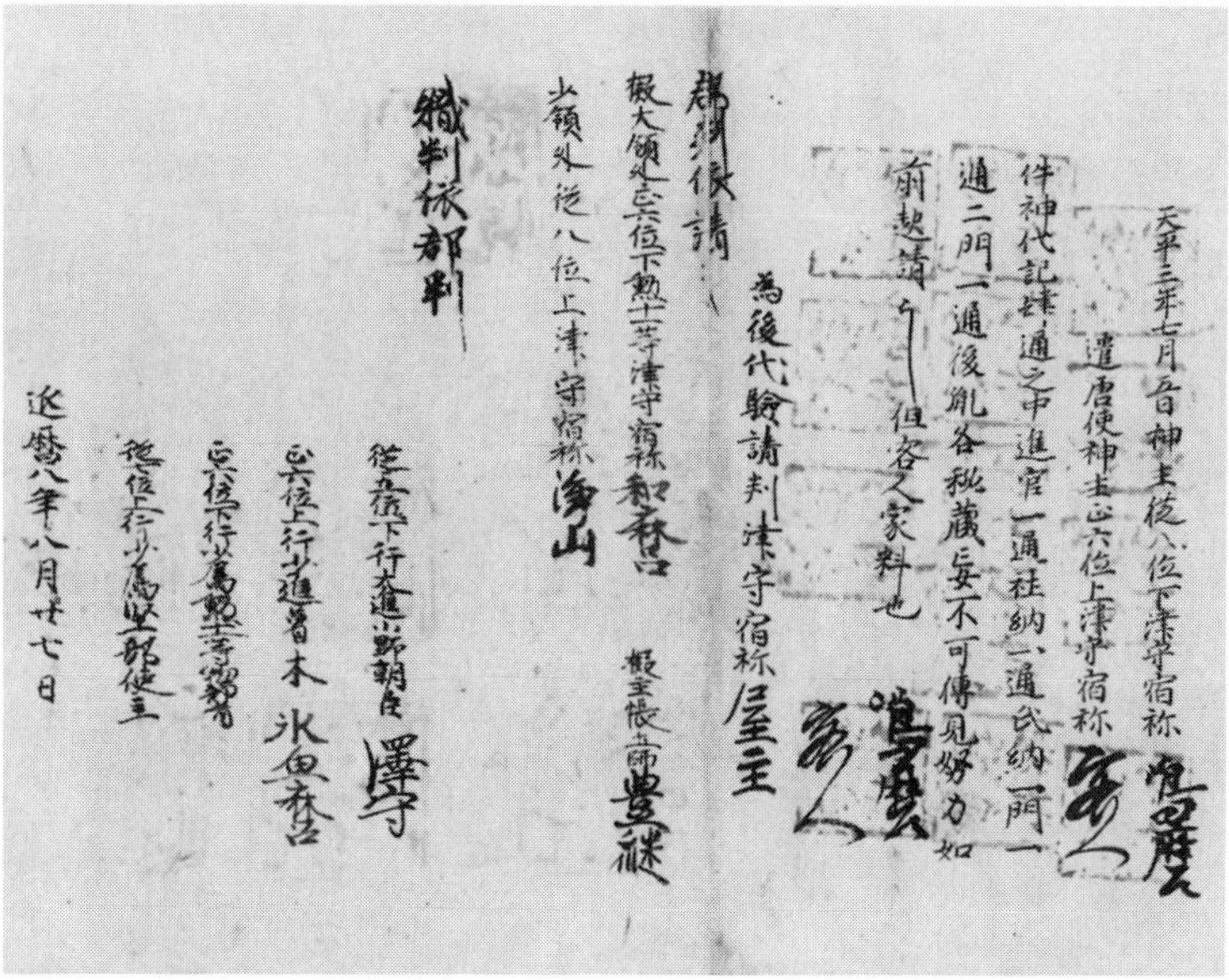

天平三年七月五日神主従八位下津守宿祢「嶋麻呂」
遣唐使神主正六位上津守宿祢「客人」
件神代記肆通之中進宮一通社納一通氏納一門一
通二門一通後胤各秘蔵妄不可傳見努力如
前起請　但客人家料也
「嶋麻呂」「客人」
為後代験請判津守宿祢「屋主」
擬主帳土師「豊継」
郡判依請
擬大領外正六位下勲十一等津守宿祢「和麿」
少領外従八位上津守宿祢「浄山」
職判依郡判
従五位下行大進小野朝臣「澤守」
正六位上行少進葛木「氷魚麿」
正六位下行少属勲十一等物部首
従七位上行少属堅部使主
延暦八年八月廿七日

天平三年七月五日　　神主従八位下津守宿禰「嶋麻呂」(自署)

遣唐使神主正六位上津守宿禰「客人」(自署)

件の神代記、肆《し》通の中、宮に進むる一通、社に納むる一通、氏に納むる一門一通、二門一通、後胤《うみのこ》各々秘蔵して妄りに伝へ見る可からず。努力《ゆめなをかしそ》。前の如く起請す。

但し客人の家料なり。「嶋麻呂」(自署)

「客人」(自署)

後代の験《しるし》の為に判を請ふ。

津守宿禰「屋主」(自署)

郡判、請《こひ》に依る。

擬大領外正六位下勲十一等津守宿禰「和麿」(自署)　擬主帳土師「豊継」(自署)

少領外従八位上津守宿禰「浄山」(自署)

職判《しきはん》、郡判に依る。

従五位下行大進　小野朝臣「澤守」(自署)

正六位上行少進　葛木「氷魚麿」(自署)

正六位下行少属勲十一等物部首

従七位上行少属　堅部使主

延暦八年八月廿七日

前頁上段の写真では、一寸何か汚れた印刷の様に見えますけれども、これは写真版をそのままコピーしたものですから、こうなっておるのでして、別に汚れたわけではありません。四角い印が文字の上に沢山押してありますね、これは「住吉神印」という印文です。この巻末の上が原本の写真版、下の方に判かり易いように活字で書き下しにしておきましたから、上と下と対照しながら見て頂けばいいのですけれども、今は活字版で読んで参ります。

「天平三年七月五日」そして、その下に「神主従八位下津守宿禰嶋麻呂」それから、「遣唐使神主正六位上津守宿禰客人」とありますね。「客人」は「まらひと」――後には「まろうど」――と読みます。その次は漢文で書いてあるのですが、判りにくいでしょうから、書き下し文にしてあります。「件《くだん》の神代記」、その次に「肆」、むずかしい字ですが、数字の大字といいまして「肆《し》」。一、二、三、四、の四なのです。

〝㈣肆通の内、官に進むる一通、社に納むる一通、氏に納むる一門一通、二門一通、後胤、うみのこ――と読んでおきましたが――、各々秘蔵して妄《みだ》りに伝へ見る可からず。努力、どりょく――と書いてありますが、一応――ゆめなおかしそ――と読んでおきました。前の如く、起請す。〟

その次に「但し、客人の家料なり。」とあり、その下に「嶋麻呂」、その左に「客人」。それぞれの人の名前の右傍に括弧をつけて「自署」と注記しておきましたが、これは自分の名を自筆で書いたという形になっておるわけであります。

そこで、これは何が書いてあるかと言いますと、天平三年七月五日に、神主の従八位下津守宿禰嶋麻呂という人と、それから遣唐使神主で正六位上の津守宿禰客人という人の、二人が書き上げた縁起ということです。ここに「遣唐使神主」と見えるのは面白いですね。これは珍しい史料でして、神主でも、遣唐使に行った神主だというのです。ここに嶋麻呂と客人と二人の名前が見えますが、この嶋麻呂の名は、津守氏の古系図にも出てきまして、私は、これが一門の系統ではないかと思うのです。従って客人の方が二門でありましょう。一門、二門というのは本家筋、分家筋という具合に分かれて行く、その家系を指しています。客人の方が、嶋麻呂よりも何故、位が高いのかといいますと、遣唐使に行って功績があったからだろうと思います。

そこで次に、「件《くだん》の神代記、四通の中」とありますが、要するに同じ神代記を四通つくったというわけです。そして「官に進むる一通、」官と言いますのは神祇官、つまり神祇官に一通進上致します。次に、「社に納むる一通、」この社とあるのは住吉大社で、神社に一通納める。その次に「氏に納むる一門一通、二門一通、」と言いますのは、津守家の一門と二門の二つの家筋に、それぞれ一通づつ納めるということです。これで四通ですね。そしてその後に、「後胤」つまり子孫の者は、各々これを秘蔵して、妄《みだ》りに伝見、伝え見るべからず。努力して必ずこのことを守れ。この様に起請する。つまり神に誓う、という事が、書かれておるわけなのです。

そしてその下に「但し、客人の家料なり。」と注記がありますから、この本、つまりこの一通は、神社のものでもなく、嶋麻呂の家のものでもなく、客人の家のものである、というわけです。そして、それを確認する意味で、さらに嶋麻呂と客人のそれぞれの自署がついている。今でいうサインです。

そしてその次に、「後代の験の為に判を請ふ。」とあり、続けて「津守宿禰屋主」、この「屋主」の箇所がやっぱり自署なのですね。どういうことかと言いますと、津守屋主が、以上の神代記の内容と伝来に疑がなく、確かなものであることを証明して貰うために、「郡判」を請願したというわけです。それに対して、その次の行に、「郡判、請に依る。」とあります。「郡」というのは住吉郡の事ですが、丁度その辺が紙の継ぎ目になっているのです。上の写真で一寸、感じがわかると思いますが、そこに紙の継なぎ目がありまして、その継なぎ目の上あたりに、「郡判依請之」と、こういう文字が書かれています。そしてその横に、今度は郡司、郡の役人の名前が並んでいる。「擬大領外正六位下勲十一等、津守宿禰和麿」、次に左の方に移って「少領外従八位上、津守宿禰浄山」、それから下段に移りまして「擬主帳、土師豊継」。これだけすべてが自署を加えて証明しているのです。

それから次の行に「職判、郡判に依る。」とあります。この職というのは摂津職の事です。摂津の国は、当時国司ではなく摂津職が置かれていましたので、摂津職の判を請うたところ、「郡判に依る。」つまり郡判の通りに認めてよい、というわけです。そしてそれを保証する形で摂津職の役人の名前が並んでいます。

先ず「従五位下行大進、小野朝臣澤守」、それから「正六位上行少進、葛木氷魚麿」、「澤守」と「氷魚麿」は自署です。それから「正六位下行少属勲十一等、物部首」、これは自署がありません。肩書きの官位と氏姓だけが書いてあるわけですね。それから「従七位上行少属、堅部使主」、これも名前はない。そして最後に、「延暦八年八月廿七日」という年紀があるわけですね。そこで、普通に考えますと、この神代記は、天平三年に先ず出来て、そして後にそれを証明して貰うために摂津の国住吉郡の役人の判、今で言えば証明書に当りますが、これを貰う。それから更に摂津職の証明として職判を貰っている、それが今の本の形なのです。そう申しますと、郡判も職判も加えられているのだから、非常に確かな文書じゃないかと、まあ考えられますね。

二、摂津職の署判をめぐって

ところが厄介なことに、この摂津職の職判にも疑問があるのです。といいますのは、その摂津職の大進として自署している「小野朝臣澤守」は、続日本紀によりますと、延暦八年の三月十六日に、すでに「摂津亮」になっている。つまり大進よりは一つ官職が上がっているわけなのです。それにもかかわらず、八月二十七日に大進として署名しているのはおかしいではないかと、それが一つの疑問になるわけです。

それから摂津職の「職判依郡判」とある箇所の上に、朱肉の印が押してある。ところがこの印文がいくら見ても読み取れない。どうも「摂津職印」らしく思われるのですが、印肉の色もよくないし、印としては疑問がある。ですから、この職判全体が疑わしいのではないかという意見もあるわけなのです。

そこで私の考えを申しますと、第一に、その職判の所に押された印は摂津職の印ではないと思います。これは恐らく、後世の人が、ここに「職判、郡判に依る」とあるものですから、摂津職の印判のようなものを模作して捺したのではないか。これは本物の「摂津職印」ではない、と思います。と言いますと、皆さんそれだけでもう偽作だと思われるかもしれませんが、実を言いますと、摂津職判というものは、実際に印章を捺す正式の場合もありますが、簡略に「職判」と書いただけでも通用する場合があるのです。「職判、郡判に依る」というのは、郡判が前にありますので、それを信用して、郡判の通りに認めますと、こういう意味なのです。ですから、摂津職としては、自分で検討して承認したというわけではなく、郡判によって、その通りに認めます、というだけの事なのですね。ですから、何も摂津職の印章をわざわざ押さなきゃならない程の重要なことではなく、単に「職判」と書くだけで通用するのです。

それではその前の「郡判」というのはどうか、と言いますと、それは「郡判、請に依る」と書いてありますね。これはつまり、住吉大社の津守家の方で、これを認めて下さいと言って来たので、それを確認します、というのがこの場合の郡判の意味なのです。

ですからこの文書は、住吉大社側で、その信憑性を、住吉郡司に先ず認めてもらって、その郡判を受けて更に摂津職にも証明をして貰った、というわけなのです。ですから、この場合の摂津職判というものは、割合軽い意味ですから、正式の印章を捺すことはなかったものと思われます。「判」（はん）と言うことについては、今でも花押のことを〝書き判〟と言うでしょう。内閣の大臣たちが書類に自分の名前を自署したあとに花押を書きますが、あれを〝書き判〟と言うのです。つまり筆で書いてあっても「判」なのです。それと同じで、「職判」と書けば、もうそれで証明されているわけなのです。そしてその職判の次に主だった摂津職の役人が名前を連ね、それぞれ自署しているのですから、それでよい。そして文末の「延暦八年八月廿七日」というのは、おそらくこの文書が住吉側に返された、つまり津守家で受け取った日付じゃないか、という風に考えられるのです。

そうしますと、小野朝臣澤守の官職が延暦八年三月十六日に摂津亮になっているのに大進と書かれていることについての説明も十分に出来るわけです。ただそれを言うためには、今度は「延暦八年八月廿七日」という文字を誰が書いたのかということも考えねばならない。私はこれを津守側で書いたと考え、具体的には津守宿禰屋主ではないか、と思っています。つまり屋主という人物が、「後代の験のために判を請ふ」と、こう言っている訳ですね。そして郡判と職判をうけて、その文書が返却されてきた。それを受け取った屋主が、その年紀の「延暦八年八月廿七日」を書き入れた、そう考えれば、筋が通るのではないでしょうか。

そこで、今度は、二つの文字「延暦八年八月廿七日」と「為後代験請判」の文字とを、比較検討する必要があるわけです。しかし文字の鑑定という事は、非常に難しい事でしてね。これは、ある程度、勘が働かなければなりませんので、断定は出来ないのですが、両方の文字の撥ね方などをよく検討しますと、私は同一筆跡ではないかと思っているのです。

それから大事な事は、「郡判依請之」以下の郡司の名前、また「職判依郡判」以下の摂津職の役人の名前の書き方、これを位《い》署書《しょがき》というのですが、この位署書の記載の仕方及び文字についても考えなければなりません。私はこれを、延暦当時のものとみてよいと考えますが、坂本先生も「この署判…（は）よく作られている。その点では何か粉本になったものがあったのであろう。」と書かれているのです。つまりここの箇所はよく出来ている、何かを見て作ったのじゃないかと言われるのですが、何かを見て作ったとすれば、その見たという元の文書の存在を認めねばならないわけでしょう。私は、ここの筆跡が、決め手になるという風に見ております。

三、住吉大社神代記の伝来

次に、この住吉大社神代記がどのようにして伝わって来たのかと申しますと、住吉大社の第一本宮の中の内陣、御内陣の中の辛櫃に納められて、ずっと伝わって来たのです。それで明治以前は歴代の宮司といえどもそれを拝見出来ない、そういう建前になっておった様です。あるいは虫干しなどはしたのかわかりませんが、しかし内容は拝見しないという原則で伝わって来たわけであります。

そのために、一つの逸話があります。この大阪に松下見林という学者がいました。この人は一般にはあまり知られていませんが、私共は非常に優れた学者だと思っております。で、この松下見林が昔の文献に――例えば藤原定家の日記の『明月記』などに――住吉大社に神代記のあることが見えていますので、それを拝見させて貰いたいと言うので、天和年中（一六八一～一六八三）に、住吉大社に頼みに来るのです。その時の大社の宮司は津守国教、この国教という人も非常に秀れた宮司さんでして、松下見林とは非常に親しかった。見林は天和三年、住吉大社の『住吉大神宮年中行事』を、国教のために書いています。それくらい二人の間には交流が深かったにもかかわらず、この時、正禰宜の神奴連明勝という人が極力反対したため、見林は遂に神代記を見せて貰えなかった。そういうエピソードがあるのです。

それから、もう少し後になりますけれども梅園惟朝、この人は住吉の社家で、優れた学者でもありまして、この人の書いたものに『住吉松葉大記』という大著があります。そのように、住吉の社家であり、学者でもあった惟朝でさえも、実はこの住吉大社神代記を見ることが出来なかったので、彼は、恐らくこれは応永年間に失われてしまったのではないかと、そういう事を『住吉松葉大記』に書いております。それ程迄に、神代記は厳重に秘蔵せられてきたわけです。

ところが幕末頃になりまして、どこからか写本が流れ出た。さらに明治になりますと、その一部は学者によって引用されるようになり、明治三十一年、栗田寛博士の「住吉神社神代記考証」という論文が書かれ、また明治四十年になりますと、神代記は佐伯有義博士によって『神祇全書』（第参輯）の中に収められて広く流布するようになりました。さらにその後、昭和七年には武田祐吉博士の「住吉神社神代記に就いて」という実証的で優れた論文も発表されたのですが、何分、原本を拝見できないものですから、隔靴掻痒の感をまぬがれませんでした。それが昭和十一年、先程申しました宮地直一博士の解説のついた立派な複製本が公刊されまして、それで学界としては、かなり研究が出来る体制になったわけです。

四、現本は甲・乙二本の取りまぜ本

ところが、複製本によって原本の姿を見ることが出来るようになりますと、また別の難しい問題がおこってきました。原本は、紙の数で三十六枚あるのですが、その用紙や文字を詳しく検討しますと、一様ではないのです。その続き具合を判りやすく示しますと、次の図のようになります。〔補注。本書の場合、頁の横幅に収まりませんので、やむなく縦組にしましたので、横にして御覧ください。〕

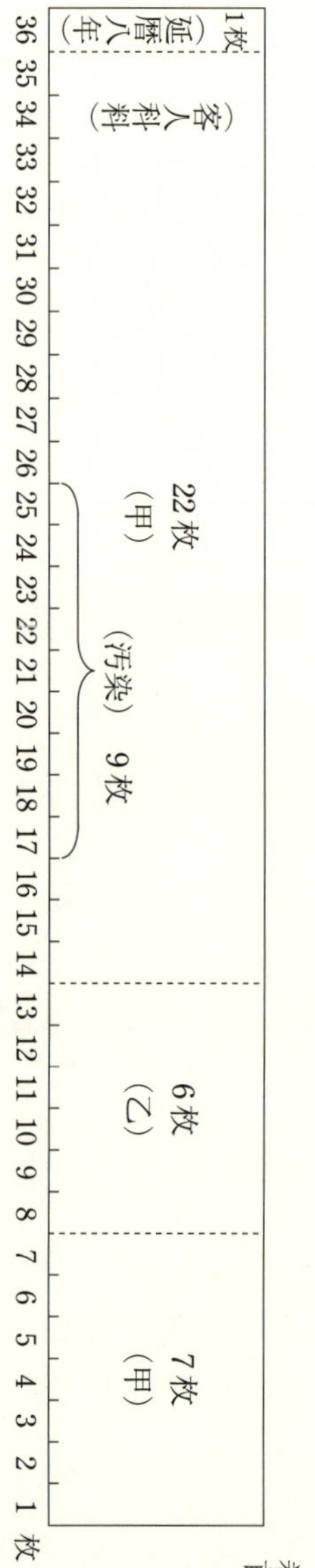

右（図では下方になります。）の方が巻首です。左（図では上方）の方が巻末です。これからの説明がややこしいのですが、はじめ七枚は（甲）と書いておきましたが、これが甲本の系統なのです。それからその次の六枚に（乙）と記しておきましたが、これが乙本の系統になるのです。それからその次の二十二枚が、又、甲本の系統になる。そして最後に、「客人の家料なり」と書いてあって、更に又一枚つぎ足して、「延暦八年」の、只今説明した年紀が入っているのですね。全体がこういう複雑な構造なのです。

要するにこれは、四段に分かれますが、内容だけについて大別すれば二つ、甲と乙という二種類の写本をつなぎ合わせた巻物なのですね。このような書物を、取りまぜ本といいますが、二本を取りまぜてあるのです。複製本でもよく判りますから、後程、実際に確かめて下さい。

それから、十七枚目から二十五枚目迄の九枚、これに（汚染）と書いておきましたが、この九枚分は、同じ場所に染《し》みが付いているのです。同じ場所に染みが付いているという事は、重ねてあった時に染みが付いたということが判ります。今は巻子本で、つながっていて長いのですけども、ある時代に、紙はバラバラになって重ねてあった。だから同じ箇所にずーっと染みが付いているのです。恐らくある時に、糊がはがれて紙がバラバラになったり、一部には染みがついたり、場合によっては無くなったり、色々したのだろうと思います。ですから現在ある本は、甲と乙の取りまぜ本なのです。

このように見てきますと、この神代記が完本でなく、二本の取りまぜ本であることは、一見、価値が低く、残念な感じがするのですが、実はこのことが、本書の信憑性を考える上で重要な働きをすることになるのです。つまり、もし、本書を偽作するとするならば、それがどの時代であろうと、たとえば平安の中頃、或は平安の終わりであろうと、どの時代でも結構ですが、ともかく、後世に偽作するというのであれば、わざわざこのような甲・乙二本の取りまぜ本の形にしなくても、初めから終りまで、一筆で書いてしまえばよいのです。それをそうしないで、ことさらに別々の二本をつなぎ合わせて一本にしているということは、逆に偽作などではあり得ない証拠といえましょう。実に面白いことではありませんか。

五、延暦八年に証判を求めた理由

そこで次の問題は、それでは何故、天平三年に出来たものが、もう一度あらためて、延暦八年に、住吉郡司や摂津職に先程のような証明をしてもらわなきゃならない事になったのか、という事ですが、実は天平三年以後に、住吉地方において大変な風水害があったのです。これは続日本紀に出ておることですが、天平勝宝五年（七五三）の九月、

「摂津国御津村」に大風が吹き、潮水があふれて百姓五百六十余人が溺死した、とあります。

もともと住吉大社神代記は天平三年に四本作ったこと、先程お話した通りですが、一本は神祇官に進上してしまってありますから、住吉に残っているのは、神社に納めた一本と、社家の一門一本、二門一本ということになります。そして神社に納めた神代記が、この風水害で失われてしまったのではないか、と私は思うのです。

としますと、後に残ったのは、津守家に伝わる二本ということになります。ところが、それでは何の必要があって延暦八年に新しい書写本を作り、その伝来の証明をしてもらう必要が起こったのかといいますと、実は、延暦八年に、桓武天皇が住吉大社に行幸されておるのですね。このことが、続日本紀には見えておりませんが、帝王編年記に記されているのです。としますと、住吉側では、この時に、神代記を持ち出して、そして叡覧に供するということを考えたのではあるまいか。ところが、神社に伝わる正本は風水害で失われてしまっている。そこで急いで津守宿禰客人の家料である一本をもとに、書写せしめ、これが間違いなく原本の写しであることを証明して貰うために、郡判と職判を請うたのではないでしょうか。郡司の名前を見てもらえばわかりますように、擬大領、——大領の代理のようなものですが、それが津守宿禰和麿で、この人は津守家に伝わった古系図に、「和丸」として出て来るのです。また少領の津守宿禰浄山も、古系図に見えます。因みに、津守宿禰嶋麻呂の名前も古系図に載っていまして、これらはすべて津守の一族です。その同族の誼もあって、住吉郡司に先ず判を求め、それを更に摂津職に上申して判を請い、権威づけとしたのであろう、というのが私の推定であります。

さて、以上のように考えますと、延暦八年に、神社側で「客人家料」の神代記を書写した事情がよく判るわけですが、尚、難しい問題として残るのは、先に述べましたように、本書が甲・乙二本の取りまぜ本であり、この甲本・乙本と、最後の延暦八年の年紀をもつ署判記事の部分との関係を、どのように考えるかということであります。この点についても、幾つかの解釈が可能でありましょうが、先ず、第三十五紙と第三十六紙の継目の上に、「郡判依請[之]」と書かれていますから、もともと甲本と署判記事とが続いていたことは間違いありません。そして延暦の時点で、国郡司の証判をうけるのに、最初から甲・乙二本の取りまぜ本を提出するということは考えにくいことですので、この時、全体を一筆で、新しく書写したものと思われ、恐らくは、〈甲本＋書判記事〉というのが、本来の形であったものと思われます。

しかしそれならば、何故、乙本が甲本の中間に補充されているのであるか、この点が疑問となるでありましょう。しかし、先程、私は本書の伝来に関して、後世、糊がはがれて、そのために巻子仕立をやめて、続紙を一枚々々上に重ねて保存していた時期のあることを申し述べましたが、恐らくその頃に、〈第八紙〜第十三紙〉の部分が、汚染か散逸をしたので、それを乙本によって補ったのではありますまいか。そして、この乙本も、恐らく延暦に新写された本の副本として、神社側で別に書写していた独立の一本であったのであろうと思われます。

六、自署と筆蹟の問題

そこで、更に重大で根本的な疑問は、もし本書が延暦の書写本であるとしたら、天平三年の年紀の箇所に、嶋麻呂や客人が、それぞれ自署しているのをどう解釈するのか、という問題が残るのですね。実は私共が本書を一見して、これは天平三年の原本ではないかと咄嗟に思ったのは、そして長くその事の解釈に苦しんできたのは、この自署というものの意味なのです。写真を見て下さい。「天平三年」の下の「神主従八位下津守宿禰」というところまでは筆写生が書いているわけですが、その下の「嶋麻呂」と、次の行の「客人」と、これは一寸、くずした様な字で自署の形をとっているでしょう。ですからこれを見た限り、自署があるという事は、その時のもの、つまり天平三年の書写本と言わざるを得ないわけです。ところが、今も申し上げました様に、天平三年としては、内容的に矛盾があり、どうしても無理が生じてくるのです。この点をどう考えればよいか。私の永く苦慮してきた重要な一点であります。

それからもう一つ大事なことは、この文書の文字についてであります。奈良時代の特に天平あたりの当時の文書に熟した人の目で見ると、神代記の文字はやはり一寸弱い、ということがよく言われたのです。しかし、これに対して、私の思いましたのは、そういう事をいわれる方は大抵、奈良時代の写経生の文字を研究しておられる方が多い。写経の文字、それは一種独特な非常に角張った、筆を撥ねる時でも、ピッと強い線ですね。それと比較すると筆勢が確かに弱い。それは私も承知していました。だけどもあれは、中央官庁に所属する写経生の特別な字であって、神代記の筆者のように、摂津の社家に関係する者の書いた字であれば、あの程度の筆勢になるのではないか、という風に私は思ったわけです。それは、何も私が勝手にそんな事を思ったのではないのでして、実は、『大安寺伽藍縁起並流記資財帳』という文書があるのです。資料の二枚目（次頁の上欄）に原本のコピーをのせておきました。参考として御覧下さい。

『大安寺伽藍縁起並流記資財帳』。この原本は、いつ出来たかというと、天平十九年二月十一日、とあるでしょう。

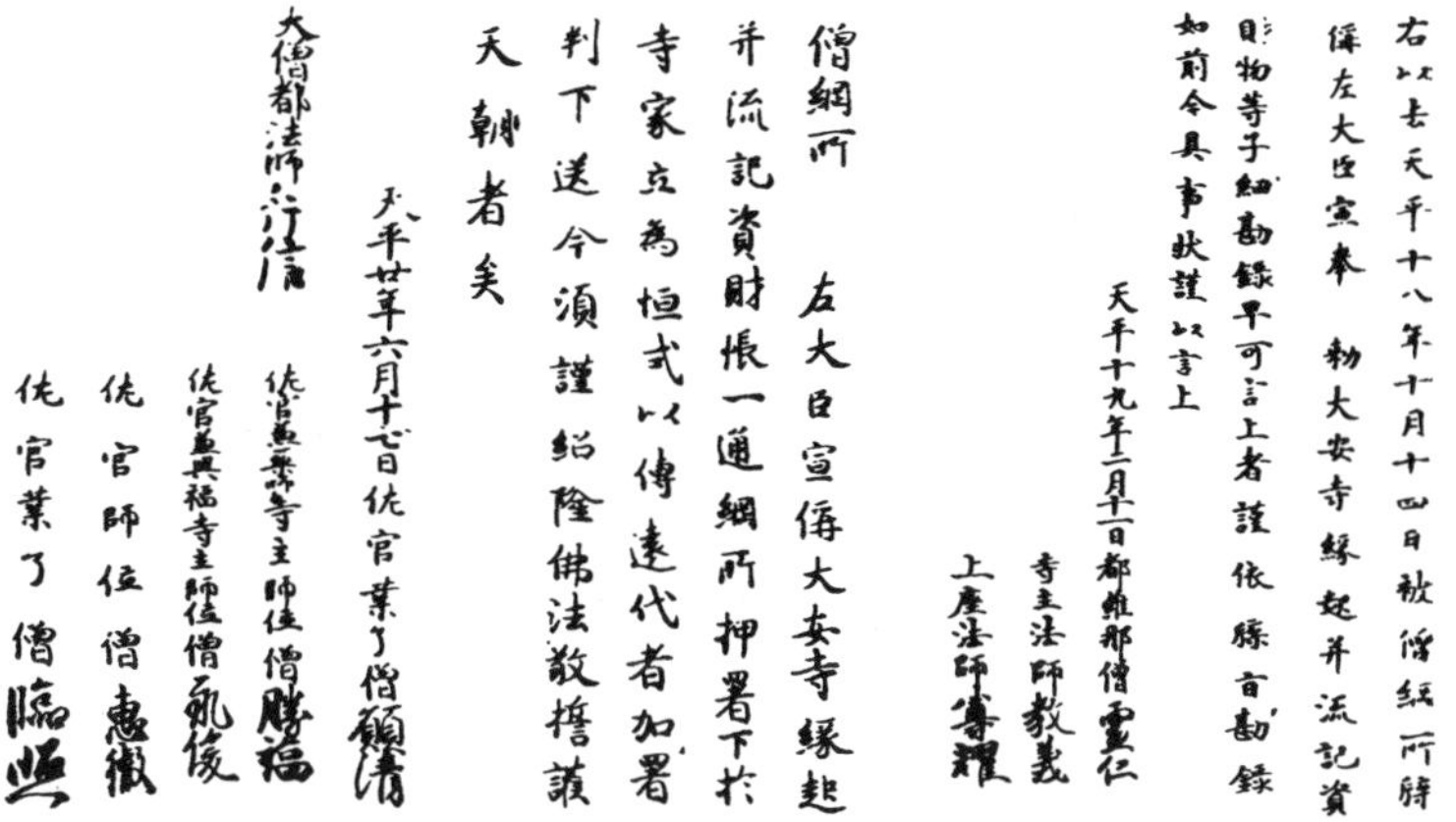
右以去天平十八年十月十四日被僧綱所牒
偁左大臣宣奉　勅大安寺縁起并流記資
財物等子細勘録早可言上者謹依牒旨勘録
如前今具事状謹以言上
天平十九年二月十一日都維那僧霊仁
寺主法師教義
上座法師善耀
僧綱所　右大臣宣偁大安寺縁起
并流記資財帳一通綱所押署下於
寺家立為恒式以傳遠代者加署
判下送今須謹紹隆佛法敬擁護
天朝者矣
天平廿年六月十七日佐官業了僧願清
大僧都法師行信
佐官兼薬師寺主師位僧勝福
佐官兼興福寺主師位僧永俊
佐官師位僧恵徹
佐官業了僧臨照

そして下の方に都維那僧「霊仁」以下三人の坊さんの名前があり、これが皆、自署でしょう。そして更に「天平廿年六月十七日」の僧綱所の署判記事があり、大僧都法師「行信」以下六人の僧の名も自署で、しかもそれぞれ違った筆遣いで書いてある。

そこで、この大安寺伽藍縁起並流記資財帳を天平十九年・二十年頃の書写とみてよいとしますと、この文字と住吉大社神代記の文字とを対比して、筆勢に関する限り両者に甲乙はつけがたい。私は戦後間もない頃、昭和二十七年六月、奈良国立博物館でこの大安寺の縁起・資財帳の原本を拝見して以来、これが天平書写ならば住吉神代記も天平として認められてよい、そういう思いが頭から抜けなかったのでありあます。ところがですよ、その後、だんだん私の研究も進みまして、大安寺縁起の僧名の自署の部分が、実は後人の臨摹《りんぼ（も）》と言うことが判ってきたのです。わかり易い言葉で言えば模写です。つまり、原本に書いてある通りに引き写す、その場合、自署についてもそれを真似て書く、ということを知ったのです。自署もよく似せて、その通り書いているわけです。これには驚きました。普通の文書ですと、実際に書いた人が自分の署名をする。それを更にあとの人が写す時は、前の文書の筆者の名を書き、その下に「花押」とか「在判」とか書くものです。まさか実際の筆者の署名を字体まで真似て書くとは思いませんでした。後世、若しそのような書き方をすれば、これは偽作と疑われても仕方ないようなことです。

ところが、昔の人の写本というのは、原本のもとの通りに写すのですね。このことは、一般の学者でもあまり知らない。私も初めはわからなかった。だけど色々研究してみると、どうもそうなのです。写すという事は、ただ文字を写すだけでなしに、署名した名前の字形まで写すのです。これは決して偽作しようという意識からではない。ともかく丁寧に、原本そのままに写そうという真摯な気持からであって、見る者も、そのような気持をくんで理解せねばならないのであります。

そこで大安寺縁起の文字や自署が後人の筆跡となってくると、それは直ちに住吉大社神代記に影響してきます。「嶋麻呂」や「客人」の自署をもう一度見て下さい。まあ非常に変わった字が書いてありますね、だから一見すればいかにも自署ですが、しっかりと熟覧しますと、自署にしては筆勢がいじけていて弱い。この写真のコピーでは判りにくいかも知れませんが、私はこの点を確かめるため、再度にわたって原本を慎重に検討させていただきましたが、「嶋麻呂」「客人」、それぞれ二か所ずつ記されている文字は、墨色と筆勢からみて、恐らく同一人による臨摹と判断せざるを得ませんでした。

こういう問題は非常にむずかしい事なのでして、私もそこに気が付くまで、随分年月がかかったのです。しかし、そういう目で見ますとね、お寺や神社に所蔵する古写本や古文書類の中で、自署がある為に、原本だと考えられる場合がよくありますけれども、必ずしもそうではないのですね。高野山にある重要文化財の金剛峯寺根本縁起にしても、承和三年（八三六）の国判があり、国司の自署がありますので、これを平安時代の書写と解説するものがありますが、それは誤りで、恐らく吉野時代の案文とみるべきでありましょう。つまり昔は自署まで真似て写すのですから、今の我々と感覚が違うのです。そういう目で、古写本や古文書を見て頂きたいと思います。住吉大社神代記の場合は、そういう問題がありまして、そこで色々苦労をしたわけなのです。

七、天平以後の神代記の流伝

以上、いろいろ文献考証についての難しい話をしてきましたが、現在、住吉大社に伝わっている住吉大社神代記の作成次第について、なお確実に押さえられない点もありますけれども、これまで述べましたところを要約して、私はおよそ次のようなことではないか、と考えております。

〔1〕天平三年（七三一）七月五日に、神祇官に提出するため、原本（四通）が撰述された。

〔2〕その後、社納の一本が亡失した。理由は未詳であるが、天平勝宝五年（七五三）の大洪水のためかもしれない。

〔3〕延暦八年（七八九）、桓武天皇の住吉行幸に際して、神社側では、『住吉大社神代記』を上覧に供するため、改めて本書〈甲本〉を書写したが、その底本は、社家津守氏の「客人家料」本であった。この時に、若干の新しい語句の補筆が加えられた可能性がある。そしてこの際、或いはその後に、神社側では副本〈乙本〉も用意していたのであろう。

〔4〕この上覧に供する延暦の新写本〈甲本〉が、間違いなく天平三年の原本を書写したものであることを証明してもらうため、津守宿禰屋主は、縁故の誼《よしみ》をもって、住吉郡司の証判をうけ、さらに摂津職の署判をも得て、本書が神社側に返却されたのが、「延暦八年八月廿七日」であったと思われる。

〔5〕その後、本書〈甲本〉の続紙がはがれ、中間の一部分が失われたので、神社側で、別に伝来していた延暦写本の副本〈乙本〉をもって補填をした。それが現存の本書であろう。

〔6〕捺印については、もともと甲・乙両本の墨附全面に「住吉神印」が施されていたが、〈甲本〉に〈乙本〉を補った際、紙背継目に「住吉神印」を押し、さらにその後、何らかの事情で、表面に大形の証印が附加せられたのであろう。

この中の〔3〕の「若干の新しい語句の補筆」ということや、〔6〕の捺印については、さらに詳しくお話する必要があるのですが、あまりに詳しくなりすぎますので、本日は割愛いたしました。御関心のある方は、私の著書(「はじめに」で紹介した私の『著作集』第七巻所収。)を御覧いただきたいと思います。

八、明らかになった神代記勘注の次第

ところで、住吉大社神代記には、いったい何が書かれているのか、次にその点をお話したいと思います。しかしその前に、本書の巻末に、これを撰述するに際して用いた、もとの文献についての説明がありますので、それから見てまいります。資料の二枚目の初めに掲げた〔勘注の次第〕という箇所を見て下さい。

70以前。御大神顯坐神代記。引㆘勘己未年七月朔
丙子。注進。大山下右大辨津守連吉祥。去以㆓大寶二年
壬寅八月廿七日壬戌㆒定給本縁起等㆖。依㆓宣旨㆒具
勘注。所㆓言上㆒如㆑件。謹以解。

70 以前、御大神顯座《あれます》神代記なり。[7]己未年七月朔丙子、[8]大山下[9]右大弁[10]津守連《の》吉《きち》
祥《ざう》の注進するところ、去る大宝二年壬寅八月廿七日[11]壬戌を以て定め給ふ本
縁起等を引勘《ひきかむが》へ、[12]宣旨に依りて具《つぶさ》に勘注し、言上するところ件の如し。謹
みて以て[13]解《げ》す。

天平三年七月五日　神主従八位下津守宿禰「嶋麻呂」

71　遣唐使神主正六位上津守宿禰「客人」

上の方が活字に改めた原文なのですが、これが、今迄、読めなかった。私以前の学者で正しく読んだ人は無いのです。しかし、今その説明をしていますと長くなりますから、私が読み解いた文章を、書き下しにして下の方に掲げておきました。これを見て下さい。〔補注。上段の欄外の数字は原本の行数。下段の〈7～13〉の数字は拙著につけた私注の番号です。〕

先ず、「以前、御大神のあれます神代記なり。」そこで切るのです。「以前」といいますのは、〞それより前〞という事ですけれども、これは古文書を読む上で承知しておいて頂きたいのですが、「以前」という時は、その前に何箇条かの記事があり、それをすべて受ける場合に用います。直前の一箇条の記事だけを指す時は「右」と書くのです。そ

こで、ここの文章は、「以前、ここまでのすべての箇条は、皆、大神の現れます次第を述べた神代記である。」という意味です。その次に「己未年七月朔丙子」とありますが、「己未」は年の干支、「七月朔丙子」というのはその年の七月の「朔」、つまり一日で、干支でいうと「丙子」、ということですね。

次に「大山下右大弁津守連吉祥の注進するところ」。ここで一旦、切るべきだと思います。ところが今迄の研究者はずっと下へ続けて読んでしまって、「去る大宝二年壬寅八月廿七日壬戌を以て定め給ふ本縁起等を引き勘へ、宣旨によりて具《つぶさ》に勘注し、言上するところ件の如し。謹みて以て解す。」これを一連の文章とみて、津守吉祥が、大宝二年にまとめた本縁起、という風に見て来たわけです。

ところが、それはおかしいので、津守吉祥の活躍したのは、大宝より一つ前の時代、斉明天皇の御代なのです。日本書紀の斉明天皇の五年七月三日の条に、「小錦下坂合部連石布・大仙下津守連吉祥を遣わして、唐国に使いせしむ。」と見えています。そしてこの斉明天皇五年が「己未年」に当たるのです。「大山下」（「大仙下」も同じ。）というのも、大化五年二月より天武天皇十四年迄の間に用いられた冠位なのです。で、そういう事を考えますと、神代記の「己未年七月朔丙子」というのは、斉明天皇五年七月一日にあたり、日本書紀の記事と対照すると、遣唐使として派遣される二日前ということになります。（決死の覚悟で唐に出発する直前に、遺書のつもりで書きのこしたのでしょう。）この時に「津守吉祥が注進したところのもの」、これが一つの文書です。ここで文章は一旦、切れるわけなのです。

それから更にもう一つ、「大宝二年壬寅八月二十七日壬戌を以て定め給ふ本縁起、」それとを勘《かんが》え合わせて、「宣旨によりて具に勘注し、」というのは、天平三年に、神社の縁起を提出せよという宣旨が下ったものですから、それに対して言上致します、ということです。「解す」というのは、所官の下の方から上へたてまつる公文書の場合に用いる言葉です。つまり、ここの記事の意味は、〔第一〕に斉明天皇五年に津守吉祥が注進した文章、それから〔第二〕に大宝二年八月二十七日に定められた本縁起、それらを勘え合わせて、天平三年七月に言上致しますと、こうなるわけですね。

さあ、そうしますと、この縁起の中には、斉明天皇五年当時の内容が伝えられておるという事になるわけですから、これは大変なことです。大宝二年でもえらい事です。大宝の古文書としては、正倉院に戸籍類がありますけれども、その程度のことで、こういう文章というものではない。その大宝二年（七〇二）の本縁起と、さらにそれより五十年以上も遡った斉明天皇五年（六五九）の文章等を勘案して作りあげたのが、この住吉大社神代記、ということになるわけです。

但し、そういう古い時代の史料を引き勘えて作成したために、出来上がった現在の住吉大社神代記の構成には、すっきりしないところ、未精撰というべき稚拙な箇所が残っていますが、それは致し方ありません。

この住吉大社神代記には、日本書紀も勿論、利用されて居ります。尤も、この神代記と日本書紀との関係は、非常に難しいことでして、私は、日本書紀の特に神功皇后の巻などの原史料は、恐らく住吉神社側から出ている部分が多いと見ているのです。つまり神功皇后を中心とする原材料は、もともと住吉側から出ており、日本書紀編者は、それを使いながら、その他の史料も総合して、優れた漢文として書き上げたのではないか、と考えています。ですから、日本書紀として出来た記事を、住吉側が自分の神社の縁起書の中に引用することは、別に遠慮する必要はない。それはかなり楽に、自由に出来たと思うのですね。そのために、御神徳に関する記事などで、神代記が日本書紀の書き方を改めて、ことさらに顕彰しているような箇所が若干みえますが、住吉側としては、それをやっても当然であったと思われます。

日本書紀につきましては、神代記と一々対比すれば問題点が明らかになりますから、それでよろしいが、斉明天皇五年当時の文章とか、あるいは大宝二年の本縁起の文章になりますと、それがどの部分であるかということを判断することは仲々難しい。しかし、私の見るところ、日本書紀や古事記の文章よりも、もっと古いと思われる文章が神代記の中に確かに認められます。

例えば、神代記の中に「船木等の本記」というのがあるのです。これについては第十一回目のセミナーでお話するつもりで、本日はその内容にまで言及はいたしませんけれども、この文体は明らかに古いものです。これは私が言うだけではない。武田祐吉博士なども、早くからそのことを指摘しておられるのです。その他の部分でも、古典に詳しい学者であれば、この住吉大社神代記の古伝承に関する記事が、紀・記にまさるとも劣らぬ古体であることは、一見して判る筈です。

しかし、先程申しましたように、もとの資料が混雑して編集されていて、通読もしにくいために、従来、詳しい研究がゆきとどかなかったというのが実情なのです。そのことは、天平三年に起草する時点でも恐らく同じで、この当時までに、既に意味の判りにくい記事もあったのではないかと思われます。まして、延暦八年当時になって来ましたら、一層判りにくい。多分、書写した人自身は、十分に読めずに写しているにちがいない。そのために誤字や衍字が散見するのでありましょう。それを私が初めて校訂し、一応読めるようにしたのでありますから、今後は、益々住吉大社神代記の価値が明らかになってゆくことでありましょう。

九、住吉大社神代記に掲載された内容

次にこの住吉大社神代記の内容を概観しておこうと思います。もう一度、資料一枚目の〔1〕を見て下さい。これが神代記の巻首の部分です。これも一寸、上の方の原文のコピーでは印文が汚れのように見えて読みにくいですから、下段に活字で示しておきました。読みますと、「摂津職に座ます住吉大社の司、解し申す。」これも、〝摂津職にいます〟というだけで疑う人もあるのです。摂津職というのは役所の名じゃないか、と。しかしそうではありません。この当時に於ては、「摂津職」というのは「摂津国」と同じ意味でもつかわれているのです。そういう例が正倉院文書にもあります。ですから決しておかしくはない。これで正しい。次に「住吉大社の司　解し申す。」この「解」の字の下、一字分空白にしてありますのは、これは古い文書の慣例です。これをよく人は、「住吉大社の司の解」と、そこまで続けてよみ、次の「申」の字を下につけて理解しようとするのです。だけどそれは、素人の読み方であって、これは「解し申す」と上から続けて一気に読まなければいけない所なのです。次に、「言上、神代記の事」これも上からすらりと読むのです。「神代記を言上するの事」とは読まない。これが古文書の読み方なのです。次に、「合」という字、合わす、という意味で、次に掲げられている二つの縁起を合わせてあります、ということでしょう。「従三位住吉大明神大社神代記」次に「住吉現神大神顕座神縁記」。この「住吉現神」というのは面白いですね、住吉

の神は人間の形に現れて活躍されるという伝承が昔からあり、これは第一回セミナーの時に御神徳に関連して申しました。「現神」、これは〝あらみかみ〟なのです。この二つの縁起を合わせました、ということですね。

次に、「玉野の国」、これは他に出ない資料ですが、住吉郡のことです。この地を、昔は玉野の国と言った。その玉野の国の「渟名椋長岡玉出峡墨江御峡にいます大神。」このことについては前回の第六回セミナーで述べましたが、この地を古くから「渟名椋長岡玉出峡」と呼んでいた証拠の一つであります。そして左側に細字で「今謂う、住吉郡神戸郷墨江にいます住吉大神」と記されています。〔**補注**。「神戸郷」については、私の注釈（『著作集』第七巻一二九頁下段）で「倭名抄にこの郷欠く。後の榎津（エナツ）郷に当るか。」と書いておきましたが、今更に考えますと、古くは恐らく「住吉郡」そのものが〝神郡〟であり、その中の「神戸郷」であったと思われます。若しそうとすれば、この点は、所謂〝神郡〟の歴史を考える上で重要な資料となりましょう。第九論文で言及した「八神郡」（三一八頁以下）を参照して下さい。〕

その次に、「御神殿四宮」として、第一宮、第二宮、第三宮、第四宮と並べ、第一宮は「表筒男」の神を祭るとしています。この順序が現在のそれと異なる点については、前回のセミナーで詳しく申しました。そして第四宮の下の割書には「姫神宮」とあり、「御名は『気〔息帯〕長足姫皇后』」、つまり神功皇后の宮と書いてある。

以上が、この住吉神代記の書き出しの文章なのです。さらに長い記事が続くのですが、その一々を述べるわけにいきませんので、次に内容の項目だけを掲げておきます。各項目の末尾の数字は、神代記原本の行数を示しています。またこの中の（3）の住吉の大神の顕現される次第は、日本書紀が主として引用されていますが、その他はすべて神代記独自の所伝といってよいものです。

⑴ 御神殿・神戸・斎垣内の四至・大神の宮・部類の神・子神（六〜三七行）
⑵ 神財流代長財・御神殿の装束（三八〜六一行）
⑶ 住吉の大神の顕く現れませる次第（六二〜三八三行）
⑷ 御封寄さし奉る初（三八四〜三九五行）
⑸ 山河寄さし奉る本記（三九六〜四四八行）
⑹ 膽駒神南備山の本記（四四八〜四六一行）
⑺ 長柄の船瀬の本記（四六二〜四六五行）
⑻ 開口の水門の姫・田蓑島姫の神社（四六六〜四六八行）
⑼ 摂津国豊島郡の城辺山（四六九〜四七七行）
⑽ 同国河辺郡の為奈山（四七八〜四八三行）
⑾ 為奈河・木津河（四八四〜四九九行）
⑿ 荷前二処・幣帛浜等の本縁（五〇〇〜五〇七行）
⒀ 神前審神の浜（五〇八〜五一二行）
⒁ 木の小島・辛島・粟島・錦刀島を御厨に寄さし奉る本縁起（五一三〜五一五行）
⒂ 周芳の沙麼の魚塩の地を領す本縁（五一六〜五五二行）
⒃ 播磨国の賀茂郡、椅鹿山の領地・田畠（五五三〜五七一行）

九、住吉大社神代記に掲載された内容

(17) 船木等の本記（五七二〜六二一行）
(18) 明石郡の魚次の浜一処（六二二〜六三三行）
(19) 賀胡郡の阿閇の津の浜一処（六三四〜六四四行）
(20) 八神男・八神女供え奉る本記（六四五〜六五五行）
(21) 天の平瓮を奉る本記（六五六〜六六一行）
(22) 幣奉る時の御歌の本記（六六一〜六六九行）
(23) 大神の顕れませし処并びに御名を注し顕すこと、神代記勘注次第（六六九〜六九九行）

十、神代記に見える独自の所伝

そしてこの記事の中の一、二を御参考までに紹介しましょう。お手許の資料には原文と書下し文とを対照して示しておきましたが、原文は和風漢文で仲々解読しにくいものです。時間がありませんので、後でゆっくり見ていただきたいと思います。

いまは一、二の例を紹介する意味で、「山河を寄さし奉る本記」(5)の一節を書下し文で読んでみましょう。これは実に面白い文章ですよ。神児たちが鼓谷より雷の鳴り出ずる如く集まってきて、これこれの墾田をひらくという地名説話で、本当に風土記と同じ様な文章です。いや、風土記以上に古く、さらに面白い説話が記されています。

「神児等、鼓谷より雷の鳴り出ずる如く集《つど》ひて、墾田原・小山田・宇智の墾田を開墾《はりひら》佃く。羽白熊鷲を誅伏《ことむけ》て得たる地を熊取と云ひ、日晩《く》れ御宿賜ひし地を日寝《ひね》と云ひ、横なはれる中山あるに依りて故に横山と云ひ、横なはれる嶺ある故に横嶺と云ふ。嶺の東の方頭《かた》に杖立《つえたち》二処あり、石川錦織許呂志・忍海刀自等、水別を争《いさか》ひ論《あげつ》らふ。故、俗に杖立と謂ひて論義と為す。亦、西国見丘あり、東国見丘あり、皆大神、天皇に誨へ賜ひて、塩筒老人に登りて国見せしめ賜ひし岳なり。亦、横岑の冷《さむき》 水《みもひ》の潔清《きよ》く盈溢《みちあふ》れる地あり、吉野萱《かや》野沼・智原萱野沼といふ。此の水を食聞《きこしめ》すに甚滄《いとさむ》く清き水なり。仍りて御田に引漑《そそ》がむと欲《おぼ》し、針魚をして溝谷を掘り作らしめむと思召す。大石小石を針魚、掘返して水を流し出でしむ。亦、天野水あり、同じく掘り流す。水の流れ合ふ地を川合と云ふ。此れ山堺の地なり。大神誓約《うけ》いて詔宣《のりたま》はく、『我が溝の水を以て引漑がしめ、我が田に潤《つ》けて其の稲実《いね》を獲《う》得ること石川の河の沙瀝石《すないし》の如く、其の頴《ほ》を得て春秋の相嘗祭の料《しろ》に充てなむ。天の下の君民の作る佃《た》にも同じく引漑がしめ、其の田の実も我が田の実と同じきが如く、谷谷にある水を源より颯颯《さつさつ》として全国に決《さだめ》 下《くだ》らしめむ』と誓約《うけ》ひ賜ひ、高向堤に樋を通はして流し灌ぐ。」（四二一〜四三五行）

それから次に「為奈河・木津河」(11)の一節を、これも書下し文を読んでおきましょう。住吉大神をはさんで、為奈河の女神と武庫川の女神とが喧嘩をする話です。

「河の辺に昔、山直阿我奈賀《あがなが》居りき。因、阿我奈賀川と号く。今、為奈川と謂ふは訛れるなり。大神、霊男神人《くすしきえをとこ》に現れ賜ひ、宮城《おほみや》造作《つく》るべき料《しろ》の材木を流し運ばんと為行《おこな》事はしめ賜ふ。時にこの川に居る女神、妻に成らむと欲《ねが》ふ。亦西方近くにある武庫川に居る女神も、また同じ思を欲《いだ》き、両女神、寵愛之情《かなしみのかぎり》をなす。而して為奈川の女神、嫡妻《むかひめ》の心を懐《いだ》きて嫉　妬《うはなりねたみ》を発《おこ》し、大石を取りて武庫川の妾　神《をむなめのかみ》に擲打《なげう》ち、并《ならび》にその川の芹《せり》草を引取る。故、為奈川に大石なくして芹草生え、武庫川には大石ありて芹草なし。両河一つに流れ合ひて海に注ぐ。神威に依りて、為奈川今に不浄物《きたなきもの》を入れず。木津川等を領掌《しろしめ》すは此の縁《ことのもと》なり。」（四九〇〜四九九行）

まあ、このような話なのです。非常に面白いですね。地理の上でも、為奈川と武庫川とが合流していた時代があったらしいのです。このような話は、住吉大社神代記以外にどこにもありません。神代記にはまだまだ珍しい話や史実が沢山あり、それらは今後のセミナーで次々とお話するつもりです。

本日は文献批判を中心に、随分厄介な考証についてお話しましたので、退屈されたかも知れません。しかし、この住吉大社神代記の信憑性を明らかにすることなしに、住吉大社の歴史は語れませんので、敢えてこのような煩雑なお話をしたのです。御静聴を感謝して、本日はこれで終わります。

八、神宝の神世草薙剱

（平成七年九月九日）

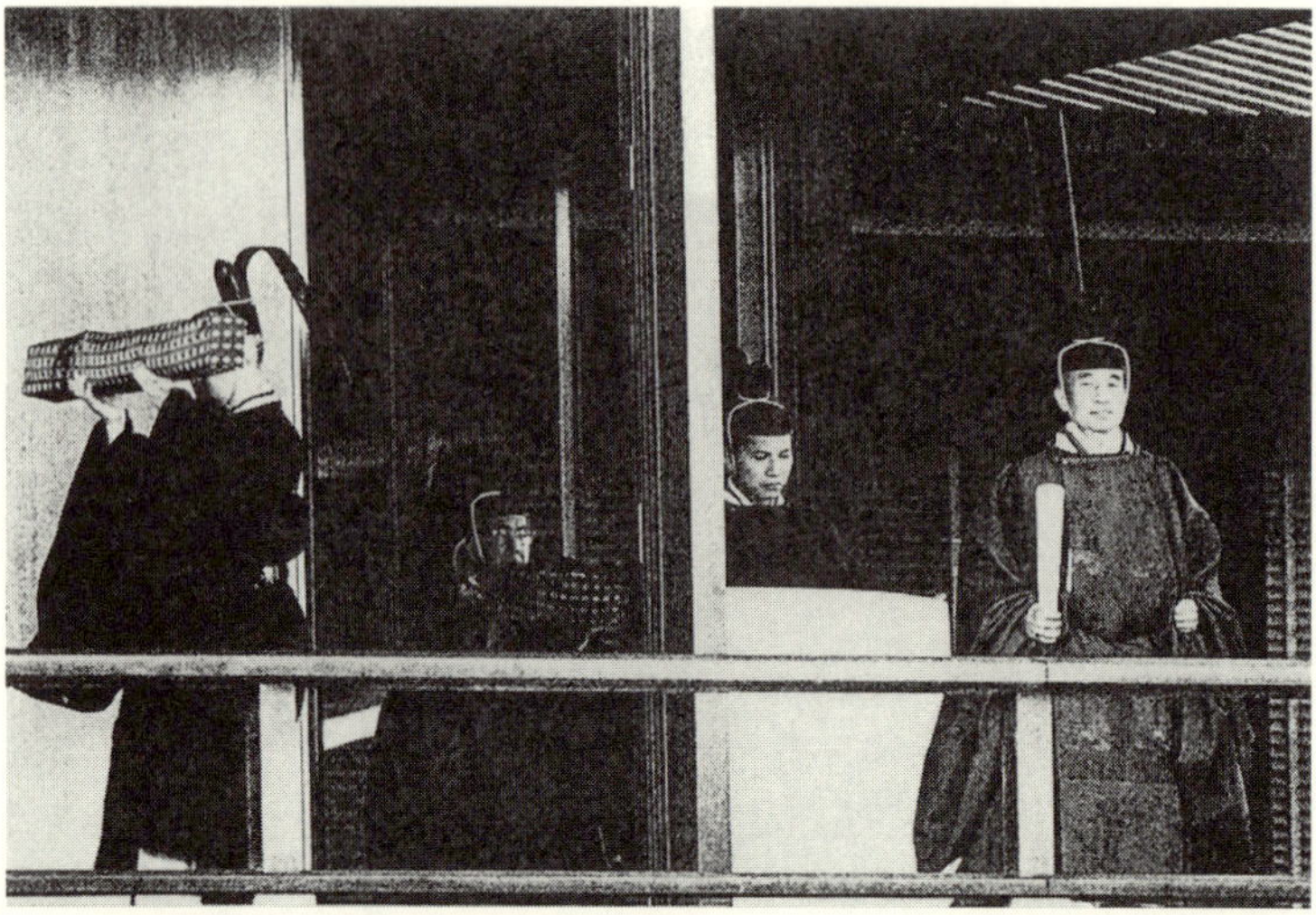

即位礼当日賢所大前の儀　平成２年11月12日　午前９時

はじめに

本日は住吉大社の御神宝、神宝《しんぽう》は古くはにごって〝じんぽう〟又は〝じんぼう〟と申しますが、その神宝の「神世《かみよ》、草《くさ》薙《なぎの》釼《つるぎ》」についてお話を申しあげます。これは珍しい話でして、神世の草薙釼が住吉大社に嘗て神宝として存在したというような話は、一般には全く知られておらない事なのです。これが記されておりますのは、前回（第七回）にお話しました『住吉大社神代記』でありまして、私はこれを見て、非常に驚きました。住吉大社神代記という書物が公表される迄は、誰一人として、そういう名前の釼が住吉大社の御神宝であったというような事は、考えもしなかったわけであります。

ところが、住吉大社神代記に、当社の神宝として「神世草薙釼一柄」と明記されている。そうなりますと、今度はこの記事が果たして本当だろうかと疑い、まさか、神世草薙釼が、住吉大社にあったというような事は考えられない、という風に普通には思われるわけであります。そこで、この問題をどう考えればよいか、そのお話をしたいと思っております。

初めにお断りしておきますが、今日では特にお若い人の中には、草薙剱という名前そのものを聞いたこともない、知らない、という方もいらっしゃると思うのですね。それは、御尤なことでして、戦後の歴史教育におきましては、草薙剱だとか、あるいは三種の神器だとか、そういうことについては、ほとんど教えておらない。そこで知らない人が多いわけなのですけれども、幸いなことに、先年、平成二年十一月十二日に、現在の天皇陛下が御即位になります時のお姿がテレビで放映され、新聞にも写真が載りましたので、御覧になった方も少なくないと思いますけれども、この皇位の継承にあたって、三種の神器の授受が行われました。テレビに映し出されましたのは極く一部分でしたが、あの時に長目の筥と、それから四角い筥と、二つの授受が行われましたが、その長い筥は宮中の草薙剱が納められている筥なのです。それから四角い筥は八尺瓊勾玉《やさかにのまがたま》――今で申せばネックレスみたいなものですが――その八尺瓊勾玉が納められている筥なのです。

ところで、三種の神器という場合には、もう一つ御鏡がありますね。これは、常に宮中において、賢所に祭られておるわけです。そこで現在では、この御鏡は動座《どうざ》されることなく、新帝が御即位の当日、賢所に参って拝礼されることによって授受の意味をもたせられています。

もっとも、よく疑問とされるのですが、三種の神器と申せば、伊勢の皇大神宮に御神鏡が祭られている。それから熱田神宮に、草薙剱が祭られているわけですが、それとの関係はどうなるのか、ということです。それから八尺瓊勾玉ですが、これは常に陛下のいらっしゃるお側に置かれておりまして、勾玉は古来から伝えられてきた御正体そのものです。つまり八尺瓊勾玉は、いつも陛下のお側に置かれているわけですから問題はありません。

ところが、伊勢の神宮に祭られている御神鏡と、熱田神宮に祭られている御神剣と、先程お話しました宮中に奉安されている御鏡・御剣とはどういう関係になるのか、この点が一般の方々には仲々理解しがたいことなのです。

しかしこれは、一言で申しますと、御正体の御神鏡と御神剣とが、それぞれ伊勢と熱田に奉祭されており、宮中にはその御代器の御鏡と、御代器の御剣があるということなのです。その御代器の御鏡と御剣、それから御正体の八尺瓊勾玉、この三つを天皇の皇位継承の時に授受されるということです。皇位継承の時に、伊勢の神宮の御神鏡や熱田神宮の御神剣を受け渡しされるのではありません。先程申しました四角い筥に納められている本物の勾玉と、長い筥に納められている御代器の草薙釼とを授受せられ、御鏡は賢所に祭られていますので、それを御親拝になりまして、三種の神器の授受という事になるわけなのです。それが今度の皇位継承の時にも儀式として厳粛に実行せられたわけであります。この三種の神器を受け渡しされることが皇位継承にとっては非常に大事なことで、この事が無ければ、天皇におなりになったという事が申せない。これが日本の歴史の示すところなのです。このことを先ず、しっかりと御理解頂きたい。

一、天孫降臨と天壌無窮の神勅

それでは何によって、そういう事になったのかと申しますと、日本書紀に天孫降臨の神話がありまして、その中に、その意味のことが出ているのです。これも今日では、いわゆる神話として伝えられていますから、戦後の学校では教えられておりません。従って御存知ない方もいらっしゃるかと思いますので、資料の四枚目にその文章を書き写しておきました。それを一寸見て下さい。日本書紀の天孫降臨の段の第一の一書です。これは原文が漢文なのですが、判りやすいように、書き下し文にしておきました。

「且将降《まさにあまくだ》しまさむとする間《ころ》に、皇孫《すめみま》、已《すで》に生《あ》れたまひぬ。號《みな》を天津《あまつ》彦彦火瓊瓊杵尊《ひこひこほのににぎのみこと》と曰《まう》す。時に奏《まう》すこと有りて曰《のたま》はく、『此の皇孫を以て代《か》へて降《くだ》さむと欲《おも》ふ。』とのたまふ。故《かれ》、天照大神、乃ち天津彦彦火瓊瓊杵尊に、八《や》坂瓊《さかに》の曲玉《まがたま》及び八《や》咫鏡《たのかがみ》・草薙劍《くさなぎのつるぎ》、三種《みくさ》の寶物《たから》を賜ふ。又、中臣《なかとみ》の上祖天兒屋命《とほつおやあめのこやねのみこと》・忌部《いみべ》の上祖太玉命《ふとたまのみこと》・猨女《さるめ》の上祖天鈿女命《あめのうずめのみこと》・鏡作《かがみつくり》の上祖石凝姥命《いしこりどめのみこと》・玉作《たますり》の上祖玉屋命《たまのやのみこと》、凡《すべ》て五部《いつとものを》の神《かみたち》を以て、配《そ》へて侍《はべ》らしむ。因《よ》りて、皇孫に勅《みことのり》して曰《のたま》はく、『葦原の千五百秋《ちいほあき》の瑞穂《みづほ》の國は、是《これ》、吾が子孫《うみのこ》の王《きみ》たるべき地《くに》なり。爾皇孫《いましすめみま》、就《ゆ》きて治《しら》せ。行矣《さきくませ》。寶祚《あまつひつぎ》の隆《さか》えまさむこと、當《まさ》に天壌《あめつち》と与《とも》に窮《きはま》り無《な》かるべし。』とのたまふ。」

もともと日本書紀では、先ず本文がありまして、それに続いて、〝一書に曰く〟という書き方をして色々な異説を掲げていますが、その第一の一書の中に、ここに書き下し文にしました様な内容が書かれているのです。で、はじめて見られた方もあると思いますので、一寸簡単に説明いたしますと、次のようなことです。

且《まさ》に天降りまさんとする間に、皇孫《こうそん》が已《すで》に生《うま》れられた。お名前を天津《あまつ》彦彦火瓊瓊杵尊《ひこひこほのににぎのみこと》と曰《もう》しあげる。その時に奏上するものの意見に従って曰《のたま》わく、此の皇孫を以《も》ちて代へて降《くだ》さんと欲《おも》う、とのたまう。これは、初めは天照大神のお子さんの天忍穂耳尊《あめのおしほみみのみこと》を天降そうとされた。ところがお子さんが生れたものですから、そのお子さん、つまり天照大神から申せばお孫さんのニニギの尊を、代りに天降すこととされるのであります。そして天照大神は、皇孫のニニギの尊に対して八尺瓊曲玉《やさかにのまがたま》（これが一つ、それから）八咫鏡《やたのかがみ》（これが一つ、それから）草薙剣《くさなぎのつるぎ》、この三種の宝物を賜います。そのあと五部神の名が見えますが、それは省略して、天照大神がニニギの尊に対して、次のように勅《みことの》りせられた、というのであります。

「葦原《あしはら》の千五百秋《ちいほあき》の瑞穂《みづほ》の国《くに》は、是《これ》、吾が子孫《うみのこ》の王《きみ》たるべき地《くに》なり。爾皇孫《いましすめみま》、就《ゆ》きて治《し》らせ。行矣《さきくませ》。宝祚《あまつひつぎ》の隆《さか》えまさむこと、当《まさ》に天壌《あめつち》と与《とも》に窮《きはま》り無かるべし。」とのたまふ。

これは読み方、いろいろありますけれども、私共は小学校でこの神勅のことを教えられて、皆、暗誦していたものなのです。これを〝天壌無窮の神勅〟というわけでして、天照大神が皇孫のニニギの尊に対して、皇室は天地と共に、いつ迄も栄えて行くであろうと宣言せられ、ニニギの尊はそれを承わり、三種の神器を奉じて天降って来られたのが、この日本の国である、と、こういう神話なのです。

ところが神話でありますために、戦後の学校教育では、そういうものは歴史ではないという事で、教えないことになってしまった。従って、戦後教育をうけた日本人は、この〝天壌無窮の神勅〟という事も知らなければ、〝三種の神器〟も知らない。それが現状なのです。そこで先ず天壌無窮の神勅について一言申しておきますと、成程、ここに書かれておりますのは、漢文で、しかも内容は〝天壌と与に窮り無かるべし〟という様な、非常に難しい文章なのです。

そういう難しい漢文の神勅が、神代と称する時代に、高天原で、実際に天照大神から、ニニギの尊に勅りせられたのか、という風にひらきなおられますと、今の常識を持っておる者であれば、そんなことはあるまい、それは後世の作り話ではないかと、こう言わざるを得なくなる。普通はそういう風に考えてしまうのですね。

そして多くの研究者は、この神勅は日本書紀の編纂せられた七世紀から八世紀初頭にかけて作り上げられたものだ、と軽くみようとするわけです。しかし果たして、そのように簡単に造作できるものかどうか、実際に即して考えてみましょう。例えば仮に、この天壌無窮、天地と共に永遠に皇統が続いてゆくというような宣言が、神代の天照大神によってなされていたということになりますと、少なくとも日本書紀が成立した養老四年（七二〇）の時点において、それ以前の数百年間、ずっと皇室が一系で続いていたことを前提として、初めて書き得ることでありましょう。この点が大事なことなのです。神代はともかくとして、少なくとも人々が神代と考える程の遠い昔から、皇室が日本国の中心としてずっと続いてこられたという実績がなければ、このような神勅は到底書けないことでしょう。

つまり、養老年間の人々皆んなが知っておるこの日本国の皇室が、大昔からずーっと続いて来たという長い歴史があるからこそ、日本書紀にこのような文章を作っても、誰も不思議に思わない訳です。そうではありませんか。例えば百年前に、皇統が断絶していたり、或いはその頃に皇室の歴史が始まっている場合、このような神勅を、日本書紀に書くことが出来ましょうか。若し書いたとすれば、どうなりますか。人々は言うにちがいない。皇室は百年前に出来ただけの新しい家ではないか、その癖に神代以来の神勅を持ち出すとは何事かと、皆疑う。疑うというよりも頭から信用しないでありましょう。それにも拘わらず、このように、天照大神の神勅の形で堂々と書かれているということは、大昔から皇室がずっと続いてこられている。少なくとも人々の知っている限りは、皇室が国民の中心であり、その皇室をいただいて日本の国が発展して来たのだという事実が周知されているから、これを書いても誰も疑わない。これで話が通るわけなのです。

ですから、この神勅の内容というものは、確かに、後世に向かって万世一系の繁栄を予祝する内容ですけれども、見方を変えれば、日本書紀の書かれたこの時迄、神代の大昔から、少なくとも、人々の記憶・伝承がある数百年、皇室は一系の形で発展して来たという事実を踏まえて書かれているわけなのです。それで、誰も文句を言うものがない。この点に十分注意していただきたい。そして更につけ加えますと、この神勅が第一の一書に書かれていて、本文ではないということが重要です。つまり、皇室の立場から宣伝しようとするならば、本文に大きく書けばよい。ところが本文ではなく、さらりと一書の中に書きしるしているのは、殊更にそれを吹聴しなくても、自然に人々に理解されているからでありましょう。

つまり、神勅の重要性について、普通の人は未来永劫に、天地の続く限り、ずっと皇室が中心で栄えて行く国である、という風に解するわけですけれども、私の立場から申しますと、それはそれで間違いなく、理想と希望の表明であり、努力目標でありますけれども、同時に、過去の歴史を顧みて、少なくとも養老時代まで、日本の国は一系の皇室を中心として栄えて来たのだということの証明でもあると思います。従って、この天壌無窮の神勅が書かれたというのは、単に未来に対する予祝というよりは、過去から現在にいたる事実の証言と申してよいと思います。そういう風に歴史というものは見て頂きたい。

さて、更に進んで申しますと、天孫降臨、つまり高天原からニニギの尊が天降られる際に、天壌無窮の神勅と一緒に、三種の神器を戴かれる。そして、更に天照大神は〝斎庭《ゆにわ》の稲穂〟を授けられたり、養蚕機織の術を教えられたりしたという話が、日本書紀、あるいは古事記に書いてある。これも年輩の方なら御存知でしょう。稲穂との関連から、日本の国は豊葦原瑞穂国《とよあしはらみずほのくに》とも言うのです。ところがこういう事は、皆、神話に出て来るものですから、一般の人は、それらは作り話、お伽話だと言って馬鹿にするのですね。しかし、最近は、だんだん考古学が進んで参りまして、その考古学の成果を踏まえて考えますと、ここに書かれていること、つまり神話として書かれている内容は、実は歴史の事実と見て良い、という風に私は見ております。

考古学者の方は遺物について色々研究し、そしてその範囲内で成果を発表しておりますので、神話との関連については不案内な人が多い。私の様に古い歴史を研究している者が、考古学の成果を受けとる事によって、日本の神話というものが、実は歴史を反映していると見て良い、ということが初めて言える訳なのです。

そこで、その事を最初にお話しておきましょう。そうしないと、「神世草薙劔」といいましても、何の事かお判りにならないと思いますから。そこでプリントの五枚目を見て下さい。これは私の書いた文章なのですけれども、これをもとに、解りやすく説明して参ります。

二、〝三種の神器〟とその時代

先ず三種の神器とその時代についてでありますが、この三種の神器が、天照大神から皇孫ニニギの尊へ授けられたことは、先程お話いたしました。つまり、いわゆる神話ですね。そこで戦後は、その起源を、紀・記編纂者の作り話とみて、信用しがたいと考えるものが多く、さらには、天皇の即位儀礼での神器の授受は、政教分離の憲法にそむくなどという、見当ちがいの批判をする向きさえありました。ところが——これからが大事なところです。——昭和六十年（一九八五）三月、福岡市西区の吉武《よしたけ》高木遺跡の三号木棺墓、これは墓に仮の番号をつけていますので、発掘に際してその第三号にあたる木棺墓。木棺墓というのは遺体を納める棺が木で出来ているお墓ですが、これから、剣《つるぎ》（銅剣《どうけん》、銅矛《どうほこ》、銅戈《どうか》）と鏡（多《た》鈕細文鏡《ちゅうさいもんきょう》）と玉（異形《いぎょう》勾玉《まがたま》と管玉《くだたま》）が揃って発見されました。この高木地区というのは、弥生時代の前期末から中期初頭、絶対年代では、およそ西暦前二世紀から前一世紀頃とされる遺跡であります。これによって剣、鏡、玉の三種が一揃いとして、首長の権威を象徴する宝物であったことが、明らかになりました。これは非常に珍しい発見なのです。従来から、古墳などでは、この三つが揃って出た場合はあります。しかしそれは古墳時代の話なのですね。それから弥生時代でも、墓から、それぞれが別々に発見されたことはあるのです。鏡が出たり、剣が出たり、玉が出たり、色々します。しかし一つの墓から、三つが揃って、しかもこんな弥生時代の中期より少し前の古い時代に、三つが揃って一つのお墓から出て来たということは初めてなのです。そういう点に注意をして頂きたい。

紀・記、つまり日本書紀や古事記によりますと、神武天皇は九州から畿内に東征せられたわけでありますが、私は以前から、皇室の発祥地を北九州と考へ、北九州こそ、紀・記にいう〝高天原〟と推定してきました。このことはお話すると長くなりますので、結論だけを申しておきますけれども、高天原というのは、私は北九州のことだと、ずっと昔から言っているのです。また皇紀は日本の紀年法として尊重すべきでありますが、歴史の実年代としては、讖緯《しんい》説による延長を認めるべきでして、私は神武天皇の実在年代を、およそ西暦一世紀前後と説いてきました。この点は、第三回の住吉セミナーの「武内宿禰の出自と年齢――皇紀と歴史年代との関係――」で詳しくお話したことですので、それを思い出して頂きたいと思います。従って、私は神武天皇の実在年代というのは、はっきり判りませんが、第十代の崇神天皇の崩年を古事記によって二五八年（戊寅）と推定しますと、大体、今から恐らく二千年程前、つまり西暦の一世紀前後のことであろう、と推定して来たわけであります。そこで、考えてみますと、高木遺跡の年代は、それ以前にさかのぼることとなる。そうでしょう、この遺跡はBCの二世紀からBCの一世紀と言うのですから、神武天皇のいわゆる御東征の時代――一世紀前後――より以前の話です。その時代の北九州の豪族の墓から、剣・鏡・玉の三種が揃って出て来たわけです。これは驚くべきことでしょう。それ故、神武天皇以降の御歴代が、ニニギの尊より伝来せられたと伝える三種の神器を、皇位の御璽《みしるし》として継承して来られたとしても、何の不思議もありますまい。むしろ当然のことというべきでありましょう。

三、天照大神と稲作・養蚕

また先程申しましたように、天照大神がニニギの尊に〝斎庭《ゆにわ》の稲穂〟を授けられ、〝養蚕・機織〟の術を教えられたということも、決して根拠のないことではありません。考古学では、従来、一般には稲作の開始は弥生時代の始まりと同時期とされ、近頃は縄文時代にまで遡らせる見解もありますから、時代的に神武天皇より以前、つまり紀・記の神代史に相当することは云うまでもありません。大体、弥生時代の始まりを、従来はBCの三世紀ぐらいに考えているのですが、次第に稲作がBC三世紀よりも早く行われていたらしいということが判ってきまして、そのために逆に最近は弥生時代の始まりの絶対年代がもっと古いのではないかと動揺しています。しかし何れにしても、稲作は、少なくともBC三世紀以前に、大陸から先ず九州に入り、日本全土に広がって行ったという大筋は、認めてよいでありましょう。そうなりますと、九州出身の神武天皇の頃に、既に稲作の技術を持っていたとしても、何も不思議ではない。

それどころか、これは一寸、話がややこしくなりますけれども、私はもともと、北九州から、稲作文化といいますか、広くいえば弥生文化を持った勢力が、BCの三世紀前後から、何度も繰り返し東進して畿内に入り込んでいた、と考えているのです。これが私の学説の特色なのですが、北九州――私はこれを〝ウル邪馬台国〟と仮称するのですが――から幾つかの勢力が何度も畿内に向かって東進し、最後に入って来て成功されたのが神武天皇――大和朝廷の成立――、という考え方をしているわけです。

従って神武天皇の時代、つまり一世紀前後よりも前から稲作は行われていたのですから、ニニギの尊が、天照大神から、稲穂を授けられたといっても、それは九州地方に早くから稲作文化が開花していたことを示す伝承として、何も不思議なことはないのです。

ただここで、問題がありますのは、養蚕なのです。私共、戦前の学校で習ったのは、応神天皇の時代に百済王が縫《きぬ》衣工女《ぬいのおみな》を奉ったとか、呉から呉織《くれはとり》等が渡来したとかということでして、その頃、つまり四世紀後半頃に機織の技術が初めて日本に伝えられた、とされていました。それがどうして天照大神が養蚕・機織のことを教えられたとして神話に出て来るのか、と、こういう疑問が、残るわけです。

ところが、実は機織の術が、ずっと古く、西暦前から日本にも伝えられ、絹織物がつくられていたことが、戦後の考古学で証明されているのです。いま問題としています高木遺跡三号木棺墓からも、実はその当時の絹布が発見されているのです。このことは重要なことなのですが、どうしてか、展示会の説明などでもあまり注意されていません。しかし、発見された遺品の少なくとも矛と戈は、絹布で包まれていたのです。私は昭和六十年十月九日、福岡市埋蔵文化財課でこの残片を見せて貰っていますし、専門家の調査の結果、これは自然の蚕でなく家で飼われた蚕——家蚕《かさん》——の国産の絹布であることも判明しているのです。さらに同年七月には、福岡市の早良区有田遺跡より出土の弥生時代前期末の銅戈に付着していた布片が、やはり国産の絹であることがわかりました。しかもこれは高木遺跡のそれよりも早く、日本最古の絹とされています。なお、近くは平成五年十一月三十日、福岡市の教育委員会は福岡空港内にある雀居遺跡から、西暦前四〜三世紀のものとみられる日本最古の機織具二点が出土したと発表しています。これが絹布用なのかどうかは判りませんが、注目すべき発見と申せましょう。

このように見てきますと、神武天皇以前の紀・記の神代史に、稲作や養蚕・機織の話が、天照大神に結びつけて伝承せられていることは、何の不思議もない、むしろ当然のこととせられましょう。

四、吉武高木遺跡三号木棺墓の遺品

考古学の発達によって、以上述べたような事が判って来たのです。実に不思議なことですね。そこで次に、剣と鏡と玉とが一緒に出てきた高木遺跡の三号木棺墓の遺品について、さらに詳しくお話しておこうかと思います。資料と

11.1cm

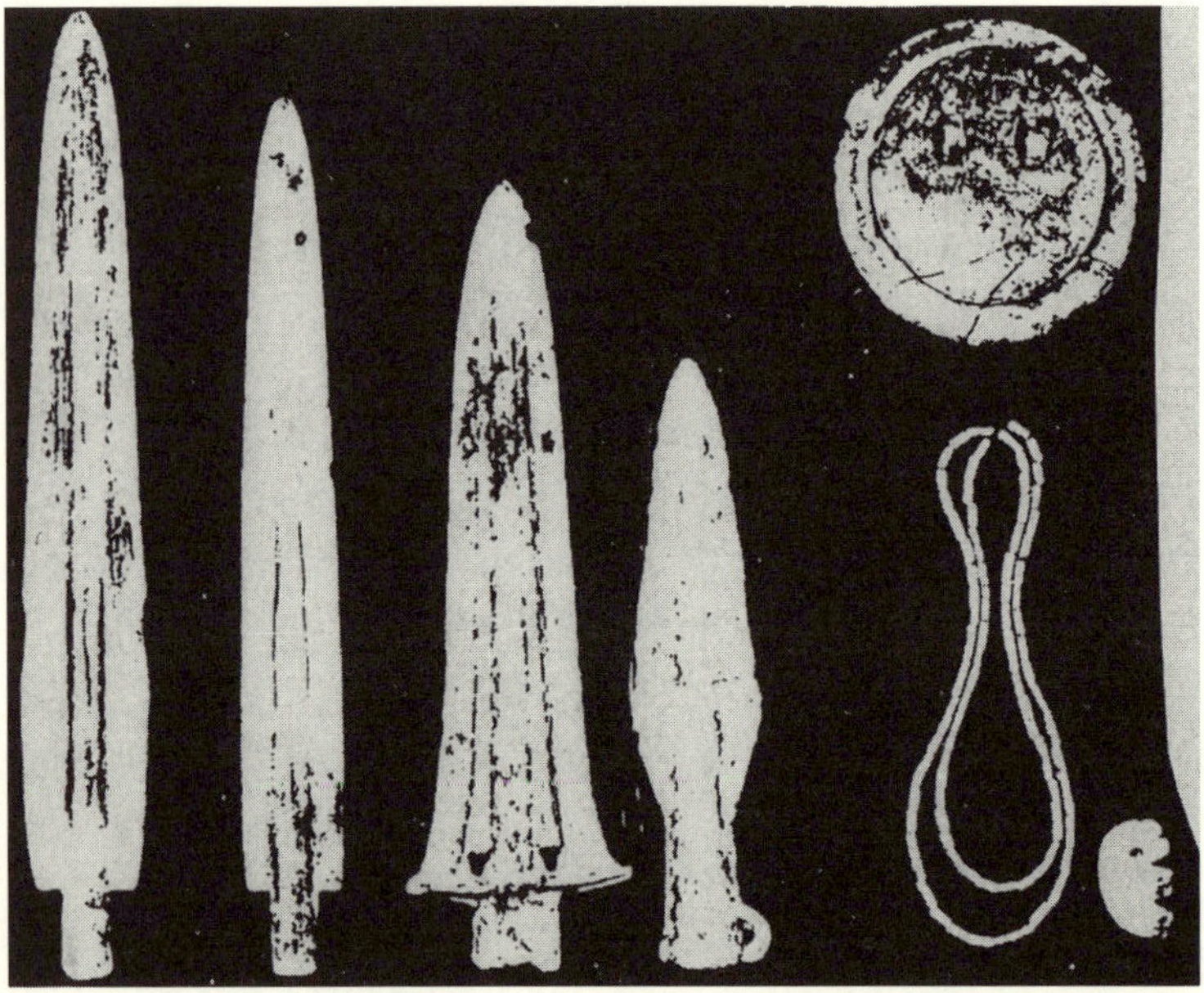

33.5cm　30.2cm　27.1cm　20.5cm　ヒスイ 4 cm

（『倭国――邪馬台国と大和王権――』展・図録）48～49頁

して四枚目の後半部に写真コピーを掲げておきましたので、御覧下さい。これは平成五年四月、京都国立博物館での展示「倭国――邪馬台国と大和王権――」の際に求めました図録の四八～四九頁に収められているカラー写真を、そのままコピーさせていただきましたので、地色がまっ黒になってお判りにくいのですが、大きさとそれぞれの比較ができますので便利です。一番下に一寸実際の寸法を書いておきました。一番左は剣で長さは三三・五センチメートル。それから次は、三〇・二センチメートル。三番目は戈《か》というものです。戈《か》というのは江戸時代に消防の人達が使う鳶口という道具がありますが、刃のついている身に対して柄を直角につけて使う武器です。これが二七・一センチメートル。それから更に、四番目にあります、一寸短い形のものが鉾《ほこ》です。二〇・五センチメートル。これは根元が筒状になっていて、ここに長い柄をつけて使った武器です。こういうものが出て来た。これは要するに、まあ広く言えば剣《つるぎ》ですね。

それから右上の方にあります小さい鏡、これは直径が一一・一センチメートルです。これは小さいものですが、実は非常に珍しい鏡でして、これを多鈕細文鏡《たちゅうさいもんきょう》と言うのです。もちろんこれは今の学者が名付けている呼名でして、多鈕細文鏡。鈕というのは金属をひねって作った〝つまみ〟のことですが、普通の鏡は真中に一つあります。ところがこの鏡は、この〝つまみ〟が二つある。この写真でも、よく見て頂くと上半部のところに左右に一つずつ、つまり二つあることが何とか判ると思います。それで多鈕というのです。そして更に普通の鏡といいますのは、顔や形をうつす方の表面がこういう風に一寸、そっているのです。だけど、この鏡は逆に少しへっこむでいる。一ミリか二ミリくらいでしょうか。つまり凸面鏡と凹面鏡の関係ですが、この鏡はへっこむでいる方なのです。その点でも珍しい。ところで、この凹面鏡は一体、何に使ったのかということについて、学界では色々議論がありますが、はっきりとはわかりません。表面がへっこむでいますから、それによって太陽の光を集めて何かに火をつける時につかったのではないかという意見がある、つまり採火の道具ですね。しかし、果たしてこの鏡で採火が出来たかどうか、私にはよく判りません。むしろ私は、この凹面に太陽の光があたりますと反射で光が集中して来るわけですから、採光のために用いたのではないかと思います。恐らく太陽の光を受けて鏡が光り輝く、その輝きに、人々は神威を覚えたのではないかと、私は思っていますけれども、よくわかりません。実際に実験してみるとよろしいですね。

そして更に注意すべき事は、ここに鈕が二つあるということなのです。皆さんが普通、博物館で見られる鏡は鈕が一つです。なぜ左右に二つあるのか。私は恐らく、これに紐《ひも》を通して何かにぶらさげたに違いないと思います。その場合、穴が一つだと、鏡がぐらぐらする。しかし穴が二つあると、きちっと落ち着くわけですね。おそらくこの鏡は、小さいですから、貴人の胸にぶらさげられていたのかも知れない。或いは榊につるして祭具として用いられたのかも知れません。榊につるしたというのは、私が勝手に空想するのではなくて、古典にちゃんと出て来るのです。日本書紀の天石窟がくれの段では、榊の上枝に八坂瓊の五百箇《いほつ》の御統《みすまる》をかけ、中枝には八咫鏡をかけ、下枝には麻のぬさをかけて祈った、とあります。また日本武尊が蝦夷征伐に行かれる時、乗っている船に大きな鏡をつけて、進軍されたという記事もある。さらに仲哀天皇が筑紫にゆかれた時、岡県主の祖の熊鰐が大きな船の舳先に榊を立て、その上枝に白銅鏡、中枝に十握剱、下枝に八尺瓊を掛けた、とも見えています。この鈕の二つある鏡は、恐らくそういう事に使われたのではないか、と私は思うのです。

それから、その下にあるのが管玉《くだたま》で約百個位、バラバラであったのを、こうして繋《つな》いだわけです。これは、まあ首飾りです。そして一番右に、小さい何か妙な、象が横向いた様な格好をしているのがあるでしょう。これが勾玉なのです。長さが約四センチメートル。材質は翡翠《ひすい》なのです。普通の勾玉は御存知の通りの形ですが、変った形をしていますので、一般に異形勾玉《いぎょうまがたま》といいます。

つまり、剣と鏡と勾玉と、そういう三つの性質のものが、一箇所の墓から発見されて出た。しかも、その墓は、繰り返し申します様に、西暦前二世紀から前一世紀頃の成立とされています。ですから神武天皇以前の話ということになるわけです。

であるならば、神武天皇の頃に、すでに三種の神器にあたるものが、ずっと昔から伝えられていたとしても、何も不思議なことはない。従って三種の神器というのは、神話にただ出て来たお伽話ではなくて、これは、北九州においては神武天皇以前にさかのぼり、いわば古代豪族の神宝とされ、皇室にあっては皇位の御璽《みしるし》として伝えられて来たという事は、その通りに信じて良いと、私は考えております。これは考古学のお蔭なのです。今迄、私共が古典の伝承だけでものを言いますと、人は容易に信用しませんけれども、考古学のこういう知見によって、初めて古典が生きて来るわけであります。

ですから、三種の神器について、これだけのことを先ず理解して頂いて、さて、その中の草薙劔、それが住吉大社の御神宝として大切にされていたという伝承があるのですから、これはもう驚ろくべきことでしょう。これは一体何を意味するのか、という事をこれからお話ししようとするわけです。

五、三種の神器の伝来

そこで、次にこの三種の神器の伝わり方といいますか、神器の沿革ということについて見てまいります。資料の一枚目の後半を見て下さい。これは『帝室制度史』の第五巻（三〜八頁）から引用させて貰いました。この書物は戦前の実に優れた立派な編纂物でして、戦後も吉川弘文館から復刻されました。その中に、神器のことにつきまして、その沿革を非常に要領よく、又、正確に書いてありまして、すべて出典の史料が掲げられている。ここでは史料は繁雑ですので、いちいち書きませんでしたけれども、本文のところを見て下さい。今、全部読む時間がありませんので、あらましお話しておきます。

「神器は、初めは天皇之と殿を同じうしたまひしが、崇神天皇に至り、神器と同殿なることを畏みたまひ、神鏡及び神劍を大和笠縫邑に遷し奉り、皇女豊鍬入姫命をして斎き祀らしめたまふ。」

これは有名な話なのですが、これも、一般の戦後の学校教育では教えませんので、初めて聞かれる方があるかも知れません。ともかくはじめは、この三種の神器は皇居で天皇と一緒の御殿に納められていた。ところが第十代の崇神天皇の御代、神器と一緒というのはもったいないというので、特に神鏡と神剣、それを皇居から大和の笠縫邑《かさぬいのむら》に遷された。勾玉は、先程申しております様に、ずっとその後も天皇のお側に置かれている。そして笠縫邑では、崇神天皇の皇女の豊鍬入姫命がこれを奉祀されていた。次に、

「天皇護身の御璽としては、別に寶鏡及び寶劍を模造せしめて之を宮中に奉安し、新に之を皇位の御しるしとしたまふ。」

つまり、「天皇護身の御璽《みしるし》」としては、べつに鏡と剣を模造せしめて宮中に奉安された、というのです。笠縫邑に遷された御正体のそれは、「神鏡」「神剣」と書いてありますが、宮中に置かれるものは「宝鏡」とか「宝剣」という表現がなされていることに御注意下さい。その様にして、言わば模造のものを別に作られた。これは本日の話の最初に、御代器として説明しましたから、御理解頂けるかと思います。

「尋《つ》いで垂仁天皇は、皇女倭姫命をして神鏡及び神剣を大和笠縫邑より遷して、伊勢五十鈴川上に奉斎せしめたまふ。是今の皇大神宮の起原なり。」

つまり、もう一度申しますと、御正体の三種の神器そのものは、はじめ宮中に置かれておったけれども、崇神天皇の御代に、神鏡と神剣は皇居から、笠縫邑に遷された。笠縫邑というのはどこかと言われますと、これまた難しいのでして、私は昔、昭和三十三年、今から三十七年も前のことですが、神宮の少宮司さん達と御一緒に、倭姫命の巡られた伝承地を調査した経験があるのです。その最初が笠縫邑ですが、この伝承地は五つも六つもあるのです。ですから確定することは仲々困難ですけれども、何れにしても三輪山の近くにあることは間違いない。恐らく今の檜原《ひはら》神社のあたり、というのが有力な説とされています。そこでは、豊鍬入姫命が祀っておられた。その後、第十一代の垂仁天皇の御代に、皇女の倭姫命がこの神鏡と神剣を奉じて、大和から近江、美濃を経て伊勢に落着かれる。従って、この時は、神鏡と神剣の二つが、伊勢神宮にあったわけです。ですから、その後に、日本武尊が蝦夷征伐の際に伊勢に行かれて、倭姫命から、この神剣をもらって出かけられる、という話になるのです。そのことを『帝室制度史』では次のように述べています。

「神劍は、景行天皇の御代、日本武尊の東夷征伐に赴きたまふに當り、皇大神宮に詣りて、倭姫命より之をうけて征途に上り、平定の歸途尾張に到り、更に近江伊吹山の賊を平げんとして、之を妃宮簀媛に託したまひ、尋いで病を獲て伊勢能褒野に薨ず。因りて神劍は宮簀媛之を尾張に奉祀したまふ。是今の熱田神宮の起原なり。」

これは、普通によく知られている話ですので、皆さんも十分に御存知でしょう。このようにして、神剣は熱田神宮に奉祀されることになったのです。

ところが、問題はその次の文章です。

「天智天皇の御代に至り、新羅の僧道行といふもの、竊《ひそか》に神劍を盜み去らんとしたるが、間もなく發覺し、神劍は恙なく神宮に歸座ありたり。此の後神鏡及び神劍には、今日に至るまで何等の異變を生じたることなし。」

これは、あまり世間でも言われていないけれども、日本書紀の天智天皇七年（六六八）の条に書かれていることなのです。あとで更に詳しくお話しますが、今はともかく、この神剣が、熱田神宮から一遍、新羅の僧によって盗まれた、という事に御注意頂きたい。しかし神剣は一旦、盗まれたけれども、恙なく戻《もど》って来て、その後は熱田神宮にちゃんと祀られていますので、従来からこのことを、あまり取りたてて言う人は少ないわけなのです。けれども私は、これが本日のテーマの住吉神宝の問題と深く関係すると思いますので、覚えておいて下さい。

それからその後、宮中の方の宝鏡・宝剣はどうなったかと申しますと、

「宮中に在りては、神璽と共に崇神天皇の模造せしめたまひし寳鏡及び寳劍を、歷代神器として相傳へたまひしが、寳鏡及び寳劍は、不幸にして屢異變に遭うことを免れざりき。」

そういう事なのです。ですから、世間の一寸した物知りの中には、三種の神器というけれども、あんなものは、時々、火災で焼けたり、あるいは、壇の浦で、平家滅亡の時に沈んでしまったのではないか、だから今の三種の神器というのは、あれは贋物だ、などと吹聴する者があるのです。

しかし、これは、さっきから繰り返し申します様に、宮中において伝えてこられた御代器の方の話なのですよ。それと本物の御正体のそれと混同してはいけません。そこで、その「異変に遭」った事例を、『帝室制度史』から引用させていただきましょう。

「寶鏡の災禍に罹れるは、村上天皇の天徳四年九月二十三日夜、内裏燒亡し、寶鏡を奉祀せる温明殿（賢所）も共に火災に罹りたるを最初とす。此の時寶鏡は猛火に包まれしが、些の破損なく、災後温明殿の瓦上に發見せられたり。次いで一條天皇の寛弘二年十一月十五日夜、火災温明殿より發し、寶鏡を奉遷するの暇なく、遂に燒損して圓規闕くる所あるに至れり。因りて諸道をして寶鏡の改鑄に付き可否を勘申せしめたまひしが、改鑄するに及ばずして燒損の侭奉斎することに定めたまへり。更に後朱雀天皇の長久元年九月九日の内裏燒亡にも亦災賢所に及び、寶鏡は正しき形體を存ぜ（ママ）ざるに至れり。其の後、鳥羽天皇の天永三年五月十三日、後小松天皇の應永八年二月二十九日、後土御門天皇の文明十一年七月一日、靈元天皇の寛文十三年五月八日、光格天皇の天明八年正月三十日等、屢次の内裏燒亡に際しては、寶鏡は幸に其の難を免れ異變なきを得たり。」

つまり宮中の宝鏡に関しては、このようにしばしば火災にあい、傷みも甚しい形であったと伝えられているのです。

次に神璽即ち八坂瓊の曲玉と、宝剣についてはどうなったか。これについては、「神璽及び寶劍は、内裏の數次の災禍に拘らず、安泰なることを得たるが、」とありますが、「源平兩氏相戰ふに至り、遂に寶劍にも異變を生ぜり。」と記されています。つまり、御承知の安徳天皇が寿永四年（一一八五）に壇の浦で神器を奉じて入水《じゅすい》される。入水と書いて、じゅすい、と読むのですが、海に身を投ぜられるわけですね。これは有名な話ですが、『帝室制度史』を引用しておきましょう。

「安徳天皇の壽永二年、平宗盛は天皇及び御母建禮門院を奉じ、神璽、寶鏡及び寶劍を捧持して、其の一族と共に京都より西海に遁れ、後白河法皇は宗盛に神器の奉還を命じたまひしも、宗盛命を奉ぜず、遂に壽永四年三月二十四日、平氏は長門壇浦に滅び、二位尼は神璽、寶劍を奉じて入水せり。やがて神璽は浮び出で、寶鏡と共に京都に還御ありしも、寶劍は遂に現れざりき。」

それで、この時、神璽と宝剣は一たん失われたのですけれども、神璽の勾玉は、筥に入っていましたから浮かんで来て助かった。しかし、「宝剣は遂に現れざりき。」つまり、これで失われてしまったのです。その後、どうなったか。時間がありませんので一々読みませんが、大事なことですので、あとで見ておいて下さい。

「此の後、寶劍歸座なかりしかば、後鳥羽天皇及び土御門天皇の御二代の間は、晝御座の御劍を以て之に代へたまへり。是より先、壽永二年皇大神宮より後白河法皇に上りし御劍、蔵して京都蓮華王院に在りしを、承元四年十一月順徳天皇踐祚の後、後鳥羽上皇より大皇に寶劍として上りたまひ、爾來此の御劍永く神器として歷代相傳へたまふに至れり。

延元元年足利尊氏の京都に侵入せんとするに及び、後醍醐天皇は神器を奉じて比叡山に行幸したまひしが、尊氏降を乞ひしに因り還幸あり、尊氏の神器を光明院に傳へんことを請ふや、擬器を授けて吉野に遷幸したまふ。爾來後村上天皇、長慶天皇を經て、後亀山天皇の元中九年閏十月、京都に還幸ありて神器を後小松天皇に傳へたまひしまで五十七年の間、神器に異變なきを得たり。

後花園天皇の御代に至り、嘉吉三年九月、源尊秀、日野有光等、大覺寺統の皇胤を奉じて叛を謀り、火を禁中に放ちて亂入し、神璽及び寶劍を奪ひて比叡山に立籠りしが、幾ばくもなく有光等誅に伏せり。此の變に當り、寶鏡は先づ貞成親王の御在所源持經第に奉遷し、天皇の難を近衛忠嗣第に避けたまふや、之を移御し、因りて寶鏡は異變なきを得たり。寶劍は有光等誅に伏せる後日ならずして、清水寺の僧徒に依り奉還せられ、神璽は尊秀等の餘黨に奉ぜられて大和北山に在りしが、長祿二年八月、赤松氏の遺臣等餘黨を破りて、之を奉還することを得たり。

是より後は神器に異變なく、以て今日に至れり。」

以上、三種神器の沿革について見てきたわけですが、これだけの歴史を念頭に置いていただいて、それからいよいよ住吉の問題に入って行こうとするわけなのです。

六、『住吉大社神代記』に見える「神世草薙釼」

そこで資料の一枚目、これは前回のセミナーで詳しく述べましたが、あの『住吉大社神代記』の初めの部分なのです。そこに、「神財流代長財」と書いてある。(次頁を参照。)これは何と読むのか、はっきり判りませんが、私は下の方に書き下し文をつけておきましたように、「かみのたから、とよにつたふるながきたから」と、まあ、無理に読みましたけれども、ともかく、ここにいわゆる御神宝の類を一括して掲げているわけであります。おそらく、この神財というのは、神様にたてまつる財宝ですから神財。流代というのは、代々永遠に伝えるべきもの、長財というのも、同じような意味ではないかと思います。そしてその一番初めに「神世草薙釼」と書かれています。その下に「一柄」とありますが、柄《え》が一つという意味で一柄、今の刀の呼び方から言いますと一ふりと読んでもよいと思います。そし

八、神宝の神世草薙釼

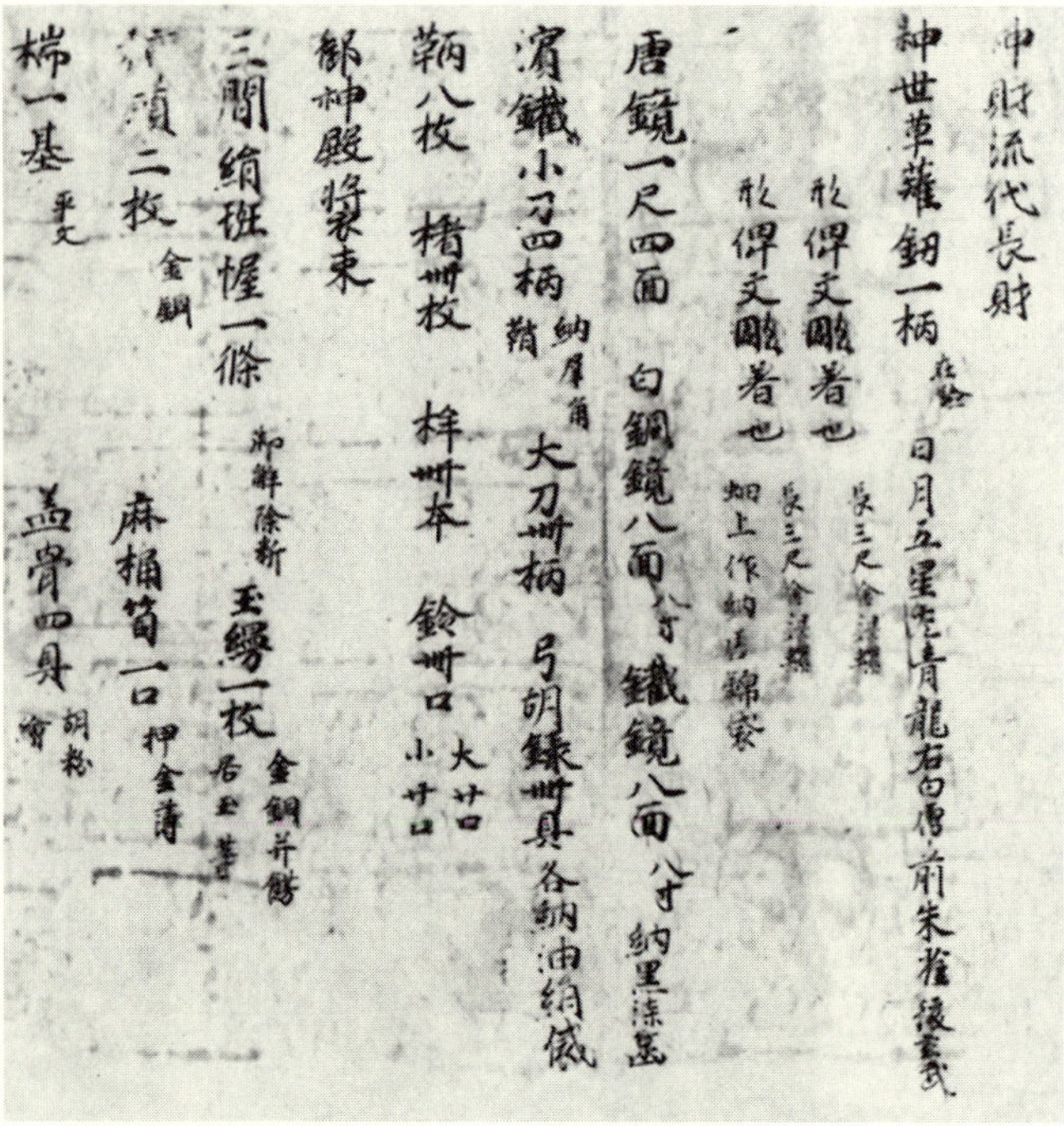

神財流代長財《かみのたからとよにつたふるながきたから》

神世草薙《くさなぎの》釼、一柄、（験あり。日月五星。左青竜、右白虎、前朱雀、後玄武。）

形俾文彫着なり。（長さ三尺、金銀螺鈿《らでん》の上作。唐錦《からにしき》の袋に納む。）

唐《から》鏡、一尺四面。　白銅鏡《ますみのかがみ》、八面。（八寸。）

鐵《くろかねの》鏡、八面。（八寸。）黒漆《うるし》の篋《はこ》に納む。

浜鐵《の》小刀、四柄。（犀角《さいかく》の鞘に納む。）

大刀、四十柄。　弓胡録《ゆみやなくひ》、四十具。各々油絹の袋に納む。

鞆《とも》、八枚。　楯《たて》、四十枚。　桙《ほこ》、四十本。

鈴、四十口。（大、二十口。小、二十口。）

御神殿《の》装束

三間絹《の》斑幄《まだらまく》、一条。（御《み》解除《はらひ》の料。）

玉縵《たまきぬ》、一枚。（金銅並びに餝居玉《かざりすゑのたま》など。）

□頭二枚。（金銅。）　麻《を》桶笥《け》、一口。（金薄を押す。）

椯《たたり》、一基。（平文《ひやうもん》。）　蓋《きぬかさの》骨、四具。（胡粉絵《ごふんゑ》。）

て、小さな字で「在験」とあります。「験」はケン、しるしという意味でありますが、この場合は、銘文が刻まれているという意味であります。その銘文は「日月五星。左青竜。右白虎。前朱雀。後玄武。」そして「形俾文彫着」とある。これも意味が判りにくいのですけれども、それらの銘文が彫り込まれているということだと思います。そして、「長さが三尺」で、「金銀螺鈿《らでん》の上作」、つまり金銀をもって螺鈿の装飾を施した非常にすばらしい作品で、「唐錦の袋に納む。」と書いてある。非常に具体的であります。その次には「唐鏡」云々とあり、その他の御神宝類をずっと掲げてあるのですね。そしてそれらの御神宝の筆頭に「神世草薙釼」が特筆されているわけですから、住吉大社としては最重要の貴重品ということになるわけです。

よく世間では、『住吉大社神代記』を偽作だという人がある。しかし、そうでないという事を、この前のセミナーで申しましたが、この場合でも、もしも偽作だとしましたら、このような「神世草薙釼」などという事を書く筈はありますまい。そうでしょう、大体、草薙釼と言えば、それが熱田神宮にあることは、もう奈良・平安の時代であれば誰でも承知している事なのです。日本書紀にも書いてある。それをですよ、「神世草薙釼」が住吉の神宝だ、などと書くような愚かな者はおらないでしょう。偽作なら、そんなことを書く筈はない。こんなことを書いたら、誰だって疑うにきまっている。それにも拘わらず、この記事が書かれたということは、少なくともその当時、この不思議な刀が住吉大社にあったという事を認めざるを得ない。若し無かったら、こんな記事をわざわざ書く筈がない。そうでしょう。そういうことを考えますと、これは非常に貴重な史料といわざるを得ません。ところが、この形をよく見ますと、「日月五星」云々という銘文があると記されていますから、どうも弥生時代の銅剣の類とは違うようであります。

「日月五星」等は古墳時代に入るとみられる銘文のようですが、〝神世〟などである筈はない。ですからこの銘文の記事だけを見ると、何か疑わしいという感じがするわけです。そこで、これをどう解釈するかというので、私は、若い時でしたけども、この部分の注釈をします時に、随分苦しんだものです。ところが、ある時、ふと、これは、ひょっとしたら、かの道行が神剣を持ち出した時の話と関係するのではないか、という事に気が付いたのです。そのことを資料の三枚目に書いておきましたから見てください。

七、草薙剱の盗難と住吉大神

先ず日本書紀の天智天皇七年（六六八）の条に、次のようにみえます。

「是歳、沙門道行盗二草薙剣一逃二向新羅一、而中路風雨、荒迷而帰。」

さらに、古語拾遺にも、

「草薙神剣者、尤是天璽。自二日本武尊凱旋之年一、留二在尾張熱田社一、外賊偸逃、不レ能レ出レ境。神物霊験、以レ此可レ観。」

と記されています。これによれば、住吉大社神代記の書かれた天平三年（七三一）を溯ること六十三年前、神剣は一旦道行によって盗み出されたのですが、「不レ能レ出レ境」して無事に「帰」ったと伝えられているわけです。しかしその帰ったというのが、直ちに再び熱田神宮に奉還せられたのかというと、日本書紀天武天皇朱鳥元年（六八六）六月戊寅の条によれば、

「卜二天皇病一、祟二草薙剣一。即日、送二置于尾張国熱田社一。」

と見えています。これは非常に注意すべき記事ですね。つまり、神剣は、これ迄、熱田以外のどこか別の場所にあったということになるからです。これ迄と言いますのは、道行が持って逃げたのが天智天皇七年、西暦で言えば、六六八年、ところが、天武天皇の朱鳥元年は六八六年でしょう。ですから、十八年間、どこかにあった筈なのです。どこかにあって、そのまま熱田社に奉還しなかったために、その祟りで、天武天皇が御病気になられたというのです。そこで即日、尾張の熱田社に送り返したというのが、先程の日本書紀の記事なのです。

それでは、その十八年間も奉安されていた場所はどこか。その間の所在については、『日本書紀通証』が熱田古記に「納二剣于帝宮一」と見えることによって、この事件以来、宮中に奉斎したのであろう、という説を採るのでありますが、伴信友や『日本書紀通釈』は、通証の説は根拠なしとして退けています。いろいろ意見はありましても、何れも後世の史料の異説に基づいた見解にすぎず、推測の域を出ない考察でありまして、明らかに信ずべきことは、朱鳥元年に熱田神宮に奉還せられたという日本書紀の記事のみであります。従ってその間の所在は未詳と解するのが慎重なる態度でありましょう。としますと、ここで注目せられますのは、寛平二年（八九〇）に編纂された『尾張国熱田太神宮縁起』に伝えられている記事でありまして、これによれば、道行の逃亡及び逮捕の径路が、次の如く伝えられているのです。

「天命開別天皇七年戊辰。新羅沙門道行、盗二此神劒一将レ移二本国一。竊祈入二于神祠一、取レ劒裹二袈裟一、逃二去伊勢国一。一宿之間、神劒脱二袈裟一、還二著本社一、道行更還到、練禅祷請。又裹二袈裟一、逃二到摂津国一、自二難波津一解レ纜

七、草薙釼の盗難と住吉大神

帰レ国。海中失レ度、更亦漂二著難波津一。（中略）道行術尽力窮、拝手自首。遂当二斬刑一。」

天命《あめのみこと》開別《ひらかすわけ》天皇というのは天智天皇のことです。天智天皇の七年に、——要点だけを申しますと——新羅の道行なる僧が、この神剱を盗んで、本国に移そうとした。そして、ひそかに神祠、つまり熱田神宮に入り込んで、剱を取って袈裟につつんで、はじめ伊勢の国に逃げた。ところが、一晩の中に、その神剱が袈裟を脱して、本社つまり熱田に帰ってしまっていた。そこで道行は、又、熱田神宮にやってきて、練禅禱請、つまり一所懸命、祈願をしてですね、再び袈裟につつんで逃げ出した。それが摂津国です。摂津国に逃げて、そして難波の津より、纜《ともづな》を解いて新羅の国へ帰ろうとした。ところが〝海中、度を失し〟海の中で方角がわからなくなってしまって、再び難波津に漂着して来た。そして道行の術の力が失われて、遂に自首して死刑になった、と。そういう話が書いてあるのです。これは面白い。このように道行が「難波津」より船に乗って逃れようとして、しかも「難波津」に漂着して捕われたということは、日本書紀にも海路において「風雨荒迷」して舞い戻らざるを得なかったという記事と照応しています。そしてこの事件の舞台が「摂津」であり「難波津」であるということは、この地に鎮坐まします住吉大社との密接な関連を覚えしめるではありませんか。

難波の海といえば、それはもう、住吉さんを措いて他に考えることは出来ません。古来、難波津を統治するのは住吉大神なのです。これは、おそらく三種の神器の一つ、草薙釼が奪われるという大事件に際して、海が荒れたか、津守の一族が逮捕に向かったのか、詳しいことは判りませんが、ともかく道行は難波津に漂着し、神剣は取りもどされた。これは要するに、住吉大神のお蔭であると考えられたにちがいない。そして本来ならば、直ちに熱田神宮に還されるべきところでしょうが、熱田としては神剣を盗まれた責任もあり、しばらく住吉大社にその神剣が置かれていたのだろうと、私は思うのです。しかし、先程、申しましたように、天武天皇が病気になられて、占いによると、草薙剣の祟りということですから、朝廷では急いで住吉より熱田にお返しさせた。返させたけれども住吉に対しては、神威に感謝する意味で、おそらくこの神剣の御代器を作って、神宝として奉納されたのではないか。これが、私の推定であります。

御代器を作るという事は、先程から繰り返し申します様に宮中においても、御代器を作っておられるのですから、何も不思議な事ではない。あり得ることなのです。そういう風に考えて参りますと、宮中から住吉大社に対して、その神威に奉謝して、御代器を下げ渡された。そしてこれを「神世草薙釼」と称することも許されたので、住吉側としては、それを御神宝の第一に掲げて、大切にして来たということではないかと、私は思うのです。そうでなければ、この十八年間の空白というものを説明出来ない。

ところが、それについて、又、面白い記事があるのです。それは、資料の三枚目の後半部に掲げておきましたが、『異本旧事紀』に見える次の伝えであります。

「第卅六清寧紀熱田社条曰、十握社（私云熱田社末社也）・住吉大神二百年後奉レ加二此祠一。新羅国王恐二日本威一而議二其根一、専在二神剣一。故命二験僧一盗二其神剣一。奸僧至レ祠、以二仏咒一拒二神威罰一而探二宝刀十握物一。住吉大神化二十握物一。霊光赫々在二衆刀中一。奸僧雖レ有二咒験一未レ得二三昧一、凡夫以二化刀一謂二真刀一、盗レ之包以二仏衣一、遂至二築石一、神得二咒隙一出二衣中一、飛帰至二大宮一相待。故祭二此神一、名二十握社二。」

この内容を早く紹介しているのは『住吉松葉大記』でありまして、『住吉松葉大記』といいますのは、実は住吉大社の社家で優れた学者でありました梅園惟朝が書いた書物です。立派な住吉の神社資料といってよろしい。その中に、この異本旧事記の記事が書き留められているのであります。

それによりますと、異本旧事紀の第卅六、清寧天皇紀に「熱田社」の条があり、それに「十握社」以下の記事が書かれているわけですが、この内容が珍しい。これによりますと、十握社というのは、熱田社の末社で、神剣を奉祭していたが、後に住吉大神をも〝此祠に加え奉った。〟その理由として、〝新羅国王、日本の威を恐れて〟云々と、例の道行の事件を挙げて、その中で住吉大神の活躍が特筆されているのです。

それによりますと、住吉大神が十握劔に化け、一旦は新羅の奸僧に盗み出されて築石（筑紫）にまで至ったが、やがて脱出して大宮に飛帰ったということのようであります。この『異本旧事紀』については、惟朝自身が「近年梓行せる異本旧事記数十巻、其中住吉大神の事を載る者甚多し。此書偽作の物なりとて命有て絶板す。いまだ絶板せざる以前予見閲す。」と述べておりますから、これは天和元年（一六八一）に発禁された『先代旧事本紀大成経』のことと思われます。この大成経は上野国黒滝の潮音という禅僧が、志摩国伊雑宮の祠官永野采女と議り、同社に伝えた若干の古記録を基に多く無稽の説を附会したものといわれておりますから、もとより所謂聖徳太子の御撰などではありません。また、内容もすべてを信ずべき限りではないと思いますが、ここに引用した記事などは、恐らく熱田神宮の神劔と住吉大神との交渉を伝える何らかの古説を基に附会したものと思われ、従って記事の背後にひそむ古伝の面影は、これを察することが出来るでありましょう。それ故前述のような、道行逮捕の後、神劔が一時、住吉大社に奉安せられていたのではないかという私の推測も、決して奇矯の言ではないと考えるのであります。

八、御代器としての住吉「神世草薙釼」

それでは住吉大社に御代器として納められた「神世草薙釼」とは、どういうものであったのか。その劔が、稀にみる高古の宝劔であったと思われますことは、「在験」として記された銘文によっても、或程度の推測が可能であります。前に述べましたように、

「日月五星・左青竜・右白虎・前朱雀・後玄武、形・俾文彫著也。」

とあるのですが、この「日月」以下「玄武」までの十六文字について、これと同じような銘文をもつ剣が、実は宮中にもあったらしいのです。順徳天皇御撰の『禁秘抄』を見ますと、

「大刀契
匡房記、顕実曰、鉾劔三尺或二尺。揔十。其中一劔背在ㇾ銘、北斗・左青竜・右白虎、其外不ㇾ見、是自二百済一所ㇾ被ㇾ渡之二劔之一歟。日月護身之劔、三公闘戦之劔歟。但節刀可ㇾ在二此外一。注二青竜一之条、似二六典所ㇾ称之伝符一、若遣二大将軍一之時可ㇾ用歟。」

とあり、これによりますと、禁中において、「北斗・左青竜・右白虎、其他不ㇾ見」という在銘の宝劔が、大江匡房の頃以前より秘蔵せられており、一説では「自二百済一所ㇾ被ㇾ渡之二劔之一歟。」と云われてゐたことが知られます。住吉の御代器も、恐らく百済から伝来した剣で、柄《つか》か鞘《さや》には金銀の螺鈿の飾りが施されていた、非常に素晴らしい釼で

あったに違いない。

　このように考えてきますと、天平三年当時の住吉大社には、「神世草薙釼」という大変な御神宝があった、ということは、これを認めて差し支えないと思います。ところが、今の住吉大社には、それが残っておりません。これは誠に残念ではありますけれども、宮中の御代器の神剣でも、壇の浦で沈んでしまっているのです。長い歴史の間には、そういう事もあり得るわけなのです。

　尤も、昔の住吉大社といいますのは、今の御本社だけではなく、住吉大社神代記に「子神」として掲げられている神社もすべて含まれておりますから、それらの子神の神社の中に、ひょっとすると、この「神世草薙釼」が奉護されているかも知れません。この点については、改めて言及したいと思いますが、ともかく現在の住吉大社には存在しないことだけをお断りしておきます。

　しかしながら、ある時期に、そういう尊い御神宝が住吉大社に存在したという事が、『住吉大社神代記』によってはじめて判った訳なのです。このことは、従来、誰も注意しなかったことですが、非常に重要なことだと思います。そしてさらに一歩進んで申しますと、この三種の神器の御正体が、大昔から、——いつからかはわかりませんけども、少なくとも西暦一世紀前後の神武天皇以来、ずっと伝わって来て、神鏡は伊勢の神宮に、神剣は熱田神宮に祭られ、八尺瓊勾玉は天皇の御側近くに置かれて、今日までずっと伝世せられて来たということを考えますと、これは大変な奇跡というべきものではないでしょうか。考古学の発掘のように、たまたま地中から掘り出されたというものではありません。熱田の神剣のように、時には盗み出される危険もあったのです。それを護られたのが住吉大神、いや住吉の大神だけではなく、志ある日本人が昔から千数百年、命がけでこの三種の神器をお護りしてきたのです。そういう事を思いますと、本当に日本の歴史の素晴らしさに感嘆いたします。

九、「神世草薙釼」の解決

以上は今回のセミナー（第八回）でお話した内容ですが、その時に、残念ながら、この「神世草薙釼」が、現在の住吉大社には存在しないことも申しそえておきました。しかし、実を言いますと、この「神世草薙釼」が、江戸時代までは、或る神社に宝物として確かにあった、という伝えがあるのであります。前回当時、私はそのことに気付きませんでしたが、近頃新しい知見を得ましたので、今回の中で初めて御報告しておこうと思います。〔補注。この第九節の文章は、第十二回セミナーの結び「第七節」で述べたところですが、内容が今回の話と関連しますので、その部分をここに移しました。〕

その神社といいますのは、住吉大社神代記に住吉大神の「子神」として記されている「味早雄神《あじはやおのかみ》」を祭る神社なのです。このことは非常に重要な問題をはらんでいますので、これまで具体的には言及し得なかったのでありますが、「味早雄神」といいますのは、現在、大阪市鶴見区放出《はなてん》東三丁目に鎮座されている「阿遅速雄《あじはやお》神社」のことであります。この神社は、古来から格式の高い式内社の一つでして、戦前は郷社でありました。そこでこの神社の鎮座地ですが、次頁の地図の長柄の船瀬の東南の隅に「放出東」という地名が書かれており、そのすぐ南のところに神社の印があります。大きく丸印をつけておきましたから見て下さい。これが阿遅速雄神社です。昔はこのあたりに大きな池が

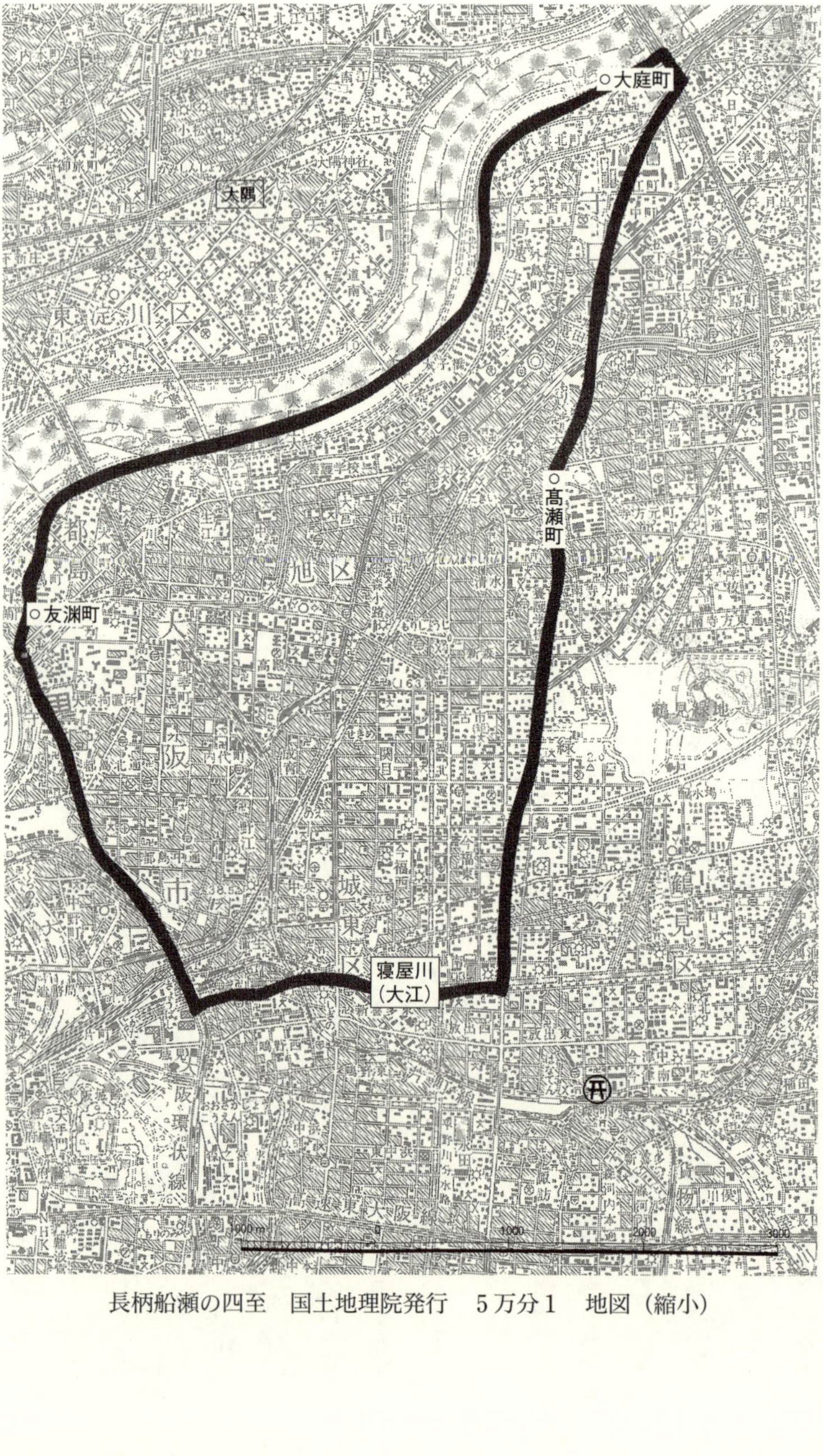

長柄船瀬の四至　国土地理院発行　５万分１　地図（縮小）

あり、菖蒲がはえていて、今でも特殊神事として「菖蒲刈祭」が斎行されているそうです。そこで先ず、この神社の場所が、長柄の船瀬の一番奥まった処にあることに御注意いただきたい。〔補注。「長瀬の船瀬」については、本書所収の第十二論文、及び第三巻所収の第六論文に詳論しているので併せて御参照下さい。〕

次に、この神社は、昔は八釼大明神として一般に崇敬されていたようですが、本社前の昔の中高野街道は剣街道と呼ばれ、近くの堤防は釼堤といい、本社鎮座の地も昔の言い方をしますと、「大字放出字水釼百六十六番地」で、水釼という字名も面白いではありませんか。すべて〝釼〟と関連します。そして大字「放出」は、「はなてん」と訓むのですが、その由来として、土地の伝えによりますと、例の盗賊の道行が逃げる途中で暴風にあい、ここに舞い戻ってきて捕らえられ、この場所で神剣を手放したので〝放てん〟という地名がついたというのです。これは俗説でありましょうが、ともかくこの神社と草薙剣との因縁は並々ならぬものがあると言わねばなりません。

しかしそれだけですと、こじつけの話のように思われますが、実は不思議なことに、昭和八年三月に出版された『大阪府神社史資料』――これは大阪府によって府下関係郷土史の中から神社に関する記事を採録して一書にまとめられたものですが、これの「阿遅速雄神社」の項を見ますと、「稿本『名葦探杖』」を引いて、次のように記しています。

「式内の神なり。放出村の劒の堤にあり。祭る所、天叢雲の寶劒なり。俗呼て八劒の宮といふ、これなり。尾州熱田の神爰に遷し祭る。」

『名葦《めいい》探杖《たんじょう》』という書物は「稿本」とありますように、原本は東京の国立公文書館の内閣文庫に収められ、私はまだ披見したことはありませんが、〔補注。住吉大社の川畑勝久氏の調査によると、〕著者は井上元造という人で、安永七年（一七七八）の奥書をもっているそうですから、江戸時代の半ば過ぎに書かれたものです。その書物に「祭る所、天叢雲の宝劔なり。……尾州熱田の神爰《ここ》に遷し祭る。」と記しているのは、必ずしも正確な史実ではありませんが、いま問題としています「神世草薙釼」の由来を考える上では注目すべき記事であります。

また大正十一年十二月に発行せられた『東成郡誌』の「阿遅速雄神社」の項にも、やはり例の道行の一件を載せていますが、特に重要なことは、この神社の「別当出田寺《ででん》」のことを述べたくだりであります。次に、割注の部分を除いて引用いたしてみましょう。（傍線は私に付す。）

「別當出田寺は社の北に在りき。開基空山は奈良の人、某年此地に來り本社別當を兼ね村の記録並模造草薙劍其他神寶等一切を保管せり。空山の後夢道、迦譽、信譽、其徒弟某職を襲ひし享保の末年に至り偶宮座との間に宮田に關し是非を京都所司代に争ふこと殆ど二年、僧の敗訴に歸するや怒りて出奔し、傳説に據れば同時に前記神寶・古記録等を携帯し去り、斯くて寺は自ら廢せられ早く明治維新以前に於て神佛分離せりと云ふ。（本村山田内蔵治稿本「放出村誌」）」

この記事の出典は本村（放出村）の山田内蔵治という人の稿本『放出村誌』に拠ったということですが、私はその稿本をまだ拝見していません。しかしここで注目されますのは、奈良からやって来た開基の空山が、本社の別当をも兼ねて、村の記録並びに〝模造草薙劒〟その他の神宝一切を保管していたこと、ところがその後を継いだ五代目の「某」という僧が、享保の末年に、宮座の人々との間で争いを起こし、裁判に敗れた結果「怒りて出奔し、伝説に拠れば同時に前記神宝・古記録等を携帯し去」った、ということが書かれている点であります。享保の末年といえば一七三〇年代であり、先の安永七年よりは四十年ばかり以前のことになりますが、ともかくここに〝模造草薙剱〟が神宝として納められていたことが知られるのであります。

勿論、享保や安永の頃に、住吉大社神代記はまだ世間に現れていません。従って神代記に記されている「神世草薙釼」のことは誰も知りません。ですから『放出村誌』が伝えている「模造草薙剱」というのは、住吉大社神代記の所伝とは全く関係のない、いわば独自の伝えということになります。それでいて、私が五十年も昔から推定してきました「御代器としての住吉『神世草薙釼』」の存在ということと、両者全く軌を一にしているのですから、実に不思議な一致でありまして、これはもう驚嘆する他ありますまい。このことからも、住吉大社神代記の史料価値は益々重視せられることとなりましょう。ただ残念なことは、この神宝が、享保以来、行辺不明になっていることですが、しかし何時の日にか出現しないとは限りません。そのことを心から願って、本日の講義を終わらせていただきます。

九、摂南地方と膽駒神南備山の神領

（平成七年十月二十一日）

はじめに

本日は「摂南地方と膽《い》駒《こま》神《かん》奈《な》備《び》山《やま》の神領」という題でお話致します。「摂南」というのは、便宜上、摂津の南方というだけの意味でして、具体的には和泉と南河内のあたりを指しています。また「膽駒神奈備山」というのは、今の生駒山全体とお考え下さい。生駒山に祭られている住吉の社に関しては、今年（平成七年）の『すみのえ』の正月号に、梅本雄三さんが「生駒山系にある住吉大神の鎮座地訪問」という記事を載せておられます。これは、生駒山の山中のあちらこちらに住吉さんが祭られていることを、昔から私が指摘し、そして書物にも書いておるわけですが、それを一つ、実際にあたって見ようと発心して、現地をずっと巡検参拝してまとめられた記録でして、非常に有難いものです。

実は戦前に、住吉大社で『住吉大神御鎮座地』という書物を刊行されています。これは、昭和八年（一九三三）三月に出ておりまして、その当時の宮司副島知一さんの序文がついております。この副島さんというお方は非常に学問の秀れた宮司さんでして、当時、住吉神社を名乗っているお社、或いは住吉三神のツツノヲの神様をお祭りしている神社の全国調査を行われました。その結果わかったのは、二一三九社、全国にあるのです。これは非常に貴重な記録と申さねばなりません。その後も、住吉大神の御鎮座地については、神社側で昭和五十八年（一九八三）の三月にお調べになった記録があります。いまここにお持ちいただいた、この調査書ですが、これも良く出来ております。この調査書には全体の総計が一寸見当たらないようですが、これと先程の『住吉大神御鎮座地』とを一々対照して調べられますと、昭和八年と昭和五十八年ですから丁度五十年、その五十年間の神社の変遷がよく判って有益と思います。しかし、神社の数にそれ程大きな増減はありますまいから、まあ大体、大雑把に申して住吉大神を祭るお社が全国に約二千あまりある、という風にお考えください。そして、そのお社の、集中して祭られている地域が所々にあるのでして、それが住吉の神領と関係がある。その実例が、これからお話します摂南地方や生駒山系なのです。

しかし、摂南地方や生駒山全体が住吉の神領だと言いましても、おそらく多くの方は、そんな馬鹿な事があるものか、住吉の神様は海の神として有名だから、難波の海を神領とされたというなら判るけれども、摂南地方や生駒山全部が住吉さんの神領だと、そんな事は考えられない、と皆、思われます。しかし実は、大昔、紀ノ川にいたるまでの摂南地方や生駒山系全体が住吉さんの神領とされていたのです。それだけではありません。この次のセミナーでお話する予定ですが、播磨の国に九万八千余町の大きな神領があったと、住吉側では昔から伝えておる。九万八千町というと、ものすごい領域なのですね。播磨の国にそんな広い住吉神社の土地がある筈ないじゃないかと、誰でもそう思うわけですね。現在の状態を見ておれば、そう思う方が当然なのです。

ところが、『住吉大社神代記』という、この前もお話しました住吉側の最も古い貴重な縁起書には、それが住吉の神領だと書いてある。そこで一般の人々は、それは、縁起書の方がでたらめであって信じ難い、と思うわけなのです。しかし私は、結論から申しますと、この住吉大社神代記の伝承は、これを認めて差しつかえない。古い時代においては、住吉側では、そういう広範囲な領域を確かに持っていた。しかしそれは早く失われてしまった。失われたけれども、ある古い時代までは、そういう伝承に価する神領が存在した、と私は考えておるのです。

そこで、その事を証明して御理解頂こうとするのですが、その場合に、住吉の問題とは少し離れますが、全国のいわゆる神郡、特に伊勢の神宮の神郡ということについて、はじめにお話しておこうと思うのです。このことの御理解がないと、あまり話が大きすぎて、信じ難いという事になりますので、実はそうじゃない、歴史の上ではこういう実例があるのだという事を、これから先ずお話しようと思うわけです。

一、〝八神郡〟について

そこで資料をみて下さい。一寸専門的になって恐縮ですけれども、〝八神郡〟という事について説明致します。〝八神郡〟などといいましても、この言葉自体、初めて聞かれた方が大部分だろうと思います。専門の学者でも馴染みのうすい歴史用語ですが、しかしこれを理解して頂かないと、住吉の問題には仲々入れない。そういう意味で、お聞きとり頂きたいと思います。

先ず、日本書紀、それから続日本紀、それらを読みますと、所々に「神郡」という文字が出てまいります。その例を、具体的に(イ)、(ロ)、(ハ)、(ニ)、(ホ)、(ヘ)として資料に挙げておきました。漢文ですが、一応目を通して下さい。

(イ)〔持統天皇六年三月壬午〕賜ニ所レ過神郡、及伊賀・伊勢・志摩国造等冠位一、并免ニ今年調役一。

(ロ)〔持統天皇六年閏五月丁未〕伊勢大神奏ニ天皇一曰、免ニ伊勢国今年調役一、然応レ輸ニ其二神郡赤引糸参拾伍斤一、於ニ来年一当レ折ニ其代一。

(ハ)〔神護景雲元年八月癸巳〕伊勢国神郡二郡司及諸国祝部有位無位等賜ニ一級一。

(ニ)〔宝亀十一年二月朔〕神祇官言、伊勢大神宮寺、先為レ有レ祟、遷二建他処一。而今近二神郡一、其祟未レ止、除二飯野郡一之外、移二造便地一者、許レ之。

(ホ)〔天応元年十二月丁未〕太上天皇崩……(中略)……諸国郡司於二庁前一挙レ哀三日、若遠道之処者、以二符到日一為レ始施行。礼日三度、初日再拝両段、但神郡者不レ在二此限一。

(ヘ)〔延暦八年十二月丙申〕天皇……(中略)……挙レ哀。百官及畿内、以二卅日一為二服期一、諸国三日、並率二所部百姓一挙レ哀、但神郷者不レ在二此限一。

この中の(ヘ)は「神郷」とみえますけれども、菅原道真が編集しました類聚国史(巻三十三)天皇凶服の条には「神郡」とありまして、(ホ)と照合しますと「神郡」の誤写かと思われますので、この資料の中に入れました。一々読んでいますと、時間をとりますので、目で追って頂きますが、古くは持統天皇の御代の日本書紀に、神郡というのが既に出ており、これ以下ずっと奈良時代に続いております。

そこで、概略を申しますと、右の(イ)、(ロ)、(ハ)、(ニ)というのは、明らかに伊勢の国の神郡に関するものであります。『類聚国史』を見ますと、それに、いわゆる「伊勢神郡」という項目(巻四)があります。それは「多気《たけ》」郡と「渡《わた》会《らい》」郡を指し、この二郡を普通伊勢神郡というわけなのです。

尚、「多気」を現在は「たき」と呼んでいますが、古い時代は「竹」の字を用いていますので、発音が「たけ」であったことがわかるのです。それから、御参考迄に、平安時代の寛平九年(八九七)から、飯野郡を加えて、「神三郡」といわれます。この飯野郡というのは、もともと多気郡の中に入っていたのですが、天智天皇の称制三年(甲子年・六六四年）に分離して公郡として独立させられたもので、それが二百三十年を経て再び神郡にもどったわけでして、この点は注目すべき事実であります。

ところで、先の史料の(ホ)と(ヘ)にも神郡が見えますが、これは伊勢の二つの神郡だけではなく、ほかに六神郡を加えた〝八神郡〟を意味するのであります。

その八神郡というのはどこかと言いますと、延喜式（巻十八、式部上）にも見えますが、古くは養老七年（七二三）十一月十六日の太政官処分に次のように書かれております。今、仮に番号をつけておきましたから、一寸、番号を追って見て下さい。

「①伊勢国渡相郡・②竹郡・③安房国安房郡・④出雲国意宇郡・⑤筑前国宗形郡・⑥常陸国鹿嶋郡・⑦下総国香取郡・⑧紀伊国名草郡、合八神郡、聴㆑連㆓任三等以上親㆒也。」

つまりこれを見ますと、伊勢国渡相《わたらい》郡以下、合計「八神郡」の郡名が連記されておりまして、最後に「合せて八神郡、三等以上の親《しん》の連任を聴《ゆる》す」と、書かれています。

この「三等以上の親の連任を聴す」といいますのは、もともと太宝の選任令（養老の選叙令）の規定として「凡同司主典以上、不㆑得㆑用㆓三等以上親㆒。」という定めがありまして、普通の場合は、同じ役所の役人は、同族の三等親以上の者が一緒に任命される事が出来ない規定があるのですけれども、この八神郡の郡司についてだけは聴《ゆる》す、特例として認めるということであります。つまりこれらの八神郡には、昔から有力な神社があり、それぞれに古い歴史と伝統を持っているので、同族の、連任者の郡司を特別に認める、という事なのです。

そこで、このように特別な神郡に対しては例外の優遇措置がとられたことは判るのですが、ここに一つの不思議がある。それは、神郡について、例えば『神道大辞典』を見ますと、「神領の一種。全郡悉く神社の所領となれるものの称。これ神戸の大なるもの。」と、こういう風に書いてあり、そしてそれが、普通の理解の仕方なのです。ところが、事実は必ずしもそうでないらしい。これが不思議なのですね。

例えば出雲国を見てみますと、出雲国の意宇郡は神郡とされているのですが、天平五年（七三三）に撰述された出雲国風土記を読みますと、その全郡をあげて、神社の封戸であるらしい記載が少しも見えないのです。意宇郡は神郡だと言われているのですから、その郡の封戸は全部、郡内唯一の名神大社である熊野大社の封戸であって然るべき筈なのですね。ところが出雲国風土記を見ますと、その熊野大社の封戸だというような記載が少しも見えない。いや、むしろ逆に風土記によれば、意宇郡の中に「出雲神戸」「賀茂神戸」「忌部神戸」等があって、後の二者は出雲以外の他国の神社の神戸であり、「出雲神戸」のみが、熊野・杵築両大社の神戸とされており、それも戸数はどうも数十戸以内のように思われます。要するに、意宇郡を神郡とは言うけれども、奈良時代において「全郡悉く神社の所領」などという状態ではないのです。いま、出雲国意宇郡の例だけをあげましたけれども、それがほかの、例えば常陸国の鹿島郡（鹿島神宮）にしても、あるいは下総国の香取郡（香取神宮）、あるいは筑前国の宗像郡（宗像神社）にしても、詳しくはわからないところもありますけれども、わかる限りは、神戸は多くて百戸あまり、大体は数十戸にしかすぎない。それを私は以前に調べ上げた事があるのです。

そうなりますと、神郡とは言うけれども、しかし郡全体がその郡の中心の神社の神戸ではなくして、非常に数の少ない何十戸か、あるいはせいぜい百戸くらいがその神社に奉仕しており、特別な扱いを受けていたということになるわけですね。しかし、それにしては、〝神郡〟などと、えらく大きな名前のつけられていることが、私には不思議に思われたのです。

二、伊勢の神郡について

そこで私は、伊勢神宮の場合に着目したわけなのです。伊勢の神郡というのは、先程から申しますように多気・度会の二神郡ですが、以前に公郡とされた飯野郡が復帰して後は三神郡となりますこと、既にお話した通りですから、もともとは、多気・度会・飯野三郡を合わせた全体の地域を神郡として考える必要があります。そして私は、この三郡の神戸数というものを推定してみたのです。

この推定の仕方は、資料に文章で書いておきましたが、今、一々読み上げても厄介ですから、あとで見て頂くとして、結論だけを申しますと、「それ故、およそ七百数十戸位が、平安時代前期の度会・多気・飯野三神郡の神戸数ということ」がわかって来たのであります。

これは、先程述べました伊勢以外の神郡の場合と較べて格段の多い数であります。他の国では、せいぜい多くて百戸前後、普通は五、六十戸前後というのに対して、伊勢の場合は七百数十戸とみられますから、約十倍でしょう。従ってこれは文字通り〝神郡〟といってよい。そこで、私は以前、論文の中でこの問題を論じて、次のように述べておきました。（『著作集』第四巻『伊勢神宮の創祀と発展』一七七頁）

「伊勢神郡は、その成立の当初より、全郡を挙げて神戸といふ特殊な形態をたもち、かつての国造支配の遺制を強くのこしつつ、しかも神祇組織の整備を通じて、律令制度の中に唯一独自の存続をつづけて行つた。すなはち、大化前代の神領的性格と、律令制における封戸的性格とを兼ね合せた形をとりつつ、伊勢神郡は、律令時代の終始を貫いて、いはば一個の巨大な荘園的特質を維持してきたのである。」

つまり、奈良・平安時代の伊勢神郡の実体を詳しく見て行きますと、郡全体が神戸だということがわかって来たわけです。従いまして、このようにして神郡の形で後世にまで残ったという事は、もともとその地域全部が伊勢神宮の神戸であった、ということを意味しています。

ほかの六神郡も、恐らく古い時代には〝郡〟（コホリ）に相当するような広い範囲が神戸とされていたのでしょうが、大化改新以降の律令体制の発展の中で、だんだんと収公されてゆき、戸数が大きく減少して行ったものと思われます。しかし、名前だけは〝神郡〟として残され、郡司連任の特例などの恩典が認められていた、ということでありましょう。しかし伊勢の二神郡だけは、名実ともに神郡の姿がずっと守られていた、ということであります。このことは、伊勢神宮の歴史を考える上で頗る重大なことで、嘗て私が詳しく論証したところであります。

三、伊勢の神宮の神堺

さて、これまで述べてきましたのは伊勢の神宮の神戸についてでありますが、次に神戸ではなくて、神宮の領域そのものを考えてみようと思います。幸に『皇太神宮儀式帳』という伊勢の神宮の由来を書いた古い書物がありまして、平安時代の初め頃、延暦二十三年（八〇四）に神宮から神祇官に上進した解文《げぶみ》なのですが、この儀式帳の一番初めの所に、お手許の資料に示した様な記事があるのです。これは漢文で書いてありまして、一寸初めての方にはお判りにくいと思うのですが、「神道大系」所収本には、傍に仮名が振ってありますので、皆様には便利かと思い、その本からコピーさせていただきました。（但し割書の細字は組方を改めて、一行細字としましたので御諒解下さい。）

一天照　坐　皇大神《アマテラシマシマススメオホミカミノ》　宮儀式　并神宮院　行事《ミヤノギシキナラビニジングウヰンノギヨウジ》・合　壹拾玖條《アハセテイチジフクデウ》。

天照《アマテラ》坐《シマシマス》　皇大神《スメオホミカミ》。所㆓稱《マヲス》　天照《アマテラスオ》　意保比流《ホヒル》　賣尊《メノミコト》㆒。

同　殿《オナジミアラカニマシ》　坐神二柱《マスカミフタハシラ》。坐㆓《マシマスヲヒダリノカタニ》　左　方㆒、稱㆓天手力　男神《マヲスアメノタチカラヲノカミト》㆒。霊　御形弓　坐《ミタマノミカタユミニマシマス》。坐㆓《マシマスヲミギノカタニ》　右　方㆒、稱㆓万　幡豊秋津　姫　命《マヲスヨロヅハタトヨアキツヒメノミコト》㆒　也。此皇孫《コレスメミマ》

之母《ノミオヤ》。霊《ミタマヌ》　御形劔《カタツルギニ》　坐《マシマス》。

御　坐　地《オハシマストコロハ》、度會　郡《ワタヒラノホコリウ》　宇治里《ジノサト》、伊鈴河上之《イスヾノカハカミノ》大山中《オホヤマナカ》。四至《シシ》。山遠遥《ヤマト》　阻　廻《ホクヘダタリメグリ》、又近　南　西北　河廻《マタチカキミナミニシキタハカハメグレリ》。神堺《カンサカヒ》。以東《ヒンガシハ》　石井《イハヰガ》

嵩《タケ》、赤木嵩《アカギガタケ》、朝熊嵩《アサクマガタケ》、黄楊山嵩《ツゲヤマガタケ》、尾垂岑《オタリノミネ》等《ドヲス》　為㆓山　堺《ヤマノサカヒト》㆒。（以北《キタハ》）比奈多嶋《ヒナタシマ》、瓱嶋《カメシマ》、志婆埼《シバガサキ》、酒瀧嶋《サカタキシマ》、阿婆良岐《アハラギ》

嶋《シマ》、大嶋《オホシマ》、屋嶋《ヤシマ》、歌嶋《ウタシマ》、都久毛嶋《ツクモシマ》、石嶋《イハシマ》、牛嶋《ウシシマ》、小嶋《ヲシマ》等《ドモヲス》為㆓海　堺《ウミノサカヒト》㆒。以南《ミナミハ》　志摩國《シマノクニウ》鵜椋　山岑《クラガヤマノミネ》、錦　山坂　竝《ニシキヤマサカナラビニ》

為《ス》㆓山　堺《ヤマノサカヒト》㆒。以西《ニシハ》　伊勢國飯高《イセノクニイヒダカノ》　下樋小河《シタビノヲカハ》、此　稱《コレヲイフ》㆓神之遠堺《カンノトホサカヒト》㆒。常　入《ツネニマヰル》㆓参太神宮《ダイジングウニ》㆒驛　使　鈴　口　塞《ハユマヅカヒノスヾノクチヲサス》。飯　野郡《イヒノノコホリ》　磯部河《イソベガハ》、

此　稱《コレヲイフ》㆓神之近堺《カンノチカサカヒト》㆒。以北《キタハ》　海　限《ウミヲカギル》。

横の仮名を見ながら、お帰りになってゆっくり見て頂きたい。ただ今は時間がありませんから、一々読上げる事は致しませんが、ここには天照坐皇大神のましまます処の、度会郡の「四至」の「神堺」が記されています。原本には無いのですが、私が黒い線で四角にくくっておきましたところの 以東 の上に「神堺」とありましょう。そこからなの

です。簡単に見ていきましょう。

「神界」として、「東は、石井嵩、赤木嵩、朝熊嵩、黄揚《つげ》山嵩、尾垂岑等を山界と為す。」とありますね。その次に神道大系本には「以北」の二字が入っていますが、私はこれを括弧（　）に入れておきました。その理由についてはあとで申します。

その次に比奈多《ひなた》嶋とか瓱《かめ》島とか、志婆《しば》埼、そのあとずっと嶋の名前が沢山出て来ます。そしてこれらの「嶋等を海の堺となす。」とあります。

それから南ですが「南は、志摩国の鵜椋《うくら》山の岑、錦《にしき》山坂《やまさか》並びに山の堺と為す。」と記しています。

次に、「西は伊勢の国の飯高の下樋の小河、これを神の遠堺という。」とあり、さらに「飯野郡の磯部河、これを神の近き堺という。」と書いてあります。そして更に「北は海を限りとする。」と述べています。

これはどういうことかといいますと、今でいう東西南北、――これを「四至」と書いて「シイシ」と訓みます。――伊勢神宮の領域を書いてあるわけなのです。一寸、余談になりますけれども、昔の四至の書き方というのは、東南西北の順なのです。今は東西南北ですね。しかし昔は「東は何々、南は何々、西は何々、北は何々」と、こういう順番に書くのです。

私がこんな話を大学でしていましたら、学生の中にマージャンの好きなのがおりまして、マージャンでの呼び方と同じだと言いました。私はマージャンを知らないのですが、どうもそうらしいですね。これは何でもないことのようですが、文書の成立年代を考える上で大事なことなのです。尤も東南西北がいつ時代から東西南北になったのか、以前に私は少々調べてみましたが、大体、平安時代の中頃あたりが基準になるようです。しかし厳密にはまだ押さえ切れていません。しかし奈良時代や平安時代初期では必ず東南西北と書いたのでして、若しこれを東西南北の順で書いている文書があれば、それは偽文書と判断して差し支えありません。その意味で、この『儀式帳』の書き方は正しいといってよろしい。

ところで、この儀式帳の四至の一番はじめに、「以東」とありますでしょう。そしてその次の二十字ばかり後の箇所に「以北」という二字が、神道大系本には入れてあるのです。そしてこの「以北」の二字には、特に注がつけられていまして、「傍例に徴し、定本・元本・解本に據りてこれを補う。」と書いてあります。しかし私は、この校訂は間違いだと思います。何故かと言いますと、「以北」というのは別に一番最後に出て来るのです。「以北海限」とあるでしょう。それがもともとの北の限りなのです。

この四至の文章は、①「以東……為二山堺一。…為二海堺一。」②「以南…為二山堺一。」③「以西…此称二神之遠堺一。…此称二神之近堺一。」④「以北、海限。」と区分されているのでして、この①の中に「以北」などが入る筈はないのです。それでは何故、そんな字が入ったのかと言いますとね、よく見て下さい。「以北」の下に「比」という字があるでしょう。「比奈多嶋」の「比」です。この「比」が、間違って「北」という字に書写された古写本がありますので、それを後に写す人が自分の判断でさらに「比」の字を加えて「北比」の二字とした。こういうのを衍入《えんにゅう》というのです。現に『儀式帳』の一番古い写本には「北。比奈多嶋」とあります。しかし「北」の上に「以」という字は記されていないのでして、「以」の字を加えたのは全く後人の賢《さか》しら心にすぎません。尚、比奈多嶋というのは今の「日《ひ》向《なた》島」で、俗に「イルカ島」と呼ばれている、あの島です。話が複雑になってきましたけれども、しかし古典の文献を読みます時には、こういう厳密な校訂や基礎知識をもっていただく必要があるのです。

そこで次に、この儀式帳に見える四至を現在の伊勢地方の地図にあてはめて見ればどうなるか。これはなかなか難しいのですけども、大略を仮に申せば、次のようになるかと思います。

地図が小さいですので、お判りにくいと思いますが、三二八頁の図の真中より一寸、東の方に内宮がありますね。内宮の東のあたりに、今の朝熊ケ嶽、これはどなたも御存知でしょう。儀式帳にも「朝熊嵩」と見えます。ところが、ほかの山は色々な名前が出て来ますけれども、今の伊勢地方ではこれらの山の名前が失われてしまっていて、現在の地図の上でははっきりと比定することが困難なのです。しかし恐らく、朝熊嵩を真中にして、北の方と南の方に山が続いておりますから、その山々に色々名前がつけられていて、その南北の線が、東を限る山の堺、ということでありましょう。

そしてその次に続いて、比奈多嶋（日向島）以下の多くの島々の名が見えます。この中の屋嶋・都久毛嶋・牛嶋・小嶋等というのは、現在の地図にも名前が見えています。今の鳥羽港からずっと伊良湖の方へ通うフェリーボートの航路がありますけれども、そのルートの伊勢寄りのあたりの島々がそれなのです。

それから南の方は、志摩の鵜椋山《うくらがやま》の岑と錦山坂《にしきやまさか》を山の堺となす、とあります。鵜椋山というのは大体わかるのです。三二九頁の地図の南の線のあたりに私が手書きで鵜椋山と書いておきました。地図では「高山」と記してありますけれども、このあたりの地名を鵜椋と言いますので、鵜椋山に間違いないと思います。

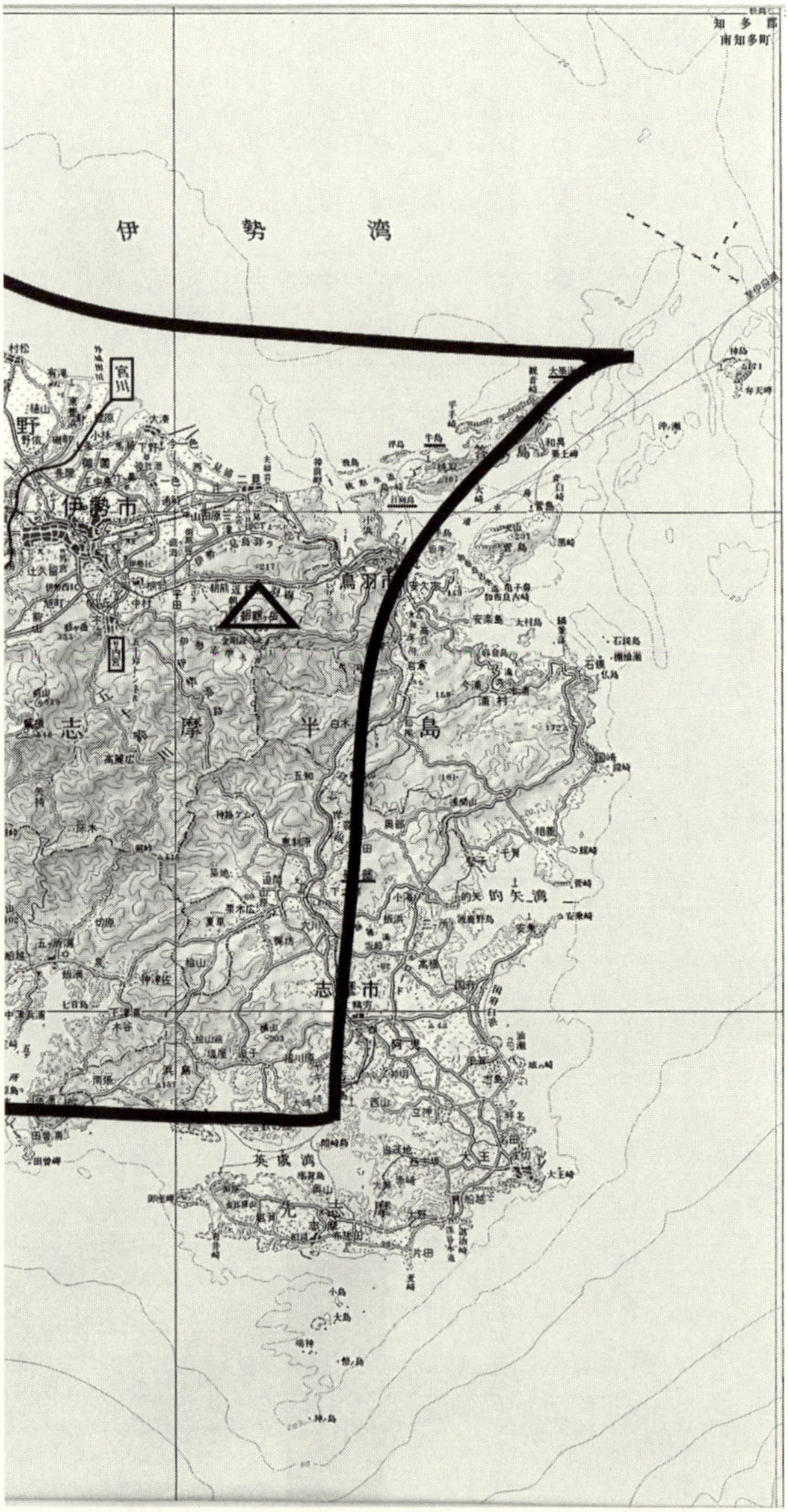

建設省国土地理院発行　20万分の１　地図（縮小）

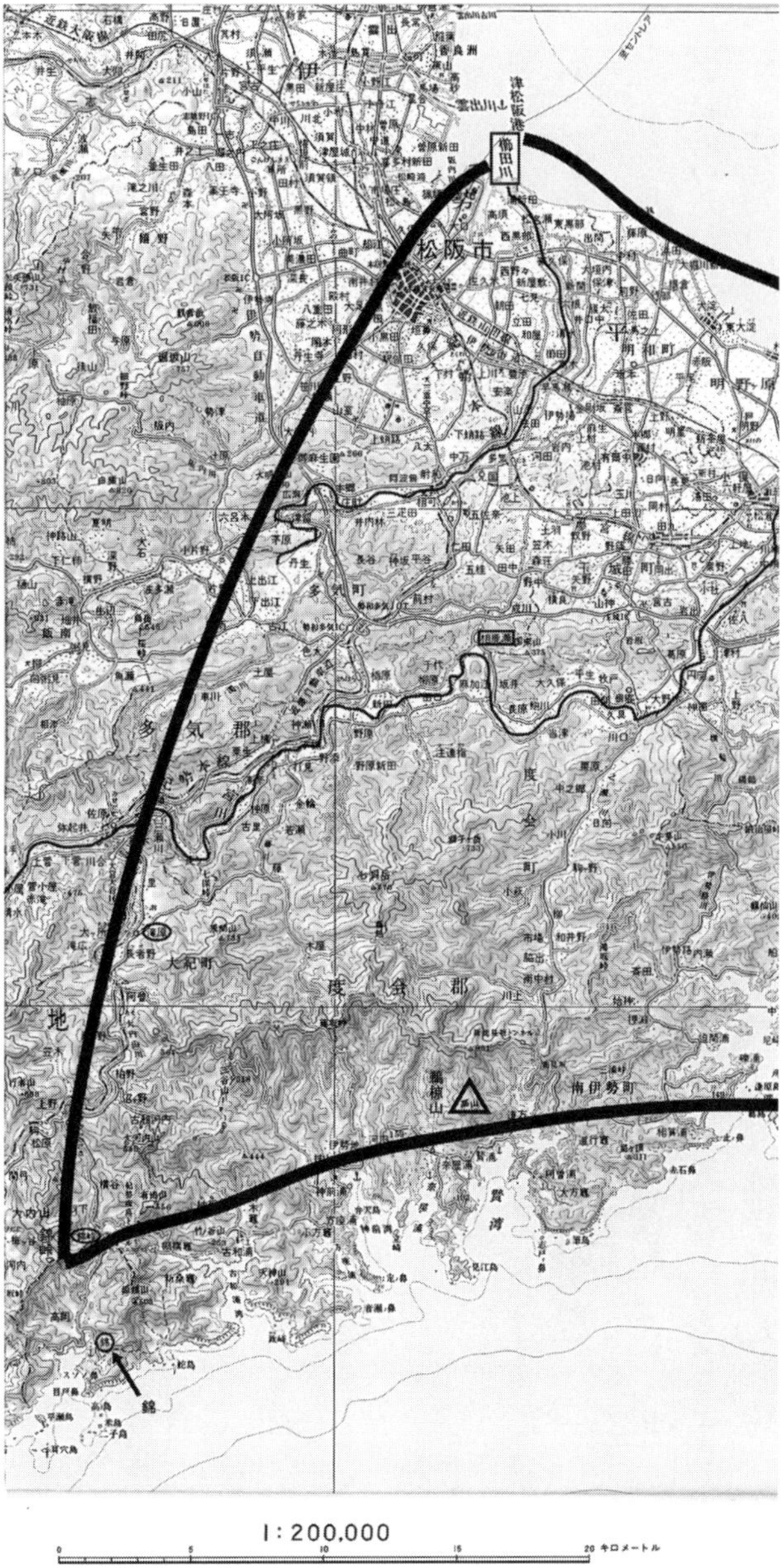

櫛田川
松阪市
多気町
多気郡
度会町
度会郡
大紀町
南伊勢町
錦
1:200,000
0
5
10
15
20 キロメートル

それから錦山坂《にしきやまさか》といいますのは、この地の西南の角の所に「錦峠」という峠があります。そして、その少し南の方が海岸でありまして、錦《にしき》という地名がいまも残っております。

神武天皇が御東征の時に、河内から生駒山を越えることが出来ずに紀州をまわって、熊野の方から上陸して大和に入られる、その上陸箇所に丹敷戸畔《にしきとべ》という人物が現れるのですが、この場所が錦《にしき》なのです。ですから、そのあたりにある山坂、今は錦峠と言いますが、これを錦山坂と考えてよいでありましょう。これで南の線は押さえられる。

それから西の線ですが、伊勢の国の飯高の下樋《したび》の小河《おがわ》というのは文献によく出て来ます。また飯野郡《いいのぐん》の磯辺河《いそべがわ》、これも史料によく出て来るのですけれども、どちらも現在のこの川だという事は、仲々断定しかねます。しかし、下樋の小河というのは飯高郡とされていますので、恐らく今の金剛川ではないかと思われます。そして磯部河というのは飯野郡ですので、今の櫛田川とみて大過あるまいと思います。いずれにしても、松阪のあたりの川であることは明らかですので、これと錦峠のあたりとを結んで線を引きました。これが西の限りです。

そして最後の、北は海を限るといいますのは、伊勢湾を指すこと、明らかでありましょう。

そうしますと、ここに私が仮に黒い線を入れましたこの範囲を、延暦二十三年（八〇四）というこの儀式帳の出来た当時、伊勢神宮が「神堺」として、はっきりと主張をしていたことが知られます。この地図は縮尺を入れておきました様に、もともと二十万分の一の地図でありますが、これを見られれば非常に大きな範囲です。この広大な地域が伊勢の神宮のいわば神領というわけでして、しかもそれは平安時代の初期のことであります。そうなりますと、住吉が古い時代に大きな神領を持っていたとしても、必ずしも不思議ではない、という事が理解されてきましょう。

四、摂南の寄さし奉る山河と墾田

以上は、伊勢の神宮の神領についてのことで、住吉大社と直接の関係はないのでありますが、予備知識としてこれだけの準備をしませんと、これからお話する摂南地方の住吉神領の問題や膽駒神奈備山という事が仲々一般には理解してもらえない。そこで一寸、住吉とは離れましたけれども、伊勢の神宮の実例によって、こういう大きな神領もあり得るのだという事をお話したわけであります。

そこで、次にそれを踏まえて、いよいよ住吉の問題に入るのですが、先ず住吉大社の南方の神領についてお話をしておこうと思います。

資料の「摂南の寄さし奉る山河と墾田」という仮の題をつけておきました文章を御覧下さい。それを読みながら説明を致します。住吉大社神代記の中に「山河を寄さし奉る本記」という一条があるのです。〔三九八―四四八行〕それを見ますと、最初の記事として次の様に見えております。これは漢文で書いてあるのですが、読みにくいですから、書き下し文に改めました。

「山預《やまあづかり》の（山あずかりという用語は面白いですね。これは非常に珍しい古風な言い方だと思います。）石川の錦織《にしごり》の許呂志《ころし》が仕へ奉る山の名は所所に在り。

兄《せの》山、天野、横山、錦織《にしごり》、石川、葛城、音穂、高向、華林、二上山と号曰《まを》す。

（葛城山は元の高尾張なり。）」

こういう記事があるのであります。この中の「山預」として記されてます「石川錦織許呂志」、この人の名前は、実は、日本書紀にも出て来るのでして、仁徳天皇四十一年三月の条に見えておる。ただし、文字が一寸違うのですね。日本書紀には「石川錦織首《おびと》許呂斯」とありまして、姓の「首《おびと》」がついており、「斯」と「志」の用字がちがう。また「山預」の語もない。こういう風に用字がちがうという事は、一方が他方をとったのではないという事を示しておる。つまりもとは二つの別々の伝承があったという事が知られるわけです。そして、その住吉大社神代記によりますと、この人物が山預り、山を管理する職として住吉大社に仕えていたという事がわかるわけで、恐らく実在の人物とみてよいと思います。

そして次に山の名前がずっと書いてある。十箇所ありますが、その中の「華林」という山以外は、大体その所在地がわかります。今、一々申しませんが、これは、以前に刊行しました私の『住吉大社史・上巻』や『住吉大社神代記の研究』(『著作集』第七巻。)に注釈を施してありますから、それでおよその見当がつきます。

そしてこの記事の次に、今度は四至があげられている。四至というのは、先程来、申しますように、この山々が含まれている領域の範囲を示しているのであります。この四至の地域については後程詳しく申しますが、その四至の後に左の文章がみえる。

「右、山河寄さし奉る本記とは、昔、巻向《まきむく》の玉木宮《たまきのみや》に御宇《あめのしたしろしめ》し天皇、癸酉年春二月庚寅〔朔〕、大神の願《ね》ぎたまふ随《まにま》に、屋主忍男《やぬしおしを》武雄《たけを》心《こころ》命(一に云ふ、武猪心《たけゐこころ》。)を遣使《つかは》して寄さし奉るところなり。爰《ここ》に武雄心命、此の山を以《も》用《つ》て幣《みてぐら》となし、阿備《あび》の柏原《かしはばらの》社に居て斎祀《いはひまつ》る。」

この記事の中の「巻向の玉木宮に御宇しし天皇」といいますのは、正しくは垂仁天皇にあたるわけですけれども、しかし、これは景行天皇の間違いと思われます。住吉大社神代記には、どうしてか、景行天皇と垂仁天皇の御名前が、入りまじっているといいますか、取りちがえていて、時々間違っている箇所があるのです。ここは、景行天皇の御事だと思います。その事は、日本書紀の景行天皇三年（癸酉）の条にもよく似た話が出て来ますので、それと合わせて、間違いないと思います。

そして要するに、この「山河を寄さし奉る本記」というのは、景行天皇の御代に、武雄心命が、――この人の祖父が孝元天皇、子供が有名な武内宿禰なのですが――住吉大神の願われるままに、これらの山河を奉献したという、その由来を説いておるのであります。

しかし、この機会にお断りしておきますが、住吉大神が現在の地に祭られるようになりますのは、神功皇后の半島出兵成功の後でありまして、そのことは第六回セミナーの「住吉大社の創祀」で詳しくお話致しました。従って、それ以前の景行天皇の御代に、住吉大神の願われるままに云々というのは、時代が矛盾しています。これはもともと、摂南から紀伊にかけての豪族であった武雄心命が、景行天皇の御代に、この地方を奉献していたのであり、その後、仁徳天皇の御代に、石川錦織許呂志を山預りとして正式に住吉大社の杣山とされた、ということであろうと思います。

そこで、いよいよ山河の神領の範囲、四至でありますが、次の通りに書かれています。

「東を限る、大倭国《やまとのくに》の季道《すえつみち》・葛木高小《かつらぎのたかこ》道《みち》・忍海刀自家《おしうみのとじの》・宇《う》智道《ちのみち》。

南を限る、木伊《きい》国の伊《い》都県《とのあがた》道側《のみちのそば》、並に大河。
西を限る、河内の泉の上鈴鹿《かみすずか》・下鈴鹿《しもすずか》・雄浜《をはま》、日禰野《ひねのの》公田・宮処・志努田《しぬたの》公田・三輪道。
北を限る、大坂・音穂野《の》公田・陁那波多《たなばたの》乃男神女神・吾嬬坂《あづまさか》・川合《かあひ》・狭山《さやま》・墳田・大村・斑・熊野谷《くまのだに》。」

これらの地名が今のどこかという事も、先程申しました私の本に書いておきましたが、わからない所もあります。

しかし大体の範囲は、次の地図に仮に私が黒い線を入れておきましたから、それを見て下さい。

先ず、東方ですが、東を限る、大倭国《やまとのくに》の季道《すえつみち》というのは、大和国が河内国の東にありますが、それの季《すえ》の道というのは、一番西寄りの南北道という事ですね。それから、葛木高小道というのは、葛城山の山麓の道ということでしょう。また、忍海刀自《おしうみのとじ》の家というのは、忍海という地名が奈良県南葛城郡の旧村名にあり、今は御所市に含まれております。次の宇智《うちの》道の宇智というのは、万葉集（巻第一、四番）に「たまきはる内《うち》の大野に馬なめて朝踏ますらむその草深野」と見える、あの宇智です。宇智という地名はもと宇智郡の旧村名にありましたが、今は五条市に編入されています。これらの地名の線をたどると、東の限りが判るわけです。

次は南を限る、ですが、木伊の国の伊《い》都県《とのあがた》の伊都といいますのは、和歌山県伊都郡の旧町名で、今は、かつらぎ町。そして「並に大河」という大河は紀の川の事です。これが南の線となります。

それから西を限る。これが又、注意をひくのですが、「河内泉《の》」。これは古い書き方なのです。泉というのは、和泉の国のことで、この国は霊亀二年（七一六）に和泉監《げん》、さらに天平勝宝九歳（七五七）に和泉国として独立しますけれども、もとは河内の国の一部だったのです。そこでここでは古い言い方で、「河内泉《の》」と書かれています。

それを受けて「上鈴鹿、下鈴鹿」。これは日本書紀にも出て来る地名なのですけれども、どこか良く判らない。しかし和泉国内であることは間違いない。「雄浜」というのは、日根郡「男里」の浜ということでしょう。次に「日禰《ひね》野《のの》公田」とあります。これも日根郡にもと「日根野」という旧村名がありました。今は泉佐野市に編入されているようです。それから「宮処」、これは珍努《ちぬ》宮に関係するのでしょうが、場所はよく判りません。「志努《しぬ》田公田《たのこうでん》」、「志努田」というのは、泉北郡の旧村名「信太」の事で、今は和泉市に編入されています。

それから「三輪道」。これは判りかねますが、恐らく三輪山の方向に通ずる道という事かと思いますが、和泉志に「上神」を「今、ニワと曰う」とあり、これは「ミワ」の転訛と思われますので、この地かも知れません。今、堺市に編入されています。

それから北の方はどうかと言いますと、北を限る、大坂。これは大阪市の大阪ではなくて、今は逢う坂と書く、あの逢坂の方でして、穴虫峠のあたり、その東に穴虫・逢坂という部落が今もあります。それから「音穂《おとほ》野《の》の公田《こうでん》」、「陁那波多乃《たなばたの》男神女神」。これらはよく判らないのですけれども、「たなばたの男神・女神」というのは、ひょっとしたら二上山と関係があるのではないか、とも思われます。二上山は今でも高い方を男岳《おだけ》、低い方を女岳《めだけ》と呼ばれています。何れにしても「たなばたの男神・女神」という言い方は非常に面白いですね。

次の「吾嬬坂《あづまさか》」、これは恐らく今の河南町の「東山」のあたりでしょうか。それから、「川合」は、多分、石川と東条川の合流地点を指すのでしょう。

次の「狭山《さやま》」、これは和名抄に見える古い地名で、いまは大阪狭山市に含まれています。また「大村」も和名抄に

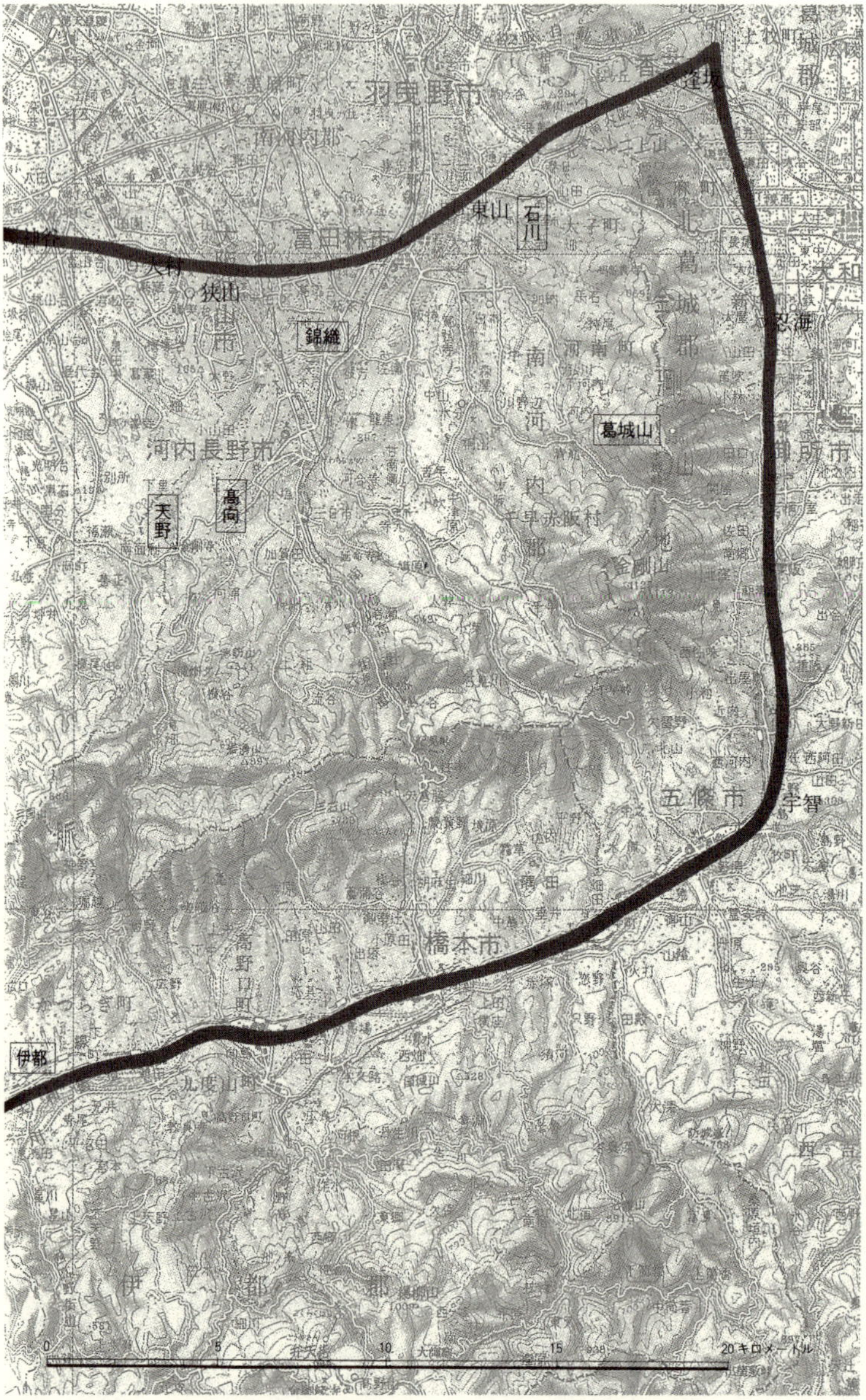

建設省国土地理院発行　20万分の1　地図（縮小）

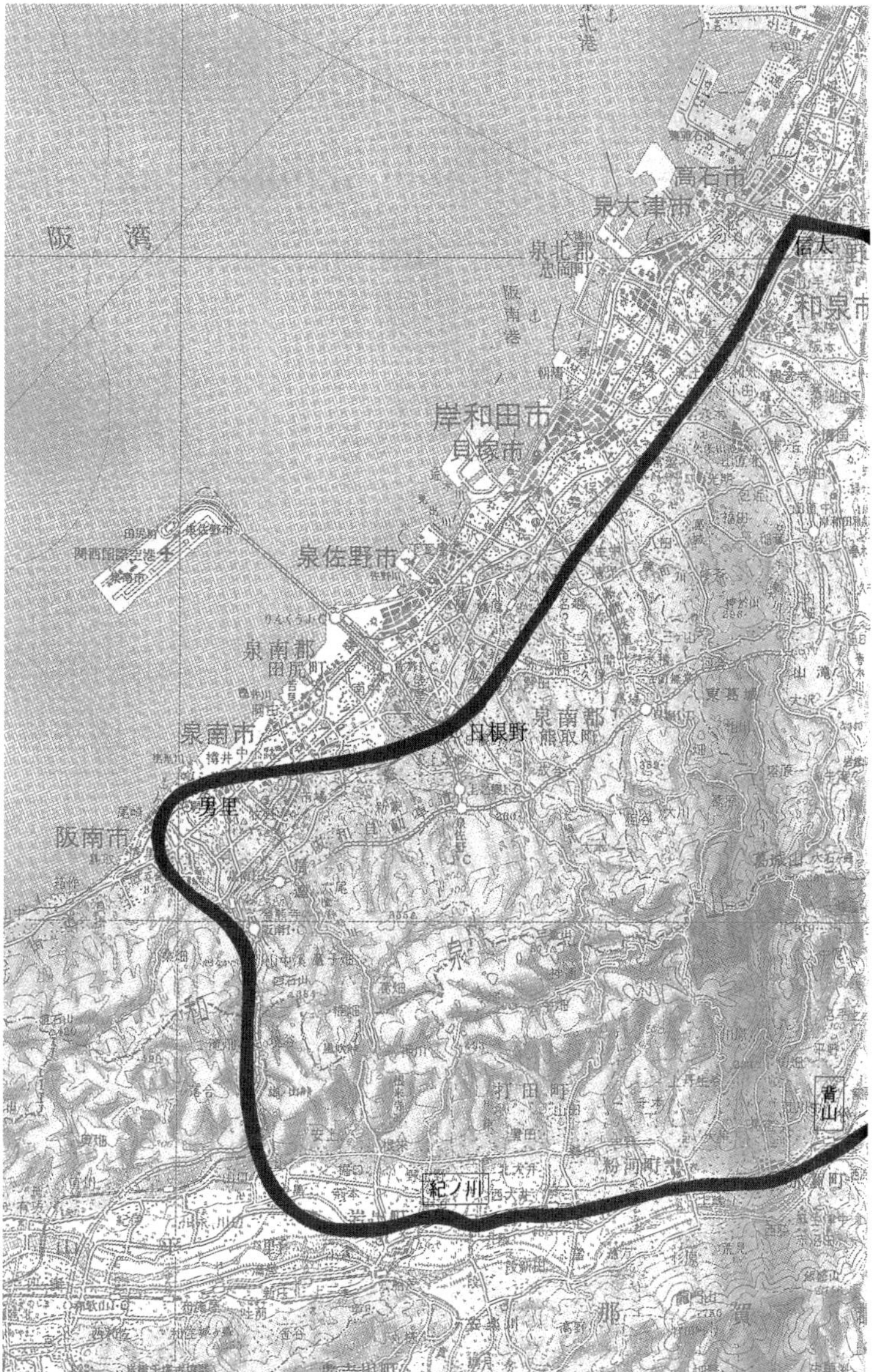
阪 湾
高石市
泉大津市
泉北郡
信太
和泉市
岸和田市
貝塚市
泉佐野市
関西国際空港
泉南郡
田尻町
泉南市
日根野
泉南郡
熊取町
男里
阪南市
打田町
粉河町
紀ノ川
背山

見え、陶器村のあたりで、今は堺市に入っています。これらははっきりしていますが、「填田」・「斑」・「熊野谷」などはよく判りません。この辺の地理はむしろ、皆さんの方で詳しい方もいらっしゃると思いますので、この史料をもとに、色々お考え頂いて、新しい発見があれば、教えて頂きたいと思います。

このようにして、はっきり押さえられない所もありますけれども、四至の大体の筋道は、これで判ります。そしてこの範囲内に、先程申しました「兄山《せのやま》、天野《あまの》、……」等の十箇所の山が入っているのです。ですから、この広範な領域の中に山々があって、それを住吉大神の杣山《そまやま》として、山預りの石川錦織許呂志が管理していたことが知られるのであります。〔補注。この四至の中に「公田」の用語が三箇所見え、その他にもあって、計十四箇が新史料である。〕

このような杣山の木は、建物だけでなく、船をつくるのにも大切な用材でありましたから、神社にとっては貴重な資源となったのであります。この点は、先程お話しました伊勢の「神堺」すなわち神領の場合も同様でありまして、住吉大社としては、摂南から紀の川に至るまでの全域を住吉の神領だという事を主張していた、そういう時代があったと見て良いと思うのであります。

五、膽駒神南備山の四至

以上の考察によって、住吉大社を中心に考えますと、神領の南の方は、大阪湾沿いに紀州との堺にいたるまでの広範囲に及んでいることが判りました。それでは北の方はどうか、と申しますと、上町台地がずっと北へのびていて、その先が淀川につきあたりますが、この付近の地形は大きく変化しているのでして、昔は大阪湾が深く東に入りこみ、長柄の船瀬という大きな港がありました。そしてその長柄の船瀬全体が住吉の領域であったわけでして、そのことについては住吉セミナーの最後（第十二回「遣唐使と墨江之津」）に詳しくお話する予定であります。（住吉大社編『遣隋使・遣唐使と住吉津』平成二十年六月、東方出版発行。二一一頁以下参照。『続・著作集』第三巻に収録予定。）

　そして住吉大神が海の神様であることは有名な話ですので、難波の海、つまり大阪湾全体を統治されていたことは、どなたにも直ちに御理解いただけることかと思います。ところが、ここに不思議なのは、大阪湾から離れた東の方、生駒山全体を神領とされていたという伝承があることであります。

　これも住吉大社神代記に見える伝承でありますが、「膽駒神南備山本記」という条（四四九―四六一行）があります。最初に四至が記され、次いで「巻向玉木宮御宇天皇・橿日宮御宇天皇」が熊襲や半島を平定された後に膽駒（生駒山地）を住吉の「神南備山」（神なび山）として寄進せられた、という由来を説くものであります。神なび山という意味には色々な説がありますが、ここでは「神様が鎮まります山」という程度に考えておいて下さい。「住吉の神が、そこに鎮まります山」、つまりその山は、住吉の神領になるわけです。そこで次に四至を見てまいります。これも東南西北の順になっているでしょう。

「膽《い》駒神南《こまかむな》備《び》山《やま》の本記」

四至（東を限る、膽駒《いこま》川・龍田の公田。

南を限る、賀志支利《かしきり》坂・山門《やまと》川《がは》・白木坂・江比須《えびす》墓《の》。

西を限る、母木《おものきの》里の公田・鳥坂に至る。

五、膽駒神南備山の四至

北を限る、饒速日山《にぎはやひ》。）

「東を限る」として「膽駒川」。三四二頁に掲げました地図は広大な地域を縮小しましたので、写りが悪いのですが、大阪の皆様は大体、見当がおつきでしょうから黒い線の所を見て下さい。膽駒川がずっと生駒山の東を流れている。それから「龍田の公田」。龍田といいますのは龍田大社のありますあの龍田です。東側の線の一番南の端にあたりますね。それがつまり東を限る地域。

次に「南を限る、賀志支利坂《かしきりざか》」。面白い名前ですが、現在、賀志支利坂という坂はよく判らない。次の「山門川《やまと》」。これは今の大和川ですから、お判りでしょう。ですから大和川の流れにそって、北側に賀志支利坂という坂があったのでしょうが、今はどこか判りませんので、これも何か気が付かれる方があれば教えて頂きたい。

尚、一寸つけ加えておきますと、ここに大和川を「山門川」と書いているのは注意すべきことなのです。それは、門（ト）が特殊仮名遣でいうトの甲類に属し、大和の国名のト（登・等・苔など）の乙類と異なるという点なのです。実はこの仮名遣は、例の邪馬台国の北九州（山門郡）か畿内（大和国）かという有名な論争の一つの問題点とされることなのですが、私は以前から北九州説でして、この「ト」については、畿内説の論拠にはならないと主張してきました。それは「ト」の固有名詞については甲・乙両類の乱れがあり、また大和の表記法でも播磨国風土記に「山門」とあることを見出したからです。この住吉大社神代記に「山門川」とあるのも、その一証となるでありましょう。詳しくは私の『著作集』第三巻『邪馬台国と稲荷山刀銘』に論文を納めておきましたから、興味のある方はご覧下さい。

それから「白木坂」。これはこの本記の別のところに「白木坂の三枝墓に木船を納め置く。」ともあるのですが、場所はよく判らない。私は、ひょっとすると信貴山に関係があるのじゃないかと思っているのです。信貴山は御存知のように有名な山寺ですが、この信貴山に登って行く道じゃないかなと思うのです。といいますのは、この付近は帰化人の多いところで「白木坂」の「白木」というのは「新羅」に関係するのではないか、そしてその「シラギ」が「信貴」に転訛したのではないか、と推測するからですが、しかしこれは確かではありません。

次に「江比須墓」。これも面白い名前ですが、よく判りません。ただ、この「エビス」というのは、外国人のことらしいので、百済系の船氏を葬る松岳山古墳ではないかとも思いますが、もしそれならば今の柏原市国分市場一丁目にあたります。しかし、いずれにしても、この図に書きました様に大和川をたどれば大体、南の線がはっきりしてくるわけですから、これが南の境界。

次に、西側はどうかといいますと、「母木里《おものきのさと》の公田、鳥坂に至る。」とあります。鳥坂は倭名抄に見える大県郡鳥坂郷の地で、今の高井田付近でしょう。また母木《おものき》というのは、今の八尾市の恩智と、東大阪市の豊浦のあたりという両説がありますが、後者が有力と思われます。いずれにしてもこれを中心にして考えれば、西の線が出て来ます。

それから「北を限る」、これが面白いのですね、「饒速日《にぎはやひ》山《やま》」とありましょう。饒速日山。これは歴史の上でここだけに出る山の名前でして、注目されます。饒速日というのは御承知の様に、饒速日の命、物部氏の祖先として有名な名前ですが、その饒速日命の山だと言うのですね。これは、生駒山の一番北の端にある河上哮峯《かわかみのたけるのみね》、いま磐船山といって、私共、大阪の小学校の時代によく遠足に行ったところです。

これらの四至をたどれば、前頁の地図の黒い線でなぞったあたりが含まれ、要するに生駒山全体ということになり

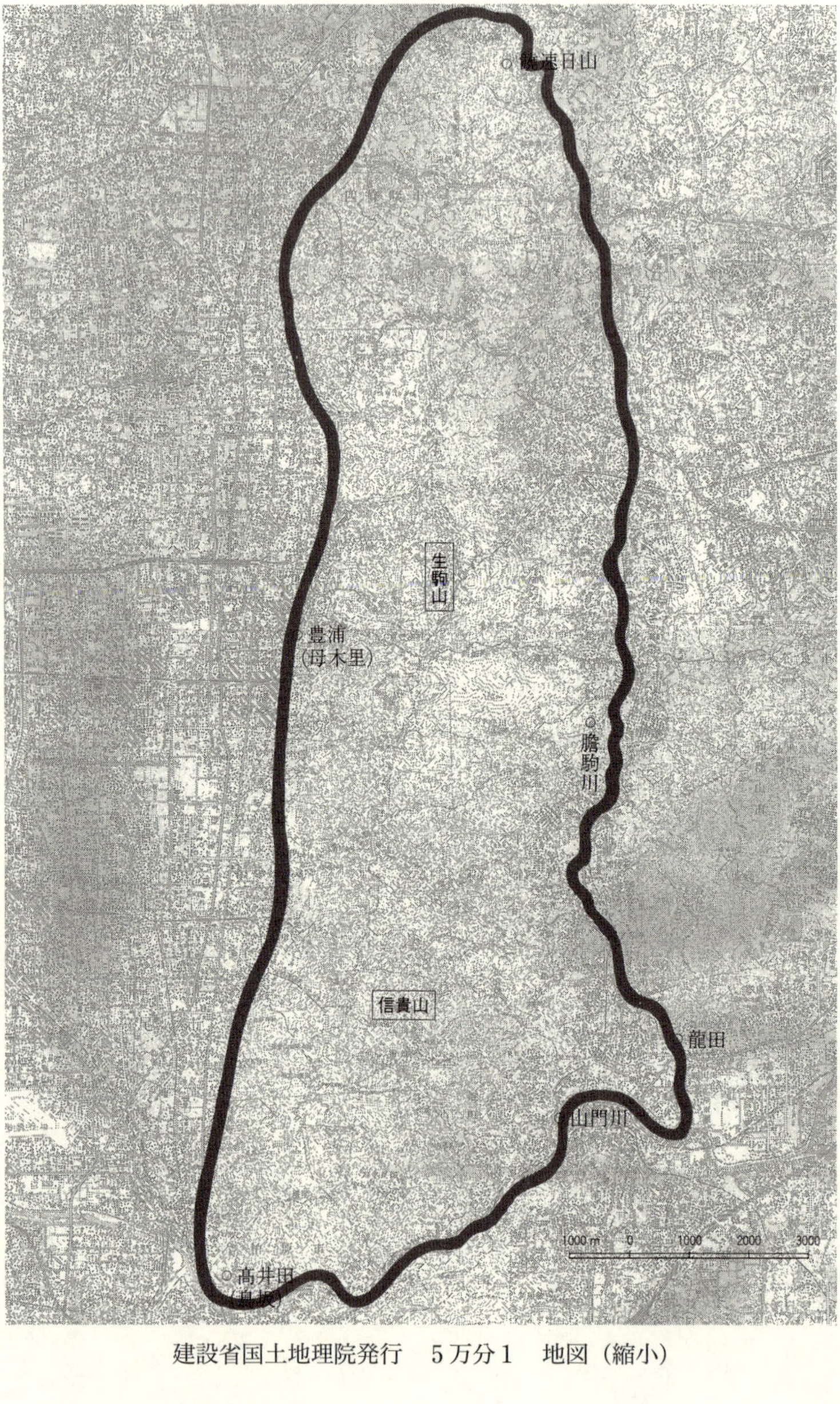

建設省国土地理院発行　５万分１　地図（縮小）

ましょう。住吉大社神代記の記述は、これらが、すべて住吉の〝神なび山〟、神領だという主張であります。そこで次に、この神なび山といわれる由緒の記事を見ますと、

「右、山の本記とは、昔、大神の本誓《みうけひ》に依り、寄さし奉る所、巻向《まきむく》の玉木《の》宮に御宇《あめのしたしろしめ》しし天皇・橿日《かしひの》宮に御宇しし天皇なり。熊襲国・新羅国・辛嶋を服《まつろ》はしめ賜ひ、」云々

これは、私が書下し文にしたものです。その中の「巻向の玉木宮」は垂仁天皇、「橿日宮」は仲哀天皇を指すわけですが、これは先にも一寸出て来ましたように、どうも住吉大社神代記の天皇国風諡号名に誤解があるようでして、この場合も前例のように、「玉木宮」は景行天皇の意味かも判りませんが、それにしても「熊襲国・新羅国・辛嶋」をまつろはしめ賜い、というのですから、時代が合わない。新羅国の平定は神功皇后の御事蹟をうけており、ここは具体的には住吉大神を主格として記しているものと思われます。

ところで、熊襲や新羅はわかりますけれども、その次の辛嶋《からしま》というのがわからない。辛嶋というのは、普通は朝鮮のことを指すのです。しかしここではその前に新羅が出て来ていますので、二重になるのもおかしい。住吉大社神代記には「辛嶋の恵我の須須己里」とも見え、須須己里は百済の人ですから辛嶋は百済を特定するのかも知れず、或いは新羅以外の朝鮮を総称するのかも知れません。辛嶋という事は、今後の一つの課題ですので覚えておいて下さい。

次に、

「長柄泊《ながらのとまり》より膽《い》駒嶺《こまのね》に登り賜ひて宣《の》り賜はく、」

とあります。この場合も主語がはっきりしませんが、恐らく前文と同じで、〝住吉大神〟の神託ということでしょう。

そしてここに出て来ました長柄泊《ながらのとまり》については、別の機会（第十二回セミナー）に詳しくお話しますので、その時にゆずりますが、要するに、今の淀川の下流の長柄のあたりまで大阪湾が入りこんでいて、これを長柄の泊と呼んだのですが、そこで上陸して、真直ぐ東に進むと生駒山に入ります。これは土地の方ならお判りでしょう。そして住吉大神の告げられた言葉として、

『我が山の木実《このみ》・土毛土産《くにつもの》等をもて斎祀《いつきまつ》らば、天皇《すめら》が天の下を平らけく守り奉らむ。若し荒振《あらぶ》る梟者《ものども》あらば、刃《やいば》に血ぬらずして挙足誅《けころし》てむ。』と宣り賜ふ。」

とあります。そして更に次の文章が続くのです。

「大八嶋国の天の下に日神を出し奉るは、船木の遠祖《とほつみおや》、大田田神《おほたたの》なり。此の神の造作《つく》れる船二艘（一艘は木作り、一艘は石作り。）を以て、後代の験《しるし》の為に、膽駒山の長屋墓《ながやの》に石船を、白木坂の三枝《さきくさの》墓に木船を納め置く。唐国に大神の通ひ渡り賜ふ時、乎理波足尼命《をりはのすくねの》、この山の坂木《さかき》を以て、迹驚岡《とどろきのをか》の神を岡に降し坐《まさ》して斎祀《いつきまつ》る。時に恩智神《おむちの》、参り坐在《ましま》す。仍《かれ》、毎年の春秋に墨江《すみのえ》に通ひ参ります。之に因り、猿の往来絶えざるは、此れ其の験なり。（母木里と高安国との堺に諍石《いさめのいし》在置《あ》り。大神、此の山に久く誓《かた》ひ賜ひて、『草焼く火あり、木は朽ちるとも、石は久遠《とは》に期《ちぎ》らむ。』とのたまひき。）」

これもわかりにくい文章でしてね。私が書き下し文にしてありますから、読めば何とか判ったような気がしましょうけれども、実際に詳しく見て行きますと、仲々判りにくいところがあります。

ただここで、「長屋墓」というのがありますが、これは天平元年（七二九）二月に自尽された長屋王のお墓です。又

「三枝墓」というのは、恐らく聖徳太子の御子の三枝王のお墓でありましょう。これは外に見られない珍しい記事です。さらに「乎《を》理《り》波《は》足尼《のすくね》」という人名が見えますが、これは第四回セミナー「熊襲二国への西征」の中で挙げました「津守氏系図」の中に「折羽《をりは》足尼」として出てくる人物でして、大御田足尼の子で、手搓《たもみ》足尼（田裳見宿禰）の父にあたります。そしてその時にも申しましたように、折羽足尼は紀伊国造の祖とされる菟道彦の女、鹿嶋姫を娶って手搓足尼を生むのでありますから、この人物は早くからこの地方に蟠踞していたものと思われます。そして神功皇后の征西に参加し、筑前の迹驚岡《とどろきのおか》の神を斎《いつ》き祭ったというのは、日本書紀の神功皇后摂政前紀の「裂田《さくた》の溝《うなで》」の記事と考え合せて、重要な所伝であります。その他にも恩智の神と墨江の関係などが記されていますが、文章が稚拙で、意味がよく判りかねるのが残念です。

六、饒速日山と饒速日命

以上で一応、住吉神領に関する「膽駒神南備山」の話は終るのですが、この本記の中に見える「饒速日山」に関連して、お話をしておきたいことがあります。それは第四回セミナーでも少し言及しました「饒速日命」の伝承についてでありまして、その際申しあげましたように、津守氏の出自は「火明命」即ち「饒速日命」を祖先とすると考えられます。そこで、このことについてさらに詳しく述べることと致しましょう。

饒速日命が天より降られたという話は、日本書紀の神武天皇即位前紀（甲寅年）に、次のように見えています。

「又聞二於塩土老翁一曰、東有二美地一青山四周、其中亦有下乗二天磐船一而飛降者上。余謂、彼地必当レ足下以恢二弘大業一光中宅天下上、蓋六合之中心乎。厥飛降者、謂是饒速日歟。何不二就而都一之乎。」

これは、神武天皇が日向国にあって、塩土老翁《しおつつのおじ》から聞かれた話として伝えられているわけです。それによると、東の方に良い土地があって、青い山が周囲をめぐらしている。そしてその中には、天の磐船《いわぶね》に乗って飛び降りた者がいる、ということである。そこで、私（神武天皇）が思うには、彼の地は必ず、天下の中心となるべき非常に良い所なのであろう。そして、先に飛び降りたという者は、恐らく饒速日のことを言うのであろう。「何ぞゆきて都つくらざらんや。」どうして自分もその地に出向いて都をつくらないでおかれようか、という意味であります。つまり、神武天皇が塩土老翁から話を聞かれて、東の方に良い土地があり、その地には天の磐船に乗って先に飛び降りた者がある。それは饒速日のことであろう、と述べられているわけですね。このことが神武天皇のお言葉として、日本書紀にわざわざ書きしるされているというところに御注意下さい。

また同じ日本書紀（戊午年）に、

「長髄彦乃遣二行人一言二於天皇一曰、嘗有二天神之子一、乗二天磐船一自レ天降止、号曰二櫛玉饒速日命一。」

とあります。これは神武天皇が東征せられた際、例の長髄彦《ながすねひこ》が、神武天皇に人をつかわして言いますのに、あなたよりもっと先に、天神の子として天の磐船に乗って天から降りて来た人がある、それは櫛玉饒速日命《くしたまにぎはやひのみこと》というのであると、こういう事を神武天皇に答えさせているわけなのです。これは御承知の様に、神武天皇が自分は天神の子だといわれるのに対し、長髄彦が、いや実は、自分の方にはちゃんと、天神の子と称するリーダーが居る。今度やって来た者も天神の子だと言うけれど、それは嘘だろうと反論する場面です。そして、自分の奉じている天神の子というのは、櫛玉饒速日命だというのです。

さらに日本書紀の神武天皇三十一年の条には、

「大己貴大神、目之曰、玉牆内国。及下至饒速日命乗二天磐船一、而翔二行太虚一也、睨二是郷一而降上之、故因目之。曰二虚空見日本国一矣。」

とも記されています。これは日本の国号の由来に関して述べられたくだりでして、この前段に「秋津洲《あきつしま》」は神武天皇によって名付けられたが、それより先に、伊弉諾尊が「浦安国、細戈千足《くわしほこちたるの》国、磯輪上秀眞《ほつま》国《くに》」と言われたということの記述がありまして、それに続いて、また大己貴大神が「玉牆《たまがきの》内国」と名付けられたといい、さらに饒速日命《にぎはやひのみこと》が天磐船に乗って来て大空をかけめぐり、この地をめがけて天降るに際して「虚空見日本国《そらみつやまとのくに》」と名付けられた、というのですね。これは非常に重要な伝承です。「そらみつ」というのは、大和にかかる枕詞ですが、この国を「日本国」、〝やまとの国〟と名付けたのは、実は、神武天皇以前の饒速日命であるというのですから、これは日本国家の成立を考える上で見逃すことの出来ない注意すべき伝承といわなければなりません。

また旧事本紀の天孫本紀には、

「天祖以二天璽瑞宝十種一授二饒速日尊一。則此尊稟二天神御祖詔一、乗二天磐船一而天二降一坐河内国河上哮峯一。則遷二坐於大倭国鳥見白庭山一。」

と見えており、饒速日命の天降坐す地を「河内国河上哮峯」と記しています。そしてこの「河上哮峯」の名は『河内志』讃良郡の条に見え、「在二田原村一、今号二石船山一。饒速日命降臨之地。云々。」と注せられています。そこにもやはり、饒速日命が天磐船に乗って来て河内の国の河上哮峯《かわかみのいかるがのみね》に天降られたこと、それから後に大倭国鳥見白庭山に遷られたことが伝えられ、そしてこの河上哮峯は田原村にあり、今、石船山《いわふねやま》といい、饒速日命の天降られた地である、というわけです。この田原村というのは現在、四條畷市に編入されていますが、住吉大社神代記の「饒速日山」の地に他なりません。それにしてもこの山を、旧事本紀のように「河上哮峰」と記さないで、「饒速日山」と、命《みこと》の名を冠して書いているのは興味深い。この山はもともと饒速日山と通称したのでありましょうが、かような古名が本書によって伝承せられたのは喜ぶべきことであります。

このように見てまいりますと、住吉大社の南の方では、紀ノ川の線にいたるまでの和泉地方から南河内地方にかけての地域、また東の方では生駒山地全体を、住吉の神領としていた時代のあったことが推定せられてくるわけです。つまり生駒山系から葛城山系にかけての線の西側ですね。これを領有していたということになるわけです。

そして南部地域に関しては、景行天皇朝に武雄心命が大和朝廷に奉献し、仁徳天皇朝に住吉の神領とされて、石川錦織許呂志が山預りとして奉仕した。一方、東方の生駒山については津守氏の祖先である乎理波足尼（折羽足尼）がもともと領有していて、これを神功皇后の半島よりの凱旋後に奉献した、ということが伝承せられているわけです。そして先程お話しましたように、武雄心命と乎理波足尼の岳父にあたるのが、後に紀伊国造とせられる菟道彦なのですから、両者には密接な姻戚関係があったとしなければなりません。理解しやすいように、系譜を示せば次頁のようになるのです。

住吉大社神代記の記事だけを簡単に見ますと、何やら非常に突拍子もない大きな話で、お伽話の様に思われる恐れがありますが、伊勢の神宮の実例を見れば、そうではない。決して荒唐無稽な話ではないのです。現に先程も申しました様に、昔、私共は生駒山はもちろん、和泉・河内の各地、住吉大社神代記の四至に名前が出て来るあたりをずっと廻って調査しました。昨年（平成六年）亡くなられた奥野宮司さん、あるいは、今の京都の八坂神社の真弓宮司さん〔補注。現在の住吉大社宮司。〕、お二方とも当時はまだお若い禰宜さんでしたが、御一緒に、重い写真機等の荷物をかついで随分あちこちを廻ったものです。そして、まさかと思われるところにちゃんと住吉神社が祭られていることを発見して、大喜びをしたことを思い出します。

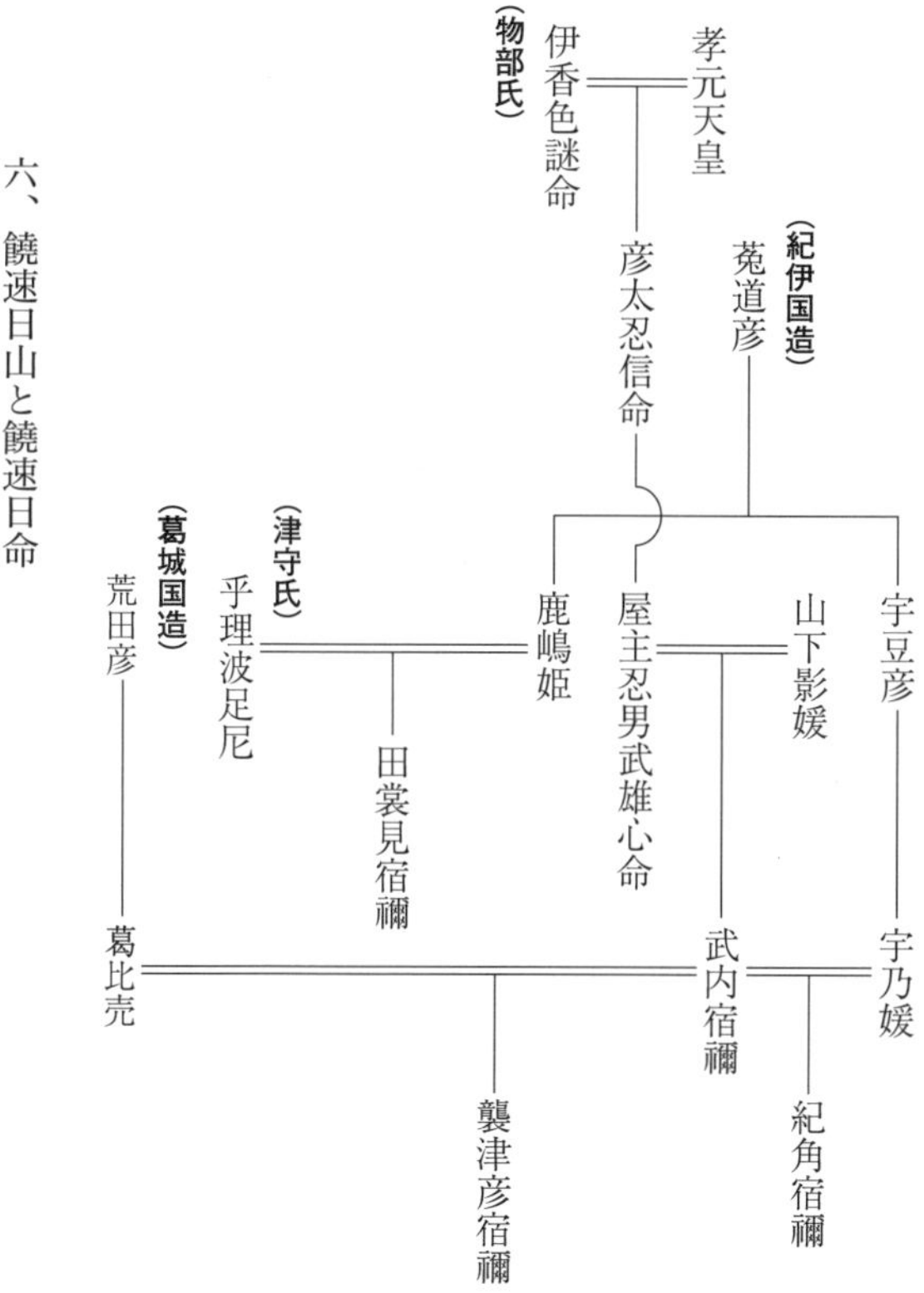

このように、住吉の神は一般に海の神様とされていますが、陸地、それも山の中にも祭られているのです。実は一昨年（平成五年）の九月、私は前から

気になることがありまして、神坂峠へまいりました。神坂と書いて「みさか」と読むのです。これは東山道の美濃から信濃に入る道にある峠です。信濃から関東の上野《こうずけ》に入る所にも峠がありまして、これは碓氷峠《うすいとうげ》。碓氷峠は、皆さんは、よく知っておられるでしょう。神坂峠《みさかとうげ》の方は今、恵那山トンネルが出来て便利になってしまったものですから、もうこのような峠を通る人はほとんどない。しかし、私共のように歴史を研究するものは、東山道、後の中山道ですが、この実際を知っておく必要がありますので、一昨年に神坂峠、今年（平成七年）六月に碓氷峠にも行って来ました。実はこの信濃国の東西の関門、神坂峠と碓氷峠とを押さえておかないと、古代史の地理は仲々理解しがたいからです。ところがその神坂峠へ行って見て驚きました。この峠に小さい神社があって、住吉の三神がちゃんと祭られているのですよ。あの険しい神坂峠の山中に住吉さんが祭られているのです。

そういう事で、住吉さんといっても、決して海だけでなく山の中にもある。そのことを十分に考えられて、どうか各地の研究をしていただきたいと思います。そして最後に一言申しておきますが、そんな大きな神領があったのに、それはその後、どうなったのかという問題があります。それは恐らく、仁徳天皇以降、難波の地に都が出来、また難波津を中心に大和朝廷の発展が行われたものですから、住吉の神領そのものが中央政権の組織の中に取り込まれてしまった、ということでありましょう。いわゆる五畿内の中に納まってしまったのであります。

中央集権的な律令体制の中では、神社が古代そのままに大きな土地を独占しておるという事は許されないわけです。これは一種の後の荘園みたいなものですから、中央集権化が進んでゆくと、次第に収公せられてゆかざるを得ない。そのために、畿内の中央に位置していた住吉は、早くその広大な神領を失う結果となったのでありましょう。

〔補注。このことに関連して注目されるのは、第七論文『住吉大社神代記』の第九節に、住吉大社の所在地として「今謂ふ、住吉郡神戸郷墨江」の地名が見えることです。この点については既述のように、倭名抄に「神戸郷」の郷名が見えないことを指摘しておきましたが、この「神戸郷」は「神郡」の一部の名残りではないかと考えられます。本論文の第一節「八神郡について」も参照のこと。〕

その点で、中央から遠く離れた伊勢・安房・鹿嶋・香取・意宇・宗形等の神社の神領は、後まで残された。名草も畿外であり、また紀伊国造という特別の関係で神領を保持していたにちがいない。しかし、やがて大化改新を迎えて、これらの有力神社も本来の神領を失い、〝神のコホリ(評・郡)〟という形で神戸を数十戸、せいぜい百戸余り附属せしめられることになったのでありましょう。

それが最初にお話しました「八神郡」で、その場合、伊勢神宮だけは後世まで神領の古い形を残した、ということであろうと思います。そしてそのように考えてきますと、住吉ほどの大社が、いわゆる〝八神郡〟の中に入れられていない理由も、よく判るでありましょう。

私は、日本の古代にはもともと各地に神を祭る氏族集団がそれぞれ散在していましたが、その中で有力神社を中心とする神領が拡大形成されてゆき、それらの割拠並立した姿が、日本の古代社会であったと考えております。そしてそれを『住吉大社史』の中巻で、仮に〝神領社会〟と呼んでみたのでありますが、この点は更に次回のセミナー「播磨国九万八千余町の神領」でも述べることにいたし、本日はこれで終ります。

十、播磨国九万八千余町の神領

（平成七年十一月二十日）

はじめに

前回は「摂南地方と膽駒神南備山の神領」と題して、住吉大社の神領が南は大阪湾沿いに紀州との境にいたる地域、東は生駒山脈全体にまで及んでいたという話をいたしました。今回はそれを受けて「播磨国九万八千余町の神領」という題で申しあげるのではありますが、これは昔、住吉大社の神領として播磨国に九万八千余町という広大な神領があったという話であります。

九万八千町というのは一体どれくらいの範囲かという事については、後程、更に詳しく申しあげますけれども、先ず全体を理解して貰いますために、用意しました資料五枚の最後の紙を一寸、先に見ておいて頂きたいと思います。（三五六〜三五七頁に収む。）これは現在の地図を利用致しました。建設省の国土地理院発行の二十万分の一の地図を下敷きにしまして、後程、だんだんと申しあげます地名を地図におろして行けば、こういう風な範囲になるわけであります。

概略のところを申しますと、東南の端は、今でいう六甲山なのです。この六甲山の線を、ずーっと北に辿って行きますと、味間《あぢま》という所に入ります。

この味間から西の方へ進みまして西北の隅、山中でして今の地名ではあまり有名な所はありませんけれども、上牛尾の北の方、そこから南へ下って来ますと、西側の線の真中あたりに北条という所があります。これはよく知られた町で、どんな地図にも出ております。この北条の線をずっと南の方へ行きますと、木場《きば》という所があります。

そして木場から東へ、南側の線が延びて、木場と六甲山とを結ぶ真中辺の所に三木市があります。これは有名ですから御存知でしょう。

いま申しあげた東・北・西・南のあたりを線で結ぶとほぼ梯形となりますね。この梯形の範囲が、全部で九万八千町に当たると言うのです。こんな宏大な土地を昔、住吉神社が神領として持っていたというのですが、それは果たして本当なのかどうか。この大きな問題について、本日申しあげたいと思うのです。

実はこのような大きな神領を大昔に神社が領有していたという事を理解して貰います為に、前回、伊勢の神宮についての神郡や神堺の話をいたしました。今の姿だけで考えられますと、「そんな途方もない事が」と信じられないように思われるかも知れませんが、現に奈良・平安時代の伊勢神宮では、そういう宏大な神領を持っていたという確実な証拠があるのですから、そういう実例を踏まえてお考え頂かなければならないわけです。そして住吉の場合には、この播磨国の九万八千町の領域をめぐって、平安時代に係争があった。その事からお話を致します。

一、住吉神社と清水寺との相論

資料の一枚目「播磨国清水寺《せいすいじ》との相論」という箇所をみて下さい。ここの文章は、『住吉大社史・下巻』(八七頁)に、皇學館大学の恵良宏教授が書かれたもので、私の文章ではありませんが、清水寺について、簡明に判りやすく書いて下さっていますので引用させて貰いました。

「清水寺は御嶽山と号し、現在の兵庫県加東郡社町平木にある天台宗の寺院で、草創年代も奈良時代にさかのぼ

建設省国土地理院発行　20万分１　地図（縮小）

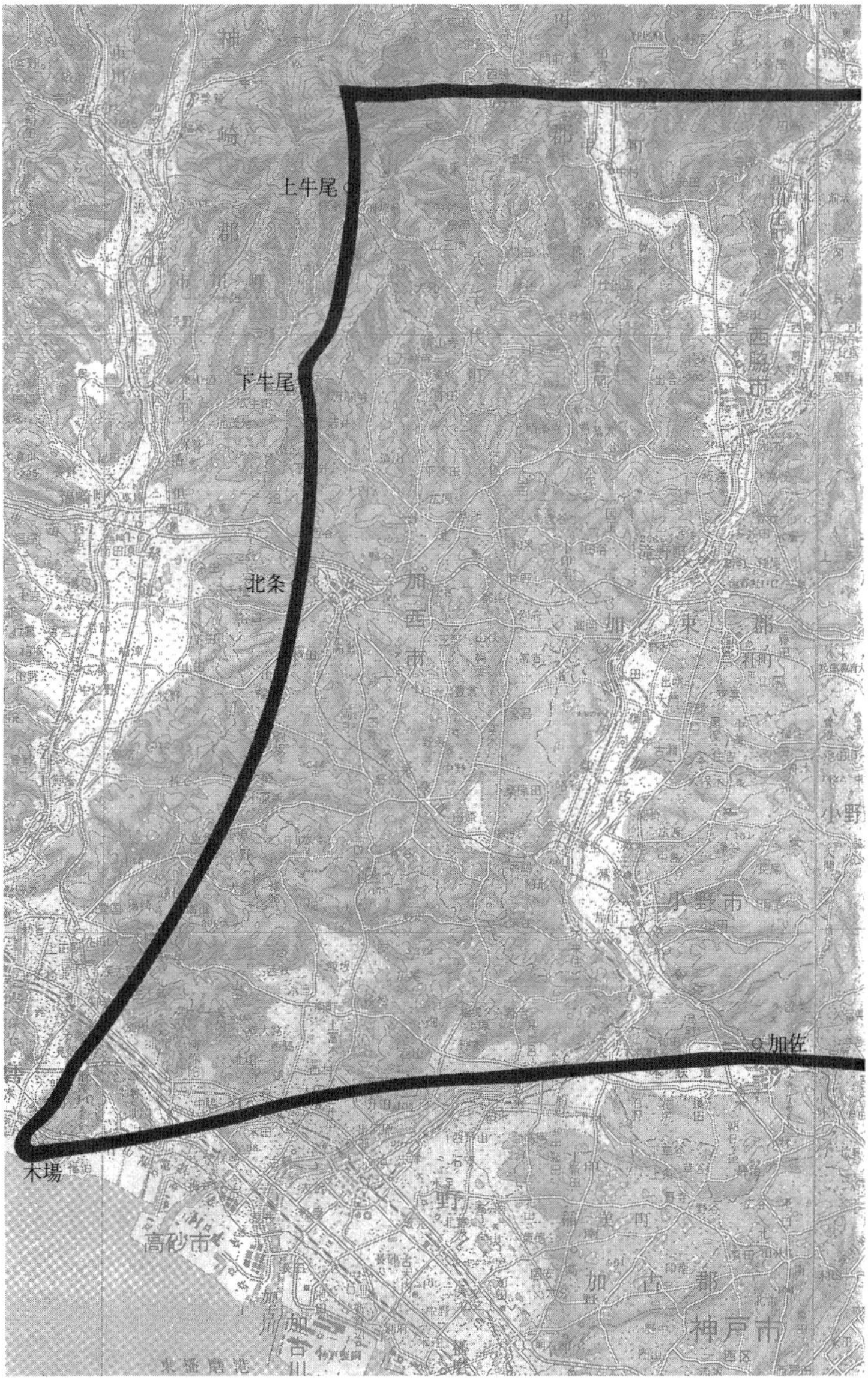
上牛尾
下牛尾
北条
木場
加佐
加西市
小野市
西脇市
高砂市
神戸市

る古刹である。住吉大社との争ひは、平安末期の天治二年（一一二五）より起つてゐるが、鎌倉時代承久三年閏十月の清水寺住侶等愁状案（清水寺文書一号）といふ史料によれば、これよりも以前天治二年頃に、住吉社領□荘の神人等が無道をたくらみ清水寺を悩ましたと申立ててゐた。この荘名はちやうどこの部分が欠損してゐるために不明であるが、加茂郡内には住吉大社領として久米荘・吉井荘・大河荘の三ケ所在り、いづれも三種山《みくさやま》周辺に位置するのでこの三荘のいづれかに当てることが出来よう。」

これによって大体、清水寺というもののあらましは、判られると思いますが、そこでその清水寺と住吉大社との相論、領地の争いでありますが、それは一体どういう事かと言いますと、これは重要な問題ですので、原文をお目にかけます。漢文で書かれておりまして、一寸、読むのが大変なのですけれども、主な所だけ目で追って頂きたいと思います。これは『播磨　清水寺文書』（昭和五十一年三月、御嶽山清水寺発行）という史料集の中に収められています。つまり清水寺側に残された文書でありますから、そのつもりで御覧いただきたいと思います。尚、この史料集には改行の印がつけられているのですが、今それは除き、主要なところ――傍線をつけておきました――だけに訓みやすいように返点を付け加えておきました。また年号の下の西暦と傍書の「（　）カ」という注記は、私が新しくつけたものです。

（前欠）

全無二神領之杣山一、自爾以来三百余歳之後、忽於二三種山一有二付野火一、数月焼、則以。状卜筮之処、住吉大明神之所為也、於二件山之東西辺一而立二彼社荘一、以二其神民一令レ制二止放火之輩一云々、仍治暦三年（一〇六七）官符立券之内、国司俊綱朝臣既限㆓四至㆒、同打㆓牓示㆒畢、又於㆓此時㆒、始雖㆑立㆓住吉之神領㆒、終無㆑妨㆓清水之仙堀㆒、因㆑茲社領有㆑限、寺領無㆑煩、其後隔五十余年、去天治二年（一一二五）之比、彼庄神人等巧㆓無道㆒、悩㆓当寺㆒、其状云、凡住吉神領者九万八千町也、清水寺者正其中央也云々、其時之住侶等陳状云、広百四十町、長七百町、其内積者九万八千町也、然則計七百町之積者、南自㆓播磨㆒、北過㆓丹波㆒、遥可㆑至㆓丹後国㆒者也、況限㆓三種山㆒者東西南北僅百町余也、其内積豈有㆓九万八千町㆒哉、若偁(經カ)㆓三箇国領㆒七百町歟、如何、其内多有㆓他領㆒不㆑可㆓稱計㆒、然神人等申状極僻事也、差㆓何山㆒、加㆓何地㆒、可㆑満㆓其数㆒哉、早出㆓公験㆒、可㆑諍㆓其領㆒也云々、既依㆓此解状㆒被㆑停㆓彼狼藉㆒畢、是以、自㆓天治二年十月㆒、至㆓承久三年（一二二一）七月㆒、全無㆓其煩㆒、所㆑令㆓止住㆒也、以鎮護国家之御祈、為寺之勤、以利済黎民之秘計、為所之業、谷不耕一項(頃カ)之田、偏憑観音之悲願、而喰霞、峰不殖一株之桑、只仰仙人之遺跡而臥雲、此則依無依怙、無此寺之煩、依無別当、無住侶之憂、然今年八月之比、住吉社神主猥以㆓清水之霊地㆒、恣号㆓神領之杣山㆒、以権律師顕玄、補任別当職、既入使者、致不慮責、神不享(稟歟)非例、何可補新儀之別当、人莫巧無道、争可悩久住之禅侶、爰破羯磨之僧徒、豈造五逆之一逆、壊霊験之伽藍、既犯十悪之三悪、凡守堂塔、護仏法、則神明之所誓也、失寺観、亡僧徒亦冥道之所悪也、仏陀与神明本地将垂迹也、何酌其流、可軽其源乎、本末乱次、主伴失礼者歟、則是護法善神之恨、豈只修禅斎僧之歎而已哉、偏是悦花夷之乱逆、全不憚仏神之照見、可怖可恐、魔縁之得便歟、悲也、歎也、仏法之将滅乎、而住侶等得草創於六百余歳、開松戸於一百余坊、然而未開(聞カ)此寺別当之名、寧見彼社惣官之符乎、乍値黄河之一清、蓋奏清水之五濁、徒率上住輩、空令分散者、六百余廻之香煙、此時自滅、千年一遇之清水、何代得澄、抑当山衆徒多勤行之中有一奇特、乃本堂内有仙人在世之香火、千日山籠之僧更致百日之加行、始入内陣、以護此火、正為寺之大事也、望請恩載、早停二止住吉神主之無道一、削二捨新儀別当之名字一、成住侶安堵之思、遥継法道仙人之香火、致仏法勤行之誠、宜期慈氏三会之暁月之由、被仰下者、射岫地閑久翫南山億兆歳之景、汾水浪清遠浮北辰七百劫之光、住侶等不耐愁吟、誠惶誠恐謹言

承久三年（一二二一）閏十月　日　清水寺住侶等上

これは、承久三年、西暦の一二二一年に清水寺の住職が院奏した文書案でありまして、ゆっくり見て頂ければいいのですけれども、一寸、時間もありませんし、全部読むのも大変ですから、傍線をつけた箇所だけを見て下さい。前が欠けていますが、意味は、或る年より三百余歳の後、三種山《みくさやま》に野火があり、数か月に及んだので占ったところ住吉大明神の祟りというので、三種山の東西に住吉の荘園を立て、その神民によって放火の連中を制止せしめました。そしてこの時――治暦三年（一〇六七）に国司が四至の範囲を定めたので、その後は社領と寺領との間に何のいざこざもなかったのに、それから五十余年を経た時に問題が生じた、というのであります。

そこで「天治二年之比」（天治二年のころほひ）というところから見て下さい。天治二年というのは、崇徳天皇の御代で西暦の一一二五年、平安時代の終頃ですね。今年は西暦の一九九五年ですから、八七〇年くらい前ですが、その時分から「彼の庄の神人等無道を巧《たくみ》にして当寺を悩ます。」とあります。当寺というのは清水寺で、彼の庄の神人というのは住吉側です。これが無道にも、無理難題を言って当寺を悩ましております。「其の状に云う、」その状というのは、住吉側が提出して来た文書でして、それによりますと、「凡そ、住吉の神領は九万八千町なり。清水寺は正に

その中央なり。」等と申しております、というのです。そこで先程の地図を、もう一度見て下さい。地図の真中より一寸東北の方に清水寺としてお寺の印を入れておきました。ここに清水寺があるのです。

それから清水寺に抗議をしていますが播磨国の住吉神社というのは、大川瀬の住吉神社。勿論摂津の住吉大社がバックアップしている訳ですが、清水寺と直接に論争しているのは大川瀬の住吉神社です。清水寺の東南の所に大川瀬と書いて鳥居の印を入れておきました。この大川瀬の住吉神社が住吉側を代表するわけです。その住吉神社側の申し立てた資料が残っているとよいのですが、住吉側にはそれがありません。しかし清水寺側の資料によって住吉側の言い分が判るわけです。それによると、住吉側は住吉の神領は九万八千町であり、清水寺のお寺は、その真中辺にあるのだ、と主張するという訳です。

それに対して、清水寺側の住侶つまり坊さん達はこう言った、というのですね。「陳状に云う」陳状《ちんじょう》というのは訴訟などの時に弁駁する申し状ですが、つまり反論して言いますのに、広さ百四十町、長さ七百町、其の内積は九万八千町なり。これからの議論が面白いのです。お前の方で、九万八千町というけれども、それは考えてみると、広さが百四十町、長さが七百町、これを掛けたら九万八千町になる訳である。しかし「然らば即ち計七百町の積は南は播磨より北は丹波を過ぎ遥かに丹後国に至るべし。況んや三種山に限れば東西南北僅かに百町余なり。その内積、あに九万八千町あらんや。若し三箇国領を経ての七百町か、如何。その内に多く他領あり、稱計すべからず。然らば神人等の申状極めて僻事《ひがごと》なり。何山を差し何地を加へてその数に満つべきや。早く公験《くげん》——公的に証明する文書——を出してその領を諍《いさか》うべきなり、と云々。」というわけです。つまり計七百町の長さというならば、南は播磨から北は丹波を過ぎて、遥かに丹後の国に迄行くではないか。九万八千町もあるというならそこまで突き抜けてしまう。ところが、いわんや三種山《みくさやま》、三種山というのは、先程も一寸出てきましたが、大川瀬の住吉神社の神領とされている山です。その三種山というのは、東西南北の周囲を測っても、僅かに百町余りじゃないか、それをどうしてその面積が九万八千町もあると云えるのか。もし九万八千町というならば、お前の方では三ケ国つまり播磨、丹波、丹後、そこ迄七百町に及ぶところのものを全部持っておるというのか、それならば具体的にどこそこという証拠を出してみよ、こう言って反論したわけです。

そこで、住吉側も色々抗弁をしたのでしょうが、結局負けるわけです。そのため天治二年から承久三年までの約百年間は無事に納まっていた。ところが今年の八月、また住吉の神主が「清水の霊地を以て恣《ほしい》ままに神領の杣山《そま》と号し、権律師顕玄を以て別当職に補任し、既に使者を入れて不慮の責を致す」状態であります。そこでどうか「早く住吉神主の無道を停止し、新儀の別当の名字を削り捨てて」いただきたい、およそこのような嘆願書なのであります。

これに対して住吉神社側がどのように反論したか、残念ながら史料が残っていませんので、よく判りません。しかしその後の経緯を見ますと、住吉側はどうも十分な説明が出来なかったようであります。しかしそれにしても、何故、住吉側が「凡住吉神領者九万八千町也」などという、一寸普通の常識では考えられないような尨大な神領の主張をしたのでしょうか。この数字が余りに大きいために、清水寺側の抗議に対して反論が出来ず、論争に敗れたのでありましょう。また清水寺文書を研究する現代の学者も、この「九万八千町」を単なる誇大妄想のように考えて、深く問題にして来なかったものと思われます。

しかし、この「九万八千町」の数字には、住吉側として昔からの伝承があったのです。史料にははっきり出てきませんが、恐らく住吉側は、はじめに住吉大社神代記を持ちだしてその神領の主張をしたものの、結局その四至の説明が出来なかったので、相手を説得できなかったものと思われます。実は私自身も、最初はこれを疑ったものです。そのことは後程に述べるとして、まず住吉大社神代記の記事をお目にかけましょう。

それは「播磨国賀茂郡椅鹿山《はしかやま》領地田畠」〔五五三〜五七一行〕という箇所でありまして、その最初の部分には、次のように記されています。（書下し文）

「四至　東を限る、阿知万《あちま》西岑・心坂《こころさか》・油位《あぶらゐ》・比介《ひげ》坂・阿井《あゐ》大路・布久呂布《ふくろふ》山。

南を限る、奈波・加佐・小童寺・五山大道・布久呂布山登跡。

西を限る、猪子坂・牛屋坂・辛国太乎利・須須保利道・多可・木庭・乎布埼。

北を限る、阿知万西岑・堀越・栗造・滝河・栗作・子奈位《こない》。

右の杣《そま》山地等は、元、船木連《ふなきのむらじ》宇麻《うま》〔呂《ろ》〕・鼠緒《ねずを》・弓手《ゆみて》等の遠祖、大田田命の児、神田田命等が所領九万八千余町なり。而して気息帯長足姫《おき△△ながたらしひめ》皇后　御宇《あめのしたしろしめ》しし世《みよ》、大明神《おほあきつみかみ》に寄さし所奉《まつ》り已了《をは》りぬ。自爾以降《それよりこのかた》、大神社の造宮料《みやつくりのしろ》を領掌《つかさど》ること年尚《ひさ》し。爰《ここ》に宇麻〔呂〕等、皇后に船を造りて貢献《たてまつ》る。新羅国を征《ことむ》けたまふ時、好《よ》く船を造れるに依りて、船木《ふなき》・鳥取《ととり》の二姓を定め賜ひ已了《をは》りぬ。即ち乙丑年十二月五日、宰頭伎田臣麻《みこともちくれたのおみあさ》、助道守《すけち》臣《もりのおみ》壱夫・御目代《さくわんだい》大伴沷田連《のそぎたのむらじ》麻呂等を率ゐて大神の御跡を尋ね、寄さし定め奉る。是に於て、船木宇麻〔呂〕・同鼠緒・同弓手等、御神山《の》を斎護《いつきまも》る。」

即ちこの杣山地等は、元、船木連宇麻〔呂〕・鼠緒・弓手等の遠祖である大田田命の児、神田田命等の所領九万八千余町であったが、これが神功皇后の御世に、住吉大神へ寄進され、それ以来、この杣山が住吉大社の造宮料とされてきた、と伝えているのであります。そしてここには「船木」や「鳥取」の賜姓のことや、「乙丑年」（天智天皇称制四年、六六五年）の官人の記載等、注目すべき内容もあるのでありますが、それらは後に廻して、重要な問題は、この四至の範囲についてであります。

ところで、住吉大社神代記の文章も、このように書下し文で記しますと、非常に判り易いのですけれども、元は漢文で書いてあって、これを読むのが大変な苦労なのです。私以前に、この文章を正確に読み解いた人はありません。私が、はじめてこれを読み解いたわけでして、このように書下してみると、何でもない、「あゝそうか」というだけのことですが、最初は仲々難しいことだったのです。万葉集でもそうですね、万葉集を今は誰でも手軽に読みますけれど、もとは御承知の万葉仮名で書いてあって、現在のように読み解くまで、大変な苦労だったのです。――現在でもまだ判らない文字もありますが――しかし判って見ると、何でもない。まあ、皆、そんな事なのです。住吉大社神代記の文章も、判って見ると、何でもない、しかし実は仲々判らなかった。

一番難しかったのは、ここに出てくる四至《しいし》です。四至というのは前回に詳しく申しましたように、東南西北の周囲の境界を示しているわけでして、ここに沢山な地名が出ています。ところが実は、従来の研究者は勿論のこと、私自身も、最初はこの四至の地名について、全く見当がつきませんでした。詳しい地図と首っ引きで、ここに出てくる地名を探したのですが、どうしても判らないのです。そこで仕方がありませんので、昭和二十六年十月発行の旧拙者『住吉大社神代記』に収めました「訓解」では、「この四至の地名、何れも未詳。」と注記し、「所領九万八千余町」については一言もふれることが出来ませんでした。これが、昭和二十六年当時の私の学力だったわけですね。一所懸命研究したつもりですけれども、しかし、これだけの地名を、どこだという事を明らめる事が出来なかった。それは清水寺や大川瀬の住吉神社に近い周辺ばかりを考えていたからです。

ところがその後、私は昭和三十二年二月二十六日、問題の大川瀬の住吉神社で、「住吉神領九万八千条《ママ》御杣山之塚頭」と題する文書を初めて拝見し、これと神代記の地名とを照合することによって、初めて実際に地理を比定し得る端緒をつかんだのであります。実は私は住吉大社から、昭和三十年十月、住吉大社史料所預に任ぜられ、住吉大社史の編纂を委嘱されておりまして、奥野前宮司、その当時は正禰宜さんでしたが、それから真弓権禰宜、今は京都の八坂神社の宮司さんですが〔補注。現在の住吉大社宮司。〕、その奥野さん、真弓さんと御一緒に、西日本各地の住吉関係地を調査してまわったことがあるのです。そして大川瀬の住吉神社に参りました時は、真弓権禰宜、高松弘毅氏のお二人が御一緒でした。参りましたら、神社の氏子総代さん達多数集まって下さって、大阪の住吉大社からわざわざ調べに来られたという事で、非常に手厚いおもてなしを受けました。そこで私が「神社としての何か古い史料はありませんか」と、しつこくお尋ねせんか」と聞きましたら、皆さん「何も無い」と言われる。しかしそれでも「何かないですか」と、しつこくお尋ねした。そうしますと、「頭屋《とうや》の所に、何か巻物で地図みたいなものがある。」といわれるお方がありました。この神社は頭屋制で、村の責任者が代りあって奉仕しているわけです。そこで私は「それを是非、見せて頂き度い」と言って頼んだのですね。

そしたら持って来てくれた。ひろげて見たところ、縦が五〇・六センチメートル、横が七一・七センチメートルの大きな一枚の紙ですが、一見したところ、さっぱり意味が判らない。第一に地図のようですが、書いてあるのは文字ばかりの文章です。そして、題字には「住吉神□□万八千条御杣山之塚頭」とあります。「住吉神」の次の字は右半分欠けていますが、恐らく「領」でしょう。次の字は破損していますが、その下と合わせ考えますと「九」でよいと思います。ところが「九万八千条」の「条」が判らない。条里制の条でないことは明らかで、本当は「町」とありたいところですが、文字は明らかに「条」であります。そして「御杣山之塚頭」とある「塚頭」もあまり見かけない言葉です。そこで私は判断に困ったのですが、ところがこの文章の右下の方に「文永二年乙丑十一月三日書下了」とある年紀を見て驚きました。「文永」といいますと、あの文永・弘安の役の文永ですね。文永二年は一二六五年ですから、今から丁度七三〇年前にあたります。これは大変な古文書ということになります。それで、はたして文永の文書かどうかという判定をしなければならないわけですが、私はこの文字を見まして、漢字も仮名も文永のものとして差支えない。決して疑う必要はない、と鑑定しました。そして更に良く見ますと、この文書の裏側にしっかりした花押、書き判があるのです。拝見した時には私は、誰の花押か直ぐには判りませんでしたけれども、それを丁寧に写して帰宅後に調べて見ますと、これは足利義詮の花押でした。義詮というのは足利高氏の息子で義満の父親です。ともかくその時は、手持のカメラで写真を撮り、「これは大事なものですから」と言って厳重に保管する様に頼んで帰ったので

九万八千条御杣之塚頭（大川瀬住吉神社蔵）

すが、その後、この文書は有名になりまして、先年刊行されました『兵庫県史』の『史料篇　中世二』の中に入れられています。

　このようにして、この古文書が初めて世の中に出されたことは御同慶の至りでありましたが、実はこの時、私が真に驚いたのは、文書が文永だからというだけではなく、その書いてある内容を見てのことであります。ここに写真版を掲げましたが、これは小さいですし、文字も仮名まじりで細々《こまごま》と書いてあるのでお判りにならないと思いますが、ともかくこの真中に大きな丸を書いてその中に「大河瀬村」の四至を詳しく記しています。そして周囲には放射線状に東南西北、それぞれの方向に何という庄や郷や村があるという地名を掲げ、その地からの貢進の産物が書かれているのです。これを見ていて私の最初に気が付いたのは味《あぢ》間《ま》の庄なんです。「東方」として、「味間庄」と書かれている。そして住吉大社神代記の四至の「東を限る」筆頭に

「阿知万西峯」とあり、又「北を限る」として最初に「阿知万西峯《あちま》」とあることを思い出したのです。「東」と「北」の線の交わるところが「阿知万西峯」でありますから、これが四至の東北の隅になるわけですが、この「阿知万」が塚頭《つかがしら》の「味間」に当たることは間違いない、と気付いたのです。味間は、今の多紀郡丹南町で、清水寺や大川瀬からはおよそ十キロメートルも離れておりましょう。これまでは住吉神社の近くばかりを探していましたので、「阿知万」が見つかりませんでした。ところが、より広い範囲に味間が出て来て、それでこの四至というのは随分離れた所にあることに気付き、そこを拠点にしてずーっと周囲を見て行きますと、そこに、この塚頭に書いてある地名が、次々とわかって来たのですね。これで大体の見当がついたわけであります。

ですから、この塚頭の文書が若し無かったら、私共はいつまでも大川瀬の住吉神社のある所を中心にして、その近くを一所懸命探すわけでして、それをいくら探しても、住吉大社神代記に出て来る様な地名は見当らない。ところが地域を一挙に拡大して見た時に、初めて比定の地点が判って来た。これは面白いことですね。歴史の研究にはこういう事がよくあるのです。新史料の発見の醍醐味というのは、こういうところにあるのです。

で、味間の地点が判ったものですから、その目でずっと、広く見渡すことになったわけです。

三、「播磨国賀茂郡椅鹿山《はしかやま》領地田畠」の四至

そこでいよいよ住吉大社神代記に記されている四至の検討に入ります。四至というのは先程も申しましたように、或る場所の東西南北の境界を示す言葉なのですが、昔は、東南西北という順序で書いたものでして、これが古い書き

方なのです。

それで、もう一度、東から見ていきます。

「東を限る、阿知万《あちま》西峯、心坂《こころさか》、油井《あぶらゐ》、比介《ひげ》坂、阿井《あゐ》大路、布久呂布《ふくろふ》山」

この記事も、私が区切って、さらに振り仮名をつけたものですから、今は誰でも判りますけれど、元の文章は、そんな振り仮名は勿論ありませんし、区切りも無いのです。ただ判りにくい漢字が並んでいるだけなのですから、読むだけでも苦労したものです。それから次は、

「南を限る、奈波《なは》、加佐《かさ》、小童寺、五山大道、布久呂布《ふくろふ》山登跡」

終わりの「登跡」というのは「のぼりあと」で、これは「のぼりと」と読むのかも知れませんが、要するに登り口ということでしょう。

次に西・北と続きます。

「西を限る、猪子《ゐこ》坂、牛屋《うしや》坂、辛国太平利《からくにたをり》、須須保利《すすほり》道、多加《たか》、木場《きば》、乎布埼《をふさき》

北を限る、阿知万《あちま》西峯、堀越《ほりこし》、栗造《くりつくり》、滝河《たきがは》、栗作《くりつくり》、子奈位《こない》。」

およそこのように読めるわけでして、これを受けて、「右の杣《そま》山地等は」云々という説明が記されているのですが、これは又、あとで申すことにしまして、ともかくこの地名を実際のどこかの地点にあてはめなきゃいけない。結局、その結論をもとにして書きあげたのが、最初にお示しした地図なのです。この地図を見ていただけば、大体判られるかと思いますが、若干の説明をいたしますと、次のようになります。

三、「播磨国賀茂郡椅鹿山領地田畠」の四至

東の限としては、先ず「阿知万西岑」、これは多紀郡丹南町の「味間」に当たりますが、味間奥に元、郷社の二村神社がありまして、住吉三神を合祀しております。又、味間北字里ノ坪に住吉神社の旧社地があり、近くに住吉川が流れていることも注意せられます。次の「心坂」は不来坂《こぬ》で、現在、ここには大年神社という神社がありますが、住吉神社は見当たりません。しかし近くの今田村小野原には、住吉神社が鎮座しています。次の「油位」は今の油井でして、ここにも住吉神社が祭られています。次の「比介坂」は今の日出《ひで》坂で、ここには弁天さんを祭るお社はありますが、住吉神社はないようであります。次の「阿井」は今の藍《あい》で、この西部に先程来申しあげている大川瀬の住吉神社があるわけです。次の「布久呂布山《ほくろふ》」は珍しい名前ですが、六甲山の古称であると思われます。その麓の保久良《ほくら》神社（神戸市東灘区本山町に鎮座。）では椎根津彦を祭っていますが、神功皇后が三韓から凱旋の際、戦利品をこの神社に納めたという伝説があります。そしてこの神社の背後より金長山、旗振山、風吹岩、東お多福山、サンジヨ谷を登ると、六甲山の最高峯に到達するわけでして、約三キロメートルの一直線で、六甲登山の一番の近道とされております。

これらの地名を見て来ますと、現在でもちゃんと残っている所が多いのに驚きます。ところで私の苦心したのは「保久呂布山」でした。山の名前ですから地図に残っていそうなものですが、どこにも見当たらない。大体の見当からいえば六甲山のことかと思われるのですが、六甲山を保久呂布山と呼んだ証拠は見当たらない。困っていました時に、ふと気付きましたのが保久良《ほくら》神社でありました。この神社は式内社でして、延喜式の摂津国菟原郡に載せられております。六甲山の麓にあるわけですから、その背後の山こそが保久呂布《ほくろふ》山であろう、そのように私は推定したのであります。これで東の限りが判った。つまり北の味間から南の六甲山に至る線であります。

それから今度は、南の限りですが、「布久呂布山登跡」が最後にありますから、この地名の順が西より記されていることが判ります。先ず「奈波」ですが、これには問題がありますので後廻しにして、次の「加佐」は三木市の加佐に間違いありません。この地の、三坂神社には気長垂姫命、大村の祢《ね》ノ御門《みかど》神社には気長垂姫神と底筒男神、長屋の岩壺神社には上筒男之命が祭られ、久留美の八雲ノ社《やしろ》の境内末社の垣田神社は、小野市小野町の垣田神社（元、県社）の御旅所でして、共に住吉三神と神功皇后を祭っておられます。次の「小童寺」と「五山大道」はよく判りませんが、加佐と布久呂布山（六甲山）とを結ぶ直線上に今の地図でも金剛童子山や稚子墓山などという「小童寺」と縁のある山名がありますので、これに帝釈山その地を加えて「五山大道」という地名があったのであろうと思われます。ところで最初の「奈波」でありますが、これは恐らく相生市の那波と思われ、この村の字大島に住吉神社がありましたが、今は八幡神社に合祀されています。但し四至の西の線をたどりますと、最南端が「木庭」「乎布埼」とあり、木庭は今の姫路市木場で、ここに木庭（山）神社があり、神功皇后を祭っています。また「乎布埼《をふざき》」は恐らく赤穂市の尾崎で、ここには八幡神社（元、県社）が鎮座し、神功皇后が凱旋の帰途、赤穂の御崎山の麓に祭られ、この地を宝崎とも称すという伝えがあります。もしこれらの比定が正しいとしますと、奈波（相生市）・尾崎（赤穂市）の二か所は、木庭（姫路市）より西にずれることとなりまして、四至の表示としては理解しがたい点があるのですが、海岸線のこの二つの場所だけは飛地のような形で四至の中に附記されていたのかも知れないと思います。

次に西の限りでありますが、この地名は北から南への順に掲げられています。その最初の「猪子坂」は今の地図には見えませんが、恐らく多可・加西・神崎の三郡の境にある笠形山（九三九メートル）の近くの大屋坂のあたりを指すものと思われます。次の「牛屋坂」というのは「牛尾坂」の誤字と思われます。面白いことに大正十四年五月の大阪毎日新聞社発行の地図に、「上牛尾」と「下牛屋」とを併記した誤植の例もあるのです。今、下牛尾に広幡神社がありまして、誉田別命と神功皇后とをお祭りしています。次の「辛国太乎利」は未詳でありますが、「須須保利道」というのは、この住吉大社神代記でも「須須己里」（六一一行）とあり、古事記では「須須許里」、日本決釈（古事記裏書に所引。）では「須曽己利」、新撰姓氏録にも「曽々保利」と見える有名な人物でして、神功皇后が、百済より連れてこられた造酒の技術者とされています。この人物は、お酒の関係で、加茂郡酒見郷の住吉酒見社に縁があると思われますが、「住吉酒見社」は、住吉大社神代記の大神宮九箇所の中の一処に特筆されております。（一五行）延喜式の賀茂郡には「住吉神社」と「坂合神社」が見えていまして、この比定には論社が多いのですが、住吉酒見社というのがその何れかであることは可能性が大きいと思います。そして次の「多可」はよく判りませんが、その次の「木庭」は先程一寸述べました通り、姫路市にある木場に当たります。

　以上、述べてきました地名の比定につきましては、それぞれ現地を踏んで色々な思い出があるのですが、中でも「木庭」については印象の深いものがあります。それは、「木庭」という地名によく似た「木場」が姫路市内にあることは地図のうえで見て一応見当がついておりました。そこで木場を訪れたのですが、実はこの地には住吉神社や住吉に関係のある名前の神社が全く無いのです。この地に住吉神社でも祭られておれば有難いのですけれども、それが無い。仕方がありませんので、がっかりしながらも、折角、木場に来たのですから産土神を祭る木場神社にお参りして来ようというので詣りました。そして宮司さんが案内して下さった座敷に坐って、フト床の間を見ますと、神功皇后を描いた掛軸が掛かっているのです。そして画像の上には「木庭神社」と大書されています。「木庭」は住吉大社神代記の用字と同じなのです。驚きまして、「御当社は神功皇后に関係があるのですか」と聞きましたら、「そうですよ、神功皇后様が凱旋の時に云々」という様な話でして、神功皇后を祭っておられるのです。名前が木場神社ですから、私共は全然関係ないと思っていましたら、やっぱりちゃんと神功皇后を祭っておられたわけです。十分に調べもせずに参拝して恥ずかしいことでもありましたが、思いがけない一幅の掛軸から、「ああ、やっぱり木庭はここだったのだ。」という事で、大喜びをした思い出があります。

今度は、いよいよ北の限りですが、この地名は東から西の順に並べられています。先ず「阿知万西岑」、これは先程の味間の西峯であります。次の「堀越」は未詳でありますが、次の「栗造」と「栗作」は、恐らく和名抄（高山寺本）の氷山郡栗作郷の地で、柏原町とする説もありますが、これは久下村、今の山南町のあたりであろうと思われます。次の「滝河」は谷川の地で、篠山川のことと思われ、「子奈位」は多可郡黒田庄町小苗《こなえ》であることに間違いありません。ここには式内社の古奈為神社があり、祭神は、現在、木花開耶姫命とされていますが、異説もあり明らかでありません。しかし何よりも注目されますのは、住吉大社神代記の四至の地名と式内社名の表記が「子奈位」と「古奈為」で、非常によく似ている点であります。「古奈位」も三字で書かれていますが、今は「小苗」と二字になっています。古い時代の三字が二字に改められていった例としても参考になりますが、何よりもこの北限の線を示す「子奈位」が式内社の神社名によって確実に押さえられたというのは有難いことでした。

四、九万八千余町の計算

このようにして住吉神領の四至が明らかになって来ましたが、更に問題は、これが果たして九万八千余町という事になるのかならないのか、ということです。ところが計算してみますと、それが丁度九万八千町になるのです。私は、そのことを昭和三十三年十月の神道史学会で発表しました。もう四十年近くも前のことになりますが、皆、「本当かしら」という顔をして聞いておられたことを思い出します。しかし、これは計算をすれば、そのようになるのでして、そのことを次にお話いたします。

さて、この四至を、先程の様に確定いたしまして、これを現在の地図の上で測定しますと、全域はほゞ梯形でありますす。そこで計算方法としては、今の地図で東西の上底は約三十キロメートル、下底は約四十八キロメートルとなり、平均をとりますと、約三十九キロメートルになるわけです。

それから、今度は南北ですが、これはまあ約三十キロメートル。よろしいですね、ここまでが、現在の地図によって計算しました神領の大きさです。ところが、これからが大事なことですので、よくお聞きとり下さい。奈良時代の一里というのは、今の一里とは違うのです。これを注意して下さいよ。今の――といいましても戦前までのことですが、皆さんの知っておられる一里というのは、約四キロメートルですね。若い方は御存知ないでしょうけれど、戦前まで使われていた一里というのはキロで言いますと、正確には約三・九三キロメートルなのです。ところが大昔の、奈良時代におきましては、一里というのは三〇〇歩でありまして、メートルで言いますと、約五四五・四メートル、

（藤田元春氏説）従って一歩は約一・八二メートルなのです。それから面積ということになりますと、三六〇歩一段でして、十段で一町でありますから、これをもとにして計算すると上図の通りになります。東西と南北の実際の距離を歩数であらわしますと、二一、四二九歩と一六、四八四歩ということになり、それを掛け合わした面積は、三五三、二三五、六三六歩となるのです。ところで、一町は十段、一段は三六〇歩ですから、先の面積を三、六〇〇歩で割ると町が出てきます。それが実に九八、一二一町になるのです。つまり、「九万八千余町」です。丁度その通りになる。まことに驚くべきことではありませんか。尤も、私は今の地図を見て計算したことですし、地図の見方によっては若干の相違が出てくるのは当然のことです。しかし端数は問題外として、ともかく九万八千町という大きな数字に近い計算になることは、疑い得ないでありましょう。実に不思議ではありませんか。恐らく皆さんも不思議な感じをもたれ、私が数字を合わせたのじゃないかと疑われるかも知れませんが、別に合わせたわけではありません。疑われる方は御自分で計算をしてみて下さい。

１里＝300歩＝約545.4m

１歩＝約1.82m

東西……39km÷1.82m≒21,429（歩）

南北……30km÷1.82m≒16,484（歩）

〔面積〕21,429（歩）×16,484（歩）＝353,235,636（歩）

１町＝10段

１段＝360歩

353,235,636歩÷（360歩×10）≒98,121（町）

四、九万八千余町の計算

　ところで、何故、私がこの問題に注意したかと申しますと、昔、私が若い時に出雲国風土記を研究し、その校訂本を作ったことがあります。出雲国風土記は御承知の様に、奈良時代の天平五年（七三三）に作られたものなのですが、この出雲国風土記の本文、特に巻末に非常に詳しい地理が書いてあるのです。どこからどこまでが何里何歩という詳細な距離が書いてある。私はその当時、島根県の現地の地図を見ながら、風土記の数字を計算しました。それを正確にしないと、写本の校訂が出来ないからです。校訂本をつくるためには、色々な写本に載っておる数字を比較し、確かかどうか検討して行かねばならないからです。そうしましたら、出雲国風土記の記述は非常に正確なのです。それは何歩という精《くわ》しい所まで書いてある。一歩は、先程申しましたように約一・八二メートル位ですが、そこまで書いてあるのです。

これについて私は、この出雲国風土記というものは、単なる地誌というだけではなくして、ある必要があって撰進されたものではないかと思っています。本日は出雲国風土記の話をする予定じゃありませんから、詳しくは申しませんが、もともと風土記は和銅六年（七一三）に風土記編纂の詔勅が出て、その後間もなく報告されたと思われますのに、出雲国風土記だけは天平五年（七三三）という、二十年も後になって勘造されているのは不審でして、これは昔から疑問とされていることなのです。播磨や常陸の風土記は霊亀・養老の間に大体出来上っているのですが、出雲だけが遅い。何故かというので、私は現行の出雲国風土記は再撰本で、再撰の理由は、恐らく天平四年に置かれた山陰道の節度使と関係があるのだろうということを述べたことがあります。節度使というのは、軍事的な防衛の役割をするわけですが、丁度、日本の地図で今は陸地測量部の地図となっていますけれど、あれは戦前、参謀本部の地図と言ったものですよ。陸軍の参謀本部が、軍事上の必要からあんな詳しい地図を作っているわけなのです。それと同じ事でして、出雲国風土記だけは、天平四年に節度使が置かれていますから、その関係で風土記にあのような詳細な距離の記述を附記したと考えていますが、この点の是非はともかくとして、結果的に、この距離の数字が非常に正確なのです。

ですから、こういう風な距離計算の技術は古くからあったと思います。それは、第一に、歩く。我々は常に車に乗ったりするものですから、全然、距離感覚が判らなくなる。昔の人は専ら歩いて用件をすますわけですから、地理にも詳しく、又歩く歩数によって大体の距離が判るわけです。ですから、かえって正確な数字が出るのじゃないかと思います。尚、一寸念のため申しそえておきますが、先程三百歩一里といい、一歩は約一・八二メートルと申しましたが、この一歩というのは、今日一般にいう一歩（ひとあし）とは違います。〝ひとあし〟は一挙足で、これは〝跬《き》〟といい、その二倍、つまり両挙足のことを〝歩〟というのです。

五、杣山地等の伝来

次に住吉大社神代記の本文では、この次に、かような広大な面積の杣山がどうして住吉のものになったのかという由来が書いてあります。これも仲々難しく、よく判らない所があるのですが、先ず読んでみます。

「右の杣《そま》山地等は、元、船木連《ふなきのむらじ》宇麻《ま》〔呂《ろ》〕・鼠緒《ねずを》・弓手《ゆみて》等の遠祖、大田田命の児、神田田命等が所領九万八千余町なり。」

この杣山の地等は、要するに船木連の祖先にあたる大田田命の子供の神田田命が持っていた九万八千余町だという事が先ず書いてある。次に、

「而して気息帯長足《おき△△ながたらしひめ》姫皇后　御宇《あめのしたしろしめ》しし世《みよ》、大明神《おほあきつみかみ》に寄さし所奉《まつ》り已了《をは》りぬ。」

そして、神功皇后の御世に、大明神、つまり住吉の大神にたてまつったという事が書かれています。そして

「自爾以降《それよりこのかた》、大神社の造宮料《みやつくりのしろ》を領掌《つかさど》ること年尚《ひさ》し。」

つまりこの杣山から伐り出した材木でもって、住吉の御宮をつくる時の御用材にした、という事なのです。

「爰《ここ》に宇麻〔呂〕等、皇后に船を造りて貢献《たてまつ》る。新羅国を征《ことむ》けたまふ時、好《よ》く船を造れるに依りて、船木《ふなき》・鳥《と》取《とり》の二姓を定め賜ひ已了《をは》りぬ。」

これも何か断片的な文章で、わかりかねる点もありますけれども、要するに船木連宇麻呂らが、神功皇后の新羅征伐の時、この杣山の用材をもって良い船を造って貢献をしたので、「船木」とか「鳥取」とかいう姓を賜ったと、こういう事ですね。次に、

「即ち乙丑年十二月五日、宰頭伎田臣麻《みこともちくれたのおみあさ》、助道守臣《すけちもりのおみ》壱夫・御目代《さくわんだい》大伴泼田連《のそぎたのむらじ》麻呂等を率ゐて大神の御跡を尋ね、寄さし定め奉る。是に於て、船木宇麻〔呂〕・同鼠緒・同弓手等、御神《の》山を斎護《いつきまも》る。」

これも実は、大事な史料でして、この「乙丑の年」、干支で書いてありますが、これは恐らく天智天皇の称制四年、六六五年に当たると思います。そして次に「宰頭伎田臣麻、助道守臣壱夫、御目代大伴泼田連麻呂」という珍しい官名と人名が出て来て、これらの人々が「大神の御跡を尋ね、寄さし定め奉る」とあります。この中の「宰頭」などという官名は、普通には書けない。こんなものを偽作しようと思っても書ける字ではないのです。頭という字を守《かみ》として使うというのは、これは余程、古い史料でなければ見られない事です。例えて言いますとね、「常道頭」と言う言

葉がある。これは後の常陸守のことですが、「常陸」はむかし「常道」といったものですから、古くは「常道の頭」と書いたのです。その事を私が初めて「続日本紀」の中から見附けて、当時、坂本太郎先生に大変褒められた事がありますけれども、「頭」という字を「守」の意味で使うのは大宝以前の古い言い方なのです。〔補注。『著作集』五巻所収。「常道頭」を参照。〕そして彼等が天智天皇の称制四年（六六五）にこの播磨の杣山を「寄さし定め奉る」といいますのは、この年は例の白村江の戦（六六三年）で敗れて、日本側では本土決戦を覚悟していた丁度その時でありますから、恐らく造船の用材のことや、防衛を固める必要があったのではないかと思われます。またここに宰頭の伎田臣麻呂が、部下を「率《ひき》ゐて大神の御跡を尋ね寄さし定め奉る」とあるのは注目されます。これは昔から伝承されてきた住吉大神に寄さし奉った四至の跡を実際に歩いたという事でありましょう。これによって住吉の杣山を確認したという記事なのです。そこでその四至の要所々々に、それぞれ住吉神社、あるいはそれに関連した神社が祭られているわけです。前回、膽駒《いこま》神南備山の話をしましたけれど、あれと同じ事なのです。生駒の山中に住吉さんが祭られていますが、播磨の山中にも同じように、ちゃんと住吉さんが祭られているのです。

むすび

そこで最後に申し上げておきたいと思いますのは、何故、住吉神社が播磨の海岸から山の中までを含めた広大な地域を領有することになるのかという問題であります。

今迄述べて来ました、例えば生駒《いこま》や大阪湾及びその周辺が住吉の神領であるということは理解されやすいことです。しかし何故、播磨まで住吉の勢力が延びているのかという事は、私も仲々わからずにおりました。しかし、よく考えてみますと、神功皇后の半島出兵は国運を賭する大戦争で、軍船をつくるためには材木の供給地がどうしても必要であった筈です。その時に播磨のこの地方を領有していた神田田命が協力したのでありましょう。そして半島平定に成功して神功皇后が帰国される時、第六回のセミナーでもお話しましたように、麛坂王、忍熊王の二皇子による叛乱があり、明石海峡の附近で合戦が行われました。そして色々ありますけれども、最終的には二皇子の方が負けて、その後は神功皇后を中心として、歴史が展開されて行くわけです。そして、この播磨地方は、神功皇后当時の関係から住吉の神領として受け継がれ、大和朝廷にとっても瀬戸内海・大阪湾を押える大きな力として役立ったのであろうと思います。〔補注。本巻所収の第六論文の「十二、応神天皇の生誕と二王の叛乱」で言及しましたように、敗北した麛坂皇子・忍熊皇子の背後の勢力として父系（仲哀天皇）・母系（大中姫）ともに、〝播磨〟が緊密に関係していたこと、そして二皇子が神功皇后の勢力に敗れたことも、この広大な地域が住吉神領とされたことと関連があるかと思われる。更に『続・著作集』第三巻所収の第三論文の「白国神社縁起」も参照されたい。〕

私はこのように、古代においては神社を中心に大きな地域が神領としてまとめられていたと考え、これを〝神領社会〟と名付けたことがあります。それを具体的に考える上で大きな役割を果たすのが、この住吉の神領でありまして、このような神領社会を統一してゆかれたのが皇室即ち大和朝廷であったわけです。九万八千町などという数字に驚いて、住吉大社神代記の伝承を安易に捨て去ってはならない。具体的にこれを立証できるのだということを、本日お話した次第であります。これで終わります。

十一、貴重な古史料、船木等本記

（平成七年十二月九日）

はじめに

只今、御紹介頂きました通り、住吉セミナーも今回で第十一回を数えます。最初にお断り致しました様に、このセミナーは、単に御神徳を宣揚するというだけではなくして、この住吉大社の歴史を明らかにする、歴史を学問的にしっかり押さえて行く。それによって自から御神徳が宣揚されると信じておりますので、このセミナーではかなり難しい専門的なお話をして来ておるわけであります。

特に本日御紹介しますこの「船木等本記」などというものは、古代史の学界におきましても、これを十分に読んで理解した者は殆どない。少なくとも戦後の学者では、私以前には恐らく誰一人ないだろうと思います。そういう珍しい文献を、この場で皆様方にお話するというのですから、当然、非常に難しい話になるわけです。しかし、この誰も殆ど読んだこともない史料を皆さんが初めて読むのですから、これは貴重な勉強といえましょう。これによって「ああいう事が書いてあったのか」と未知の世界が開ける訳であります。ですからそのおつもりで、「大変に難しい字が並んでいる」と心配されないで、出来るだけわかり易くお話するつもりですから、どうか私について来て頂きたいと思います。

資料は五枚用意しましたが、先ず第一枚目の紙を見て下さい。ここに漢文の文章が並んでおりますね、この漢文は『住吉大社神代記』の中の「船木等本記」の前半部分の写真版をコピーしたものなのです。

先ずそれを一遍眺めて頂きたい。恐らくこれは、普通の人ではとても読めません。専門の学者でもこれを読み解いたという人は、私より以前では見当りません。そういう難解な文章なのです。こんな難しい文章が住吉大社にずっと伝わっておったのです。この『住吉大社神代記』そのものにつきましては、第七回の住吉セミナーで詳しくお話しましたが、その中に、前回お話しました播磨国の九万八千余町の神領の話も出て来るわけです。しかしこんな調子で難しい漢字の並んでいる文章ですから、昔の住吉の神主も仲々読めないわけですね。読めないけれども住吉側では、昔から九万八千余町の神領が播磨国にあるのだと、こういう伝えだけが残っておったものですから、その範囲内にある清水寺と論争をする。しかし住吉側では正確に読めないものですから証拠薄弱で負けてしまう、というわけです。

本日取り上げました「船木等本記」も、これをよくよく読みますと、何とも言えない貴重な史料でして、実は日本書紀や古事記以上に古いものだと私は思っております。しかし殆ど誰も研究した者がないものですから、その文書の重要性、貴重さという事が判らない。そういう事ですので、この機会に一つ皆さんと御一緒に読み解いておきたいと思うのであります。

そこで一枚目の漢文の原文ですが、これは即座には読めませんから、下の方に書き下し文を書いておきました。これもいわばコロンブスの卵でして、読み解いてしまいますと、「あゝそんな事か」というわけで、誰でも判ることですけれども、読む迄は本当に難しいのです。その意味で先ず書き下し文の方を見て頂きます。

一、船木等本記の文章

右は昔、日神を出し奉る宇麻〔呂〕・鼠緒・弓手等が遠祖大田田命の児、神田田命が日〔神〕を出し奉りて、即ち此の杣山を領《しろ》すところなり。」

杣山の杣というのは木偏に山と書きますように、そこから木を伐り出す山ですね。木というのは昔から非常に大事な財産でありました。今日は建物を鉄筋コンクリート等で作ることもありますけれども、昔は全部、建物は木造です。それから船もそうですね。船を造るという事は大変な事でして、船は昔の最も重要な輸送運搬の乗り物でありました。したがってそれらを作る木というものは、大変に重要な用材でありました。その木の生えておる山を領有するという事は神社にとっての大きな財産なのですね。それが杣山です。次に、

「而して気息帯長足姫皇后の時、熊襲二国并びに新羅国を誅伏《つみな》へ征ちたまふ。時に大田田命・神田田命、己が領すところの山の岑の樹を伐り取りて、船三艘を造る。本にて造れる船は皇后并びに大神臣八腹を乗せ、次に中腹の赤にて造れる船は日御子等を乗せ、次に木にて造れる船は御子等并びに大田田命・神田田命を共に乗せて渡り征《ゆ》きます。」

ここに見える「気息帯長足姫皇后」というのは神功皇后のことで、皇后が「熊襲」と「新羅」を平定するために出陣されたことを述べているわけです。「熊襲二国」のことは第四回のセミナーで、また「朝鮮半島への出兵」のことは第五回のセミナーで詳しくお話しましたから本日は割愛しますが、ここに「船三艘」の作り方が書いてあるのが、伝承としては非常に面白い。いわゆる丸木船なのでしょうが、一本の大木の内で、本の所で造った船、真中の辺で造った船、末の方で造った船、それぞれ違うわけですね。昔、この様にして船を造ったのだという事もわかりますし、

その一番本の部分で造った船に神功皇后ならびに大神臣八腹を乗せたという。この大神臣八腹というのはよくわかりませんが、これは恐らく住吉大神とその部類神・子神を指すのでしょう。ともかく、神功皇后がそれに乗っておられた。それから中腹の赤にて造れる船、これは真中のあたりの材木で造った船ということですが、赤というのは材木の赤味を帯びた部分でしょうか。私は素人でよく判りませんが、材木に詳しいお方は、お調べ頂きたいと思います。それに日御子等を乗せたというのですね。それから末の部分で造った船に日御子以外の御子達と大田田命・神田田命が乗った。ともかく一本の木を切って、本と中と末とで、それぞれ船を造ったというわけです。それから、

「即ち大幸《いでまさむ》と有《す》るときに天神地祇に祈禱《こひまつ》りて験《みしるし》あり。大幸《みゆき》還り上り賜ひて其の御船を武内宿禰をして奉斎祀《いつきまつ》らしめたまふ。志麻社・静火社・伊達社と此の三前《みまへの》神なり。」

ここに記された志麻・静火・伊達の社は、「船玉神」とも称せられ、皆、紀州の名草郡に祭られている有名な式内社です。これらの神々はすべて住吉大神の子神とされており、皆、住吉と関係の深い神社であります。

二、文章系譜

それから次の文章の「即ち」以下のところを見て下さい。

「即ち大田田命の子、神田田命の子、神背都比古命。此の神、天売《あまのめ》移《や》乃命の児富止比女乃命を娶《め》して生める児、先なるは伊瀬川《いせつ》比古乃命、此の神、伊瀬《いせ》玉移《たまや》比古《ひこ》女《め》乃命を娶《め》し坐して此の伊西国の船木に在す。又次の子に坐すは木西川《きせつ》比古命、此の神、葛城の阿佐川麻《あさつま》の伊刀比女乃命を娶し坐して生める児、田田根足尼《すくね》命、此の神、古斯《こしの》

国の君に坐す児の止移奈比女《とやなひめ》乃命を娶し坐して生める児、乎川女《をつめ》乃命、又次に馬手乃命、又次に口以《くちもち》乃命。此の三柱は古斯乃国の君等に在せり。」

これはもともと漢文で先程の文章に続いているのですが、内容を読みますと、これは普通の文章ではなく、実は系譜なのです。昔の系譜というのは、こういう風に書かれていたのでして、こういう形は、古事記や日本書紀の皇統譜にも見えますけれども、更に古くは『上宮記』などに記されています。『上宮記』は継体天皇の出自を伝える系譜として有名なものですが、この『上宮記』に匹敵するよく似た書き方なのです。昔の系譜というものは、このように文章で書かれていたということを承知しておいて下さい。私はこの形の系図を〝文章系譜〟と呼んでいます。

普通、皆さんは系図と言いますと、横系図を考えられましょう。これは、巻子本または折本の形式で、紙幅いっぱいに縦に人名を書きつらねます。そしてその行が終ると次の行に書きこみ、縦の系線で父子、横の系線で兄弟関係をしめしてゆくわけです。したがって系線をたどりますと、右から左へ、つまり横に長くつづいてゆきますので、これを横系図というのであります。これが世間一般にいわれる普通の系図なのですが、これは或る部分だけを見ると判りやすいのですが、ずーっと系図をだとって行きますと、線があちこちに繋がって来ますので、親子・兄弟関係でもなかなか判りにくい場合が少なくありません。

実はこの横系図よりも古い形のものに竪《たて》系図というのがあります。竪系図といいますのは、巻子本の巻首を上にして、上から下へ書きつぎ、縦に系線を結んでゆくわけでして、丁度掛軸のような感じですので、一名、柱系図とも名づけられております。こうしますと、親子・兄弟関係が一目瞭然ですが、紙の横幅が狭いので兄弟が複雑になると書ききれなくなりますし、縦に長くなって余り長い系図は書きづらいし、また見る時も横向にせねばなりませんので見にくい欠点があります。竪系図の一番古いもので双璧とされるのが『和気氏系図』と『海部氏系図』であります。『和気氏系図』は承和年間の初（承和元年は八三四年）に、あの園城寺を再興した円珍の所有していたことが明らかであり、円珍の名前が出てくるので『円珍系図』とも呼ばれています。また『海部氏系図』は丹後国の一宮、籠《この》神社の社家の海部氏の家に神宝として伝えられたもので、現在は国宝に指定されています。そしてこれは貞観十三年（八七一）六月から元慶元年（八七七）十二月にかけての六年間に、書写されたものと推定されますから、和気氏系図よりは成立がやや遅れますが、共に平安時代初期の貴重な竪系図であります。

そこで系図を論ずる学者の中には、この和気氏や海部氏の竪系図の形が最も古いもの、とよく説くのであります が、実はこの竪系図が出来る以前の形というのが只今、お話しております文章系譜なのです。そして文章系譜の代表的なものとして、先程申しました『上宮記』などがありますけれども、それと匹敵するものが、今読み上げておりま す船木等本記の中の系譜なのです。これだけのものは滅多にない。これはまことに貴重な系譜と申さねばなりませ ん。

尤も、今、ずーっと読んだだけでは皆さん、親子関係などがどうなっているのかお判りにくいと思いますので、あとで系図化したものをお目にかけますが、先にこの続きがありますので、読んで参ります。ところが残念なことに、今までの部分――これを〔甲〕とします――と、これからの部分――これを〔乙〕とします――との間に、一寸、文章の途切れがあるのです。恐らくこの間に、文字が欠けておりまして、そのために文意が続かないのでしょう。これは惜しいことですが、ともかく、この〔乙〕の所から読んで行きますと、次の通りです。

「牟賀足尼命《むがのすくね》、此の神、嶋東乃片加加奈比女《かたかかなひめ》を娶し坐して生める児、先の児は女郎女《をみなのいらつめ》、次に田乃古乃連、次に野乃古連、次に尾乃連、次に草古乃連なり。兄《いろね》在る児の女郎女、神直腹に娶入《みあひ》せり。次の田乃古連、和加倭根子意保比比乃命の王子彦太忍信命の児、葛木の志志見の与利木田の忍海部乃刀自を娶し坐して生める児、古利比女、次に久比古。次の野乃古連、此の者、高乃小道奈比女を娶りき。」

〔甲〕と〔乙〕の文章が続かないと言いますのは、この〔乙〕の最初に出てくる「牟賀足尼命」が、〔甲〕の誰の子か、判らないからです。しかしここにも「和加倭根子意保比比乃命」すなわち開化天皇の和風諡号などが見えており、まことに珍しい史料であります。

三、船木氏系図〔甲〕

以上の〔甲〕と〔乙〕の文章を、それぞれ判りやすいように図示しますと次のようになります。

〔甲〕船木氏系図

大田田命——神田田命——神背都比古命
　　　　　天売移乃命——富止比女乃命
神背都比古命＝富止比女乃命
├伊瀬川比古乃命（伊西国船木在）＝伊瀬玉移比古女乃命
└木西川比古命＝葛城阿佐川麻之伊刀比女乃命
　　└田田根足尼命＝止移奈比女乃命（古斯国君坐）
　　　├乎川女乃命
　　　├馬手乃命
　　　└口以乃命
　　　此三柱者、古斯乃国君等在。

〔乙〕船木氏系図

牟賀足尼命＝嶋東乃片加加奈比女
和加倭根子意保比比乃命（開化天皇）——彦太忍信命
├女郎女＝神直腹
├田乃古乃連＝葛木乃志志乃与利木田乃忍海部乃刀自
│　├古利比女
│　└久比古
├野乃古連＝高乃小道奈比女
├尾乃連
└草古乃連

こうすると判りやすいでしょう。一種の竪系図の形です。古典を読む時には、その中に出てくる文章系譜について、先ず必ずこのように自分で系線をもった系図に判り易く作り直さなければいけません。例えば古事記でも同じです。古事記のあの文章をいくら眺めておりましても、頭に入りません。古事記の特にこういう系譜の部分は、ここにお見せする様に、自分で系図に作り直さなければならない。系図に作り直したら初めてよく判る。漢字の原文だけを、いくら眺めておりましても判りにくいことですから、必ずこのように工夫されると良いと思います。

そこで〔甲〕の方を先ず見てみますと、大田田命の子に神田田命という人がある。その子供に神背都比古命というのがある。この人が天売移乃命の子供の富止比女命を娶っているわけですが、この天売移乃命を私は「あまのめやのみこと」と読みました。「移」の字を「や」と読みますが、これは非常に古い用字法でして滅多にありません。私共は文献を見ます時に、こういう読み方に注意するわけです。

それから下へ行きまして、伊瀬川比古乃命でしょう。伊西国の船木に在す。そしてこの人が伊瀬玉移比古女乃命を娶る。ここに又、「移」がありますね。それから次、木西川比古命。ここでは「川」という字を「つ」と読ませていますね。これも古い用字法です。それからこの人が、葛城の阿佐川麻の伊刀比女乃命を娶って田田根足尼命を生みます。この「足尼」については第三回・第四回の住吉セミナーで詳しく述べましたので割愛しますが、これを「すくね」と読むわけです。そしてその人が止移奈比女乃命を娶っている。この人名にも「移」があります。そして比女というのは、古斯の国に坐す某、「坐す」の下に人名が欠けているようで、よくわかりませんけれども、「古斯の国の君」の娘です。この「古斯」という用字法も非常に珍しい。これは「越」、越前、越中、越後というあの越なのです。

この表記は普通は「高志」「古志」と書きますので、「古斯国」というのは例がないように思います。それから、その子に平川女乃命・馬手乃命・口以乃命があり、「この三柱は古斯乃国の君たちに在す」と読むのでしょう。

ここで注意されますことは、人名に「の命」と「乃」の字が入っていることです。普通はこの「乃」を入れないでも、「何々のみこと」と読むものです。これが日本語の読みくせなのです。そのことが、この表記法によってよく判りましょう。ところが最近の人は、「の」が入ってないと正しく読めない。東京でも近頃は「山手線」を「やまて線」というが、あれは「山の手線」と「の」を入れて読むのが正しいのです。国語の中には「の」を入れて読む例が沢山あるのです。人名にも、例えば「柿本の朝臣人麻呂」と、こう言うのが正しいのです。これを今の若い人々は「の」を入れずに「かきのもとあそんひとまろ」と読む。ちがうのです。これは柿本の朝臣と、「の」を入れて読むのが正しい。それが昔からの読み方なのです。これを「の」の字が無いから読まなくてよいと言う。それは学問を知らない人ですね。昔のこういう文章系譜などは、その読みの通りに書く癖がありますので、ちゃんと「の」が入っているわけです。何でもない事の様ですけれど、こういう所で、本当の歴史の教養があるかどうかすぐ判るのですよ。

因みに申しますと、柿本朝臣人麻呂の場合、朝臣は姓ですが、朝臣を省略しても、「柿本の人麻呂」と、氏と名の間に「の」を入れて読む。これが、「氏」の場合の読み方なのです。ところが、例えば本居宣長の場合、これは本居《もとをり》宣長《のりなが》でよいのであって、「本居の宣長」といったら、おかしいのです。その代わり、本居は平氏の出ですから平の朝臣宣長、朝臣を省いてもこの場合は、平の宣長と読む。なぜかと言いますと、本居というのは苗字なのです。苗字の場合は姓《かばね》がつかない。従って「の」はいらない。そこを間違わない様にして下さい。ですから、賀茂朝臣の氏姓をもつ賀茂真淵は、賀茂真淵ではなくして、賀茂の真淵、賀茂と真淵の間に「の」が入るのです。些細な事の様ですけれど、そこの使い分けが判らないと本当の歴史が判らない。それを理解する上でも、この船木等本記の記事は大いに参考になるわけでして、こういう所にも文章の古さが残っているのです。

四、船木氏系図〔乙〕

次に〔乙〕の方の系図を見て下さい。これは、最初に牟賀足尼命とありますが、この人の記事が〔甲〕のどこへ続くのかが判らない。これが判れば非常によいのですけれども、残念乍ら〔甲〕に続かない。文章系譜の場合はこういう事がまま起こるのですね。天孫本紀の尾治氏の場合にもそれがあります。残念ですけれども、これは仕方がない。さて牟賀足尼命が、嶋東乃片加加奈比女を娶って五人の子供を生んだというので、ずーっと名前が並んでいますね、そしてその中の、田乃古乃連という人が、葛木の志志見の與利木田乃忍海部乃刀自を娶って、古利比女と久比古を生んだと、こういう系譜であります。ここに葛木の志志見の與利木田乃忍海部乃刀自とありますが、この「忍海部乃刀自」というのは、第九回住吉セミナーでも四至の中に「忍海刀自家」と見えました。そしてこの忍海部乃刀自の親が「彦太忍信命」であり、更にその親が「和加倭根子意保比比乃命」、すなわち第九代の開化天皇というわけです。尤も日本書紀や古事記によりますと、彦太忍信命は第八代孝元天皇の皇子となっていて、この船木等本記の所伝と一代の差があります。何れが正しいのか判りませんが、この彦太忍信命というのは古事記では建内宿禰の父、日本書紀では武内宿禰の祖父とされていますから、忍海部乃刀自は武内宿禰と極めて近い縁族ということになるわけでして、それと船木氏が結びついている姿がこの系譜によって知られることになりましょう。

五、大波富不利と大禰宜

さらにこの船木等本記では、系譜の部分を承けてまだ文章が続きます。これも漢文ですので書き下し文で示しましょう。

「更、田田根足尼乃命の時に大波富不利相久波利《あひくばり》き。息長帯比女の御時に、大八嶋国を事定め了る。彼の時、大禰宜と奉斎るは汗麻比止《うまひと》内《うちの》足尼命、又津守の遠祖折羽足尼の子手搓足尼命、又船木の遠祖田田〈根〉足尼命、此の三柱相交はる。」

読んでみますと、「更《また》、田田根足尼乃命」——この「足尼」も古いでしょう。またこの場合でも「すくね」で切らずに「すくねのみこと」と続けている点に注意。——この「田田根足尼の命の時に大波富不利相久波利き。」とあります。田田根足尼といいますのは、先程の系譜の〈甲〉に出てきました。この人の時に「大波富不利」を配置したということでしょう。さて、私はこれが重要な言葉ではないかと思うのですが、これまで誰も問題にした人がありません。この「大波富不利《はふふり》」というのは、大ハフリ、つまり祭祀に従事する神職の祝《はふり》に「大」がついた大ハフリであろうと思われますが、ここで注意すべきことは、この船木等本記では「はふり」ではなく「はふふり」とあることです。しかも「富不」と「ふ」の用字が異なっていますから、同じ字を誤って重複したというわけではなく、意識的に書かれていると思われます。とすると、もともと「はふり」と言ったのか、それとも「はふふり」と言ったのか、これは国語学の方から見ても重要な問題のある所と思われます。

私は、この史料によって、恐らく祝は、元来「はふふり」と呼ばれていたのが、後に「ふ」の音が一つに縮まって、「はふり」になったのではないかと思っております。二つの音が重なって一つになる様な例が、日本語には他にもあります。蕗《ふき》、あの食べる蕗ですが、これも昔は「ふふき」と言ったのです。これは倭名抄などを見られたら、ちゃんと出て来ます。古語では「ふふき」なのです。また雉（きじ）のことは昔は「きぎし」といいました。それは古事記にも見えています。そういう例もありますから、私は「はふふり」の「ふ」が一つ取れて「はふり」になったのではないかと思っているのですけれども、国語学が専門ではありませんので、積極的な主張は出来ません。しかし文献的には、こういう例があるということを指摘しておきたいと思います。祝（はふり）の語源については諸説あるでしょうが、若し「はふふり」が正しいとすれば、恐らく「羽振り」で、祓具（はらえつもの）を振る所作からきた職名ではないかと思われます。

さて、田田根足尼の時に大祝が配置されたというのに続いて、

「息長帯比女の御時に、大八嶋国を事定《ことさだ》め了る。」

これなども、面白いと思います。神功皇后の時に大八嶋国を定め了る。大八嶋国を事定め了るというのは、日本の国を確定したとでもいいますか、それくらいの雄大な表現でありますが、これは恐らく、私は事実そうだと思うのです。神功皇后の御時に、遥々と朝鮮にまで出兵して、勝利を得て帰って来られた。そしてその帰途には、応神天皇のいわば義兄弟にあたる、麛坂王・忍熊王との大戦争があって、それを平定された。その後の日本の状態は、神功皇后

を中心として、言わば日本国の再編成と申してよいくらいの大変革が行われたでありましょう。

麛坂王・忍熊王と神功皇后との戦は、第六回の住吉セミナーで詳しくお話しましたが、私はあれは非常に大事な事件だと思っております。壬申の乱が、よく問題になりますけれども、それ以上に大きな動乱であった。それを平定したという事によって、神功皇后ならびに住吉の大神を中心とする大和朝廷の基盤が確定して行く。それをここでは「大八嶋国を事定め了る」という風な表現で書いているのだと思います。その次に、

「彼の時、大禰宜《ねぎ》と奉斎《つかへまつ》るは……」

ここに「大禰宜」という言葉が出て来ます。この「禰宜」と先程の「祝」との関係が神道史の上では昔からよく議論されるところです。私は、神道が専門ではありませんので確かなことは申せませんが、「ねぎ」というのは「ネグ」（神の御心をなごめてその加護を願う）の名詞形で、伊勢の神宮について申しますと、続日本紀の天平宝字四年（七六〇）三月甲戌の条に「自㆓太神宮禰宜・内人・物忌㆒、至㆓諸社祝部㆒、賜㆓爵一級㆒。」とあり、神職としては最も高い地位にありました。尤も、皆さんの中には、伊勢の神宮で申せば、禰宜の上に少宮司、さらに大宮司があるではないかと疑問に思われる方があるかも知れません。しかし伊勢の神宮の宮司と申しますのは、もともと中臣氏の一族ないし傍系によって占められ、神宮の神職を統率し、祭祀を主宰しますが、どちらかというと行政官的な性格をもっています。祭祀を担当する上で一番偉い、中心の神主というのは禰宜なのです。伊勢の神宮では禰宜はもともと内宮・外宮ともに度会氏であったのですが、天武天皇の御代頃に内宮の禰宜は荒木田氏にとって代られました。何れにしても神宮の中で祭祀そのものを掌るトップは禰宜であったのです。そしてもともと禰宜は内宮に一人、外宮に一人であったので

すが、平安時代からだんだん増員され、鎌倉時代の後二条天皇の嘉元二年（一三〇四）からそれぞれ十人となったのです。

その禰宜、ここでは大禰宜と書いてありますが、先程は「大波富不利」が出て来て、ここには「大禰宜」が出て来ました。「はふり（祝）」と「ねぎ（禰宜）」の関係は、奈良時代以降の神社祭式の整備された時代では、同一の系列の中で、禰宜が上位で祝はその下の地位になるわけですが、もともとの姿を考えますと、私は両者は別々の役割をもつ神職であったのではないかと考えています。

因みに申しますと、「みそぎ」と「はらえ」という事も、元来は別々のことであろうと思います。一般にはよく「禊《みそ》ぎ祓《はら》い」と続けて一言で申しますけれども、「禊ぎ」というのは、水を浴びたり、あるいは海水につかったりして心身を清潔にすることでしょう。〝みそぎ〟という語源については色々な説がありますが、ともかく水に関係することは間違いありません。そしてこれによく似たことが、あの魏志倭人伝に出て来るわけです。三世紀中頃のことを記録した魏志倭人伝によりますと、死者が出た場合、「已に葬れば、挙家水中に詣《いた》りて澡浴し、以って練沐の如くす。」とあります。私は邪馬台国九州説ですので、日本の古い時代、九州ではこのような「禊ぎ」的な信仰があったと考えています。「禊ぎ」といえば伊弉諾尊の筑紫の日向の小戸の橘の檍原での神話や、神功皇后が征西に際して橿日浦で髪を解いて頭に海水をそそがれた話が思い出されましょう。神功皇后の母方の祖先が北九州のイトにいたことは、これまでしばしばお話してきたことですから、どうも禊ぎは九州の習慣であったと思います。それに対して「祓い」というのは麻や木綿《ゆう》を祓具として振り清める祭式で、これはもともと畿内的な風習であったのではないか。従って九州発祥の大和朝廷を中核する日本では、「禊ぎ」と「祓い」とが統合融和してしまったのではないか。これは誰も言わないことで、私も確証はありませんが、以前からこの二つの祭式が合体して現在の日本の神道になったのではないかと考えてきましたので、この機会に初めて御披露しておきます。関心のある方は御研究頂きたいと思います。それから、

「汗麻比止内足尼」

でしょう。これなども、名前としては非常に面白い名前です。汗麻比止というのは、恐らく、「うま」は、「味」という字が相当します。古事記には孝元天皇の皇子の比古布都押之信命（彦太忍信命）の子に「味師内宿禰」（山代内臣の祖）の名が見え、これと似ています。きっと関連がありましょう。この「うま」というのは「美しい」「すぐれた」という事ですが、そういう秀れた人物であるところの「内宿禰」ということでしょう。この「内宿禰」については第三回セミナーの「武内宿禰」の際にお話しましたように、これは常に天皇のお側近くにいて、直接に御輔佐申しあげる立場の人のことで、この場合は、たたえ名でありましょう。それから、

「又津守の遠祖折羽足尼の子手搓足尼命」

ここにも手搓足尼のことが出て来ます。手搓足尼とその父の折羽足尼のことは、第四回セミナーで詳しく申しあげました。それから、

「又船木の遠祖田田根足尼命、此の三柱相交はる。」

とあります。これは後で改めて申します様に、この三柱が相交わるというのは、この三人が寄ってこの住吉の神様を

いいますか、協調しておるという事を、この文章は示しておると見て良いと思います。お祭りしたという事なのです。ですから、住吉の祭祀、お祭りをする上において、この三つの系統が、手を組んだと

六、意富弥多足尼

次に、

「巻向の玉木の宮に大八嶋知食しし御世より、巻向の日代宮に大八嶋食知しし気帯長足姫比古の御世に至るまでの二世は、意弥那宜多命の児、意富弥多足尼仕へ奉る。（津守宿禰の遠祖なり。）」

ここに天皇のお名前が出て来ますが、「巻向の玉木の宮に」云々、それから「巻向の日代宮に」云々。こういうのは、普通、国ぶり風の諡号、つまり国風諡号と申します。尤も、住吉大社神代記の文章には、この国風諡号で一寸、混乱があります。これは前にも言及したことがあり、今、お話すると、ややこしくなりますから、深くはふれませんが、例えば、ここに「気帯長足姫比古」とありましょう。「息長帯比売命」（古事記）「気長足姫尊」（日本紀）なら神功皇后のことですけれども、比古というのが下についていては訳が判らない。（後述のように「気長足帯比古皇后」ともあり、ここでも「タラシ」が重複し、比古と姫〈皇后〉が逆転しています。）こういう混乱がこの文章の中にあるのです。これは恐らく、古くから伝わって来た史料を写す時に、混乱が起こっているためと思います。つまり写している本人が読めない。何が書かれているかよく判らないで書写してるのですね。ですから、それを修正しながら読んで行かなければなりません。その場合、ここに「二世」とありますから、これは恐らく、巻向の玉木宮と日代宮の二世にちがいな

い。そして日本書紀では玉木宮は第十一代の垂仁天皇、日代宮は第十二代の景行天皇のことなのですが、この船木等本記の場合は、どうも仲哀天皇を玉木宮と称している箇所もあり、はっきりしません。

その次の、意弥那宜多命、これは津守氏系図に「主使長田命《おみながた》」と書かれている人で、「意弥」というのを、今の人でしたら「いみ」と読むかも知れません。しかし「意」は「お」でして、出雲の国で申しますと、意宇郡、あの「意」と同じで、この字は「お」と読みます。また「宜」という字を書いて「が」と読ませるのも古い読み方で、元興寺伽藍縁起に蘇我氏のことを「巷宜《そが》」と書いています。その次が「意富弥多足尼」、これは津守氏系図に「大御田足尼」と見えます。そしてそれ迄の二世は、意富弥多足尼という人が仕え奉ったのであり、この人が津守の足尼の遠祖なり、というわけです。次に

「是に於いて、船司・津司に任け賜ひ、又、処処の船木連を被《かがふ》らせ賜ふ。(但波国・粟国・伊勢国・針間国・周芳国)

右の五箇国、爾時《そのとき》より船津の官の名を負ひて仕へ奉る。」

これなども面白い書き方です。意弥那宜多の子の意富弥多足尼の時に、船司、津司というものに任じて、又ところどころの船木の連を被らせ賜ふ、というのです。この意味は一寸判りにくいのですが、私は初め、船木連という姓を与えられたのかと思いました。しかし、実はそうではなく、ただ姓を与えただけではなくて、処々の船木連というものを全部管轄させた、支配下に置かせられたという事だろうと思います。その処々というのは但波国、そして粟国。これは阿波国のことで「粟」と書くのは古い用法です。そして伊勢国でしょう。伊勢の船木の場所については、色々な説がある様ですが、私は宮川の上流にある船木でよいと考えて居ります。そして船木を通じて、但波と伊勢が結ば

れて居るという事は、注目すべきことだと思います。それは、雄略天皇の御代に丹波国から外宮の豊受大神が伊勢へ遷って来られますが、そのことを考えます時に、丹波と伊勢とが船木連によって結ばれていたことが、重要な着眼点の一つになるからです。それから針間国・周芳国とあります。これらの国は普通、播磨・周防と書くのですが、どちらも用字法は古い。そして「右の五箇国、爾時より船津の官の名を負ひて仕へ奉る。」というわけです。

七、多毛弥足尼

その次に、

「穴戸の豊浦宮に大八嶋国知食しし気長足帯比古皇后の御世、熊襲二国を平げ賜ひき。」

ここに「比古皇后」というのは、先程の「姫比古」と同様に、恐らく仲哀天皇と、神功皇后とを一緒にしてしまっているのですが、この場合は「穴戸の豊浦宮」とありますから、仲哀天皇を中心に置いての表現でしょう。しかし「気長足帯」つまり神功皇后も含めて記されている。御夫婦ですから一世代とみて書いているのでしょう。この御世に、「熊襲二国を平げ賜ひき。」というわけです。面白いでしょう、「熊襲二国」と書いてある。〝熊〟と〝襲〟という二つの国があった。「熊襲二国」という言い方については、第四回セミナーで詳しく述べましたので省略しますが、この表現は、日本書紀や古事記よりも古いことを御承知おき下さい。それから、

「斯の時に、筑紫国の橿日宮に天皇と坐して水彼方国《うみのあなたのくに》を平げ賜ふは気帯長足比女乃命なり。」

これは私が訓みをつけたのですけれども、〝水の彼方の国〟というのは面白い書き方ではありませんか。日本書紀

にはよく「海表の諸藩」等と見えますが、それよりも聖徳太子の自筆といわれる御物の『三経義疏』の題辞の下に、「此れは是、大委国の上宮の私集にして、海波本に非ず。」と注されていることを思い出します。この「海波本」の「海波」と、船木等本記の「水彼方国」と、ほとんど同じ表現ですね。これは日本から言って海外の国を指すのです。上田敏の詩集に、確か「海のあなたの遥けき国へ」という言葉がありましたが、あの「海のあなた」なのですね。こういう表現法というのは、本当に、古くして美しい日本語だと思います。そこで、筑紫の櫃日宮に天皇としておられて、海の彼方の国、朝鮮を平らげ賜うたのは、気帯長足比女乃命なり、即ち神功皇后ということです。次に、

「此の二所の天皇の御世に、折羽足尼の児、多毛弥足尼仕へ奉りき。」

此の二所の天皇というのは、仲哀天皇と神功皇后を指します。神功皇后を天皇と申し上げたことは、住吉大社神代記以外にも古典に幾らも例のあることです。そして折羽足尼は先程出ましたが、その児の多毛弥足尼、ここでは「手搓」を「多毛弥」と一字一音で書いております。その次に、

「是に於いて、住吉に坐す大御神の前《みまへ》を任《ま》けて祭《いはひまつ》治り来在《きた》りき。其の時より、大神の前《みまへ》を、神の御願《こはし》の随《まにま》に忌《いは》はしむ。」

この時から多毛弥足尼が住吉の大神を祭り続けて来た。それは大神の御神託があって、その御願《こはし》のまにまにずっと忌《いは》って来た、ということです。

八、須須己里と大垂海・小垂海

その次に、

「一帯須比女乃命、住吉大神を船辺に坐奉《ましまし》て辛国《からくに》に渡り坐して、方定進退鎮《くさぐさにたばかりしづ》め給ひて、辛嶋恵我須須己里《からしまのえがのすすこり》を召して、即、還行幸《みゆきかへ》りて坐す。」

これも面白い記事だと思います。「一帯須比女乃命」の「一」は、恐らく「大」の誤字で、これは神功皇后のことであります。神功皇后が辛国に渡り坐して、辛国というのは朝鮮半島のことですが、その各地を鎮定して辛嶋の恵我須須己里という人物を召して、連れて帰って来られた。須須己里と言うのは、前回の「播磨国九万八千余町の神領」で述べました四至の西の限りの中の、「須須保利道」の「須須保利」のことで、その名は古事記や日本決擇（一本、釋）・新撰姓氏録にも見えます。有名な百済の造酒の技術者です。その須須己里というのを招いて帰って来られた。「辛嶋」は「辛国」と関係が深いと思いますが、以前にも申しましたように、まだよく判らない点があります。「恵我」は日本書紀の顕宗天皇前紀に見える「餌香」で、今の河内の藤井寺の国分のあたりと思われます。後に、ここに住みついたのでありましょう。次に、

「筑紫より難波の長柄に依り坐して、大神、御言を以て宣たまはく、『吾は玉野国なる大垂海《たるみ》・小垂海等に祀所拝《いつきまつ》られむ。』と宣りたまひて、膽駒の嶺に結行《いでま》しき。即、是の人等を奉仕らしめ給ひて、大御社に奉れるなり。」

九州より難波の長柄、今の長柄橋のあるあの長柄、このあたりまでは大阪湾が深く入りこんでいましたので、この

長柄に入られた時、住吉大神が、自分は玉野国における所の、大垂海・小垂海に祝われたい、祀拝《まつ》られたい、と申された。この大垂海・小垂海の「垂海」というのは、摂津国住吉郡の地名にありますが、その垂見の者に祭ってもらいたいと、こう言われて、膽駒の山に登って行かれた。そこで、垂見の人達が住吉のお社に仕えるのである、ということです。

玉野国というのは、住吉郡のあたりを指すようですが、珍しい名称で、私は住吉大社神代記以外には知りません。そして膽駒の山へ行かれたというのは、今の長柄橋のあたりから、真東が生駒なのです。行基の事を書いた行基年譜というものを見ますと「直道一所」として、「在㆘自㆔高瀬㆒生馬大山登道㆖」ともあります。高瀬というのは今も守口市に高瀬町の地名が残っていますが、ここより真東に生駒の山へ登る道があります。

九、崇神・垂仁天皇の崩年干支

この次に出てくる文章が、重要です。

「此の者、弥麻帰《みまき》入《いり》〔日《ひ》〕子《こ》之命とは大日日命の御子なり。志貴御豆垣宮に御宇《あめのしたしろしめ》しし天皇なり。（六十八年、戊寅年を以て崩ります。山辺上陵に葬しまつる。）此の御時、天都社・国都社を定め始め賜ひ、山の石門開香乃東は日《ひの》縦《たたし》、南は日横《ひのよこし》とし、男の〔弓弭〕御調・女の手末御調を定め賜ひて、初国所知食し天皇なり。活目入彦命は弥麻帰天皇の子、巻向の玉木宮に大八嶋国御宇しし五十三年辛未崩ります。菅原伏美野中陵〔に葬《かく》しまつる。〕天社とは伊勢大神・住吉大神をいふ。」

こういう記事なのですね。つまり「船木等本記」というのは、表題通り、「船木」氏をはじめとして色々な内容を記録しており、悪く言えば雑多に書き集めたものともいえましょう。しかし、価値が乏しいというわけではありません。例えば有名な古代史の史料とされる上宮聖徳法王帝説を見て御覧なさい。雑多な内容の記事が寄せ集められている。それでも貴重な史料です。これとよく似ているのです。未精撰の史料を寄せ集めているからといって、つまらないというわけのものではありません。住吉大社神代記は昔からの貴重な内容の所伝を集めて、書き並べているわけでして、法王帝説と同様に考えてください。

特にこの船木等本記の内容は、恐らく、前述のように、津守吉祥が、「己未年七月朔丙子」（斉明天皇五年七月一日）に、遣唐使の一員として出発（七月三日）する直前に、ようやく書き上げた住吉伝来の古記録の一部分であろうと思われますので、匆匆の間、未精撰の憾みが残るのは致し方のないことでしょう。時には記事に錯簡があったり、重複するところもありますが、それはやむを得ません。私共はそれを資料として、十分に研究することができるのです。特にここに掲げた箇所は貴重なのです。紀・記以前の古記としての珍しい面影を留めていると考えますので、この部分を原文で示しておきましょう。

「弥麻帰入〔日〕子之命止者、大日日命御子也。志貴御豆垣宮御宇天皇。六十八年以二戊寅年一崩。葬二山辺上陵一。此御時、天都社国都社定始賜。山乃石門開香乃東日縦、南日横、男乃御調、女乃手末御調乎定賜。而初国所知食之天皇也。活目入彦命者、弥麻帰天皇子。巻向玉木宮大八嶋國御宇、五十三年辛未崩。〔葬二〕菅原伏美野中陵一。天社者伊勢大神。住吉大神。」（六一四〜六二〇行）

このままでは一寸読めませんので、先に示しました私の書き下し文を見て下さい。最初の「弥麻帰入日子之命」というのは崇神天皇、「大日日命」は開化天皇です。中程に「活目入彦命」とありますが、垂仁天皇です。そこで、この両天皇に関する記事を古事記・日本書紀の崇神・垂仁天皇の条と比較して、要点を示すと、次の通りであります。

〔古事記〕	〔日本書紀〕	〔船木等本記〕
御真木入日子印恵命 美麻紀伊理毗古	御間城入彦尊 瀰磨紀異利寐胡	彌麻帰入〔日〕子之命
若倭根子日子大毗々命	稚日本根子彦大日日尊	大日日命
師木水垣宮	磯城瑞籬宮	志貴御豆垣宮
戊寅年十二月崩	（辛卯）六十八年冬十二月戊申朔壬子崩	六十八年以戊寅年崩
山辺道勾之岡上	山辺道上陵	山辺上陵
所知初国之御真木天皇	御肇国天皇	初国所知食之天皇
伊久米伊理毗古伊佐知命	活目入彦五十狭茅天皇	活目入彦命
師木玉垣宮	纏向珠城宮	巻向玉木宮
（欠）	（庚午）九十九年秋九月戊午朔崩	五十三年辛未崩
菅原之御立野中	菅原伏見陵	菅原伏美野中陵

一番上が古事記、その次が日本書紀、その次が船木等本記。よく似た字が使われておりますけれども、しかし丹念に見ますと、用字はかなりちがいます。

例えば、船木等本記の爾麻帰入日子之命の「爾麻帰」、この用字は古事記ともちがい、日本書紀とも異なります。「大日日命」は古事記と全くちがい、日本書紀とよく似ていますけれども、命の字が異なる。「志貴御豆垣宮」の「志貴」も、古事記は「師木」、日本書紀は「磯城」で、それぞれちがう。「六十八年以戊寅年崩」とあるのは、古事記にある「戊寅年十二月崩」と似ていますが、日本書紀とは全くちがう。紀・記ともに「十二月」とあるが船木等本記には無い。それから、その次、ずっと丹念に見てもらえば、三者それぞれ皆ちがいます。「巻向玉木宮」にしても、古事記は「師木玉垣宮」、日本書紀は「纏向珠城宮」とあってちがうでしょう。そして何よりも大事な事は、船木等本記には「五十三年辛未崩」と書いてあることです。日本書紀では九十九年に亡くなられたとする。古事記は別に何も書いてない。ですから、この「辛未」という垂仁天皇の崩年干支は、今迄全然判らなかった干支なのです。それが、この住吉大社神代記に初めて見える。これは非常に重要なことなのですね。そこで最後の紙の五枚目、これは『住吉大社史』中巻の私の文章（三一三～三一五頁）ですが、そこに結論として書いておきましたところを見て下さい。

「この三者を比較して明瞭なことは、神代記（住吉大社神代記のこと）が古事記・日本紀を直接に典拠とするものではないこと（直接にそれを見て書いたというなら用字法だってもっと一緒になって来るわけです。ところが全く異なるのですから）、即ち未だ記・紀を披見しない人の筆になると思われる点である。しかもここに、従来知られなかつた古事記崩年干支の傍例を、崇神天皇の条に就いて見出し得るのである。三者がそれぞれに、

戊寅…………古事記・神代記
六十八年……日本紀・神代記
辛卯…………日本紀
十二月………古事記・日本紀

と相関してゐることも興味深い。或いは疑ふ人あつて、本記（住吉大社神代記のこと）が記・紀を習合したと憶測するかも知れない。しかしかやうな臆測を試みた場合でも、それでは何故に、本書（住吉大社神代記のこと）が日本紀の干支『辛卯』を捨てて、古事記の干支『戊寅』を採用したかということは理解し難いであらう。（これは崇神天皇の崩年の場合、日本書紀なら『辛卯』なのです。それを何故捨てて古事記の『戊寅』をとったのかという事の説明ができない、ということです。）まして本書に垂仁天皇の崩年を『五十三年辛未』と記してゐる点は、日本紀の説とも違ひ、また古事記にも載せないところである。従つて、本書に見える一連の崩年干支は、古事記以外の史料を基にしたこと明らかであり、崇神天皇の崩年を『戊寅』とする説が、古事記とは別箇に、津守家の所伝によつて記されたことは間違ない。

　また垂仁天皇の崩年について、本書が日本紀の『九十九年庚午』の説を採らず、他書に例のない『五十三年辛未』の説を記してゐることは極めて注目すべき事実である。天皇の御年を日本紀に百四十歳、古事記に百五十三歳と記すのに対し、本書には御年こそ見えないが、御宇五十三年より推せば、如何にも実年数に近く考へられるのではないか。或いは本書の御宇五十三年と古事記の御年百五十三歳との間に何らかの関係がありさうにも思へるが、もとより臆測の域の出づるものではない。

何れにしても、崇神天皇崩御の『戊寅』の翌年『己卯』を、垂仁天皇の即位元年として計算すれば、五十三年は正しく『辛未』に当るのである。そして成務天皇の崩年は、古事記によれば『己卯』であり、垂仁天皇崩年（辛未）より四十四年目に当るから、この間に景行・成務の二代を比定することは、また自然と常識的な御宇年数の按排に適ふのではあるまいか。」

こういう風にして、その崩年干支が二つ新しく、この神代記から出て来て、一つの崇神天皇の方は、古事記と同じ。垂仁天皇の方は、どこにもない、はじめて出て来た。こういうことなのです。そしてこの船木等本記の文章は、非常に古体を存しており、私共は、これは大宝以前のものだと考えております。〔補注、改めて顧みれば、前述の通り、この箇所の素材となった文章が、津守吉祥の筆になるとしたならば、それは斉明天皇五年（六五九）であるから、古事記の撰進（和銅五年、七一二）より五十三年も早い。従って上述の考証は当然の結果である、といはなければならない。〕

十、住吉奉斎の原初の姿

ところで先程は時間の関係で一寸、省略しましたけれども、大事な事ですから、もう一度、船木氏の系譜の〔乙〕の所を見て下さい。

「息長帯比女の御時に……大禰宜と奉斎るは汙麻比止内足尼命……」として三柱が相交りて奉仕したという箇所ですが、そこの所をもう少し詳しくお話しをしておこうと思います。この関係を判り易く図表の様に記しますと、次のようになります。

①　汙麻比止内足尼命
②　折羽足尼（津守遠祖）――手搓足尼命
③　田田根足尼命（船木遠祖）
此三柱、大禰宜として奉斎す。

そして一方、これに関連して、古事記（孝元天皇の段）によりますと、

孝元天皇――比古布都押之信命
尾張連等祖　意富那毗――葛城之高千那毗売
（比古布都押之信命＝葛城之高千那毗売）――味師内宿禰（山代内巨之祖）

とあり、「比古布都押之信命」というのは、先程も一寸ふれましたように〔乙〕系図の「彦太忍信命」に同じでありますが、父が孝元天皇と開化天皇との異同があります。また船木等本記の「汙麻比止内足尼命」は、古事記の「味師内宿禰」によく似た名前で、恐らく何らかの氏族関係があろうと思われます。そして若しそうだとすると、これは皇

別ということになりましょう。そこで前述の、住吉大神を〝三柱相ひ交りて大禰宜として奉斎〟したという三柱というのは、

① 汗麻比止内足尼命（皇別の氏族）
② 手搓足尼命（津守氏）
③ 田田根足尼命（船木氏）

という三者協力の形になるのではなかろうか、と思います。そして、②の津守氏と③の船木氏との系譜上の関係は明らかでありません。船木氏の出自が神代記に伝えられているように文章系譜としてしっかりした内容であるのに対して、津守氏の系譜が、意弥那宜多命（主使長田命）以前があいまいで、確実と思われない点から考えますと、船木氏が旧来のもので、津守氏は神功皇后の時代から勢力を持ち出した新興氏族であったのではあるまいかと考えます。名義の上からしても「船木」が植林・造船・航海等に縁のある素朴原始的な氏名であるのに対し、「津守」は船津を守るという官司の職名から出たことも考慮すべきでありましょう。

つまり津守氏と船木氏と、どっちが古いかと言われたら、私は、船木氏の由緒の方が古いと思います。そして船木等本記の伝えるところでは、住吉大社の祭祀は皇別の汗麻比止内足尼命①と、もともとの船木氏③と、その岐れの津守氏②の三者が、一緒になって奉斎した、ということであります。

それが、やはり原初的な住吉のお祭りの仕方であったと思われます。津守氏だけではなく、船木氏も関係し、さらに皇別の人も関係して、一緒になってお祭りをしていた。しかしそのうちに津守氏が中心になって行く。そのことを

住吉大社神代記の船木等本記が伝えているわけであります。

これは非常に貴重な史料だと私は思います。ただ、簡単には読みにくい。一寸普通には読めない。今日はまあ、珍しく皆さん、初めて読まれた。これは大学でも大学院クラスの講義です。皆さんは初めてこの話を聞かれて、住吉の大社には非常に貴重な伝承があるという事もお判りになったと思います。これを伝えるものが住吉大社神代記というものなのです。では、今日はこれ迄に致します。

十二、遣唐使と墨江之津

（平成八年正月二十七日）

はじめに

只今御紹介頂きました様に、私が担当して参りました住吉セミナーは、今回で十二回、丁度、予定の一年が終わるわけであります。住吉セミナーは別の講師の方々によって今後も引き続いて開催されますが、本日は私の担当の最後としまして、「遣唐使と墨江之津」という題でお話を申しあげます。

資料が九枚ありますので、順次目を通して頂きたいと思いますが。最初に先ず一般論として、遣唐使の説明をしたいと思います。

遣唐使の詳しい史料や歴史につきましては、茂在寅男・西嶋定生・田中健夫・石井正敏という四人の学者の作られた『遣唐使研究と史料』という本があります。これは、昭和六十二年四月に、東海大学出版会から出版されており、非常によく出来ておりますので、遣唐使のことを少し詳しく見ようと思えば、先ず、この書物を御覧になるとよろしいかと思います。

しかし、簡単に遣唐使のあらましを御承知願いますために、資料の一枚目には『国史大辞典』の記事を借用致しました。執筆者は鈴木靖民さんでありますが、適切によくまとめてありますので、それを御覧頂きたいと思います。これも、時間が僅かで全部読めませんので、大事な箇所に傍線を入れておきましたからそれを中心に、あとは目で追って頂きたいと思います。

さて、遣唐使というのは、「七世紀前半から九世紀にかけて、日本から唐に派遣された公式の使節」で、具体的に言いますと、「舒明天皇二年（六三〇）八月に犬上御田鍬らを派遣したのを最初とし、寛平六年（八九四）に菅原道真の建議によって停止されるまで、およそ二十回の任命があり、うち十六回が実際に渡海している。」ということになります。そのあと、少し飛ばしまして、「当初は二隻、のち奈良時代になると四隻の編成が基本」となります。そして員数も次第に増加して行って「二百四、五十人から五百人以上になり、最後の遣唐使となった承和元年（八三四）任命の使では六百五十一人という多人数になっている。」というわけです。

この人数のことも、頭に入れておいて下さい。つまり遣唐使の人員というのは大変な数だということです。十人や二十人で行ったのと違います。それから、その次に飛びまして線の所、「一隻につき百二十人から百六十人程度乗り込める規模の構造船であったようである。」これは船の造り方ですね。構造船というのは、大昔の丸木のクリ船ではなく、多くの材木を使って組み立てた船、今の木造船と同じものでして、その一隻に、百数十人も乗って行った。それが四隻の船団を組んで荒海に乗り出してゆくわけです。因みに、奈良時代では四隻の編成が普通でしたので、万葉集でも「四つの船　船の舳《へ》並べ」（巻十九、四二六四番）と歌われ、〝四つの船〟といえば遣唐使船の代名詞ともなりました。

それから、航路としては、そこに図も載っておりますが、「初期は、壱岐・対馬を経て、朝鮮の西沿岸を北上し、渤海湾口から山東半島に至る北路（新羅道）」がとられました。ところが天智天皇二年（六六三）の白村江の戦――これは良く御存知でしょう。日本が唐と新羅の連合軍に敗れますが――その白村江の戦いの後は新羅との国交が途絶えます。そこで九州南端から種子島・屋久島・宝諸島・奄美大島・徳之島・沖縄島・久米島・石垣島などを経由して

「東シナ海を横断して揚子江口を目ざす南島路が主にとられるようになった」わけです。『唐大和上東征伝』という本がありますが、この唐の大和上の鑑真が日本に来た時の路がこれにあたるわけです。「さらに奈良時代の後半以降になると、大津浦をたち、肥前値嘉《ちか》島（五島列島）付近から順風を利用して一気に東シナ海を横断して揚子江岸に向かう南路（大洋路）がとられるようになった。」と説明されています。大体まあ、この程度の事を頭に置いて頂いて、次にはもう少し具体的に見て参りたいと思います。

一、天平五年の遣唐使

そこで〔2〕として、天平五年（七三三）の遣唐使の資料をあげておきました。これは万葉集の巻五の山上憶良の有名な長歌「好去好来の歌」（八九四番）であります。原文はこういう風に漢字――万葉仮名といいますが――でもって書かれておるわけです。皆さんが普通手にされる万葉集の本などは、ちゃんと判り易く読み解いてありますけれども、もとの姿は、こういう漢字を敷きつめたような形なのです。それを多くの万葉学者が長年月を費やして、ようやく解読してきたのです。こういう事も御承知おき下さい。

これも全文を読んでいますと、仲々時間がかかりますが、横にふり仮名のついた便利な本『新版　新校萬葉集』をコピーさせて貰いましたから、あとで、ゆっくりと御覧を頂くこととして、一寸、大事な所だけ読んでみます。

「神代欲理《かみよより》　云傳久良久《いひつてくらく》　虚見通《そらみつ》　倭《やまとの》　國者《くには》　皇神能《すめがみの》　伊都久志吉國《いつくしきくに》　言靈能《ことだまの》　佐吉播布國等《さきはふくにと》　加多利繼《かたりつぎ》　伊比《いひ》
都賀比計理《つがひけり》」

よく日本の国は「言霊の幸はふ国」などと申しますが、それは万葉集の時代において既に〝語りつぎ言ひついで〟きたことなのです。このあと飛ばしまして、傍線を引きました最後の箇所だけを御覧下さい。

「諸能　大御神等　船舳爾反云布奈能閇爾　道引麻遠志　天地能　大御神等　倭大國靈　久堅能　阿麻能見虚喩　阿麻賀氣利　見渡多麻比　事了　還日者　又更　大御神等　船舳爾　御手打掛弖　墨縄袁　播倍多留期等久　阿遲可遠志　智可能岫欲利　大伴　御津濱備爾　多太泊爾　美船播將泊　都都美無久　佐伎久伊麻志弖　速歸坐勢」

（諸の　大御神たち　舟舳に（反して、ふなのへにと云ふ）導きまをし　天地の　大御神たち　大和の　大国御魂　ひさかたの　天のみ空ゆ　天翔り　見渡したまひ　事終はり　帰らむ日には　また更に　大御神たち　舟舳に　御手うち掛けて　墨縄を　延へたるごとく　あぢかをし　値嘉の岫より　大伴の　三津の浜辺に　直泊てに　み舟は泊てむ　つつみなく　幸くいまして　はや帰りませ）

これを見ますと、遣唐使の人々が神々をいただいて遥々と唐の国まで航海していった姿がよく判りましょう。ところが、この天平五年の遣唐使は、往きはよかったのですが、帰りは大変な暴風雨にあって遭難します。その事をもう少し詳しく、また判りやすく理解するために、次田潤氏の『改修萬葉集新講』を次に掲げておきました。この『新講』は、万葉集の中でも優れた歌や種々の意味で注意すべき作品を選んで評釈を施した著書、昭和十年の刊行ですから古い書物ですが、これは今でも出色の良くできた解説だと思います。ところで、この天平五年の遣唐大使は多治比真人広成でありましたが、『新講』には、次のように書かれています。

「さて廣成は一行五百九十四人を引連れて、天平五年四月難波津を發し、無事に唐の都長安に到著し、翌六年十月に任を畢へて四船相連ねて蘇州を發し、歸京の途に上つたが、忽ち暴風に遇つて悲惨な目を見た。即ち①廣成の乘船（十七年間留學してゐた玄學・吉備眞備・大和長岡等が便乘してゐた）は薩南の種子島に漂著し、②副使中臣名代以下の乘船は唐に吹き戻されて、天平八年に歸朝した。③又判官平群廣成等百十五人の乘船は崑崙國に漂著して、大多數は土人に捕はれて或は殺され或は病死し、其の中判官以下三人は辛うじて救はれて唐に歸り、天平十年に歸途に就いたが、再び暴風に遭つて出羽國に漂著した。而して④殘りの一船は行方不明となつて、遂に祖國に歸らなかつた。」（七一八頁）

ここに「一行五百九十四人」とありますが、これは当時の記録に見える数字でして、はっきりしています。そして引用文の中に①②③④という印がついていますのは、私が書き加えたのでして、これによって「四つの船」が四方向に別れ別れになった事情がよく判りましょう。大使の乘船は種子島に漂着しました。日本に鉄砲を伝来したポルトガル人も種子島に漂着したことでしたが、それと同じ海流に流されたのでしょう。副使の船は唐に吹き返されてしまい、二年後に帰朝します。判官の船は崑崙《コンロン》国、これはインドシナ半島のメコン川下流地域（林邑）より以南の総称ですが、そこに漂着して大変な被害に遭い、その後も難行苦行を重ねます。更にもう一艘の船は行方不明となってしまったのであります。

ですから、この天平五年の遣唐使の運命というものは非常に悲劇的なものでありました。そして、たとえ無事に任務を果した遣唐使の場合でも、これと同じような試練を乗り越えて航海したのであります。これによって遣唐使というものが、どれ程危険であり、又使の人々がどれ程、必死の覚悟で行ったかという事がよく判ると思います。今の人は教科書で遣唐使の話を聞いても、何か新しい唐の文化を学びに悠々と出掛けて行った、現在の外国に留学する人の様に気楽な感じを持ちやすいのですが、当時の遣唐使は決してそうではない。命がけですね。優れた海外の文化を摂取しようとして、彼等は決死の覚悟で出掛けて行ったのです。

そのような事情を考えてきますと、同じ天平五年の遣唐使に参加した我が子に対して贈ったという母親の歌（一七九〇・一七九一番）が、一層しみじみと私共の胸をうつのであります。これは書き下して掲げておきます。

天平五年癸酉、遣唐使の船、難波を発ちて海に入る時に、親母の子に贈る歌一首并せて短歌

秋萩を　妻どふ鹿《か》こそ　独り子に　子持てりといへ　鹿子じもの　我が独り子の　草枕　旅にし行けば　竹玉をしじに貫き垂れ　斎戸《いはひべ》に　木綿取り垂でて　斎《いは》ひつつ　我が思ふ我が子　ま幸くありこそ

反歌

旅人の　宿りせむ野に　霜降らば　我が子羽ぐくめ　天の鶴群

この歌の題辞に、「遣唐使の船、難波を発ちて海に入る」とありますが、これはあとで難波の津を考える上で大事な点ですので、よく覚えておいて頂きたい。遣唐使の船がいよいよ難波の津より発して海に入る時、その母親が、一人子の無事を祈った歌なのです。長歌の方は省略しますが、その反歌の意味を申しますと、遣唐使で出かけて行く我が子が、外国でどんな所に泊るのかわからない。場合によると野宿するかも知れない。そんな時に、霜が降ったならば、どうか天の鶴群よ、その羽で自分の子供を守ってやっておくれ、とそういう母の祈りを込めた歌ですね。何とも言えない佳い歌です。

それから、やはり天平五年の遣唐使に贈った笠朝臣金村の歌があります。その長歌（一四五三番）だけを書き下し文で示しましょう。

玉たすき　かけぬ時無く　氣の緒に　吾が思ふ君は　うつせみの　世の人なれば　大君の　命かしこみ　夕されば　鶴が妻呼ぶ　難波潟　三津の崎より　大船に　真楫繁貫き　白浪の　高き荒海を　島傳ひ　い別れ行かば　留まれる　吾は幣引き　齋ひつゝ　君をば待たむ　早歸りませ

この歌の「世の人なれば　大君の」の二句は、写本に脱落したと思われ、普通これを補って解していますので、それに従いました。この歌では、特に遣唐使船の出発が「難波潟　三津の崎」とある点に御注意下さい。

次に掲げましたのも、やはり天平五年の遣唐使に贈った歌なのですが、これは作者が未詳であります。作者は判りませんが、この中に大事な言葉が出てきますので、長歌（四二四五番）の全文を書き下して示すこととします。

そらみつ　大和の國　青丹よし　平城の都ゆ　おしてる　難波に下り　住吉の　み津に船乗り　直《ただ》渡り　日の入る國に　遣はさる　吾が背の君を　懸けまくの　ゆゆし畏《かしこ》き　住吉の　吾大御神　船の舳《へ》に　うしはき坐し　船艫《ども》に　御立たし坐て　さし寄らむ　磯の崎々　漕ぎ泊てむ　泊々に　荒き風　浪にあはせず　平けく　率《ゐ》て歸りませ　本の國家《みかど》に

この歌には、色々な大事な言葉がはいっています。「住吉のみ津に船乗り」、そして「直渡り日の入る国に」とあるでしょう。〝日の入る国〟とは唐の国というわけです。聖徳太子が隋の国に対して「日出ずる処の天子、書を、日没する処の天子に致す。恙無きや。」という有名な国書を出された話――隋書に見えるのですが――は御存知でしょう。

〝日の入る国〟という思想が、ちゃんと万葉集にも伝わっているわけです。そして特に注意すべきことは、「住吉の吾が大御神、船の舳にうしはき坐し」、つまり住吉大神を遣唐使の船の舳先にお祭りしているという事が、はっきり出てくるわけであります。万葉集には更に別の歌に「住吉の荒人神、船の舳に領きたまひ」（一〇二一番）とも歌われています。また平安時代になりますが、延暦寺の僧円仁の書きました『入唐求法巡礼行記』に、「舳頭神殿」「祭㆓船上住吉大神㆒」等と記されています。なお、朝廷におかれても、住吉大神の御神徳を高く仰がれていたことは、日本後紀の大同元年四月丁巳の条に、「摂津国住吉郡住吉大神に従一位を授け奉る。遣唐使の祈りを以てなり。」とみえることによっても、明らかであります。

二、粟田朝臣真人の問答

万葉集はそれ位にして、次に〔3〕の資料を御覧下さい。これは続日本紀の慶雲元年（七〇四）七月朔の条に書かれている記事で、遣唐執節使の粟田朝臣真人の逸話なのです。粟田真人は大宝二年（七〇二）六月に筑紫より出発し、二年後のこの時に帰国し報告したわけですが、その報告の内容が重要です。これも漢字ではお判りにくいでしょうから書き下し文にし、しかも問答形式のところはそれぞれ改行にしてお目にかけます。

「秋七月甲申の朔、正四位下粟田朝臣真人、唐国より至る。
初め唐に至りし時、人有り、来りて問ひて曰はく、『何処の使人ぞ。』と。
答へて曰はく、『日本国の使なり。』と。

我が使、反りて問ひて曰はく、『此は是れ何の州の界ぞ。』と。

答へて曰はく、『是は大周楚州塩城県の界なり。』と。

更に問ひて、『先には是れ大唐、今は大周と称《なづ》く。国号、何に縁りてか改め称《なづ》くる。』と。

答へて曰はく、『永淳二年、天皇太帝崩じたまひき。皇太后位に登り、称を聖神皇帝と号ひ、国を大周と号けり。』といふ。

問答略《おほむね》了りて、唐の人、我が使に謂ひて曰はく、『亟《しばしば》聞く、「海の東に大倭国有り。これを君子国と謂ふ。人民豊楽にして、礼儀敦《あつ》く行はる」と。今使人を看るに、儀容太《はなは》だ浄《きよ》し。豈《あに》信ならずや。』と語畢りて去りき。」

この問答は非常に面白い。つまり日本から行った遣唐使が、唐の土地に着いた。すると、その土地の者がやって来て、「お前は一体、どこの国の使だ」と、まあ、見下げて言うわけですね。それで「我々は日本の国の使だ」と、答える。そして、さらに日本側は「ところで、ここは一体どこだ」とこう反問する。先方は「大周国の楚州塩城県の界だ」と言った。今の江蘇省の塩城地方ですね。ところが、それを受けて述べた日本側の応答が愉快です。「あゝそうか。お前の国は、前には大唐と言っていたのに、今は大周というのか。一体、国の名前はどうして変わったのか」と、こう出たわけですね。これはするどい反論です。それで向うが言いわけをして、実は「これこれで、国の名が大周に改められた」と答えるわけです。そしてこの日本の使の態度が実に堂々としているので、先方が驚いて、「以前から、大倭国（日本の国）は君子国といわれ、人民豊楽にして礼儀のあつい国と聞いていたが、なる程、その使の態度を見ていると、決して嘘ではなかった。」と非常に感心して去って行った、という話なのです。

これは実に見事な応対と言わねばなりません。外交というものはこうあるべきなのです。向うが、「お前は一体どの国の使だ」と見下げたものですから、こっちは、「ここは一体どこだ」と反論する。そして「大周云々」という地名を聞いた上で、「何だ、今迄、お前の国は大唐といっていた筈なのに、何で大周に変わったのか。」とやりかえす。つまり永淳二年（六八三）に唐の高宗が死んだ後、皇后の則天武后が中宗を廃立して自ら天下をとり、やがて国名まで周に変えてしまったことを皮肉ったのであります。周に国名を変えたのは永昌二年（六九〇）のことでありますから、その十二年後の大宝二年（七〇二）に出発した日本の使が、国名の変更を知らないわけはない。唐が周に変った事くらいは百も承知でありますが、それをわざと知らないふりをして、何故、国名が改められたのだ、と、〝革命の国〟の痛いところを衝いたのです。このように堂々と応対したものですから、向うが感心して、「なるほど、大倭国は昔から君子国と言われるが、誠にその通りだ」と言って別れた、と、こういう話なのですね。聖徳太子といい、粟田真人といい、外交官というのは、こうでなくちゃならない。卑屈な態度では却って彼の侮りを買うだけであります。

三、大伴宿禰古麻呂の活躍

その次、資料の〔4〕にあげておきましたのも、これは遣唐副使（この時の大使は藤原朝臣清河でした。）の大伴宿禰古麻呂が活躍したエピソードです。

これも有名な話なのですが、大伴古麻呂が入唐――入唐と書いて「にっとう」と読みます――しますのは天平勝宝四年（七五二）のことです。この古麻呂に対して、歌を贈って励ましたのが、多治比真人鷹主という友人です。この人が、遣唐副使の大伴古麻呂に歌を贈って餞としたのですが、その歌は次の通りです。（四二六二番）

韓國爾　由伎多良波之氏　可敝里許牟　麻須良多家乎爾　美伎多氏麻都流

いい歌ですね。「唐国に行き足《た》らはして帰り来む　丈夫武雄《ますらたけを》に御酒《みき》たてまつる」。この「行き足らはす」については、このセミナーの第二回でも、オキナガタラシ姫のタラシに関連して説明しておきました。「行きたらはして」というのは、唐の国に行って十分な働きをして、という意味です。「帰り来む丈夫武雄」は、帰って来るであろうところの益良雄ということですが、その益良雄に「御酒たてまつる」、一献《こん》、御神酒をたてまつります、こういう歌ですね。このような素晴らしい激励の歌に送られて、彼は出かけて行く。そして彼は、唐の地にあって、どういう活躍をしたか。

『続日本紀』の天平勝宝六年（七五四）正月の条をみますと、十六日に大伴古麻呂が帰朝した記事があり、この時、唐僧の鑑真・法進ら八人も一緒に随行した、とあります。有名な鑑真は、日本への渡航を試みて五回失敗し、六回目に大伴古麻呂の乗っていた第二船に同乗して素志を貫くのであります。そして正月三十日の条に、古麻呂の帰朝報告の記事が掲げられています。その奏上した文章だけを書き下しにして、次に示します。

「古麻呂奏して曰はく、『大唐天宝十二載、歳癸巳に在《やど》れる正月の朔癸卯、百官・諸蕃朝賀す。天子、蓬萊宮含元殿に朝を受く。是の日、我を以て西畔第二、吐蕃《トバン》の下に次ぎ、新羅使を以て東畔第一、大食《タージイ》国の上に次ぐ。古麻呂論ひて曰はく、「古より今に至るまで、新羅の日本国に朝貢すること久し。而るに今、東畔の上に列し、我反りてその下に在り。義、得べからず」と。時に、将軍呉懐実、古麻呂肯《がえ》んぜざるの色を見知りて、即ち新羅使を引きて西畔第二、吐蕃の下に次ぎ、日本の使を以て東畔第一、大食の上に次ぐ』といふ。」

この文中の「大唐天宝十二載」というのは、西暦の七五三年ですが、この年の正月に、唐の天子が周辺諸国の外交官を集めて朝賀の礼を受けた。その時の着座の順が、問題となったわけです。「この日、我を以て、西畔第二（西側の第二）吐蕃の下におく」。吐蕃というのはチベット人の国です。次に「新羅の使を以て東畔第一（東側の第一）の大食国の上に置いた」と。大食国というのはイスラム教国サラセンのことです。この記述は、一寸ややこしいですが、こういう事です。シナでは「天子は南面する」と言って、南を向いて坐ります。この時の天子は唐の玄宗皇帝です。そしてその前面の東西に、それぞれの国の席次が決められているわけですが、どこへ座席を定めるかという事は大変なことなのです。今でも重要な国際会議ではこれが問題となるわけですが、この時、唐側で用意した席順は前述のようでありました。

つまり南面する唐の天子に向って、新羅の使を以て東側の大食国の上に置き、日本の使は西側の吐蕃の下に据えた。これを見て大伴古麻呂が言う。「古より今に至るまで、新羅の日本国に朝貢すること久し。しかるに今、東畔の上に列し、我はかえりてその下にあり。義得べからず。」つまり、新羅の国は昔から日本に朝貢しているのに、この席順では道理に合わない。こう主張して、一歩も引かない。そこで唐の将軍の呉懐実は、「古麻呂、肯んぜざるの色を見知りて」、古麻呂がガンとして承知しない気色を見て、やむを得ないと考え、新羅の使の席を移して西側の吐蕃の下に置き、そして日本の使を以て、東側の大食国の上へ移した。つまり、日本と新羅の席を入れかえたというわけです。

面白い話でしょう。大伴古麻呂は、先程申しました様に、親友から「唐国に行き足らはして帰りこむ」、つまり十分な活躍をして帰って来るであろうところの「丈夫武雄に御酒《みき》たてまつる」と激励されて入唐した。で、行って見たら、こんな状態であったものですから、黙ってはおれぬ。「おかしい」と言って、敢然と抗議をする。唐側も古麻呂の激しい剣幕に押されて、急遽、席次を変更した。これが、やはり真の外交官のあるべき姿なのですね。

ところが、こういう話をしますと、戦後の日本人、殊に歴史家の多くは気概を喪失していますから、私の話を疑って、なるほど『続日本紀』にはそのように書いてあるけれども、それはしかし、帰国した大伴古麻呂が都合のよい手柄話をしたのではないか、と考えやすい。今日の学界では、そう言う方が進歩的なのです。そしてそう言われると、一般の人には「あゝそれはそうかも知れないな」と、思いやすいのですね。残念なことです。ところが、あにはからんや、それが本当だという事が別の史料によってわかるのです。

それが、その次に掲げました『延暦僧録』です。これは東大寺要録（第一）の中におさめられている逸文ですが、その中の聖武天皇の伝の中に見えます。大事な史料ですので、原文で御覧に入れます。

「勝寶感神聖武皇帝菩薩傳

（前略）又發レ使入唐。使至二長安一。拜朝不レ拂レ塵。唐主開元天地大寶聖武應道皇帝云。彼國有二賢主君一。觀二其使臣一趍揖有レ異。即加二号日本一為二有義禮儀君子之國一。復元日拜朝賀正。勅二命日本使一可レ於二新羅使之上一。又勅二命朝衡一領二日本使一。於二府庫一一切處遍宥。」

この傍線を施した部分を見て下さい。ここに「唐主……皇帝」というのは玄宗のことですが、その玄宗が云うのに「彼の国（日本）には賢き主君あり。その使臣を観るに趍揖、異るあり。」趍は趨に同じで、揖は会釈のことですから、立ち居振舞が他と異なっている。これは、日本の使の態度が普通とは違って立派だという事でしょう。「すなわち、日本に加え号するに、有義・礼儀・君子の国と為す」と。つまり日本の使を見ると態度が他とは異っており、それ故に、日本という国号に加えて有義・礼儀・君子の国という風にもいわれているのであろうと。そしてその次に、ここが大事なところですが、「復、元日の拝朝賀正に、日本の使に勅命して、新羅の使の上たらしむ。」とあります。先程の大伴古麻呂の報告と、同じ内容が記されているのです。

この『延暦僧録』というのは、思託という人が書いたものです。思託は日本人とちがいます。鑑真の弟子で鑑真と一緒に日本にやってきた僧なのです。唐から渡って来た鑑真の弟子の思託が書いた文章の中に、この記事が見えるというところが面白い。『延暦僧録』は延暦七年（七八八）の撰とされていますから、続日本紀撰進の延暦十六年よりも前に出来ています。

このことを考えますと、唐においても、日本国が昔からしっかりと礼儀をわきまえた君子の国と言われており、そして大伴古麻呂が席次を争って新羅の使の座席を変更せしめたという事件は、当時のシナでも非常に有名な話であったにちがいない。だからこそ思託というシナの僧侶が、ちゃんとこういう記録を書き残しておいてくれたわけです。『続日本紀』だけを見ますと、大伴古麻呂が作りあげた自慢話ではないかと勘繰る人があるかも知れませんが、『延暦僧録』を参照すれば、これは事実あったと見てよいのです。疑う必要は何もない。当時の日本の使は、このような精神で、危険をおかして唐まで行き、その秀れた文物を輸入していた。それは命がけでした。しかも、堂々たる自主独立の態度でやって来た。これが初期の遣唐使であったのです。

四、遣唐使と住吉大神

ところで、いよいよ遣唐使を派遣する時にどういう準備がされるかという事ですが、延喜式巻第三（臨時祭）に収められているお祭の一つに「遣二蕃國使一時祭」というお祭があります。これには「五色薄絁各三疋四丈八尺」をはじめとして沢山なお供物が記されて、その後に、

「右擬レ發二使者一、惣祭二天神地祇於郊野一、（中略）神祇官率二神部等一並著二明衣一行二祭事一、大使自陳二祝詞一、神部奠レ幣、訖大使已下各供二私幣一」

と書かれています。

この「蕃国の使を遣わす時の祭」という場合の「蕃国」は、シナでは「藩国」（天子の藩屏となる服属の国）と同義とされており、日本の大宝令（公式令）の古記を見ますと「隣国者大唐、蕃国者新羅也。」と注釈されていますから、どうも蕃国の中に唐は入らないと思われます。尤も新撰姓氏録などは、シナを含めた帰化人全部を「諸蕃」という言い方で呼んでおりますので、この区別は仲々むずかしい点があります。また遣唐使そのものが、寛平六年（八九四）に菅原道真の建議によって停止されていますので、延喜式の完成奏上された延長五年（九二七）当時には、この祭が必要なかった、ということも考えられます。しかし後で申しますように、延喜式には「遣唐使船」に関する祭が記され

ていますので、やはり問題が残ります。何れにしましても、外国に渡航するに際して、神祇官が、神部等を率いて天神地祇をお祭りする次第が、延喜式に詳しく書いてあるわけです。これは神祇官、つまり政府がそれを行うのです。「大使、自ら祝詞を陳べて、神部、幣を奠《すす》む。」とあります。その記事のあとで面白いのは、「訖りて、大使已下、各々、私幣を供す。」とあることです。元来、これは国家としてのお祭りですが、同時に大使以下も個人の幣帛をたてまつって、それぞれが無事を祈ったわけでありましょう。

それから、また遣唐使の船を造る時のお祭りがあります。「造二遣唐使船一木霊并山神祭」というのですが、これにも「五色玉二百八十丸」以下の多くのお供えをし、中臣氏が使となってお祭をしたようであります。

さて、その次に掲げましたのが、「遣唐の船居を開く祭」です。これは、住吉社で行われておりますので、全文を記しておきます。

「開二遣唐船居一祭住吉社

幣料絹四丈、五色薄絁各四尺、絲四絇、綿四屯、木綿八兩、麻一斤四兩、

右神祇官差レ使、向レ社祭之、」

この「船居」は「ふなすえ」あるいは「ふない」とも読み、これを「開く」というのは、つまり港開きということです。これは、いよいよ遣唐使を派遣することが決ると、港で船を用意する必要があり、その開始にあたってのお祭りが、住吉社において行われたわけです。その時にお供えする幣帛の品々として「絹四丈」以下の名前があげられています。そして「右、神祇官、使を差して、社（社というのは住吉社）に向いて祭る」とあります。つまり政府があら

かじめ、このお祭りの品々を用意をし、神祇官から使が差遣されて、住吉神社で、こういう船居（港）を開くためのお祭りが行われたのであります。

それから、延喜式（巻第八）を見ますと、遣唐使を発遣する時の祝詞があります。祝詞は御承知のように、いわゆる宣命体で書かれておりますので、一寸読みにくいですから、書き下し文を載せておきました。

「皇御孫の尊の御命もちて、住吉に辞竟へまつる皇神等の前に申したまはく、『大唐に使遣はさむとするに、船居無きによりて、播磨の国より船乗るとして、使は遣はさむと念ほしめす間に、皇神の命もちて、船居は吾作らむと教へ悟したまひき。教へ悟したまひながら、船居作りたまへれば、悦こび嘉しみ、礼代の幣帛を、官位姓名に捧げ賷たしめて、進奉らく』と申す。」

この祝詞は一般には判りにくいところがあるのですが、先ずおよその意味を申しますと、

皇御孫の尊、つまり天皇様の詔によって、住吉にお祭りいたしております神々の御前に申し上げたまうことには、「このたび唐の国に使を遣わそうとするに当って、適当な港がありませんために、播磨の国から船乗りして、派遣しようと思し召す間に、神様の仰せがあって、その港は自分が作って遣わそうと教え悟《さと》されました。そして教え悟されますままに、立派な港を作って下さいましたので、天皇はお喜びになって、その御礼の供物を、官位姓名（何某）に捧げもたしめて、ここに献進いたします。」と申し上げます。

ということになります。これは非常に古い祝詞でして、このことについては本居宣長も『大祓詞後釋』の中で、「さて此祝詞は、語よくとゝのひて、古し、こは古の御代に、此云々の事の有し時に、作れりし祝詞なるを、後まで用ひ

られしにや、」と説いています。私もその通りだと思います。そしてこれを見ますと、遣唐使発遣の時、何故、勅使が住吉に参ってお祭りをするのかと言えば、住吉の大神が立派な港を作って下されたからだという事がはっきり書いてある。そして、それまでは良港がなかったので、播磨の国まで行ってそこから乗船しようという事になっていたのに、住吉の大神のお蔭で、この港から出発できることになった、ということが判ります。これは日本書紀や古事記、風土記などにも伝えられていない珍しい話です。いや珍しいというより、実に重要な内容を伝える祝詞といわねばなりません。

ところが従来、この祝詞の内容の重要性に注目した人はほとんどありません。第一、昔から、「播磨の国より船乗り」したということを、誰も問題にした学者がいないのです。しかし私は、これはいかにも有り得べきことで、大阪湾に良港が出来る以前は、瀬戸内海を利用する大きな船は、播磨の良港から出帆したと考えてよろしい。それは恐らく播磨の阿閇津であったと思います。

これは住吉大社神代記に「賀胡郡阿閇津浜」（六三四～六三五行）として見える住吉の神領です。いまの兵庫県加古郡播磨町が旧の阿閇村にあたりますが、これは播磨国風土記にも「阿閇津」として見えており、日本書紀の応神天皇十三年の条の「鹿子水門」と同一の場所です。現在の加古川の流路は色々変遷しているようですが、何れにしても、加古川の河口を中心に、今の高砂港・別府港といわれるあたりに、昔の港が設けられていたのでありましょう。この阿閇津、即ち鹿子水門が、祝詞にいうところの「播磨国より船乗り」した場所であった、と私は考えております。ところが住吉大神のお蔭で、大阪湾に新しく良港が出来たので、そのことを感謝する意味の祝詞が、これでありましょう。

五、墨江の津の所在

さてその場合、私はこれまで、大阪湾の良港と曖昧に述べてきましたが、具体的に考えて、大阪湾のどこであるかということになりますと、仲々難しい問題があって、学界でも従来はっきりしていない。それを、本日明らかにしておこうと思うのであります。資料四枚目の「住吉の三津について」を御覧下さい。

これまで見てきましたように、遣唐使の発遣に際して住吉大神が祭られ、住吉大神が新しい港をつくられたという伝承があるわけですから、その港というのは、住吉の津と考えるのが普通でしょう。そして万葉集の中にも一か所だけですが、先程申しました天平五年の長歌（四二四五番）に「住吉のみ津に船乗り」云々と書いてあるのですね。ですから皆そう思うのです。ところが、同じ天平五年の遣唐使の乗船した場合について、実は色々な記述が見られるのであります。

例えば、続日本紀の天平五年四月己亥の条をみますと、「遣唐の四船、難波津より進発す。」とありますし、また、先程も一寸申し上げました万葉集の天平五年閏三月の笠朝臣金村の入唐使に贈る長歌（一四五三番）のなかに、「難波潟　三津の崎より　大船に　真楫繁貫き」と歌われ、また、巻九の長歌の題詞に「天平五年癸酉、遣唐使の船、難波を発ちて海に入る時、親母の子に贈る歌一首」（一七九〇番）と見えています。またその安着を迎える場所にしても、万葉集に「大伴御津浜」（八九四番）・「大伴御津松原」（八九五番）・「難波津」（八九六番）が予定せられていたようでありまして、この〝住吉の三津〟・〝難波津〟・〝難波潟の三津〟・〝大伴の御津〟等が、同じ場所なのか、それとも異る場所なのか、については、なお問題が残されているわけであります。

そこで、次にこの点について私の考えを述べようと思います。〔7〕の資料を御覧ください。古事記の仁徳天皇の段でありますが、次のように書かれています。

「堀二難波之堀江一而通レ海。又堀二小椅江一。又定二墨江之津一。」

ここに「墨江之津を定めたまふ。」とありますが、この墨江というのは、住吉の大神の墨江と同じ用字です。そこで現在のこの住吉の地に、墨江の津が出来たのだと、皆さん、解釈するのであります。

しかし、私は、それは疑問だと思うのです。そしてここに墨江の津を〝定め給ふ〟という書き方がされている〝表現〟に意味があると考えます。難波の堀江を〝掘った〟というのであれば、確かに掘ったということですし、墨江に津を〝造られた〟というのであれば、それは、墨江つまり住吉の地に新しく津を造られたと考えてよい。しかし、〝定められた〟というのは一体どういう事か。これは、或る所を墨江の津として定められた、ということでしょう。それでは、或る所とはどこか、ということをこれから考えなければならないのです。

六、長柄の船瀬について

結論を先に申してしまいますと、この墨江の津というのは、今の住吉の海岸ではなく、大阪の淀川下流に位置する長柄の船瀬というところ、と、私は考えているのであります。といいますのは、先程の祝詞と殆ど同じ内容が住吉大社神代記に見えているのでして、それは神代記の中の「長柄船瀬本記」に次のように記されているのです。書き下しにしてお目にかけます。

「長柄船瀬の本記

四至　東を限る、高瀬・大庭。

　南を限る、大江。

西を限る、鞆淵。

北を限る、川岸。

　右の船瀬泊は、遣唐貢調使の調物を積む船舫の泊を造らむ欲と、天皇の念行へる時に、大神の訓へ賜はく、『我、長柄船瀬を造りて進らむ。』と造り□（奉カ）なり。」（四六四～四六五行）

この船瀬の泊というのは、船が碇泊するところで、要するに港ということです。そしてこの港の四至、つまり地域がはっきりと記されているのは、実に貴重といえましょう。この四至の東の「高瀬」というのは、和名抄の河内国茨田郡高瀬郷に当たり、播磨国風土記にも「摂津国高瀬之済」（賀古郡）と見え、『行基年譜』の「行年七十四歳」の条に、「直道一所、在下自二高瀬一生馬大山登道上。」「高瀬堤樋」と見える、それであります。今も守口市に高瀬町の地名が残っております。そして次の「大庭」というのは、『河内志』に大庭荘・大庭渠などの名前が記され、やはり守口市に大庭町として現存しています。

　次に南を限る「大江」というのは、初め私は河内川かと思いましたが、川の流れからみますと、どうもそうではなく、むしろ生駒山麓から発して中河内郡を横ぎり、東から西に流れる今の寝屋川のことでありましょう。この川の主流は、八軒屋から北上して中津川に合流しますが、支流は西に向かい、今の中之島（堂島川・土佐堀川の間）を経て安治川となり、大阪湾に流入したと思われます。

次の西を限るという「鞆淵」は、『摂津志』東生郡に友淵とあり、現在も都島区に友淵町としてその名が残っています。

最後の北を限る「川岸」というのは、昔の長柄川（吾君川・中津川）の川岸ということで、現在の旧淀川筋とみてよいでありましょう。

このように、長柄船瀬の四至は、幸いなことにほぼ確実に押さえることが出来るのでありまして、それを現行の地図にあてはめますと、別掲のようになります。〔補注。本書所収の第八論文「神宝の神世草薙釼」の第九節に掲載した地図（三一〇頁）を御参照ください。〕

尚、この長柄の船瀬に関連して、住吉大社神代記には注目すべき記事があるのです。それは「荷前二処・幣帛浜等の本縁」の中の記事でありまして、それには次のように記されています。（五〇四～五〇七行。書き下し文）

「一、荷前《のさき》二処・幣帛浜《みてはま》等の本縁
一処、料戸嶋山を上とし、それより錦刀嶋の南に至るを堺となす。
一処、宇治川を上とし、それより針間の宇刀《うづ》川に至るを堺となす。
一処、三国川尻より吾君《あぎ》川尻に至る難破浦。

六、長柄の船瀬について

右の荷前并びに幣帛浜等は、昔、気長帯姫皇后の寄さし奉るところなり。爰に三韓の国の調貢は、此の川より運び進る。而るに此の川に漂没《おぼ》れ、仍りて制あり、運漕《こぎはこ》ばず。吾君川より運漕ぶ。茲に因りて幣帛浜となす。姫神の坐す縁は是なり。社一前。四至（東を限る、頭无江。南を限る、海。西を限る、郡の堺。北を限る、公田。）」

この文中の「三韓の調貢は此の川より運び進る。」という「此の川」は、「難破浦」に流入する「三国川」を指すと思われますが、この三国川は、今の神崎川に当たります。従いましてこの記事は、初め三韓の調貢使は三国川（神崎川）を利用していたが、沈没の事故があり、それ以来、三国川をやめて吾君川（中津川・長柄川）より運送することになった、ということでありますが、吾君川（長柄川）は、丁度ここで問題としています長柄の船瀬に流入する水路でありますから、所伝の内容が、地理の上でも完全に一致することとなるわけです。

以上のように検討を重ねてきますと、遣唐使等が発遣される場合の難波の港は、恐らく長柄の船瀬であったとみてよいであろうと思います。先程、私が、〝住吉の三津〟と、〝難波津〟や〝難波潟の三津〟とが、同じ場所なのか、それとも異なる場所なのか、なお問題が残る、と申しましたが、それは、この長柄の船瀬との関連を併せ考える必要があったからであります。そしてこの段階で、私は、〝住吉の三津〟というのは、即ち〝長柄の船瀬〟と同一の場所、とみてよいと考えます。たしかに万葉集には〝住吉の三津〟（四二四五番）とありますが、しかし、それはこれ一首だけでありまして、ほかには繰返しになりますが、〝難波潟　三津の崎より　大船に　真楫繁貫き〟（一四五三番）とか、「遣唐使船発二難波一入レ海之時」（一七九〇番題詞）等とあり、続日本紀でも「遣唐四船自二難波津一進発。」（天平五年四月己亥）と見え、何れも〝難波（津）〟に主眼がおかれているのであります。そして問題の〝住吉の三津〟の歌には、

〃墨吉の　吾が大御神　船の舳に　うしはき坐し〃云々という、特に住吉大神の神徳を称えるための気持ちが強調されているのでありまして、その気持ちのために〃難波の津〃を〃住吉の津〃とも詠んだのではなかろうかと思います。

更に進んで率直に申しますと、私は、もともと住吉大社の鎮座地附近には、遣唐船四隻――天平五年度は先程申しましたように総員五九四名も乗船しています。――を碇泊させるような大きな港はなかったと思っています。古事記に、仁徳天皇が墨江の津を定められたとあり、万葉の歌に前述の〃住吉の三津〃とあり、また後のことですが、日本書紀の雄略天皇十四年正月の条に身狭村主青らが呉の国の使と共に帰国し〃住吉の津〃に泊るとありますために、地理学者の中には住吉大社附近の地層や地形を色々推考して〃浅鹿の浦〃（朝香潟）に注目される人もおるのですが、これは文字通り〃玉藻を刈る〃（万葉集一二一番）浦であったり、小舟の泊りする津や潟でありまして、とても遣唐船四隻も繋留できるような大きな〃難波津〃ではありますまい。また万葉学者は殆んど例外なしに〃住吉神社附近の津〃と注釈していますが、誰も住吉神社附近のどこの津かを明示されていません。これでは無責任の誹《そし》りを免れますまい。

要するに、住吉大社の近辺には漁撈を目的とするか、或は近くを舟行するための小さな入江や水門は確かにあったでありましょうが、外洋を航海するような船舶を四隻も、しかも長期間にわたって――船の儀装や風待ちのためには何か月もかかります。――碇泊させるような大きな港は存在しなかったと考えます。そしてその一方で、遣唐船のような外洋船を受け入れるのに適当で大規模な船瀬が、別に長柄の地に出来ていたことが証明されたのでありますから、何も無理をして住吉大社附近に大きな〃難波津〃を想定する必要はなくなったといえましょう。としますと、残るところは、古事記の仁徳天皇の段の記事であります。しかし、これも、先程注意しておきましたように、古事記を正確に示しますと、「定二墨江之津一。」とあり、〝墨江之津〟を〝定めた〟ことを示すものでして、〝墨江に津〟を構築したという意味ではないのですから、これを以て今の住吉大社の附近と限定する必要はないのであります。

そこで従来の先入観を捨てて、自由な考えで文献と伝承とを併せ考えて来ますと、「住吉社」で斎行せられるところの「開二遣唐舶居一祭」の祝詞の中で、住吉大神が「船居は吾作らむと教へ悟し給」うて遂に成就されたといい、また住吉大社神代記の「長柄船瀬本記」では「船舫の泊を造らむ欲と、天皇の念行へる時に、」住吉大神が「我、長柄の船瀬を造りて進らむ。」と申し出て造られたという、この二つの所伝を対比して考えますと、住吉大社神代記に言うところの「天皇」とは、恐らく仁徳天皇のこととみてよいのではないか、と私は思います。勿論、住吉大社神代記に記すところの「遣唐貢調使」という用字の「遣唐」などというのは、唐が成立した後の修字、とみての話であります。

恐らく実情としましては、住吉大神をいただく津守氏が中心となって、仁徳天皇の御代に、長柄の船瀬を作ったのでありましょう。祝詞を参考にしますと、この時までは大きな船は播磨国——恐らく鹿子水門——を船瀬としていたわけです。そこで古事記は、墨江（住吉）大神の御神徳を讃える意味で、前述の万葉集の歌の場合と同様に「墨江之津」と称したのでありましょう。また日本書紀の雄略天皇の条に見える「住吉津」も、同じ意味での慣用と思われます。そして仁徳天皇の御代に、何故このような大きな港をつくる必要が生じたのかと言いますと、それは仁徳天皇の御代から、シナ大陸の東晋との国交に乗り出す気運が生じたためであったと思われます。いわゆる倭王讃（仁徳天皇）

の時代を迎えたわけであります。

尚、つけ加えて申しますと、仁徳天皇が墨江の津を定められたということは、古事記だけに記され、日本書紀には見えていません。しかし仁徳天皇紀三十年九月の条に、磐之媛皇后が、天皇の八田皇女を召されたことを恨み、「時皇后、不レ泊二于大津一、更引之泝レ江、自二山背一廻而向レ倭。」（大津に泊まらず、更に引きて江をさかのぼりて、山背より廻りて倭に向いたまう）と伝えていまして、この〝大津〟は住吉大社神代記にいう〝長柄船瀬〟とみて間違あるまいと思います。また更に申しますと、若し仁徳天皇によって今の住吉大社の附近に〝墨江の津〟が造られたとしました場合、それは住吉大社や津守氏にとって大きな名誉でありますから、当然、住吉大社神代記にそのことが特筆されて然るべきでありましょう。ところが、このような記事は、どこにも見えません。そしてその反面、神代記には長柄の船瀬のことが詳細な四至まで加えて、「長柄船瀬本記」として掲示されているのです。このことは、古事記が伝える所の「墨江之津」を「長柄船瀬」の別称とみることの妥当性を、有力に物語っていると申してよいでありましょう。

更に古代の住吉大社について述べるべきことは限りありませんが、予定の一年間のセミナーも終りましたので、以上を以て、一応の終講とさせて貰います。長期間にわたって御静聴いただき、感謝いたします。（大尾）

〈補訂〉第十二回セミナーでは長柄船瀬の所在を更に補強する目的で、この最後に「『神世草薙釼』の解決」と題して補講したことですが、本書では、この記事は第八回セミナーの結果として前掲（三〇九～三一三頁）の通り移しかえました。御諒承下さい。また、「祝詞の『遣唐使時奉幣』と難波津の位置」に関しては、その後の新しい知見もあり、独立論文として、『続・

六、長柄の船瀬について

著者集』の第三巻に収めました。御参照いただければ幸です。〕

本巻所収の著書・論文一覧

第一回　住吉大社についての概説　『すみのえ』二一八号　平成七年十月
第二回　神功皇后の実在をめぐって　『すみのえ』二一九号　平成八年一月
第三回　武内宿禰の出自と年齢
　　――皇紀と歴史年代との関係――　『すみのえ』二二〇号　平成八年四月
第四回　熊襲二国への西征　『すみのえ』二二一号　平成八年七月
第五回　朝鮮半島への出兵　『すみのえ』二二二号　平成八年十月
第六回　住吉大社の創祀　『すみのえ』二二三号　平成九年一月
第七回　住吉大社神代記　『すみのえ』二二四号　平成九年四月
第八回　神宝の神世草薙釼　『すみのえ』二二五号　平成九年七月
第九回　摂南地方と膽駒神南備山の神領　『すみのえ』二二六号　平成九年十月
第十回　播磨国九万八千余町の神領　『すみのえ』二二七号　平成十年一月

第十一回　貴重な古史料、船木等本記　『すみのえ』二二八号　平成十年四月

第十二回　遣唐使と墨江之津　『すみのえ』二二九号　平成十年七月

刊行のことば

田中卓博士は、大正十二年（一九二三）十二月十二日、大阪市のお生れで、今年（二〇一一）満八十八歳の米寿を迎へられる。十年前の平成十三年五月、突然の大病で倒れられ、幸い奇蹟的に回復された。とはいへ、左手左足が御不自由となられたまゝ、今に至つてをられる。ところが、それ以降も御家族などの手助けを得ながら、従来同様に旺盛な研究と執筆を続けてこられた。そのうち、月刊雑誌『諸君！』（文藝春秋）の依頼により平成十六年一月号から合計二十五回連載された学術的な評論は、同十八年十二月『祖国再建』二巻（上「建国史を解く正統史学」・下「わが道を征く六十余年」、青々企画発行）に纏められてゐる。

しかし、それ以上に学界・神社界および歴史愛好者等の間で待望されてゐるのは、平成十年七月に完結した『田中卓著作集』全十二巻（国書刊行会）に未収録の専門的な論考の出版だと思はれる。

そこで、先に編集を担当した委員（飯田瑞穂中央大学教授のみ逝去）の四名が関係各位とも協議の上、既刊著作集の第II期分を「続編」として編集・刊行することを計画して、田中博士の御諒解を得ることができた。

その内容（全六巻）は、日本の主要な神社史、大和朝廷の建国史など歴史学の立場から考古学の成果も参考にして解明された珠玉の論文四十数篇（四巻分）、および大東亜戦争中から師事された平泉澄博士の真姿と終戦の真相を示す論評・資料・記録など（二巻分）から成る。

この著作集続編が、既刊の著作集と共に、田中博士の六十数年にわたる研究の全容を伝へる有用の書として広く世に行はれ、学界・教育界・神社界などで末広く活用されることを念じてやまない。

平成二十三年四月

編集委員（五十音順）

神戸女子大学名誉教授　加藤隆久

皇學館大学学長　清水潔

京都産業大学教授　所功

皇學館大学名誉教授　渡邊寛

著 者 略 歴

大正12年12月12日生れ（大阪市）
昭和20年9月東京帝国大学文学部国史学科を卒業
昭和35年4月文学博士（旧制）
府立大阪社会事業短期大学教授を経て、昭和37年4月から皇學館大学教授、平成4年4月から同大学大学院教授、平成6年6月から同大学名誉教授、平成23年7月から同大学学事顧問
昭和48年12月皇學館大学文学部長
昭和55年4月から昭和63年3月まで皇學館大学長
著書・『住吉大社神代記』『出雲国風土記の研究』『神宮の創祀と発展』『愛国心の目覚め』『住吉大社史』（上・中巻）『概説日本史』（改題『教養日本史』）『祖国を見直そう』『祖国は呼びかける』『日本古典の研究』『日本国家成立の研究』『海に書かれた邪馬台国』『古代天皇の秘密』『皇国史観の対決』『伊勢神宮と式年遷宮』『歴史と伝統』
『田中卓著作集』12冊（国書刊行会）
『田中卓評論集』4冊（青青企画）
編著・『維新の歌ー幕末尊王志士の絶唱ー』『白山神社史』『真清田神社史』ほか
校訂・『新撰姓氏録』（神道大系）・『神道五部書』（神道大系）・『風土記』（神道大系）

古代の住吉大社　　続・田中卓著作集　2

ISBN978-4-336-05460-9

平成24年3月12日　初版第1刷発行

著 者　田 中 卓
発行者　佐 藤 今 朝 夫

〒174-0056　東京都板橋区志村1―13―15
発行所　株式会社　国 書 刊 行 会
電話 03 5970(7421)代表　FAX 03 5970(7427)
E-mail：info@kokusho.co.jp　URL：http://www.kokusho.co.jp

印刷　㈱シナノパブリッシングプレス　製本　㈱ブックアート